Gesetz über die Aufwertung von Hypotheken und anderen Ansprüchen (Aufwertungsgesetz)

vom 16. Juli 1925 und

Durchführungsverordnung

vom 29. November 1925

unter besonderer Berücksichtigung
der Rechtsprechung des Kammergerichts
erläutert

von

Carl Gribel

Kammergerichtsrat in Berlin

Zweite neu bearbeitete Auflage

Berlin
Verlag von Julius Springer
1926

ISBN 978-3-642-93740-8
ISBN 978-3-642-94140-5 (eBook)
DOI 10.1007/ 978-3-642-94140-5

Vorwort zur ersten Auflage.

Nur zögernd habe ich mich auf die Aufforderung des Verlags bereit erklärt, einige Erläuterungen zu dem neuen Aufwertungsgesetze zu schreiben; ich konnte ja auch nicht voraussehen, ob mein Beruf mir für diese Arbeit ausreichende Zeit lassen würde. Ausschlaggebend war für mich schließlich der Hinweis darauf, daß sich hiermit Gelegenheit böte, die Rechtsprechung des Kammergerichts zu dem bisherigen Aufwertungsrecht weiteren Kreisen zugänglich zu machen. Nur verhältnismäßig wenige Entscheidungen sind veröffentlicht worden. Die Rechtsprechung des Aufwertungssenats, dem ich von Anfang an angehört habe, wird aber auch für das neue Aufwertungsgesetz von Bedeutung sein. Es ist m. E. ein Gewinn für die Rechtswissenschaft, wenn das Ergebnis der mühevollen Arbeit des Aufwertungssenats den Aufwertungsstellen in weitem Umfange bekanntgegeben wird, nicht als ob die Entscheidungen des Senates nun kritiklos und blindlings befolgt werden müßten — auch in diesem Punkte wird sich die Rechtsprechung immer weiter entwickeln und steht niemals still —; den Aufwertungsstellen wird indes eine immerhin feste Grundlage gegeben, auf der sie weiter arbeiten können.

Bei meiner Arbeit habe ich das Ziel verfolgt, für die Kollegen gerade der kleineren Gerichte, die vielfach auf sich allein angewiesen sind und in ihrer kleinen Gerichtsbibliothek wenig Unterstützung finden, eine Übersicht über die kammergerichtliche Rechtsprechung zu geben und die Bestimmungen des neuen Gesetzes durch Beispiele leichter verständlich zu machen. Mein Beispiel in § 18 A. 2 ist nur deshalb gewählt, um jene Bestimmungen mit voller Schärfe zu beleuchten; tatsächlich wird ein derartiger Fall in so schroffer Form nicht vorkommen.

Die Abschnitte 4 bis 8 habe ich nur kurz behandelt, auch schon deshalb, weil hier noch die Durchführungsbestimmungen das Gesetz ergänzen müssen. Von besonderer Bedeutung für die Aufwertungsstellen der Gerichte sind die §§ 69—76. Hier habe ich versucht, die kammergerichtliche Rechtsprechung möglichst lückenlos wiederzugeben. Manchmal haben sich Wiederholungen nicht vermeiden lassen; bisweilen kann das Ergebnis der Rechtsprechung unter verschiedenen Paragraphen des Gesetzes gesucht werden. Im übrigen habe ich mich bemüht, mich kurz zu fassen; das Buch sollte nicht zu umfangreich werden, damit der Preis möglichst niedrig gehalten werden kann. Zu § 8 A. 6 ist ein Hinweis auf § 73 A. 7 wegen des Antragsrechts bei einer Erbengemeinschaft vergessen worden; ich bitte, dies hiermit nachholen zu dürfen.

Politische Betrachtungen habe ich nicht angestellt, da sie in den Kommentar nicht gehören. Den Werdegang des Gesetzes habe ich kurz zu § 88 erwähnt. Durch seine Annahme im Reichstage und Veröffentlichung im Reichsgesetzblatt ist ein schwerer Kampf beendet worden, der lange Zeit hindurch mit größter Leidenschaft geführt worden ist. Das Gesetz hat nicht alle Erwartungen erfüllt. Viele Wünsche sind unbefriedigt gelassen. Es kommt nunmehr darauf an, das Gesetz verständig auszulegen. Hierbei wird man sich stets das hohe Ziel vor Augen halten müssen, dem das Gesetz zustrebt, einen möglichst gerechten Ausgleich zwischen widerstreitenden Interessen zu finden und hierdurch wesentlich zur Herbeiführung eines sozialen Friedens beizutragen, der für unser gesamtes Volk unbedingt nötig ist.

Ich habe nicht immer die Stelle angegeben, wo die von mir angeführte Entscheidung veröffentlicht worden ist. Wer die — bisweilen nur im Auszuge — abgedruckte Entscheidung nachlesen will, findet in der Zusammenstellung der Entscheidungen am Schlusse des Buches die Zeitschrift, wo die von ihm gesuchte Entscheidung veröffentlicht worden ist.

Die während des Druckes erschienene Verordnung vom 28. Juli 1925 (GS. S. 103) ist noch abgedruckt worden; ich habe sie nur noch zu § 76 A. 1 ff. berücksichtigen können, um die Fertigstellung des Buches nicht zu verzögern. Im wesentlichen entspricht sie der VO. vom 24. 6. 1924.

Möge das Buch Freunde finden und möge es für so manchen ein guter Berater in der schwierigen Aufwertungsfrage sein!

Berlin, den 11. August 1925.

Carl Gribel.

Vorwort zur zweiten Auflage.

Im Oktober 1925 machte sich das Bedürfnis zu einer neuen Auflage bemerkbar. Ich habe daraufhin die erforderliche Neubearbeitung in Angriff genommen und war hiermit Anfang November 1925 fertig. Da die Durchführungsbestimmungen noch nicht erschienen waren, jeden Tag indes erwartet wurden, wurde die Ausgabe der neuen Auflage hinausgeschoben. Erst am 5. 12. 1925 wurden die Durchführungsbestimmungen veröffentlicht; sie sind so umfangreich, daß eine Umarbeitung meiner Erläuterungen zum AwG. erforderlich wurde. Hierbei ergab sich die Notwendigkeit, auch die Df.V.O. v. 29. 11. 1925 kurz zu erläutern. Die zweite Auflage ist daher gegenüber der ersten viel umfangreicher geworden.

Mit einer gewissen Bitterkeit ist die Df.V.O. v. 29. 11. 1925 begrüßt worden. Seit dem Erlaß des AwG. waren etwa 3½ Monate verstrichen; eine Rechtsnot war eingetreten, die dem deutschen Richter bisher unbekannt war. Die Unsicherheit, wie das AwG. anzuwenden wäre, war so groß geworden, daß überall die für Aufwertungs- und Grundbuchsachen zuständigen Richter zusammentraten, um in gemeinsamer Beratung oder in belehrenden Vorträgen einen Weg zu finden, der aus dem Rechtslabyrinth hinausführen könnte. Immer klarer wurde es, daß es ein großer Fehler war, das AwG. zu überstürzen. Abgesehen davon, daß bei einer sorgfältigeren Beratung des Gesetzes viele Unstimmigkeiten, ja Absonderlichkeiten hätten vermieden werden können, mußte unbedingt erfordert werden, daß die so wichtigen Durchführungsbestimmungen dem Gesetze selbst unmittelbar folgten. Es kann ohne weiteres zugegeben werden, daß diese Durchführungsbestimmungen selbst eine gewisse Zeit erfordert haben. Hierauf mußte indes bei der Beratung des AwG. Rücksicht genommen werden; die Verabschiedung dieses Gesetzes war gegebenenfalls hinauszuschieben, bis man mit dem baldigen Erlaß der Durchführungsbestimmungen rechnen konnte. Die Art und Weise, wie dieser verwickelte, schwierige Aufwertungsstoff gesetzgeberisch behandelt worden ist, bildet keine Ruhmestat für die sonst so — mit Recht — gepriesene deutsche Gesetzgebung.

Mußte so der deutsche Richter schmerzlich lang auf die Durchführungsbestimmungen warten, so wurde er nachher damit überrascht, daß bereits wenige Tage nach dem 5. 12. 1925 der umfangreiche Kommentar der Referenten dieser Durchführungsbestimmungen auf dem Büchermarkt erschien. Jaeger legt mit Recht den Finger auf diese Wunde (DJZ. 1926, S. 28), wenn er bemerkt:

„Von gediegenen Begründungen, wie sie ehedem zu wichtigen Gesetzentwürfen veröffentlicht wurden, ist kaum mehr eine Spur zu finden. Wohl folgen heutzutage den Gesetzen, sobald sie erlassen sind, die sog. Erläuterungswerke der Referenten, geschöpft aus einem der Allgemeinheit vorenthaltenen Material, auf dem Fuße nach. Den Entgang der Motive alten Stiles aber vermag diese privatwirtschaftliche Verwertung des amtlichen Geheimwissens nicht auszugleichen."

In einer Zeit, wo Monopole nichts weniger als beliebt sind, scheint sich eine Monopolwirtschaft auf dem Gebiete des Rechts einbürgern zu wollen, die nimmermehr zu einer gesunden Weiterentwicklung des Rechts führen kann.

Ich habe in der zweiten Auflage viele Streitfragen neu behandelt. Zum Teil bin ich hierzu angeregt worden durch meine Vorträge in der Verwaltungsakademie im Oktober 1925, zum Teil durch viele Anfragen aus dem Kreise meiner Zuhörer und viele Zuschriften von außerhalb. Ich konnte hieraus ersehen, daß es sich um Fragen handelte, welche die Allgemeinheit viel beschäftigten. Den Ehrgeiz, alle Streitfragen, die bisher in dem Schrifttum aufgetaucht sind, zu erörtern, habe ich nicht. Mein Buch würde zu umfangreich und unübersichtlich werden. Das Ziel, das ich verfolge, den Praktiker schnell über den Sinn des Gesetzes zu unterrichten, würde nicht erreicht werden. Außerdem tauchen täglich neue Zweifel auf. Wenn unsre Richter nur wissen, was das Gesetz mit dieser oder jener Bestimmung bezweckt, werden sie imstande sein, das Gesetz so anzuwenden, wie es der Allgemeinheit dienlich ist. Eine Verwirrung durch einen Wust von Streitfragen muß vermieden werden.

Soweit über derartige Fragen eine höchstrichterliche Entscheidung ergangen ist, habe ich mich bemüht, sie mitzuteilen, gegebenenfalls hierzu auch Stellung genommen.

Meinen Wunsch, mit dem ich mein Vorwort zur ersten Auflage geschlossen habe, begleitet auch diese zweite Auflage.

Berlin, Anfang Januar 1926.

Carl Gribel.

Inhaltsverzeichnis.

Gesetz über die Aufwertung von Hypotheken und anderen Ansprüchen (Aufwertungsgesetz).

Vom 16. Juli 1925.

Der Reichstag hat das folgende Gesetz beschlossen, das mit Zustimmung des Reichsrats hiermit verkündet wird:

Erster Abschnitt.

Allgemeine Bestimmungen.

I. Gegenstand der Aufwertung.

§ 1.

(1) Ansprüche, die auf vor dem 14. Februar 1924 begründeten Rechtsverhältnissen beruhen und die Zahlung einer bestimmten in Mark oder einer anderen nicht mehr geltenden inländischen Währung ausgedrückten Geldsumme zum Gegenstande haben, werden nach Maßgabe dieses Gesetzes aufgewertet, wenn sie durch den Währungsverfall betroffen sind. Dies gilt nicht, wenn der verbliebene Goldwert das für die Aufwertung vorgesehene Maß erreicht oder übersteigt.

(2) Soweit die Aufwertung durch ein Sondergesetz geregelt ist, finden die Vorschriften dieses Gesetzes keine Anwendung.

II. Berechnung des Goldmarkbetrags als Grundlage der Aufwertung.

§ 2.

(1) Als Goldmarkbetrag gilt bei Ansprüchen, die vor dem 1. Januar 1918 erworben sind, der Nennbetrag. Ist der Anspruch später erworben, so wird der Goldmarkbetrag dadurch fest-

gestellt, daß der Nennbetrag, im Falle des entgeltlichen Erwerbes der Erwerbspreis, nach Maßgabe des Wertverhältnisses umgerechnet wird, das in der Anlage zu diesem Gesetze für den Tag des Erwerbes bestimmt ist; ist ein Umrechnungsverhältnis für diesen Tag nicht bestimmt, so ist das letzte vorhergehende Umrechnungsverhältnis maßgebend. An Stelle des Erwerbspreises ist der Nennbetrag der Berechnung zugrunde zu legen, wenn er, nach dem Zeitpunkt der Begründung des Anspruchs in Goldmark umgerechnet, niedriger ist. Ein Erwerb, der nach dem 13. Februar 1924 stattgefunden hat, bleibt für die Berechnung des Goldmarkbetrages außer Betracht.

(2) Für Industrieobligationen, Pfandbriefe, Rentenbriefe, Kommunalobligationen und andere verzinsliche oder an Stelle der Verzinsung mit einem Aufgeld rückzahlbare Schuldverschreibungen, die auf den Inhaber lauten oder durch Indossament übertragbar sind, gilt, wenn sie vor dem 1. Januar 1918 ausgegeben sind, als Goldmarkbetrag der Nennbetrag. Sind die Schuldverschreibungen später ausgegeben, so wird der Nennbetrag nach Maßgabe des Wertverhältnisses umgerechnet, das in der Anlage zu diesem Gesetze für den Tag der Ausgabe bestimmt ist; ist ein Umrechnungsverhältnis für diesen Tag nicht bestimmt, so ist das letzte vorhergehende Umrechnungsverhältnis maßgebend. Die näheren Bestimmungen über die Feststellung des Ausgabetags trifft die Reichsregierung.

§ 3.

(1) Für die Berechnung des Goldmarkbetrags ist maßgebend:

1. soweit in Ziffer 2 bis 11 nichts Abweichendes bestimmt ist, der Erwerb durch den Gläubiger selbst;

2. bei Erwerb von Todes wegen der Erwerb durch den Erblasser;

3. bei Erwerb durch Gütergemeinschaft der Erwerb durch den Ehegatten, der das Recht in die Gütergemeinschaft eingebracht hat;

4. bei Erwerb durch Auseinandersetzung einer Erbengemeinschaft oder einer Gütergemeinschaft der Erwerb durch die Gemeinschaft;

5. bei Erwerb als Ausstattung der Erwerb durch Vater oder Mutter;

6. bei Erwerb mit Rücksicht auf ein künftiges gesetzliches Erbrecht der Erwerb durch den Veräußerer;

7. bei Erwerb auf Grund eines Treuhandverhältnisses der Erwerb durch den Geschäftsherrn oder, wenn zuerst der Treuhänder das Recht erworben hat, der Erwerb durch den Treuhänder;

8. bei Erwerb durch Übernahme eines Vermögens als Ganzen der Erwerb durch den Veräußerer;

9. bei Erwerb durch Übernahme eines der Deckung von Pfandbriefen dienenden Hypothekenbestandes als Ganzen der Erwerb durch den Veräußerer;

10. bei Erwerb durch Übernahme eines Versicherungsbestandes oder bei durch Währungsschwierigkeiten bedingter Übernahme einzelner Versicherungen durch eine andere Versicherungsunternehmung der Erwerb durch die übertragende Versicherungsunternehmung;

11. bei Erwerb durch Schenkung der Erwerb durch den Schenker.

(2) Änderungen des Inhalts des Rechtes, insbesondere die Hinausschiebung der Fälligkeit (Prolongation), bleiben für die Berechnung des Goldmarkbetrags außer Betracht. Ist im Falle der Gewährung eines Zusatzdarlehns oder aus anderen Gründen unter Aufhebung des bisherigen Rechtes zugunsten desselben Berechtigten ein neues einheitliches Recht begründet, so gilt für den bisherigen Betrag diese Vorschrift entsprechend.

Zweiter Abschnitt.

Aufwertung von Hypotheken.

I. Aufwertung des dinglichen Rechts.

1. Aufwertungsbetrag.

§ 4.

Hypotheken werden auf 25 vom Hundert des Goldmarkbetrags, jedoch nicht höher aufgewertet als die durch sie gesicherten Forderungen (Aufwertungsbetrag).

§ 5.

(1) Für die Berechnung des Goldmarkbetrags (§ 2) wird vermutet, daß die Hypothek an dem Tage erworben ist, an dem sie für den Gläubiger in das Grundbuch eingetragen ist. Ist die Hypothek durch Abtretungserklärung und Übergabe des Briefes abgetreten, so wird vermutet, daß sie an dem Ausstellungstage der Abtretungsurkunde erworben ist.

(2) Die an Stelle einer Rangänderung vorgenommene Abtretung oder Neueintragung bleibt für die Berechnung des Goldmarkbetrags außer Betracht. Das gleiche gilt, wenn eine Hypothek deshalb gelöscht und alsbald wieder eingetragen ist, weil nach landesgesetzlicher Vorschrift bei einem Eigentumswechsel die Beseitigung aller auf dem Grundstück ruhenden Lasten geboten ist; es gilt ferner im Falle der Auswechslung des belasteten Grundstücks gegen ein anderes Grundstück desselben Eigentümers.

(3) Der Goldmarkbetrag einer Hypothek für die Forderung aus einer verzinslichen oder an Stelle der Verzinsung mit einem Aufgeld rückzahlbaren Schuldverschreibung, die auf den Inhaber lautet oder durch Indossament übertragbar ist, wird nach den für die Forderung geltenden Vorschriften des § 2 Abs. 2 berechnet.

2. Rang der aufgewerteten Hypothek.

§ 6.

(1) Die aufgewertete Hypothek behält ihren bisherigen Rang, soweit sich nicht aus den Vorschriften über den Rangvorbehalt für den Eigentümer (§ 7) oder über die Rückwirkung (§§ 20, 21) etwas anderes ergibt. Die Aufwertung der Hypothek ist auf Antrag des Gläubigers oder des Eigentümers in das Grundbuch einzutragen; wird der Antrag von dem Eigentümer gestellt, so bedarf es der Vorlegung des Hypothekenbriefs nicht.

(2) Den in der Zeit vom 14. Februar 1924 bis zum 1. Oktober 1924 von einem anderen erworbenen oder für ihn vorgemerkten Rechten geht die Hypothek insoweit im Range nach, als sich nach den Vorschriften dieses Gesetzes gegenüber den Vorschriften der Dritten Steuernotverordnung ein höherer Aufwertungsbetrag ergibt. Die Erhöhung bleibt unberücksichtigt, soweit sie auf der Einführnug des Umrechnungsverhältnisses (§ 2) beruht.

3. Rangvorbehalt für den Eigentümer.

§ 7.

(1) Der Eigentümer ist befugt, im Range nach dem an erster Stelle eingetragenen aufgewerteten Rechte und vor den diesem nachgehenden Rechten eine Hypothek oder Grundschuld in Höhe von 25 vom Hundert des Goldmarkbetrags des aufgewerteten Rechts mit dem üblichen Zinsfuß eintragen zu lassen. Liegt der Goldmarkbetrag eines aufgewerteten, im Range nachgehenden Rechtes in voller Höhe innerhalb der für die Anlegung von Mündelgeld geltenden Sicherheitsgrenze, so ist der Eigentümer befugt, auch im Range nach diesem Rechte und vor den diesem im Range nachgehenden Rechten eine Hypothek oder Grundschuld in Höhe von 25 vom Hundert des Goldmarkbetrags mit dem üblichen Zinsfuß eintragen zu lassen. Sind in unmittelbarem Zusammenhang mit dem an erster Stelle eingetragenen aufgewerteten Recht zugunsten desselben Gläubigers andere aufgewertete Rechte eingetragen, so gelten, sofern der Gläubiger ein öffentlich-rechtliches oder unter Staatsaufsicht stehendes Unternehmen ist, das nach Gesetz oder Satzung bestimmte Beleihungsgrenzen einzuhalten hatte, die Rechte zusammen im Sinne dieser Vorschrift als ein einheitliches an erster Stelle eingetragenes Recht.

(2) Soweit es bei der Beurteilung der Mündelsicherheit auf das Verhältnis des Rechtes zum Grundstückswert ankommt, ist als Grundstückswert der berichtigte Wehrbeitragswert (Artikel II § 3 Abs. 1 Ziffer 1 der Zweiten Steuernotverordnung vom 19. Dezember 1923, Reichsgesetzbl. I S. 1205) oder, soweit ein berichtigter Wehrbeitragswert nicht festgestellt ist, der unter entsprechender Anwendung der bezeichneten Vorschriften durch die Aufwertungsstelle zu ermittelnde Wehrbeitragswert zugrunde zu legen.

(3) Die Befugnis, an der vorbehaltenen Rangstelle eine Hypothek oder Grundschuld eintragen zu lassen (Abs. 1), wird, auch solange die Befugnis nicht eingetragen ist, dadurch nicht berührt, daß ein im Range nachgehendes Recht von einem Dritten erworben ist. Die Befugnis ist bei der Eintragung der Aufwertung von Amts wegen, auf Antrag des Eigentümers auch früher, in das Grundbuch einzutragen.

(4) Bestehen an dem Grundstück Rechte, die auf Reichsmark,

eine ausländische Währung, auf Feingold, Roggen oder einen anderen wertbeständigen Maßstab lauten, so nehmen sie in der Reihenfolge ihres Ranges die für den Eigentümer vorbehaltene Rangstelle ein. Der Gläubiger eines solchen Rechtes kann an Stelle des Eigentümers die Eintragung des Rechtes an der dem Eigentümer vorbehaltenen Rangstelle beantragen. Die Reichsregierung wird ermächtigt, Vorschriften zur Berechnung des Goldmarkwerts dieser Rechte zu erlassen.

(5) Der Eigentümer kann mit Zustimmung der im Abs. 4 bezeichneten Gläubiger auf die Befugnis, an der vorbehaltenen Rangstelle eine Hypothek oder Grundschuld eintragen zu lassen (Abs. 1), verzichten. Der Verzicht bedarf zu seiner Wirksamkeit der Eintragung in das Grundbuch. Soweit ein Verzicht erfolgt ist, findet die Vorschrift des Abs. 4 keine Anwendung.

4. Herabsetzung der Aufwertung.

§ 8.

(1) Der Eigentümer kann eine Herabsetzung der Aufwertung um höchstens 10 vom Hundert des Goldmarkbetrags verlangen, wenn dies mit Rücksicht auf seine wirtschaftliche Lage zur Abwendung einer groben Unbilligkeit unabweisbar erscheint. Die Herabsetzung der Aufwertung ist nur zulässig, wenn das Verlangen vor dem 1. April 1926 bei der Aufwertungsstelle gestellt wird. In den Fällen der §§ 203, 204, 206, 207 des Bürgerlichen Gesetzbuchs kann das Verlangen noch bis zum Ablauf von drei Monaten nach Fortfall des Hindernisses gestellt werden.

(2) Ist die Herabsetzung der Aufwertung rechtzeitig bei der Aufwertungsstelle beantragt, so ist auf Antrag des Eigentümers ein Widerspruch in das Grundbuch einzutragen. Die Eintragung des Widerspruchs setzt die Eintragung der Aufwertung nicht voraus.

II. Aufwertung der persönlichen Forderung.

§ 9.

Die durch die Hypothek gesicherte persönliche Forderung wird nach Maßgabe der für das dingliche Recht geltenden Vorschriften der §§ 4, 5, 8 aufgewertet. (Normaler Höchstsatz.)

§ 10.

(1) Eine höhere oder geringere Aufwertung der persönlichen Forderung nach allgemeinen Vorschriften unter Abweichung von dem normalen Höchstsatz ist unbeschadet der Herabsetzung nach § 8 nur zulässig,

1. wenn die Forderung auf einem Gesellschaftsvertrag oder einem anderen Beteiligungsverhältnis, oder
2. auf einem Gutsüberlassungsvertrag oder auf den Beziehungen aus der Auseinandersetzung unter Miterben, unter Ehegatten, unter geschiedenen Ehegatten, unter Eltern und Kindern oder zwischen Erben und Pflichtteilsberechtigten oder Vermächtnisnehmern, oder
3. auf den Beziehungen zwischen unterhaltsberechtigten und unterhaltsverpflichteten Personen beruht;
4. wenn es sich um eine Forderung auf wiederkehrende Leistungen handelt, die bei Abfindungen, Auseinandersetzungen, Überlassungen oder ähnlichen Rechtsvorgängen begründet ist;
5. wenn es sich um eine Kaufgeldforderung (Kaufgeld für den Erwerb des mit der Hypothek belasteten Grundstücks) handelt, die nach dem 31. Dezember 1908 begründet worden ist; dies gilt auch dann, wenn die Kaufgeldforderung bei ihrer Begründung in eine Darlehnsforderung umgewandelt worden ist;
6. bei Forderungen anderer als der in Ziffer 1 bis 5 bezeichneten Art, wenn die Hypothek eine Sicherungshypothek ist, mit Ausnahme von Darlehnsforderungen.

(2) Als allgemeine Vorschriften im Sinne dieser Bestimmungen gelten auch die Vorschriften der §§ 63 bis 66.

(3) In den Fällen des Abs. 1 Ziffer 5 und bei Gutsüberlassungsverträgen (Abs. 1 Ziffer 2) darf bei der Aufwertung nach allgemeinen Vorschriften, wenn die Forderung vor dem 1. Januar 1912 begründet worden ist, der Satz von 75 vom Hundert und, wenn sie vor dem 1. Januar 1922 begründet worden ist, der Satz von 100 vom Hundert des Goldmarkbetrags der Forderung nicht überschritten werden.

§ 11.

In den Fällen des § 10 Ziffer 1 bis 5 ist eine Abweichung von dem normalen Höchstsatz unzulässig, wenn die Forderung vor dem 14. Februar 1924 von dem ursprünglichen Gläubiger auf einen anderen übergegangen ist, es sei denn, daß es sich um einen Rechtsübergang der im § 3 Abs. 1 Ziffer 2 bis 11 bezeichneten Art handelt.

§ 12.

Eine Abweichung von dem normalen Höchstsatz ist nur zulässig, wenn sie vor dem 1. April 1926 bei der Aufwertungsstelle beantragt ist. In den Fällen der §§ 203, 204, 206, 207 des Bürgerlichen Gesetzbuchs kann der Antrag noch bis zum Ablauf von drei Monaten nach Fortfall des Hindernisses gestellt werden.

§ 13.

In die Bilanz ist die Forderung, unbeschadet der Vorschrift des § 38 der Dritten Steuernotverordnung, als Aktivum oder Passivum mit einem Betrage einzustellen, der unter Zugrundelegung des normalen Höchstsatzes errechnet wird, sofern nicht durch abweichende Vereinbarung oder durch rechtskräftige Entscheidung der Aufwertungsstelle eine höhere oder geringere Aufwertung bestimmt ist.

III. Aufwertung bei Vorbehalt der Rechte. Rückwirkung.

1. Vorbehalt der Rechte.

§ 14.

Trotz der Bewirkung der Leistung findet die Aufwertung statt, wenn der Gläubiger sich bei der Annahme der Leistung seine Rechte vorbehalten hat. Liegt diese Voraussetzung für die persönliche Forderung vor, so wird neben dieser auch die Hypothek aufgewertet; dies gilt nicht, wenn der Gläubiger sich seiner Rechte auf Aufwertung der Hypothek ausdrücklich begeben hat. Liegt die Voraussetzung für die persönliche Forderung nicht vor, so findet auch eine Aufwertung der Hypothek nicht statt.

2. Rückwirkung.

§ 15.

Hat der Gläubiger die Leistung in der Zeit vom 15. Juni 1922 bis zum 14. Februar 1924 angenommen, so findet eine Aufwertung der Hypothek und der persönlichen Forderung auch dann statt, wenn der Gläubiger sich bei der Annahme der Leistung seine Rechte nicht vorbehalten hat (Rückwirkung). Die Aufwertung kraft Rückwirkung findet nicht statt, soweit sie, ganz oder zum Teil,

1. für den Eigentümer des belasteten Grundstücks oder für den persönlichen Schuldner mit Rücksicht auf seine wirtschaftliche Lage, insbesondere auch auf erhebliche, auf den Währungsverfall oder die Verdrängung oder die Liquidation des Vermögens zurückzuführende Vermögensverluste, oder
2. für den persönlichen Schuldner mit Rücksicht auf die Höhe des bei der Veräußerung des belasteten Grundstücks erzielten Erlöses oder mit Rücksicht darauf, daß das belastete Grundstück nicht mehr im Inland liegt und deshalb die Inanspruchnahme des Eigentümers wesentlich erschwert ist, oder
3. deshalb für den Eigentümer des belasteten Grundstücks oder für den persönlichen Schuldner eine unbillige Härte bedeuten würde, weil er nachweislich durch die Kündigung des Gläubigers gezwungen wurde, Vermögensgegenstände weit unter dem wirklichen Werte zu veräußern, um die Hypothekenschuld zurückzahlen zu können.

3. Gemeinsame Vorschriften.

a. Anmeldezwang.

§ 16.

(1) Die Aufwertung auf Grund des Vorbehalts der Rechte oder kraft Rückwirkung findet nur statt, wenn der Gläubiger den Anspruch auf Aufwertung bis zum 1. Januar 1926 bei der Aufwertungsstelle anmeldet. Die Aufwertungsstelle hat die Anmeldung dem Eigentümer des belasteten Grundstücks und dem ihr vom Gläubiger bezeichneten persönlichen Schuldner

mitzuteilen. Innerhalb einer Frist von drei Monaen seit Mitteilung der Anmeldung kann der Eigentümer und der Schuldner bei der Aufwertungsstelle Einspruch erheben.

(2) Ist die Hypothek bereits gelöscht, so findet ihre Wiedereintragung, falls sie nicht der Eigentümer bewilligt, erst statt, nachdem die Einspruchsfrist abgelaufen ist, ohne daß ein Einspruch eingelegt ist, oder nachdem durch rechtskräftige Entscheidung festgestellt ist, daß ein wirksamer Vorbehalt der Rechte vorliegt oder eine Rückwirkung stattfindet. Der Anspruch auf Wiedereintragung der Hypothek ist auf Antrag des Gläubigers durch Eintragung eines Widerspruchs zu sichern.

(3) Ist die Hypothek noch nicht gelöscht und behauptet der Eigentümer, daß nach den Vorschriften der §§ 14, 15 eine Aufwertung nicht stattfindet, so ist auf seinen Antrag ein Widerspruch in das Grundbuch einzutragen.

b. Aufwertung nach Abtretung der Hypothek.

§ 17.

Hat der Gläubiger die Hypothek abgetreten und die Gegenleistung nach dem 14. Juni 1922 oder unter Vorbehalt der Rechte angenommen, so wird die Hypothek und die persönliche Forderung auf der Grundlage des für ihn maßgebenden Goldmarkbetrags (§§ 2, 3), unbeschadet der Aufwertung zugunsten des Erwerbers, auch zu seinen Gunsten aufgewertet, sofern sich nicht nach dem Schlußsatz des § 2 Abs. 1 oder nach § 3 Abs. 1 Ziffer 2 bis 11 die Höhe der Aufwertung zugunsten des Erwerbers nach der Zeit des Erwerbes durch den früheren Gläubiger bestimmt. Die Vorschriften des § 16 finden Anwendung.

c. Anrechnung von Zahlungen.

§ 18.

(1) Findet auf Grund des Vorbehalts der Rechte oder kraft Rückwirkung eine Aufwertung statt, so sind geleistete Zahlungen in Höhe ihres Goldmarkbetrags (§§ 2, 3) auf den Aufwertungsbetrag anzurechnen. Dies gilt nicht für Zahlungen, die vor dem 15. Juni 1922 ohne Vorbehalt angenommen sind;

solche Zahlungen sind zum Nennbetrag auf den Nennbetrag anzurechnen.

(2) Auf Grund der §§ 14 bis 17 wird die Hypothek außer für den gegenwärtigen Gläubiger für einen früheren Gläubiger nur insoweit aufgewertet, als der für diesen zu berechnende Aufwertungsbetrag die Gesamtheit der Aufwertungsbeträge der ihm zeitlich nachfolgenden Gläubiger übersteigt.

d. Ausschluß weitergehender Ansprüche.

§ 19.

Soweit im Falle der Bewirkung der Leistung eine Aufwertung nach §§ 14 bis 17 nicht stattfindet, kann sie auch wegen ungerechtfertigter Bereicherung oder auf Grund einer Anfechtung wegen Irrtums oder aus einem anderen Rechtsgrunde nicht verlangt werden. Ansprüche wegen arglistiger Täuschung bleiben unberührt.

e. Wiedereintragung gelöschter Hypotheken.

§ 20.

(1) Ist die Hypothek im Grundbuch bereits gelöscht, so findet ihre Wiedereintragung in Höhe der Aufwertung mit dem sich aus § 6 ergebenden Range statt, soweit nicht die Vorschriften über den öffentlichen Glauben des Grundbuchs oder über das Erlöschen von Rechten durch den Zuschlag bei der Zwangsversteigerung entgegenstehen.

(2) Die Vorschriften über den öffentlichen Glauben des Grundbuchs sind entsprechend anzuwenden, wenn in dem in § 892 Abs. 2 des Bürgerlichen Gesetzbuchs bestimmten Zeitpunkt eine dem § 29 der Grundbuchordnung entsprechende Löschungsbewilligung oder löschungsfähige Quittung bereits erteilt war oder gleichzeitig erteilt wurde.

f. Wiedereintragung des früheren Gläubigers einer umgeschriebenen oder abgetretenen Hypothek.

§ 21.

(1) Die Vorschriften des § 20 finden entsprechende Anwendung

1. wenn die Hypothek zwar nicht gelöscht, aber nicht mehr für den früheren Gläubiger eingetragen, z. B. als Grundschuld auf den Eigentümer oder im Falle der Abtretung (§ 17) auf den Erwerber umgeschrieben ist;
2. wenn die Hypothek noch für den früheren Gläubiger eingetragen ist, das Gläubigerrecht eines anderen sich jedoch aus § 1155 des Bürgerlichen Gesetzbuchs ergibt.

(2) Der Aufwertungsbetrag des früheren Gläubigers geht dem Aufwertungsbetrage des gegenwärtigen Gläubigers und den diesem im Range gleichstehenden oder nachgehenden Rechten im Range nach.

g. Schutz gegen zwischenzeitliche Eintragungen.

§ 22.

(1) In den Fällen der §§ 20, 21 steht der Eintragung des Aufwertungsbetrags an der bisherigen Rangstelle der öffentliche Glaube des Grundbuchs und die Vorschrift des § 21 Abs. 2 insoweit nicht entgegen, als nach dem 1. Januar 1925 Rechte durch den Eigentümer, seinen Ehegatten vor oder während der Ehe, durch seine oder seines Ehegatten Verwandten auf- oder absteigender Linie, durch seine oder seines Ehegatten voll- oder halbbürtigen Geschwister oder durch den Ehegatten einer dieser Personen erworben sind; dies gilt nicht, wenn der Erwerber beweist, daß ihm zur Zeit des Erwerbes eine Absicht des andern Teiles, das Recht des Gläubigers zu beeinträchtigen, nicht bekannt war oder wenn das Recht vor dem 1. Juni 1925 auf einen nicht zum Kreise dieser Personen gehörenden Dritten übergegangen ist.

(2) Der Eintragung des Aufwertungsbetrags an der bisherigen Rangstelle steht der öffentliche Glaube des Grundbuchs und die Vorschrift des § 21 Abs. 2 nur insoweit entgegen, als der Zeitpunkt des Erwerbes eines Rechtes an dem Grundstück oder der im § 892 Abs. 2 des Bürgerlichen Gesetzbuchs bestimmte Zeitpunkt vor dem 1. Juli 1925 liegt. Die Reichsregierung bestimmt den Zeitpunkt, mit dem diese Vorschrift außer Kraft tritt.

(3) Bis zum 31. Dezember 1925 kann der Gläubiger des aufgewerteten Rechtes Verfügungen, die der Eigentümer nach

der Löschung oder Umschreibung des Rechtes seit dem 1. Januar 1925 über das belastete Grundstück getroffen hat, anfechten, wenn die Verfügungen in der dem anderen Teile bekannten Absicht, die Eintragung des aufgewerteten Rechtes an der bisherigen Rangstelle zu vereiteln, vorgenommen sind. Die Vorschriften der §§ 6 bis 9, des § 11 Abs. 1 bis 3 und des § 13 des Gesetzes vom 21. Juli 1879 in der Fassung der Bekanntmachung vom 20. Mai 1898 (Reichsgesetzbl. S. 709) finden entsprechende Anwendung. An die Stelle der im § 13 Abs. 4 bezeichneten Fristen tritt eine Frist von sechs Monaten seit der Beendigung des Konkursverfahrens.

§ 23.

(1) Ist vor der Wiedereintragung der aufgewerteten Hypothek im Grundbuch des belasteten Grundstücks eine Gesamthypothek eingetragen worden, die nach den Vorschriften des § 20 der aufgewerteten Hypothek im Range vorgeht, so hat auf Antrag des Gläubigers der aufgewerteten Hypothek die Aufwertungsstelle den Betrag zu bestimmen, der auf die mitverhafteten Grundstücke entfallen würde, wenn eine angemessene Verteilung der Gesamthypothek stattfände. In Höhe dieses Betrags hat der Gläubiger der Gesamthypothek dem Gläubiger der aufgewerteten Hypothek den Vorrang einzuräumen.

(2) Der Antrag kann nur bis zum 1. Januar 1926 gestellt werden. In den Fällen der §§ 203, 204, 206, 207 des Bürgerlichen Gesetzbuchs ist der Antrag noch bis zum Ablauf von drei Monaten nach Fortfall des Hindernisses zulässig.

h. Berücksichtigung eines landesrechtlichen Sonderfalls.

§ 24.

Der Aufwertung und Eintragung nach den Vorschriften der §§ 14 bis 23 steht es nicht entgegen, daß die Hypothek aus Anlaß der Anlegung des Grundbuchs oder eines Eigentumswechsels nach landesrechtlichen Vorschriften wegen Nichtanmeldung innerhalb einer Ausschlußfrist erloschen ist.

IV. Rückzahlung, Verzinsung, Tilgung.

1. Rückzahlung.

§ 25.

(1) Die Zahlung des Aufwertungsbetrags kann der Gläubiger vor dem 1. Januar 1932 weder von dem Eigentümer des belasteten Grundstücks noch von dem persönlichen Schuldner verlangen. Vorschriften in Gesetzen, Satzungen oder Verträgen, die für besondere Fälle eine vorzeitige Fälligkeit der Schuld anordnen, bleiben unberührt. Bestimmungen, die eine vorzeitige Fälligkeit der Schuld für den Fall der Rangänderung der Hypothek vorsehen, finden auf Rangänderungen, die auf den Vorschriften dieses Gesetzes beruhen, keine Anwendung.

(2) Der Eigentümer und der Schuldner sind berechtigt, den Aufwertungsbetrag nebst den fälligen Zinsen drei Monate nach Kündigung schon vor dem 1. Januar 1932 zu zahlen.

§ 26.

(1) Wenn es mit Rücksicht auf die wirtschaftliche Lage des Eigentümers oder des Schuldners zur Abwendung einer groben Unbilligkeit unabweisbar erscheint, kann die Aufwertungsstelle auf seinen Antrag anordnen, daß der Aufwertungsbetrag in Teilbeträgen, jedoch spätestens bis zum 1. Januar 1938, zu zahlen ist; die Aufwertungsstelle kann dabei bestimmen, daß schon vom 1. Januar 1930 ab Zahlungen zu leisten sind.

(2) Der Antrag ist nur bis zum 1. Januar 1927 zulässig. In den Fällen der §§ 203, 204, 206, 207 des Bürgerlichen Gesetzbuches kann der Antrag noch drei Monate nach Fortfall des Hindernisses gestellt werden.

(3) Werden dem Eigentümer oder dem Schuldner von der Aufwertungsstelle Teilzahlungen gestattet, so ist dies auf Antrag des Eigentümers oder des Gläubigers in das Grundbuch einzutragen.

§ 27.

(1) Soweit die wirtschaftliche Lage des Gläubigers es dringend erfordert und der Eigentümer des belasteten Grundstücks oder der persönliche Schuldner hierdurch keine erhebliche Erschwerung seiner wirtschaftlichen Lage erleidet, kann die Auf-

wertungsstelle auf Antrag des Gläubigers anordnen, daß der Eigentümer oder der Schuldner frühestens vom 1. Januar 1926 ab den Aufwertungsbetrag ganz oder teilweise abzüglich eines Betrags für Zwischenzinsen, den die Aufwertungsstelle festsetzt, vorzeitig zu leisten hat. Die Summe der angeordneten vorzeitigen Zahlungen darf innerhalb eines Jahres höchstens 10 vom Hundert des Aufwertungsbetrags erreichen und 1000 Reichsmark nicht übersteigen. Zwischen der Bekanntmachung der Entscheidung der Aufwertungsstelle und dem ersten Zahlungstage müssen mindestens drei Monate liegen.

(2) Der Antrag ist nur bis zum 1. April 1926 zulässig. In den Fällen der §§ 203, 204, 206, 207 des Bürgerlichen Gesetzbuchs kann der Antrag noch drei Monate nach Fortfall des Hindernisses gestellt werden. Der Antrag kann nicht gestellt werden, wenn der Ertrag des belasteten Grundstücks durch eine Zwangswirtschaft zum Nachteil des Verpflichteten beschränkt worden ist.

(3) Diese Vorschriften finden keine Anwendung auf Forderungen, die der Gläubiger erst nach dem 13. Februar 1924 erworben hat; es sei denn, daß es sich um einen Rechtserwerb der im § 3 Abs. 1 Ziffer 2 bis 11 bezeichneten Art handelt.

2. Verzinsung und Tilgung.

§ 28.

(1) Der Aufwertungsbetrag ist bis zum 1. Januar 1925 unverzinslich. Rückständige Zinsen gelten als erlassen. Vom 1. Januar 1925 ab beträgt der Zinssatz 1,2 vom Hundert, vom 1. Juli 1925 ab 2½ vom Hundert, vom 1. Januar 1926 ab 3 vom Hundert und vom 1. Januar 1928 ab 5 vom Hundert. Insoweit dem Eigentümer des belasteten Grundstücks oder dem persönlichen Schuldner über den 1. Januar 1932 hinaus Stundung bewilligt ist, erhöht sich der Zinssatz um einen Betrag, den die Reichsregierung unter Berücksichtigung der allgemeinen Wirtschaftslage bestimmt.

(2) Wird die Hypothek infolge Aufwertung kraft Rückwirkung wieder eingetragen, so beginnt die Verzinsung erst mit dem Beginne des auf die Wiedereintragung folgenden Kalendervierteljahrs.

§ 29.

Die Verpflichtung zur Leistung von Tilgungsbeträgen ruht bis zum 1. Januar 1926. Auf Antrag des Gläubigers kann die Aufwertungsstelle, falls nicht die wirtschaftliche Lage des Eigentümers des belasteten Grundstücks oder des persönlichen Schuldners es untunlich erscheinen lassen, bestimmen, daß ein höherer als der vereinbarte Tilgungssatz zu leisten ist. Ist der Ertrag des belasteten Grundstücks durch eine Zwangswirtschaft zum Nachteil des Verpflichteten beschränkt worden, so ist der Antrag erst nach Ablauf eines Jahres seit Beendigung der Zwangswirtschaft zulässig.

§ 30.

(1) Reicht der Ertrag eines der Zwangswirtschaft unterliegenden Grundstücks zur Befriedigung des Anspruchs des Gläubigers auf Leistung der Zins- und Tilgungsbeträge nicht aus, weil Miets- oder Pachtzinszahlungen ausgeblieben sind, und kann in Anbetracht der Vorschriften über die Zwangswirtschaft durch eine anderweitige Vermietung oder Verpachtung der Ausfall nicht rechtzeitig gedeckt werden, so kann auf Antrag des Eigentümers die Zwangsversteigerung durch das Gericht für die Dauer von längstens sechs Monaten eingestellt werden, sofern dies zur Abwendung einer unbilligen Härte erforderlich erscheint. Die Parteien haben die tatsächlichen Behauptungen glaubhaft zu machen.

(2) Die Einstellung ist auch vor der Anordnung der Versteigerung zulässig. Sie kann mehrfach erfolgen.

(3) Erfolgt die Einstellung des Verfahrens nach der Anordnung der Versteigerung, so ist der Beschluß allen Beteiligten (§ 9 des Gesetzes über die Zwangsversteigerung und die Zwangsverwaltung) zuzustellen.

(4) Wird die Zwangsversteigerung eingestellt, so beginnt die im § 31 Abs. 2 des Gesetzes über die Zwangsversteigerung und die Zwangsverwaltung vorgesehene Frist erst mit dem Ablauf der Frist, für deren Dauer die Einstellung angeordnet ist.

Dritter Abschnitt.

Aufwertung von Grundschulden, Rentenschulden und Reallasten, Schiffs- und Bahnpfandrechten.

I. Grundschulden, Rentenschulden und Reallasten.

§ 31.

(1) Auf Grundschulden finden die Vorschriften der §§ 4 bis 8 und der §§ 14 bis 30 entsprechende Anwendung. Dasselbe gilt hinsichtlich der §§ 4 bis 8 und der §§ 14 bis 24 für Rentenschulden und Reallasten; für Reallasten jedoch mit der Maßgabe, daß die Eintragung der Aufwertung (§ 6) nicht verlangt werden kann, wenn die Eintragung der Reallast unterblieben war.

(2) Wiederkehrende Leistungen, die auf Grund einer Rentenschuld oder einer Reallast geschuldet werden, sind im Jahre 1925 mit 40 vom Hundert, vom 1. Januar 1926 ab mit 60 vom Hundert und vom 1. Januar 1928 ab in voller Höhe des Aufwertungsbetrags der Jahresleistung zu bewirken. Rückständige Leistungen gelten als erlassen

II. Schiffs- und Bahnpfandrechte.

§ 32

Auf Pfandrechte an im Schiffsregister eingetragenen Schiffen und an Bahneinheiten sowie auf die durch Schiffspfandrecht oder Bahnpfandrecht gesicherten Forderungen finden die Vorschriften der §§ 4 bis 6 und der §§ 8 bis 30 entsprechende Anwendung.

Vierter Abschnitt.

Aufwertung von Industrieobligationen und verwandten Schuldverschreibungen.

I. Aufwertung des Anspruchs aus der Schuldverschreibung.

1. Gegenstand der Aufwertung — Aufwertungsbetrag.

§ 33.

Ansprüche aus verzinslichen oder an Stelle der Verzinsung mit einem Aufgeld rückzahlbaren Schuldverschreibungen, die auf den Inhaber lauten oder durch Indossament übertragbar sind, und die von natürlichen Personen, Personenvereinigungen oder juristischen Personen des Privatrechts ausgegeben sind, werden ohne Rücksicht darauf, ob sie durch Hypothek gesichert sind, auf 15 vom Hundert des Goldmarkbetrags aufgewertet.

2. Herabsetzung der Aufwertung.

§ 34.

Der Schuldner kann eine Herabsetzung der Aufwertung verlangen, wenn dies mit Rücksicht auf seine wirtschaftliche Lage zur Abwendung einer groben Unbilligkeit unabweisbar erscheint. Die Herabsetzung der Aufwertung ist nur zulässig, wenn das Verlangen vor dem 1. April 1926 bei der Aufwertungsstelle gestellt wird. In den Fällen der §§ 203, 204, 206, 207 des Bürgerlichen Gesetzbuchs kann das Verlangen noch bis zum Ablauf von drei Monaten nach Fortfall des Hindernisses gestellt werden.

3. Aufwertung bei Vorbehalt der Rechte, Kündigung und Auslosung.

§ 35.

(1) Trotz Bewirkung der Leistung findet die Aufwertung statt, wenn der Gläubiger sich bei der Annahme der Leistung seine Rechte vorbehalten hat.

(2) Schuldverschreibungen, die ausgelost oder gekündigt sind, aber sich noch im mittelbaren oder unmittelbaren Besitze des Gläubigers befinden, werden zu seinen Gunsten auch dann aufgewertet, wenn bereits eine Abrechnung mit dem Schuldner oder eine Hinterlegung zugunsten des Gläubigers stattgefunden hat.

(3) Schuldverschreibungen, die bei Banken zur Einlösung eingereicht sind, werden, wenn sie sich noch im Besitze der Bank befinden, zugunsten des einreichenden Gläubigers auch dann aufgewertet, wenn bereits eine Abrechnung mit dem Gläubiger oder mit dem Schuldner oder eine Hinterlegung zugunsten des Gläubigers stattgefunden hat. Eine Aufwertung zugunsten der Bank findet nicht statt. Ablieferungen aus dem Besitze der Bank an den Schuldner, die seit dem 1. Juni 1925 erfolgt

sind, gelten als nicht geschehen. Entsprechendes gilt für Bankiers und andere Unternehmungen, die die Aufbewahrung und Verwaltung fremder Wertpapiere gewerbs- oder geschäftsmäßig betreiben. Die Reichsregierung wird ermächtigt, Vorschriften über die Anmeldung und den Nachweis des Rechtes der Gläubiger und für den Fall, daß die Rechte nicht rechtzeitig oder ordnungsgemäß angemeldet oder nachgewiesen werden, über den Ausschluß der Rechte zu erlassen.

(4) Gezahlte Beträge sind in den Fällen der Abs. 1 bis 3 in Höhe des Goldmarkbetrags (§§ 2, 3) auf den Aufwertungsbetrag anzurechnen. Hinterlegte Beträge kann der Schuldner auch dann zurücknehmen, wenn er auf das Recht zur Rücknahme verzichtet hatte.

(5) Liegen die Voraussetzungen der Abs. 1 bis 3 nicht vor, so kann im Falle der Bewirkung der Leistung eine Aufwertung, auch wegen ungerechtfertigter Bereicherung oder auf Grund einer Anfechtung wegen Irrtums oder aus einem anderen Rechtsgrund, nicht verlangt werden. Ansprüche wegen arglistiger Täuschung bleiben unberührt.

4. Rückzahlung, Verzinsung, Kündigung.

§ 36.

Für die Rückzahlung, Verzinsung und Tilgung des Aufwertungsbetrags gelten die Vorschriften der §§ 25, 26, 28, 29 entsprechend, soweit nicht die Reichsregierung etwas anderes bestimmt.

II. Genußrecht.

1. Kreis der Berechtigten.

§ 37.

(1) Wer Schuldverschreibungen der im § 33 bezeichneten Art vor dem 1. Juli 1920 erworben hat und bis zur Anmeldung (§ 39 Abs. 1) Gläubiger geblieben ist (Altbesitzer), erwirbt mit dem 1. Juli 1925 neben der Aufwertung einen Anspruch auf Beteiligung am Reingewinne des Schuldners und am Liquidationserlöse nach Maßgabe der §§ 40 bis 42 (Genußrecht). Der Beteiligung werden 10 vom Hundert des Goldmarkbetrags

der Schuldverschreibung als Nennwert des Genußrechts zugrunde gelegt.

(2) Der Erwerb der im Abs. 1 bezeichneten Genußrechte durch den ersten Inhaber ist von der Gesellschaftssteuer des Kapitalverkehrssteuergesetzes befreit.

§ 38.

Schuldverschreibungen gelten auch dann als vor dem 1. Juli 1920 erworben, wenn sie

1. dem Gläubiger nach dem 30. Juni 1920 zur Erfüllung eines vor dem 1. Juli 1920 begründeten Anspruchs auf Übereignung von einer Bank, einem Bankier, einer Sparkasse oder einer Versicherungsgesellschaft übereignet worden sind,
2. der Gläubiger von einer Bank, einem Bankier oder einer Sparkasse nach dem 30. Juni 1920 in Erfüllung eines darlehnsartigen Verwahrungsvertrags übereignet erhalten hat, falls er der Bank, dem Bankier oder der Sparkasse auf Grund des gleichen Vertrags vor dem 1. Juli 1920 erworbene Schuldverschreibungen übergeben hat und der Anspruch auf Übereignung von Schuldverschreibungen gleicher Art und gleichen Betrags von dieser Übergabe bis zum Erwerb ununterbrochen bestanden hat,
3. der Gläubiger von Todes wegen oder in einem der sonstigen Fälle des § 3 Abs. 1 Ziffer 2 bis 11 nach dem 30. Juni 1920, der Erblasser oder andere Rechtsvorgänger aber vorher erworben hat.

§ 39.

(1) Schuldverschreibungen, für die die Vorrechte des Altbesitzes in Anspruch genommen werden, sind zur Vermeidung des Verlustes des Genußrechts spätestens innerhalb einer Frist von einem Monat seit Aufforderung durch den Schuldner bei diesem oder der von ihm bestimmten Stelle anzumelden. Die erforderlichen Beweismittel sind der Anmeldung beizufügen oder binnen einer weiteren Frist von einem Monat nachzureichen. Die Aufforderung erfolgt durch Bekanntmachung im Deutschen Reichsanzeiger und in den anderen für die Veröffentlichungen des Schuldners bestimmten Blättern, und zwar spät-

stens am 30. September 1925. Ist der Schuldner eine Aktiengesellschaft oder eine Kommanditgesellschaft auf Aktien, so können Revisoren gemäß §§ 266, 267, 320 Abs. 3 des Handelsgesetzbuchs auch zur Nachprüfung der Vorgänge bei der Anerkennung des Altbesitzes bestellt werden. Das gleiche gilt für Gesellschaften mit beschränkter Haftung, eingetragene Genossenschaften, Gewerkschaften und Vereine; die Vorschriften der §§ 266, 267 des Handelsgesetzbuchs finden insoweit entsprechende Anwendung. Bei eingetragenen Genossenschaften und Vereinen bedarf es zur Ernennung von Revisoren durch das Gericht eines Antrags des zehnten Teiles der Mitglieder. Revisoren sind durch das Gericht, in dessen Bezirk der Schuldner seinen Sitz hat, auch dann zu bestellen, wenn eine gemäß §§ 3 bis 10 des Gesetzes, betreffend die gemeinsamen Rechte der Besitzer von Schuldverschreibungen, vom 4. Dezember 1899 in der Fassung des Gesetzes vom 14. Mai 1914 (Reichsgesetzbl. 1899 S. 691, 1914 S. 121) einberufene und abgehaltene Versammlung der als Altbesitzer bereits anerkannten Gläubiger dies mit einfacher Mehrheit beschließt.

(2) Die Anerkennung der Eigenschaft als Altbesitz ist auf den Schuldverschreibungen durch Stempelaufdruck kenntlich zu machen.

2. Beteiligung am Reingewinn.

§ 40.

(1) Mit Beginn des am 1. Juli 1925 laufenden Geschäftsjahrs, jedoch frühestens mit Beginn des am 31. Dezember 1925 endenden Geschäftsjahrs wird der nach der Bilanz zur Ausschüttung an die Gewinnberechtigten zur Verfügung stehende Jahresreingewinn in folgender Weise verwendet: vorweg stehen 6 vom Hundert, berechnet auf das gewinnberechtigte Gesamtkapital, zur Verteilung an die Geschäftsinhaber oder Gesellschafter zur Verfügung. Der Überschuß des Reingewinns wird auf die Gesamtheit der gewinnberechtigten Geschäftsinhaber oder Gesellschafter und der Inhaber der Genußrechte in der Weise verteilt, daß für je 1 vom Hundert, das als Gewinnanteil in irgendeiner Form den Geschäftsinhabern oder Gesellschaftern zugewiesen wird, je 2 vom Hundert bis insgesamt 6 vom

Hundert des Gesamtnennbetrags der Genußrechte auf die Inhaber der Genußrechte entfallen.

(2) Die auf die Genußrechte entfallenden Beträge sind bis zur Höhe des ursprünglichen Zinssatzes der Schuldverschreibung, jedoch nicht über 5 vom Hundert hinaus, zur Verzinsung, im übrigen zur Tilgung des Nennwerts des Genußrechts zu verwenden. Eine Verwendung von Mitteln für die Genußrechte findet jeweils nur für das Geschäftsjahr statt, aus dessen Gewinn die Mittel bereitgestellt werden. Die Tilgung erfolgt durch Auslosung zum Nennwert, und zwar mindestens einmal im Verlaufe zweier Geschäftsjahre.

§ 41.

Die Beteiligung der Genußrechtsinhaber am Reingewinne darf durch Kapitalserhöhungen oder sonstige Maßnahmen des Schuldners nicht beeinträchtigt werden. Ein für die als Altbesitzer anerkannten Gläubiger (§ 39) bestellter Vertreter kann darüber, ob eine solche Beeinträchtigung vorliegt und wie sie auszugleichen ist, die Entscheidung der gemäß der Vierten Verordnung zur Durchführung der Verordnung über Goldbilanzen vom 28. August 1924 (Reichsgesetzbl. I S. 697) gebildeten Spruchstelle anrufen. Der Schuldner hat der Spruchstelle alle Auskünfte zu erteilen, die für die Beurteilung der Frage, ob eine Beeinträchtigung vorliegt, zweckdienlich sind. Stellt die Spruchstelle das Vorliegen einer Beeinträchtigung fest, so ist die Maßnahme insoweit den Genußrechtsinhabern gegenüber unwirksam.

3. Beteiligung am Liquidationserlös.

§ 42.

Sind im Falle der Auflösung oder der Liquidation des Unternehmens des Schuldners die Genußrechte noch nicht getilgt oder auf andere Weise abgelöst, so ist das nach Berichtigung der Schulden verbleibende Vermögen auf die Geschäftsinhaber oder Gesellschafter einerseits und die Genußrechtsinhaber andererseits nach Maßgabe der Bestimmungen des § 40 Abs. 1 Satz 3 so lange zu verteilen, bis auf die Genußscheininhaber der Nennwert der Genußrechte ausgeschüttet ist. Die überschießenden Beträge fallen den Geschäftsinhabern oder Gesellschaftern zu.

4. Verbriefung und Ablösung der Genußrechte.

§ 43.

Der Schuldner ist berechtigt:

1. über die Genußrechte besondere, von den Schuldverschreibungen getrennte, auf den Inhaber oder, wenn die Schuldverschreibungen an Order lauten, an Order lautende Genußscheine auszugeben. Genußscheine werden nur über Nennbeträge von mindestens 20 Reichsmark und nur über durch 10 teilbare Beträge ausgegeben; die entstehenden Spitzenbeträge sind durch Zahlung des Nennbetrags abzulösen. Die Ausgabe von Genußscheinen ist auf den Schuldverschreibungen zu vermerken;

2. an Stelle der Genußrechte eine Zusatzaufwertung oder eine Barabfindung zu gewähren, die den Wert, den die Genußrechte im Zeitpunkt der Gewährung haben, nicht unterschreiten dürfen. Ob dies der Fall ist, entscheidet auf Antrag des Schuldners oder eines für die Genußrechtsinhaber bestellten Vertreters die gemäß der Vierten Verordnung zur Durchführung der Verordnung über Goldbilanzen vom 28. August 1924 (Reichsgesetzbl. I S. 697) gebildete Spruchstelle. Die Spruchstelle kann die Entscheidung über einen Antrag des Schuldners gemäß Satz 2 auf Zeit zurückstellen, wenn sie der Ansicht ist, daß durch die alsbaldige Entscheidung die Gefahr einer unbilligen Benachteiligung der Genußrechtsinhaber entstehen könnte;
3. die Genußrechte durch Zahlung des Nennbetrags abzulösen.

§ 44.

Ein Beschluß über die Ausübung der im § 43 bezeichneten Befugnisse ist spätestens drei Monate nach Ablauf des im § 40 Abs. 1 bezeichneten Geschäftsjahrs in den im § 39 Abs. 1 bezeichneten Blättern bekanntzumachen. Ein Beschluß über die Ausübung der im § 43 Ziffer 2 und 3 bezeichneten Rechte kann innerhalb von drei Monaten nach Ablauf jedes Geschäftsjahrs gefaßt werden; er ist in der gleichen Weise bekanntzumachen. In der Bekanntmachung kann eine Frist bestimmt werden, nach deren Ablauf die Genußrechte nur noch in der bekanntgemachten Form ausgeübt werden können; die Frist darf nicht weniger als sechs Monate betragen.

5. Rückwirkung.

§ 45.

Auf Schuldverschreibungen, die nach dem 13. Februar 1924 zurückgezahlt sind, finden die Vorschriften der §§ 37 bis 44 Anwendung. Die Genußrechte können nur in einer der im § 43 Ziffer 1 bis 3 vorgesehenen Weise gewährt werden.

III. Gemeinsame Verfahrensvorschrift.

§ 46.

Bei Teilschuldverschreibungen kann über die Höhe der Aufwertung, über das Verlangen auf Herabsetzung des Aufwertungsbetrags und über die Rechte aus den §§ 37 bis 45 nur einheitlich gegenüber allen Gläubigern entschieden werden. Die Entscheidung wirkt auch für und gegen die Gläubiger, die an dem Verfahren nicht beteiligt waren.

Fünfter Abschnitt.

Aufwertung von Pfandbriefen und verwandten Schuldverschreibungen.

I. Art der Aufwertung.

§ 47.

Ansprüche aus Pfandbriefen, Rentenbriefen, Kommunalobligationen und anderen verzinslichen oder an Stelle der Verzinsung mit einem Aufgeld rückzahlbaren Schuldverschreibungen oder aus für Grundkredit- oder Kommunalkreditzwecke aufgenommenen verbrieften Darlehen von Grundkreditanstalten, privatrechtlichen Kommunalkreditanstalten, von Schiffsbeleihungsbanken sowie von Ablösungsanstalten werden in der Weise aufgewertet, daß die Teilungsmasse gleichmäßig unter die Gläubiger im Verhältnis der Goldmarkbeträge ihrer Ansprüche verteilt wird. Hierbei ist es unerheblich, ob den Gläubigern an der Deckung ein Pfandrecht oder ein Recht auf vorzugsweise Befriedigung im Konkurse zusteht.

II. Teilungsmasse.

§ 48.

(1) Die Teilungsmasse besteht aus:

1. den bei Ablauf des 13. Februar 1924 als Deckung für die aufgewerteten Pfandbriefe, Rentenbriefe, Kommunalobligationen, anderen Schuldverschreibungen und Schuldurkunden bestimmten Werten;
2. den Werten, die früher zur Deckung gehört haben, soweit die Aufwertung 15 vom Hundert des Goldmarkbetrags übersteigt oder soweit die Aufwertung auf Grund der Vorschriften des § 15 über die Rückwirkung erfolgt ist;
3. einem etwa aus dem sonstigen Vermögen des Schuldners zu leistenden Beitrag.

(2) Von der Teilungsmasse ist nach näherer Bestimmung der Reichsregierung oder der von ihr bestimmten Stelle ein Beitrag zu den Verwaltungskosten abzuziehen, der 10 vom Hundert der Teilungsmasse nicht überschreiten darf.

III. Beteiligung bei Vorbehalt der Rechte, Kündigung und Auslosung.

§ 49.

(1) Trotz Bewirkung der Leistung ist der Gläubiger bei der Verteilung zu berücksichtigen, wenn er sich bei der Annahme der Leistung seine Rechte vorbehalten hat.

(2) Schuldverschreibungen, die gekündigt oder ausgelost sind, aber sich noch im unmittelbaren oder mittelbaren Besitze des Gläubigers befinden, werden zu seinen Gunsten auch dann aufgewertet, wenn bereits eine Abrechnung mit dem Schuldner oder eine Hinterlegung zugunsten des Gläubigers stattgefunden hat.

(3) Schuldverschreibungen, die bei Banken zur Einlösung eingereicht sind, werden, wenn sie sich noch im Besitze der Bank befinden, zugunsten des einreichenden Gläubigers auch dann aufgewertet, wenn bereits eine Abrechnung mit dem Gläubiger oder mit dem Schuldner oder eine Hinterlegung zugunsten des Gläubigers stattgefunden hat. Eine Aufwertung zugunsten der Bank findet nicht statt. Ablieferungen aus dem Besitze der Bank an den Schuldner, die seit dem 1. Juni 1925 erfolgt sind, gelten als nicht geschehen. Entsprechendes gilt für Bankiers und andere Unternehmungen, die die Aufbewahrung und Verwaltung fremder Wertpapiere gewerbs- oder geschäftsmäßig betreiben. Die Reichsregierung wird ermächtigt, Vorschriften über die Anmeldung und den Nachweis des Rechtes der Gläubiger und für den Fall, daß die Rechte nicht rechtzeitig oder ordnungsgemäß angemeldet oder nachgewiesen werden, über den Ausschluß der Rechte zu erlassen.

(4) Gezahlte Beträge sind in den Fällen der Abs. 1 bis 3 in Höhe des Goldmarkbetrags (§§ 2, 3) auf den Aufwertungsbetrag anzurechnen. Hinterlegte Beträge kann der Schuldner auch dann zurücknehmen, wenn er auf das Recht zur Rücknahme verzichtet hatte.

(5) Liegen die Voraussetzungen der Abs. 1 bis 3 nicht vor, so kann im Falle der Bewirkung der Leistung eine Aufwertung auch wegen ungerechtfertigter Bereicherung oder auf Grund einer Anfechtung wegen Irrtums oder aus einem anderen Rechtsgrund nicht verlangt werden. Ansprüche wegen arglistiger Täuschung bleiben unberührt.

IV. Durchführung der Aufwertung.

§ 50.

Die Reichsregierung oder die von ihr bestimmte Stelle trifft die näheren Bestimmungen zur Feststellung der bei der Verteilung zu berücksichtigenden Ansprüche, über die Bildung und Verteilung der Teilungsmasse sowie über den von dem Schuldner zu der Teilungsmasse zu leistenden Beitrag; sie kann bestimmen, daß die Gläubiger durch Gewährung von Goldpfandbriefen oder sonst in anderer Weise befriedigt werden und kann das Abfindungsverfahren regeln. Sie kann ferner Vorschriften zur Sicherstellung der Teilungsmasse und zur Erleichterung und Beschleunigung ihrer Liquidierung erlassen und darüber hinaus zur Ergänzung der Vorschriften dieses Gesetzes die Anordnungen treffen, die sie zur Durchführung der Aufwertung für notwendig erachtet.

Sechster Abschnitt.

Aufwertung von Schuldverschreibungen der Genossenschaften des öffentlichen Rechtes und verwandter Körperschaften als Unternehmer wirtschaftlicher Betriebe.

I. Aufwertungsbetrag.

§ 51.

(1) Ansprüche aus verzinslichen oder an Stelle der Verzinsung mit einem Aufgeld rückzahlbaren auf den Inhaber lautenden oder durch Indossament übertragbaren Schuldverschreibungen, die von juristischen Personen des öffentlichen Rechtes als Unternehmer wirtschaftlicher Betriebe ausgegeben sind, werden ohne Rücksicht darauf, ob sie durch Hypothek gesichert sind, auf 15 vom Hundert des Goldmarkbetrags aufgewertet.

(2) Ob im Einzelfalle die Voraussetzungen des Abs. 1 vorliegen, entscheidet der Reichsminister der Justiz mit Zustimmung des Reichsrats.

(3) Die Länder werden ermächtigt, die Aufwertung von Ansprüchen aus Schuldverschreibungen öffentlich-rechtlicher Kreditanstalten, abweichend von den Vorschriften der §§ 51 bis 54, auf der Grundlage der §§ 47 bis 50 zu regeln, soweit diese auf die bezeichneten Schuldverschreibungen nicht ohnehin Anwendung finden.

II. Herabsetzung der Aufwertung.

§ 52

Der Schuldner kann eine Herabsetzung der Aufwertung verlangen, wenn dies mit Rücksicht auf seine wirtschaftliche Lage zur Abwendung einer groben Unbilligkeit unabweisbar erscheint.

Die Herabsetzung der Aufwertung ist nur zulässig, wenn das Verlangen vor dem 1. April 1926 bei der Aufwertungsstelle gestellt wird. In den Fällen der §§ 203, 204, 206, 207 des Bürgerlichen Gesetzbuchs kann das Verlangen noch bis zum Ablauf von drei Monaten nach Fortfall des Hindernisses gestellt werden.

III. Aufwertung bei Vorbehalt der Rechte, Kündigung und Auslosung.

§ 53.

(1) Trotz Bewirkung der Leistung findet die Aufwertung statt, wenn der Gläubiger sich bei der Annahme der Leistung seine Rechte vorbehalten hat.

(2) Schuldverschreibungen, die gekündigt oder ausgelost sind, aber sich noch im unmittelbaren oder mittelbaren Besitze des Gläubigers befinden, werden zu seinen Gunsten auch dann aufgewertet, wenn bereits eine Abrechnung mit dem Schuldner oder eine Hinterlegung zugunsten des Gläubigers stattgefunden hat.

(3) Schuldverschreibungen, die bei Banken zur Einlösung eingereicht sind, werden, wenn sie sich noch im Besitze der Bank befinden, zugunsten des einreichenden Gläubigers auch dann aufgewertet, wenn bereits eine Abrechnung mit dem Gläubiger oder mit dem Schuldner oder eine Hinterlegung zugunsten des Gläubigers stattgefunden hat. Eine Aufwertung zugunsten der Bank findet nicht statt. Ablieferungen aus dem Besitze der Bank an den Schuldner, die seit dem 1. Juni 1925 erfolgt sind, gelten als nicht geschehen. Entsprechendes gilt für Bankiers und andere Unternehmungen, die die Aufbewahrung und Verwaltung fremder Wertpapiere gewerbs- oder geschäftsmäßig betreiben. Die Reichsregierung wird ermächtigt, Vorschriften über die Anmeldung und den Nachweis des Rechtes der Gläubiger und für den Fall, daß die Rechte nicht rechtzeitig oder ordnungsgemäß angemeldet oder nachgewiesen werden, über den Ausschluß der Rechte zu erlassen.

(4) Gezahlte Beträge werden in den Fällen der Abs. 1 bis 3 zum Goldmarkbetrag (§§ 2, 3) auf den Betrag der Aufwertung angerechnet. Hinterlegte Beträge kann der Schuldner auch dann

zurücknehmen, wenn er auf das Recht zur Rücknahme verzichtet hatte.

(5) Liegen die Voraussetzungen der Abs. 1 bis 3 nicht vor, so kann im Falle der Bewirkung der Leistung eine Aufwertung auch wegen ungerechtfertigter Bereicherung[1]) oder auf Grund einer Anfechtung wegen Irrtums oder aus einem anderen Rechtsgrund nicht verlangt werden. Ansprüche wegen arglistiger Täuschung bleiben unberührt.

IV. Rückzahlung, Verzinsung, Tilgung.

§ 54.

Für die Rückzahlung, Verzinsung und Tilgung der Aufwertungsbeträge gelten die Vorschriften der §§ 25, 26, 28, 29 entsprechend, soweit nicht die Reichsregierung etwas anderes bestimmt.

Siebenter Abschnitt.

Aufwertung von Sparkassenguthaben.

I. Art der Aufwertung.

§ 55.

(1) Sparguthaben bei öffentlichen oder unter Staatsaufsicht stehenden Sparkassen werden in der Weise aufgewertet, daß die Teilungsmasse von einem Treuhänder unter die Gläubiger verteilt wird. Der von dem Treuhänder aufgestellte Teilungsplan bedarf der Genehmigung der obersten Landesbehörde oder einer von ihr bestimmten Stelle. Mit der Genehmigung wird der Teilungsplan verbindlich.

(2) Der bei der Verteilung auf die Sparguthaben entfallende Betrag soll mindestens 12½ vom Hundert des Goldmarkbetrags erreichen, möglichst aber dem Aufwertungssatz entsprechen, der sich für die Anleihen des Schuldners oder seines Garanten ergibt.

II. Teilungsmasse.

§ 56.

Die Teilungsmasse besteht aus dem aufgewerteten Sparkassenvermögen und einem etwa aus dem sonstigen Vermögen

---

[1]) Im amtlichen Text steht „Berechnung"; dies ist ein Druckfehler.

des Schuldners oder durch den Garanten zu leistenden Beitrag unter Abzug eines etwa zu den Verwaltungskosten zu gewährenden Beitrags.

III. Beteiligung an der Teilungsmasse.

§ 57.

(1) Die Gläubiger werden im Verhältnis des Goldmarkbetrags ihrer Forderungen berücksichtigt. Ist ein Guthaben von einer Sparkasse auf eine andere Sparkasse überwiesen worden, so ist der Gläubiger mit dem Goldmarkbetrage zur Zeit des Erwerbes der Forderung gegen die erste Sparkasse bei der Teilungsmasse zu berücksichtigen, die bei der zweiten Sparkasse zu bilden ist. Die oberste Landesbehörde oder die von ihr bestimmte Stelle ordnet einen Ausgleich zwischen beiden Sparkassen an; sind mehrere Länder beteiligt, so entscheiden sie in gegenseitigem Einvernehmen.

(2) Bereits ausgezahlte Guthaben werden bei der Verteilung berücksichtigt, wenn der Gläubiger sich bei der Annahme der Leistung seine Rechte vorbehalten hat. Die Zahlung ist unbeschadet der Vorschrift im § 58 Ziffer 3 in Höhe des Goldmarkbetrags (§§ 2, 3) anzurechnen. Mangels eines Vorbehalts der Rechte kann unbeschadet einer etwa auf Grund des § 58 Ziffer 3 angeordneten Rückwirkung die Aufwertung ausgezahlter Guthaben auch wegen ungerechtfertigter Bereicherung oder auf Grund einer Anfechtung wegen Irrtums oder aus einem anderen Rechtsgrund nicht verlangt werden. Ansprüche wegen arglistiger Täuschung bleiben unberührt.

IV. Durchführung der Aufwertung.

§ 58.

Die obersten Landesbehörden oder die von ihnen bestimmten Stellen werden ermächtigt,

1. die Anmeldung der Guthaben innerhalb einer Ausschlußfrist vorzuschreiben;
2. einen Goldmarkbetrag zu bestimmen, den die Guthaben erreichen müssen, um bei der Verteilung berücksichtigt zu werden und Vorschriften über die Ablösung der Gut-

haben, die bei der Verteilung nicht berücksichtigt werden, zu erlassen;

3. anzuordnen, daß Einzahlungen und Auszahlungen, die nach bestimmtem Stichtag erfolgt sind, bei der Aufwertung unberücksichtigt bleiben; die Stichtage dürfen jedoch nicht vor dem 15. Juni 1922 liegen;

4. die Leistung eines Beitrags zur Teilungsmasse aus dem sonstigen Vermögen des Schuldners oder durch den Garanten vorzuschreiben. Hierbei kann eine Beitragsleistung auch solcher öffentlich-rechtlichen Körperschaften vorgeschrieben werden, die ohne Garant der Sparkasse zu sein, nach deren Satzung an den Überschüssen der Sparkasse zu beteiligen sind oder ohne satzungsmäßige Bestimmung tatsächlich innerhalb der letzten 15 Jahre regelmäßig mit einem erheblichen Anteil an den Überschüssen teilgenommen haben;

5. nähere Bestimmungen über den zur Teilungsmasse zu leistenden Beitrag zu treffen;

6. sonstige Bestimmungen über die Bildung und Verteilung der Teilungsmasse sowie über ihre Liquidierung zu treffen; insbesondere zu gestatten, daß den Schuldnern aufgewerteter Rechte der Sparkassen und den Eigentümern zur Sicherung dieser Rechte belasteter Grundstücke für den Fall vorzeitiger Leistung zur Teilungsmasse eine Kürzung der Schuld oder andere Vergünstigungen gewährt werden;

7. einen einheitlichen Aufwertungssatz (Einheitssatz für sämtliche Sparkassen eines Landes oder einzelner Landesteile oder für bestimmte Arten von Sparkassen (städtische, Bezirks-, Kreis-, Provinzialsparkassen und ähnliche) festzusetzen und zu bestimmen, daß in solchem Falle die Bildung einer Teilungsmasse sowie die Bestellung eines Treuhänders unterbleiben darf. Der Einheitssatz wird unter Zugrundelegung des Gesamtbetrags der aufgewerteten Sparkassenvermögen schätzungsmäßig festgesetzt und darf nicht unterhalb desjenigen Satzes liegen, der sich aus dem Verhältnis der aufgewerteten Sparkassenvermögen zu den aufgewerteten Sparguthaben ergibt;

8. Vorschriften über die Aufbringung der für die Aufwertung zu einem Einheitssatze (Ziffer 7) erforderlichen Beiträge zu treffen; hierbei kann eine Beitragsleistung auch solcher öffentlich-rechtlichen Körperschaften vorgeschrieben werden, die, ohne Garant der Sparkasse zu sein, nach deren Satzung an den Überschüssen der Sparkasse zu beteiligen sind oder ohne satzungsmäßige Bestimmung tatsächlich innerhalb der letzten 15 Jahre regelmäßig mit einem erheblichen Anteil an den Überschüssen teilgenommen haben;
9. einen Mindestsatz für die Aufwertung zu bestimmen;
10. für mehrere Sparkassen die Zusammenlegung der Teilungsmassen und ihre einheitliche Verteilung unter die Gläubiger dieser Sparkassen anzuordnen;
11. die Gewährung eines Beitrags zu den Verwaltungskosten vorzuschreiben und Grundsätze für die Bemessung des Verwaltungskostenbeitrags zu geben;
12. zu bestimmen, daß die Auswechslung von zum Sparkassenvermögen gehörigen Hypotheken zwischen zwei Sparkassen aus Anlaß der Abtretung deutschen Gebiets auf Grund des Versailler Vertrags für die Feststellung des Erwerbstags außer Betracht bleibt.

Achter Abschnitt.

Aufwertung von Versicherungsansprüchen.

I. Geltungsgebiet.

§ 59.

(1) Versicherungsansprüche im Sinne der §§ 60, 61 sind die Ansprüche der Versicherten aus Lebensversicherungsverträgen, ferner die Ansprüche der Versicherten aus solchen Kranken-, Unfall- und Haftpflichtversicherungsverträgen, für die nach gesetzlichen Bestimmungen oder nach Vorschrift der Aufsichtsbehörde vor dem 14. Februar 1924 ein Prämienreservefonds im Sinne der §§ 56 ff. des Versicherungsaufsichtsgesetzes zu bilden war, mit Ausnahme von Ansprüchen aus Haftpflicht-

versicherungsverträgen mit unbegrenzter Deckung. Als Lebensversicherung gilt die Versicherung auf den Lebensfall, auf den Todesfall, Kapitalversicherung, Rentenversicherung usw., ferner die Invaliditäts-, Alters-, Witwen-, Waisen-, Aussteuer- und Militärdienstversicherung, gleichviel ob auf Kapital oder Rente.

(2) Die Reichsregierung oder die von ihr bestimmte Stelle wird ermächtigt, Bestimmungen über die Voraussetzungen, die Art und die Höhe der Aufwertung von Ansprüchen der Versicherten aus Versicherungsverträgen anderer Art zu erlassen.

II. Gegenstand und Art der Aufwertung.

§ 60.

(1) Versicherungsansprüche werden in der Weise aufgewertet, daß das aufgewertete Vermögen der Versicherungsunternehmung nebst einem etwa aus dem sonstigen Vermögen des Schuldners zu leistenden Beitrag einem Treuhänder überwiesen wird.

(2) Der Treuhänder hat den ihm überwiesenen Betrag (Aufwertungsstock) nach Abzug der Verwaltungskosten zugunsten der Versicherten nach einem von der Aufsichtsbehörde genehmigten Teilungsplane zu verwenden. Mit der Genehmigung durch die Aufsichtsbehörde wird der Teilungsplan verbindlich.

(3) Trotz der Bewirkung der Leistung nimmt der Gläubiger an der Verteilung des Aufwertungsstocks teil, wenn er sich bei der Annahme der Leistung seine Rechte vorbehalten hat. Hat der Gläubiger die Leistung in der Zeit vom 15. Juni 1922 bis zum 14. Februar 1924 angenommen, so wird er an dem Aufwertungsstock auch dann beteiligt, wenn er sich bei der Annahme der Leistung seine Rechte nicht vorbehalten hat (Rückwirkung). Die Zahlungen sind unbeschadet der Vorschrift im § 61 in Höhe des Goldmarkbetrags (§§ 2, 3) anzurechnen. Liegen diese Voraussetzungen nicht vor, so kann im Falle der Bewirkung der Leistung die Aufwertung auch wegen ungerechtfertigter Bereicherung oder auf Grund einer Anfechtung wegen Irrtums oder aus einem anderen Rechtsgrund nicht verlangt werden. Ansprüche wegen arglistiger Täuschung bleiben unberührt.

III. Durchführung der Aufwertung.

§ 61.

Die Reichsregierung oder die von ihr bestimmte Stelle trifft die näheren Bestimmungen über die Berechnung der Versicherungsansprüche, über die Bildung, Erhaltung, Liquidierung und Verteilung des Aufwertungsstocks sowie über den von dem Schuldner zum Aufwertungsstocke zu leistenden Beitrag; sie kann einen Goldmarkbetrag bestimmen, den die Versicherungsansprüche erreichen müssen, um bei der Verteilung berücksichtigt zu werden. Sie kann zulassen, daß in besonderen Fällen die Durchführung des Aufwertungsverfahrens in anderer Weise als durch Überweisung des Aufwertungsstocks an einen Treuhänder erfolgt und besondere Vorschriften für Ansprüche aus Versicherungsverträgen mit ausländischen, nicht unter Reichsaufsicht stehenden Unternehmungen erlassen. Darüber hinaus kann sie zur Ergänzung der Vorschriften dieses Gesetzes die Anordnungen treffen, die sie zur Durchführung der Aufwertung für notwendig erachtet.

Neunter Abschnitt.

Aufwertung anderer Ansprüche.

I. Allgemeine Bestimmung.

§ 62.

Die Aufwertung anderer als der in den §§ 4 bis 61 bezeichneten Ansprüche richtet sich nach den allgemeinen Vorschriften, soweit sich nicht aus den Vorschriften der §§ 63 bis 66 ein anderes ergibt.

II. Aufwertung von Vermögensanlagen.

§ 63.

(1) Die Aufwertung von Vermögensanlagen darf 25 vom Hundert des Goldmarkbetrags (§§ 2, 3) nicht übersteigen. Die Vorschriften der §§ 14, 15, 17 bis 19 über den Vorbehalt der Rechte und die Rückwirkung finden entsprechende Anwendung.

(2) Als Vermögensanlagen im Sinne des Abs. 1 gelten nicht:

1. Ansprüche aus Gesellschaftsverträgen und anderen Beteiligungsverhältnissen;
2. Ansprüche aus Gutsüberlassungsverträgen sowie Ansprüche, die auf den Beziehungen aus der Auseinandersetzung unter Miterben, unter Ehegatten, unter geschiedenen Ehegatten, unter Eltern und Kindern oder zwischen Erben und Pflichtteilberechtigten oder Vermächtnisnehmern beruhen;
3. Ansprüche, die auf den Beziehungen zwischen unterhaltsberechtigten und unterhaltsverpflichteten Personen beruhen;
4. Ansprüche auf wiederkehrende Leistungen, die bei Abfindungen, Auseinandersetzungen, Überlassungen oder ähnlichen Rechtsvorgängen begründet sind;
5. Ansprüche auf Entrichtung eines Erbbauzinses;
6. Guthaben bei Fabrik- oder Werksparkassen sowie Ansprüche an Betriebs-Pensionskassen (§ 64). Die Vorschrift, daß die Guthaben und Ansprüche kraft Gesetzes nicht Vermögensanlagen sind, gilt nicht, soweit die Mittel der Kasse aus freiwilligen Zuwendungen des Arbeitgebers herrühren; sie gilt auch nicht, sofern das Vermögen der Kasse gesondert vom Betriebsvermögen des Arbeitgebers zu verwalten und anzulegen war und verwaltet und angelegt worden ist.

(3) Als Vermögensanlagen im Sinne des Abs. 1 gelten ferner nicht Ansprüche aus gegenseitigen Verträgen. Soweit zum Zwecke der Versorgung von Arbeitern oder Angestellten eine Versicherung abgeschlossen ist, bleiben etwa daneben bestehende Versorgungsansprüche aus dem Anstellungsverhältnis unberührt. Ist der Arbeiter oder Angestellte bei seinem Arbeitgeber versichert, so wird das Vorliegen eines solchen Versorgungsanspruchs aus dem Dienstvertrage vermutet.

(4) In den Fällen des Abs. 1 sowie des Abs. 2 Ziffer 1 bis 4 kann das Gericht über die Fälligkeit und die Verzinsung nach billigem Ermessen entscheiden. Über das aus §§ 25, 26, 28 ersichtliche Maß hinaus darf jedoch ohne Zustimmung des Gläubigers Stundung oder Zinsermäßigung nicht gewährt werden.

(5) Die Länder werden ermächtigt, im Wege der Gesetzgebung Vorschriften über die Aufwertung von Erbpachtzinsen (Kanon), Grundmieten, Erbleihen und ähnlichen Ansprüchen zu erlassen.

III. Aufwertung von Guthaben bei Fabrik- und Werksparkassen sowie von Ansprüchen an Betriebs-Pensionskassen.

§ 64.

Über die Höhe der Aufwertung der Guthaben bei Fabrik- und Werksparkassen sowie der Ansprüche an Betriebs-Pensionskassen entscheidet im Streitfall die Aufwertungsstelle. Die Reichsregierung wird ermächtigt, nähere Bestimmungen über die Abgrenzung des Begriffs der Fabrik- und Werksparkasse und der Betriebs-Pensionskasse, der freiwilligen Zuwendungen und der gesonderten Verwaltung und Anlegung über den Ausgleich der Guthaben durch geleistete Zahlungen sowie über Zeit und Art der Auszahlung der Guthaben, ferner über die Zusammensetzung und das Verfahren der Aufwertungsstelle zu treffen.

IV. Aufwertung von Kontokorrentforderungen und Bankguthaben.

1. Aufwertung von Kontokorrentforderungen.

§ 65.

Ansprüche aus einem Kontokorrent oder einer anderen laufenden Rechnung, einschließlich der Ansprüche aus dem Postscheckverkehr, werden ohne Rücksicht darauf, ob sie durch Hypothek gesichert sind, unbeschadet anderweitiger Vereinbarungen nicht aufgewertet, es sei denn, daß es sich um eine Einlage des Arbeitnehmers bei seinem Arbeitgeber oder um Ansprüche der im § 63 Abs. 2 bezeichneten Art handelt.

2. Aufwertung von Bankguthaben.

§ 66.

(1) Ansprüche aus einem Darlehen oder einem Verwahrungsvertrage der im § 700 des Bürgerlichen Gesetzbuchs bezeichneten Art werden ohne Rücksicht darauf, ob sie durch Hypothek gesichert sind, unbeschadet anderweitiger Vereinbarungen, nicht

aufgewertet, wenn sie sich gegen ein Unternehmen richten, dessen Geschäftsbetrieb der Anschaffung und Darleihung von Geld dient und nicht der Schuldner das Geld vereinbarungsgemäß in wertbeständigen oder aufgewerteten Vermögensgegenständen anzulegen hat.

(2) Die Vorschrift des Abs. 1 gilt nicht, wenn es sich um eine Einlage des Arbeitnehmers bei seinem Arbeitgeber oder um Ansprüche der im § 63 Abs. 2 bezeichneten Art handelt.

(3) Darlehnsansprüche der im Abs. 1 bezeichneten Art sind wie Vermögensanlagen aufzuwerten, wenn sie aus einer ehemaligen Geschäftsbeteiligung entstanden sind und als solche mehr als 5 Jahre bestanden haben.

Zehnter Abschnitt.

Vergleiche und andere Vereinbarungen über die Aufwertung — Gerichtliche Entscheidungen.

I. Vergleiche und andere Vereinbarungen.

§ 67.

(1) Vergleiche über Ansprüche der in den §§ 4 bis 61 und im § 63 Abs. 1 bezeichneten Art, die den Zweck hatten, den Streit oder die Ungewißheit über die Höhe des infolge der Geldentwertung zu zahlenden Betrags zu beseitigen, bleiben mit der aus Abs. 2 sich ergebenden Ausnahme unberührt. Soweit der vereinbarte Aufwertungsbetrag 25 vom Hundert des Goldmarkbetrags übersteigt, gilt die Vereinbarung als Begründung eines neuen Schuldverhältnisses. Betrifft der Vergleich eine Hypothek, Grundschuld, Rentenschuld oder Reallast oder ein Schiffs- oder Bahnpfandrecht, so findet die Vorschrift des § 6 bis zur Höhe von 25 vom Hundert des Goldmarkbetrags Anwendung.

(2) Der Aufwertung nach den Vorschriften dieses Gesetzes steht ein Vergleich nicht entgegen, wenn er in der Zeit vom 15. Juni 1922 bis zum 14. Februar 1924 geschlossen ist. Dies gilt nicht, wenn der Gläubiger Kaufmann war und den Vergleich im Betriebe seines Handelsgewerbes geschlossen hat; soweit die

Aufwertung zugunsten einer Teilungsmasse (Aufwertungsstock) erfolgt (§§ 48, 51 Abs. 3, §§ 56, 60), bewendet es bei der Vorschrift des Satzes 1.

(3) Vereinbarungen über die Aufwertung können auch in Zukunft getroffen werden. Die Vorschriften des Abs. 1 Satz 2, 3 finden Anwendung.

II. Gerichtliche Entscheidungen.

§ 68.

(1) Ist die Aufwertung von Ansprüchen der in den §§ 4 bis 61 und im § 63 Abs. 1 bezeichneten Art durch eine rechtskräftige gerichtliche Entscheidung geregelt, so behält es dabei mit den aus Abs. 2 sich ergebenden Maßnahmen sein Bewenden.

(2) Der Anwendung der §§ 15 bis 24 über die Aufwertung kraft Rückwirkung steht eine rechtskräftige gerichtliche Entscheidung nicht entgegen.

Elfter Abschnitt.

Aufwertungsverfahren.

I. Zuständigkeit der Aufwertungsstelle.

1. Gesetzliche Zuständigkeit.

§ 69.

Besteht Streit darüber, in welcher Höhe Ansprüche der in §§ 4 bis 54 bezeichneten Art aufgewertet sind, so entscheidet hierüber ausschließlich die Aufwertungsstelle. Dies gilt auch für den Fall, daß die Höhe der Aufwertung der durch Hypothek gesicherten Forderung sich nach allgemeinen Vorschriften bestimmt (§ 10).

§ 70.

Die Aufwertungsstelle ist, soweit es sich um Ansprüche der in den §§ 4 bis 54 und im § 64 bezeichneten Art handelt, weiter zuständig:

1. für die Ermittlung des Wehrbeitragswerts im Falle des § 7 Abs. 2;

2. für die Entscheidung über die Härtevorschriften der §§ 8, 15, 16, 34, 52;
3. für die Aufteilung einer Gesamthypothek im Falle des § 23;
4. für die Anordnung einer Teil- oder Vorleistung im Falle der §§ 26, 27;
5. für die Entscheidung über die Höhe der Aufwertung der Guthaben bei Fabrik- und Werksparkassen und der Ansprüche an Betriebs-Pensionskassen gemäß § 64.

2. Vereinbarte Zuständigkeit.

§ 71.

Die Zuständigkeit der Aufwertungsstelle kann für die Entscheidung der Frage, ob ein nach den Vorschriften dieses Gesetzes aufgewerteter Anspruch besteht, sowie auch für andere mit der Aufwertung zusammenhängende Ansprüche vereinbart werden, auf die sich die Vorschriften der §§ 1 bis 54 und des § 64 nicht erstrecken.

II. Einrichtung der Aufwertungsstelle.

§ 72.

Die Aufwertungsstelle wird von der Reichsregierung nach Anhörung des Reichsrats bestimmt. Die Reichsregierung kann mit Zustimmung des Reichsrats die obersten Landesbehörden zur Bezeichnung von Aufwertungsstellen ermächtigen.

III. Verfahren vor der Aufwertungsstelle.

1. Allgemeine Vorschriften.

§ 73.

(1) Soweit nicht in diesem Abschnitt oder auf Grund des § 64 etwas anderes bestimmt ist, finden auf das Verfahren die Vorschriften des Reichsgesetzes über die Angelegenheiten der freiwilligen Gerichtsbarkeit sinngemäß Anwendung; die Reichsregierung kann mit Zustimmung des Reichsrats die Bestimmungen treffen, die sie zum Zwecke der Anpassung an die

besonderen Bedürfnisse des Aufwertungsverfahrens für nötig erachtet.

(2) Die Aufwertungsstelle hat den Versuch einer gütlichen Einigung zu machen, sofern nicht die Erfolglosigkeit des Sühneverfahrens mit Bestimmtheit vorherzusehen ist.

2. Rechtsmittel.

§ 74.

(1) Gegen die Entscheidung der Aufwertungsstelle findet die sofortige Beschwerde statt. Über die sofortige Beschwerde entscheidet das Landgericht. Gegen die Entscheidung des Beschwerdegerichts ist die sofortige weitere Beschwerde an das Oberlandesgericht zulässig, wenn die Entscheidung auf einer Verletzung des Gesetzes beruht. Die Frage, ob im einzelnen Falle die Vorschriften der §§ 8 Abs. 1, 15, 34, 52 richtig angewendet sind, unterliegt nicht der Nachprüfung durch das Oberlandesgericht. Die Vorschriften des § 28 Abs. 2, 3 und des § 199 des Reichsgesetzes über die Angelegenheiten der freiwilligen Gerichtsbarkeit finden entsprechende Anwendung.

(2) Gegen die Entscheidung der Aufwertungsstelle kann unter Übergehung der Beschwerdeinstanz unmittelbar die sofortige weitere Beschwerde eingelegt werden, wenn der Gegner einwilligt. Die schriftliche Erklärung der Einwilligung ist bei der Einlegung der sofortigen weiteren Beschwerde einzureichen.

3. Rechtskraft und Vollstreckbarkeit.

§ 75.

Die rechtskräftige Entscheidung der Aufwertungsstelle ist für die Gerichte und Verwaltungsbehörden bindend. Aus der rechtskräftigen Entscheidung der Aufwertungsstelle über die Kosten sowie aus einem vor der Aufwertungsstelle abgeschlossenen Vergleich findet die Zwangsvollstreckung nach den Vorschriften der Zivilprozeßordnung statt; das gleiche gilt für rechtskräftige Entscheidungen, für die die Zuständigkeit der Aufwertungsstelle vereinbart ist.

4. Kosten.

§ 76.

(1) Die Aufwertungsstelle erhebt nach Maßgabe der Durchführungsbestimmungen eine Gebühr und verteilt die Kosten auf die Beteiligten nach billigem Ermessen.

(2) Die Reichsregierung wird ermächtigt, weitere Vorschriften über die in Aufwertungssachen erwachsenden Gebühren und Kosten zu erlassen.

IV. Aussetzung des Verfahrens vor dem Prozeßgericht.

§ 77.

In bürgerlichen Rechtsstreitigkeiten ist das Verfahren auf Antrag auszusetzen, soweit die Entscheidung von der Höhe der Aufwertung eines der in den §§ 4 bis 61, § 64 bezeichneten Ansprüche abhängt. Der Antrag auf Aussetzung kann vor dem Gerichtsschreiber zu Protokoll erklärt werden.

Zwölfter Abschnitt.

Schluß- und Übergangsbestimmungen.

I. Leistungen aus der Zeit vor dem Inkrafttreten des Gesetzes.

§ 78.

Eine Aufwertung nach den Vorschriften dieses Gesetzes findet auch dann statt, wenn der Gläubiger nach dem 13. Februar 1924 eine Leistung angenommen hat. Dies gilt auch dann, wenn die Leistung auf Grund einer gerichtlichen Entscheidung bewirkt ist. Die Leistung ist in Höhe des Goldmarkbetrags (§§ 2, 3) auf den Aufwertungsbetrag anzurechnen. Die Vorschriften der §§ 16, 18 bis 24 finden entsprechende Anwendung.

§ 79.

(1) Dem Verwalter eines fremden Vermögens fällt ein zum Schadenersatze verpflichtendes Verschulden nicht zur Last, wenn er im Vertrauen auf den Stand der Gesetzgebung oder der Rechtsprechung bei der Annahme von Leistungen oder den sonstigen

Verfügungen über Ansprüche, die der Aufwertung nach den Vorschriften dieses Gesetzes unterliegen, mit einer Aufwertung nicht gerechnet hat.

(2) Die Vorschrift des Abs. 1 findet entsprechende Anwendung auf Personen, die bei der Erteilung von Rat oder Auskunft mit einer Aufwertung nicht gerechnet haben.

II. Bilanzvorschriften.

§ 80.

Ist vor dem Inkrafttreten dieses Gesetzes eine Bilanz nach Maßgabe der bisherigen Vorschriften über die Aufwertung aufgestellt worden, so hat es hierbei sein Bewenden. Eine auf die Vorschriften dieses Gesetzes gegründete Beanstandung der Bilanz durch die Beteiligten wird, soweit eine hierfür bestimmte Frist beim Inkrafttreten dieses Gesetzes noch nicht abgelaufen ist, hierdurch nicht ausgeschlossen.

§ 81.

(1) Hat eine Aktiengesellschaft einen der Aufwertung unterliegenden Anspruch als Passivum in die Bilanz eingestellt und ergibt sich auf Grund der Vorschriften dieses Gesetzes für den Anspruch eine höhere Aufwertung als bisher, so ist die Aktiengesellschaft berechtigt, den Unterschied zwischen dem nach den bisherigen Vorschriften maßgebenden Aufwertungsbetrag und dem höheren Betrage, der sich auf Grund der neuen Vorschriften ergibt, als Aufwertungsausgleichsposten in die Aktiva der Bilanz einzustellen. Entsprechendes gilt, wenn ein in der Bilanz nicht berücksichtigter Anspruch erst durch dieses Gesetz aufgewertet ist.

(2) Macht die Gesellschaft von dieser Befugnis Gebrauch, so ist sie verpflichtet,

1. in der Bilanz den Bestand an den durch dieses Gesetz erhöht oder neu aufgewerteten Schulden gesondert anzugeben und sie gesondert von anderen Schulden zu bewerten;
2. das Aufwertungsausgleichskonto durch jährliche Abschreibungen nach den Grundsätzen kaufmännischer Geschäftsgebarung zu tilgen. Die Länder können allgemein oder für den einzelnen Fall den Mindestbetrag der Abschreibungen festsetzen.

(3) Diese Vorschriften finden auf eingetragene Genossenschaften, auf Unternehmungen anderer Art, für deren Bilanzen kraft Gesetzes oder auf Grund der Satzung die für Aktiengesellschaften geltenden bilanzrechtlichen Bestimmungen des Handelsgesetzbuchs maßgebend sind, sowie auf Gesellschaften mit beschränkter Haftung entsprechende Anwendung.

(4) Der Reichsminister der Justiz wird ermächtigt, Unternehmungen, die den Verpflichtungen gemäß Abs. 2, 3, zuwiderhandeln, die im Abs. 1 gewährte Befugnis zu entziehen.

III. Anhängige Rechtsstreitigkeiten.

1. Erledigung.

§ 82.

Findet infolge der Vorschriften dieses Gesetzes ein anhängiger Rechtsstreit seine Erledigung, so trägt jede Partei die ihr entstandenen außergerichtlichen Kosten. Die Gerichtskosten werden niedergeschlagen.

2. Fortbetrieb.

§ 83.

Hat in einem anhängigen Rechtsstreit auf Grund des Gesetzes, betreffend Aussetzung des Verfahrens vor Gerichten und Aufwertungsstellen, vom 17. Februar 1925 (Reichsgesetzbl. I S. 15) eine Aussetzung der Verhandlung stattgefunden, so hat das Gericht auf Antrag einer Partei die Anordnung der Aussetzung wieder aufzuheben; entsprechendes gilt für das Verfahren vor der Aufwertungsstelle. Dies gilt nicht für das Rechtsmittelverfahren vor den Finanzgerichten und dem Reichsfinanzhof, soweit es sich um Ansprüche auf Grund der Vorschriften der Dritten Steuernotverordnung über den Geldentwertungsausgleich bei Schuldverschreibungen und der zu ihrer Durchführung erlassenen Bestimmungen handelt.

IV. Aufwertungsansprüche Hilfsbedürftiger.

§ 84.

Bei der Festsetzung einer Unterstützung öffentlich-rechtlicher Art bleibt das Einkommen des Hilfsbedürftigen aus Ansprüchen, die der Aufwertung nach diesem Gesetz unterliegen, außer Ansatz, soweit es den Betrag von 270 Reichsmark für das Jahr nicht übersteigt. Erhält der Hilfsbedürftige zugleich eine Vorzugsrente nach Maßgabe §§ 18 bis 26, 37 des Gesetzes über die Ablösung öffentlicher Anleihen, so bleiben die im Satz 1 bezeichneten Einnahmen und die Vorzugsrente bis zum Gesamtbetrage von 270 Reichsmark für das Jahr außer Ansatz.

§ 85.

Soweit die öffentliche Fürsorge ihre Hilfe davon abhängig machen darf, daß die Rückzahlung der für den Hilfsbedürftigen aufgewendeten Kosten sichergestellt wird (§ 9 der Reichsgrundsätze über Voraussetzung, Art und Maß der öffentlichen Fürsorge vom 4. Dezember 1924, Reichsgesetzbl. I S. 765), dürfen Ansprüche des Hilfsbedürftigen, die der Aufwertung nach diesem Gesetz unterliegen, nur nach Maßgabe von Vorschriften herangezogen werden, die die Reichsregierung mit Zustimmung des Reichsrats hierüber erläßt.

V. Fremdenrecht.

§ 86.

(1) Soweit Reichsangehörige in einem fremden Staate hinsichtlich der Aufwertung ungünstiger behandelt werden als dessen eigene Angehörige, wird die Reichsregierung ermächtigt, eine entsprechende unterschiedliche Behandlung der Angehörigen dieses Staates anzuordnen.

(2) Sofern nach der Gesetzgebung eines fremden Staates dieser Staat oder seine Angehörigen nicht verpflichtet sind, Reichsangehörigen einen höheren Betrag zu zahlen, als den, der ihnen im Deutschen Reiche unter den gleichen Bedingungen auf Grund der deutschen Aufwertungsbestimmungen zufallen würde, wird die Reichsregierung ermächtigt, einem solchen Staate gegenüber eine entsprechende Regelung zu treffen.

(3) Die Reichsregierung wird ermächtigt, die Aufwertung der im § 1 bezeichneten Ansprüche zugunsten der Angehörigen solcher Staaten auszuschließen, nach deren Recht diese Ansprüche einer Aufwertung nicht unterliegen.

VI. Internationale Vereinbarungen.

§ 87.

Rechte, Ansprüche und Befugnisse, die auf internationalen Vereinbarungen oder den zu ihrer Durchführung erlassenen Gesetzen beruhen, oder die zur Erfüllung von Verpflichtungen aus solchen Vereinbarungen begründet sind, bleiben unberührt.

VII. Inkrafttreten und Durchführung des Gesetzes.

§ 88.

(1) Dieses Gesetz tritt mit Wirkung vom 15. Juli 1925 in Kraft.

(2) Die Reichsregierung wird ermächtigt, die zur Durchführung dieses Gesetzes, insbesondere auch zur Erleichterung des Grundbuchverkehrs, erforderlichen Rechtsverordnungen und allgemeinen Verwaltungsvorschriften zu erlassen; sie kann die Erteilung eines Hypotheken- oder Grundschuldbriefs für Rechte, deren Aufwertungsbeträge ein gewisses Maß nicht übersteigen, nachträglich ausschließen. Die Reichsregierung oder die von ihr bestimmte Stelle kann ferner besondere Vorschriften über den Ausgleich von Ansprüchen und Gegenansprüchen zwischen denselben Parteien und über die Zulässigkeit und Anrechnung von Sachleistungen sowie die Berücksichtigung eines mit Rücksicht auf eine vorzeitige Zahlung angemessenen Zwischenzinses erlassen.

Berlin, den 16. Juli 1925.

Der Reichspräsident

von Hindenburg.

Der Reichsminister der Justiz

Dr. Frenken.

Zeit		Wert von ... Papiermark	in Goldmark
1918			
Januar—Juni		10	8,00
Juli		10	7,14
August		10	6,90
September—Oktober		10	6,45
November		10	5,71
Dezember		10	5,00
1919			
Januar		10	5,13
Februar		10	4,65
März		10	4,00
April		10	3,41
Mai		10	3,32
Juni		10	3,11
Juli		10	2,86
August		10	2,29
September		10	1,88
Oktober		10	1,66
November		10	1,26
Dezember		10	1,04
1920			
Januar	1.—10.	100	9,67
	11.—20.	100	7,75
	21.—31.	100	5,76
Februar	1.—10.	100	4,90
	11.—20.	100	5,06
	21.—29.	100	4,86
März	1.—10.	100	4,87
	11.—20.	100	6,12
	21.—31.	100	5,79
April	1.—10.	100	7,00
	11.—20.	100	6,99
	21.—30.	100	7,10
Mai	1.—10.	100	7,86
	11.—20.	100	8,79
	21.—31.	100	11,01
Juni	1.—10.	100	10,32
	11.—20.	100	10,64
	21.—30.	100	11,19
Juli	1.—10.	100	11,10
	11.—20.	100	10,91
	21.—31.	100	10,05

Zeit		Wert von ... Papiermark	in Goldmark
August	1.—10. . . .	100	9,23
	11.—20. . . .	100	8,83
	21.—31. . . .	100	8,40
September	1.—10. . . .	100	8,24
	11.—20. . . .	100	6,80
	21.—30. . . .	100	6,80
Oktober	1.—10. . . .	100	6,87
	11.—20. . . .	100	6,39
	21.—31. . . .	100	6,22
November	1.—10. . . .	100	5,57
	11.—20. . . .	100	5,83
	21.—30. . . .	100	6,65
Dezember	1.—10. . . .	100	6,38
	11.—20. . . .	100	6,27
	21.—31. . . .	100	6,20
1921			
Januar	1.—10. . . .	100	6,05
	11.—20. . . .	100	6,62
	21.—31. . . .	100	7,41
Februar	1.—10. . . .	100	6,90
	11.—20. . . .	100	7,26
	21.—28. . . .	100	7,01
März	1.—10. . . .	100	7,01
	11.—20. . . .	100	7,09
	21.—31. . . .	100	7,12
April	1.—10. . . .	100	7,24
	11.—20. . . .	100	7,15
	21.—30. . . .	100	6,77
Mai	1.—10. . . .	100	6,77
	11.—20. . . .	100	7,42
	21.—31. . . .	100	7,32
Juni	1.—10. . . .	100	6,88
	11.—20. . . .	100	6,61
	21.—30. . . .	100	6,39
Juli	1.—10. . . .	100	6,34
	11.—20. . . .	100	6,25
	21.—31. . . .	100	5,88
August	1.—10. . . .	100	5,32
	11.—20. . . .	100	4,96
	21.—31. . . .	100	5,01
September	1.—10. . . .	100	4,82
	11.—20. . . .	100	4,31
	21.—30. . . .	100	4,07

Zeit		Wert von ... Papiermark	in Goldmark
Oktober	1.—10. . . .	100	3,88
	11.—20. . . .	100	3,23
	21.—31. . . .	100	2,98
November	1.—10. . . .	100	2,24
	11.—20. . . .	100	2,06
	21 —30. . . .	100	1,92
Dezember	1.—10. . . .	100	2,37
	11.—20. . . .	100	2,56
	21.—31. . . .	100	2,55
1922			
Januar	1.—10. . . .	100	2,52
	11.—20. . . .	100	2,50
	21.—31. . . .	100	2,28
Februar	1.—10. . . .	100	2,30
	11.—20. . . .	100	2,24
	21.—28. . . .	100	2,08
März	1.—10. . . .	100	1,86
	11.—20. . . .	100	1,70
	21.—31. . . .	100	1,43
April	1.—10. . . .	100	1,43
	11.—20. . . .	100	1,50
	21.—30. . . .	100	1,59
Mai	1.—10. . . .	100	1,50
	11.—20. . . .	100	1,49
	21.—31. . . .	100	1,51
Juni	1.—10. . . .	100	1,52
	11.—20. . . .	100	1,37
	21.—30. . . .	100	1,26
Juli	1.—10. . . .	1 000	9,50
	11.—20. . . .	1 000	9,70
	21.—31. . . .	1 000	8,46
August	1.—10. . . .	1 000	6,06
	11.—20. . . .	1 000	4,88
	21.—31. . . .	1 000	3,16
September	1.—10. . . .	1 000	3,33
	11.—20. . . .	1 000	3,09
	21.—30. . . .	1 000	3,05
Oktober	1.—10. . . .	1 000	2,13
	11.—20. . . .	1 000	1,65
	21.—31. . . .	1 000	1,11
November	1.—10. . . .	10 000	7,60
	11.—20. . . .	10 000	6,79
	21.—30. . . .	10 000	6,62

Zeit		Wert von ... Papiermark	in Goldmark
Dezember	1.—10. . . .	10 000	5,80
	11.—20. . . .	10 000	6,18
	21.—31. . . .	10 000	6,34
	1923		
Januar	1.—10. . . .	10 000	4,94
	11.—20. . . .	10 000	3,22
	21.—31. . . .	10 000	1,87
Februar	1.—10. . . .	10 000	1,35
	11.—20. . . .	10 000	1,87
	21.—28. . . .	10 000	1,86
März	1.—10. . . .	10 000	1,95
	11.—20. . . .	10 000	2,06
	21.—31. . . .	10 000	2,04
April	1.—10. . . .	10 000	2,02
	11.—20. . . .	10 000	1,92
	21.—30. . . .	10 000	1,57
Mai	1.—10. . . .	10 000	1,29
	11.—20. . . .	10 000	1,09
	21.—31. . . .	100 000	8,40
Juni	1.	100 000	6,47
	2.	100 000	6,82
	4.	100 000	6,83
	5.	100 000	6,71
	6.	100 000	6,30
	7.	100 000	6,17
	8.	100 000	6,18
	9.	100 000	6,09
	11.	100 000	5,79
	12.	100 000	5,29
	13.	100 000	4,94
	14.	100 000	4,73
	15.	100 000	4,26
	16.	100 000	3,86
	18.	100 000	3,66
	19.	100 000	3,80
	20.	100 000	3,79
	21.	100 000	3,82
	22.	100 000	3,89
	23.	100 000	3,94
	25.	100 000	3,58
	26.	100 000	3,26
	27.	100 000	3,08
	28.	100 000	3,00
	29.	100 000	2,92
	30.	100 000	2,87

Zeit		Wert von ... Papiermark	in Goldmark
Juli	2.	100 000	2,73
	3.	100 000	2,68
	4.	100 000	2,54
	5.	100 000	2,43
	6.	100 000	2,37
	7.	100 000	2,32
	9.	100 000	2,28
	10.	100 000	2,25
	11.	100 000	2,25
	12.	100 000	2,21
	13.	100 000	2,10
	16.	100 000	1,99
	17.	100 000	1,75
	19.	100 000	1,52
	20.	100 000	1,33
	23.	1 Million	9,83
	24.	1 "	8,39
	26.	1 "	6,01
	27.	1 "	5,16
	30.	1 "	4,49
	31.	1 "	4,37
August	1.	1 "	3,98
	3.	1 "	2,63
	6.	1 "	1,68
	7.	1 "	1,32
	8.	1 "	1,18
	9.	1 "	1,20
	10.	1 "	1,33
	13.	1 "	1,42
	14.	1 "	1,50
	15.	1 "	1,47
	16.	1 "	1,25
	17.	10 Millionen	9,81
	20.	10 "	8,44
	21.	10 "	7,98
	22.	10 "	8,51
	23.	10 "	8,46
	24.	10 "	7,90
	27.	10 "	6,86
	28.	10 "	5,45
	29.	10 "	4,86
	30.	10 "	4,67
	31.	10 "	4,53
September	3.	10 "	3,62
	4.	10 "	2,42
	5.	10 "	1,51
	6.	10 "	1,17

Zeit		Wert von ... Papiermark	in Goldmark
September	7.	100 Millionen	9,43
	10.	100 „	7,52
	11.	100 „	6,29
	12.	100 „	5,52
	13.	100 „	4,70
	14.	100 „	3,84
	17.	100 „	2,97
	18.	100 „	2,59
	19.	100 „	2,73
	20.	100 „	2,87
	21.	100 „	3,33
	24.	100 „	3,20
	25.	100 „	3,23
	26.	100 „	2,94
	27.	100 „	2,31
	28.	100 „	1,78
Oktober	1.	100 „	1,35
	2.	100 „	1,07
	3.	1 Milliarde	9,21
	4.	1 „	7,71
	5.	1 „	6,10
	8.	1 „	3,38
	9.	1 „	1,93
	10.	1 „	1,41
	11.	1 „	1,27
	12.	1 „	1,31
	15.	1 „	1,12
	16.	10 Milliarden	8,06
	17.	10 „	5,44
	18.	10 „	2,26
	19.	10 „	1,23
	22.	100 „	8,18
	23.	100 „	7,02
	24.	100 „	6,65
	25.	100 „	6,65
	26.	100 „	6,72
	27.	100 „	6,79
	29.	100 „	6,60
	30.	100 „	5,05
	31.	100 „	2,57
November	1.	100 „	1,53
	2.	100 „	1,14
	3.	100 „	1,04
	5.	1 Billion	8,85
	6.	1 „	7,69
	7.	1 „	6,97
	8.	1 „	7,12

Zeit		Wert von ... Papiermark	in Goldmark
November	9.	1 Billion	7,28
	10.	1 "	6,70
	12.	1 "	5,27
	13.	1 "	3,19
	14.	1 "	2,19
	15.	1 "	1,72
	16.	1 "	1,67
	17.	1 "	1,36
	19.	1 "	1,15
	20.	1 "	1,00
	21.	1 "	1,00
	22.	1 "	1,00
	23.	1 "	1,00
	24.	1 "	1,00
	26.	1 "	1,00
	27.	1 "	1,00
	28.	1 "	1,00
	29.	1 "	1,00
	30. und folgende Tage . .	1 "	1,00

Erster Abschnitt.

Allgemeine Bestimmungen.

I. Gegenstand der Aufwertung.

§ 1.

(1) Ansprüche, die auf vor dem 14. Februar 1924 begründeten Rechtsverhältnissen beruhen und die Zahlung einer bestimmten in Mark oder einer anderen nicht mehr geltenden inländischen Währung ausgedrückten Geldsumme zum Gegenstande haben, werden nach Maßgabe dieses Gesetzes aufgewertet, wenn sie durch den Währungsverfall betroffen sind. Dies gilt nicht, wenn der verbliebene Goldwert das für die Aufwertung vorgesehene Maß erreicht oder übersteigt.

(2) Soweit die Aufwertung durch ein Sondergesetz geregelt ist, finden die Vorschriften dieses Gesetzes keine Anwendung.

1 **Voraussetzung der Aufwertung.** Unter Anspruch ist nach § 194 BGB. zu verstehen das Recht, von einem andern ein Tun oder ein Unterlassen zu verlangen. Die Aufwertung ist von folgenden Voraussetzungen abhängig:

a) Es muß sich um Rechtsverhältnisse handeln, die vor dem 14. 2. 1924 begründet worden sind. Der 14. 2. 1924 war der Tag, an dem die 3. St.N.V. verkündet worden und in Kraft getreten ist. Die früher vereinzelt aufgeworfene Streitfrage, ob die 3. St.N.V. rechtzeitig verkündet worden ist (K.G. 20. 10. 1924, 9 Aw. 22. 24, D.J.Z. 1925, S. 263), spielt jetzt keine Rolle mehr. Auch die 3. St.N.V. beschränkte die Aufwertung auf die Zeit vor dem 14. 2. 1924. Die dortige Fassung, die es zweifelhaft ließ, ob die Ansprüche oder die Rechtsverhältnisse vor dem 14. 2. 1924 begründet sein mußten, ist jetzt einwandfrei dahin berichtigt worden, daß die Rechtsverhältnisse gemeint sind. Es kommt auf den Zeitpunkt der Begründung des Rechtsverhältnisses an, nicht auf den Zeitpunkt der Entstehung des Anspruches. So unterliegt auch folgender Anspruch dem AwG: Der Käufer des Grundstücks übernimmt vor dem 14. 2. 1924 die auf dem Grundstücke eingetragene (Darlehns-,

Restkaufgeld- usw.) Hypothek nebst der zugrunde liegenden persönlichen Forderung. Der Gläubiger genehmigt die Schuldübernahme erst nach dem 13. 2. 1924. Die persönliche Forderung gegen den Käufer hat der Gläubiger erst nach dem 13. 2. 1924 erworben; dieser Anspruch beruht indes auf einem bereits vor dem 14. 2. 1924 begründeten Rechtsverhältnis, nämlich auf der Schuldübernahme. Diese greift noch weiter zurück, da der Käufer die Schuld in dem Zustande übernimmt, wie sie bei der Schuldübernahme bestanden hat. Maßgebend in dieser Hinsicht ist daher das ursprüngliche Rechtsverhältnis (Darlehns-, früherer Kaufvertrag usw.).

b) Die Ansprüche müssen die Zahlung einer bestimmten Geldsumme zum Gegenstande haben, die in Mark oder in einer anderen nicht mehr geltenden inländischen Währung ausgedrückt ist. Nicht hierhin gehören also Ansprüche auf Schadensersatz, auf Wertersatz, Ansprüche aus § 818 Abs. 2 BGB. (ungerechtfertigte Bereicherung). Im Streitfall bestimmt hier das Prozeßgericht den geschuldeten Betrag. Für die Zahlung in ausländischer Währung ausgedrückter Geldschuld ist § 244 BGB. maßgebend; derartige Geldschulden unterliegen nicht der Aufwertung. Auch auf wertbeständige Forderungen findet das Aufwertungsgesetz keine Anwendung.

c) Die Ansprüche müssen durch den Währungsverfall betroffen sein. Am 20. 11. 1923 erreichte der Dollar seinen Höchststand mit 4,2 Billionen Mark. Ein weiterer Währungsverfall trat nicht ein. Die in der Zeit vom 20. 11. 1923 an begründeten Rechtsverhältnisse sind daher durch den Währungsverfall nicht betroffen. Wegen der Ansprüche, deren dingliche Sicherheit bereits vor dem Beginn des Währungsverfalls fortgefallen ist, zu vgl. § 4 A. 9. Der Währungsverfall hat erst im Laufe des Weltkrieges eingesetzt (RG. 4. 11. 1925, V. 621. 1924).

d) Der verbliebene Goldwert darf nicht das für die Aufwertung vorgesehene Maß erreichen oder übersteigen. Der verbliebene Goldwert ist der Goldmarkbetrag des Nennbetrages, berechnet nach dem Kurse vom 14. 2. 1924. Am 14. 2. 1924 stand der Dollar auf 4,2 Billionen Mark. Eine Goldmark entsprach daher einer Billion Papiermark. Der Goldmarkbetrag der Forderung an diesem Tage ist somit, wenn N. den Nennbetrag bezeichnet, $\frac{\text{N}}{\text{1 Billion}}$. Wenn z. B. am 13. 11. 1923 eine Forderung von 100 Billionen Mark begründet worden ist, so entsprach ihr Goldmarkbetrag nach der Umrechnung gemäß der Anlage zum Aufwertungsgesetz 319 Goldmark. Eine Aufwertung von 25% ergibt 79,75 Goldmark. Der verbliebene Goldwert am 14. 2. 1924 war aber $\frac{\text{100 Billionen}}{\text{1 Billion}} = 100$ Goldmark, übersteigt daher den Aufwertungsbetrag. Die Aufwertung nach dem Aufwertungsgesetz findet also nicht statt. Ist die Forderung von 100 Billionen am 12. 11. 1923 begründet worden, so entsprach ihr Goldmarkbetrag 527 Goldmark. Die Aufwertung von 25% ergibt 131,75 Goldmark. Der verbliebene Goldwert am 14. 2. 1924 von 100 Goldmark erreicht diesen Betrag nicht. Die Aufwertung findet daher statt. Der Stichtag ist hiernach der 13. 11. 1923. Für alle an diesem oder einem späteren Tage begründeten Forderungen kommt die in § 1 vorgesehene Aufwertung nicht in Frage. Der für die 3. St.N.V. vom 14. 2. 1924 in Betracht kommende Zeitpunkt (7. 11. 1923, Mügel § 1 A. 4 S. 39, Michaelis § 1 A. 6 S. 63) ist also für das Aufwertungsgesetz auf den 13. 11. 1923 hinausgeschoben.

[2] Für die Aufwertung des dinglichen Rechts ist maßgebend das Recht der belegenen Sache (lex rei sitae), für diejenige der persönlichen Forderung, sowie für die Aufwertung der in den §§ 33—68 genannten Ansprüche wird in der Regel dasjenige Recht zur Anwendung kommen, das am Wohnsitze des Schuldners gilt. Erheben Angehörige eines fremden Staats Aufwertungsansprüche gegen einen Reichsangehörigen, so ist § 86 zu beachten.

[3] Auch bedingte und befristete Ansprüche können aufgewertet werden, wenn das Rechtsverhältnis, auf dem sie beruhen, vor dem 14. 2. 1924 begründet worden ist, und zwar auch dann, wenn die Bedingung nach dem 14. 2. 1924 eingetreten ist oder der Termin nach dem 14. 2. 1924 liegt. Die Fälligkeit des Anspruchs entscheidet nicht. Das Rechtsverhältnis ist begründet, wenn es rechtswirksam geworden ist. Wenn daher z. B. ein Lebensversicherungsvertrag vor dem 14. 2. 1924 gültig geschlossen ist, der den Versicherungsfall auslösende Todesfall aber erst nach dem 13. 2. 1924 eingetreten ist, kann der Versicherungsanspruch aufgewertet werden, ohne Rücksicht darauf, daß er infolge des Todes des Versicherten erst nach dem 13. 2. 1924 fällig geworden ist.

[4] In ausländischer Währung eingetragene Hypotheken (V.O. v.13. 2. 1920, RGBl. S. 231) und Schiffspfandrechte (Ges. v. 26. 1. 1923, V.O. v. 29. 1. 1923, RGBl. S. 90, für beide ferner Ges. v. 29. 3. 1923, RGBl. S. 232, Ges. v. 18. 12. 1925, RGBl. S. 469), sowie wertbeständige Hypotheken (Ges. v. 23. 6. 1923, RGBl. S. 407) unterliegen nicht der Aufwertung. Ansprüche auf Zahlung in Rentenmark und Hypotheken und dergl. in Rentenmark sind durch den Währungsverfall nicht betroffen; ihr Gegenstand ist die Zahlung eines gleich hohen Betrages in Reichsmark.

[5] **Sondergesetze.** Nach Abs. 2 finden die Vorschriften des Aufwertungsgesetzes keine Anwendung, soweit die Aufwertung durch ein Sondergesetz geregelt ist. Hierhin gehört insbesondere das Gesetz über die anderweitige Festsetzung von Geldbezügen aus Altenteilsverträgen vom 18. 8. 1923 (RGBl. S. 815) und für Preußen die VO. über die anderweitige Festsetzung von Geldbezügen aus Altenteilsverträgen und von Versorgungsansprüchen bei Stammgütern und Familienfideikommissen vom 8. 9. 1923 (G.S. S. 433), abgedruckt Anhang. Wiederkehrende Geldleistungen aus einem mit der Überlassung eines Grundstücks in Verbindung stehenden Altenteilsvertrage werden also nicht nach dem Aufwertungsgesetz aufgewertet. Als ein solches Sondergesetz kommt auch das Gesetz über die Ablösung öffentlicher Anleihen vom 16. 7. 1925 (RGBl. S. 137) in Frage.

II. Berechnung des Goldmarkbetrags als Grundlage der Aufwertung.

§ 2.

(1) Als Goldmarkbetrag gilt bei Ansprüchen, die vor dem 1. Januar 1918 erworben sind, der Nennbetrag. Ist der Anspruch später erworben, so wird der Goldmarkbetrag dadurch festgestellt, daß der Nennbetrag, im Falle des entgeltlichen Erwerbes der Erwerbspreis, nach Maßgabe des Wertverhältnisses umgerechnet wird, das in der Anlage zu diesem Gesetze für den Tag des Erwerbes bestimmt ist; ist ein Umrechnungsverhältnis für diesen Tag nicht bestimmt, so ist das letzte vorhergehende Umrechnungsverhältnis maßgebend. An Stelle des Erwerbspreises ist der Nennbetrag der Berechnung zugrunde zu legen, wenn er, nach dem Zeitpunkt der Begründung des Anspruchs in Goldmark umgerechnet, niedriger ist. Ein Erwerb, der nach dem 13. Februar 1924 stattgefunden hat, bleibt für die Berechnung des Goldmarkbetrages außer Betracht.

(2) Für Industrieobligationen, Pfandbriefe, Rentenbriefe, Kommunalobligationen und andere verzinsliche oder an Stelle der Verzinsung mit einem Aufgeld rückzahlbare Schuldverschreibungen, die auf den Inhaber lauten oder durch Indossament übertragbar sind, gilt, wenn sie vor dem 1. Januar 1918 ausgegeben sind, als Goldmarkbetrag der Nennbetrag. Sind die Schuldverschreibungen später ausgegeben, so wird der Nennbetrag nach Maßgabe des Wertverhältnisses umgerechnet, das in der Anlage zu diesem Gesetze für den Tag der Ausgabe bestimmt ist; ist ein Umrechnungsverhältnis für diesen Tag nicht bestimmt, so ist das letzte vorhergehende Umrechnungsverhältnis maßgebend. Die näheren Bestimmungen über die Feststellung des Ausgabetags trifft die Reichsregierung.

[1] **Erwerb des Anspruchs.** Unter Erwerb des Anspruchs ist nach der herrschenden Meinung und der ständigen Rechtsprechung des Kammergerichts der rechtliche Erwerb — Erwerb im Rechtssinne — zu verstehen, nicht der Erwerb im wirtschaftlichen Sinn (K.G. 22. 1. 1925, 9. Aw. 3. 25; 18. 6. 1925, 9. Aw. 390. 25).

[2] **Berechnung des Goldmarkbetrages.** Die 3. St.N.V. hatte für die Berechnung des Goldmarkbetrages bei den nach dem 31. 12. 1917 erworbenen Ansprüchen den Dollarkurs zugrunde gelegt. Diese vielfach beanstandete Berechnung (zu vgl. RGZ. 110 S. 374) ist nicht auf-

rechterhalten worden; es ist vielmehr ein Umrechnungsverhältnis eingeführt worden, das der inländischen Kaufkraft der Mark Rechnung trägt. Dem Regierungsentwurf ist als Anlage die „wirtschaftliche Begründung für das Umrechnungsverhältnis zur Goldmarkberechnung" beigefügt. Das Nähere, zu vergleichen die Drucksachen des Reichstages Nr. 804 S. 18ff., interessiert hier weniger. Für die Aufwertungsstellen ist nun eine einfache Umrechnung gemäß der Anlage zum Aufwertungsgesetz eingeführt. Handelt es sich z. B. um eine Hypothek von 450000 Mark, die am 10. 1. 1919 eingetragen worden ist, so ist der Goldmarkbetrag zu berechnen nach der Gleichung 10:5,13 = 450000: X, X = 45000 × 5,13 = 230850 Goldmark.

3 **Entgeltlicher Erwerb.** Bei dem entgeltlichen Erwerb ist der tatsächliche Erwerbspreis maßgebend. Hierdurch sollen die Unbilligkeiten vermieden werden, die sich z. B. daraus ergeben, daß bei dem Erwerbe einer abgetretenen Forderung der Erwerber dem früheren Gläubiger bereits eine gewisse Aufwertung etwa zugebilligt hat. Indes soll einem solchen Erwerber in keinem Falle ein höherer Betrag zugute kommen, als dem früheren Gläubiger nach dem Zeitpunkt der Begründung des Anspruchs. Wenn daher in Goldmark umgerechnet der Nennbetrag der Forderung nach dem Zeitpunkt ihrer Begründung niedriger ist als der in Gold umgerechnete Erwerbspreis, so ist der Goldwert des Nennbetrages zugrunde zu legen. Der Nachweis des Erwerbspreises bedarf für die Eintragung der Aufwertung im Grundbuch nicht der in § 29 GBO. vorgeschriebenen Form, Art. 2. 27. DfVO. vom 29. 11. 1925. Bei Ansprüchen, die vor dem 1. 1. 1918 erworben sind, gilt der Nennbetrag als Goldmarkbetrag.

4 **Unentgeltlicher Erwerb.** Unentgeltlicher Erwerb wird nach § 3 Ziffer 2ff. berechnet.

5 **Erwerb nach dem 13. 2. 1924.** Ein Erwerb nach dem 13. 2. 1924 hat unter der Herrschaft der 3. St.N.V. stattgefunden. Der Anspruch gilt mit deren Inkrafttreten bereits als aufgewertet, der Goldmarkbetrag steht daher bereits fest, braucht nicht noch erst berechnet zu werden. Für die Berechnung des Goldmarkbetrages ist dann der Erwerbstag desjenigen maßgebend, der am 14. 2. 1924 Gläubiger der Hypothek war (K.G. 18. 6. 1925, 9 Aw. 390. 25). Z. B. eine Hypothek von 100000 Mark ist in das Grundbuch in der Zeit vom 1. bis 10. 1. 1920 für A. eingetragen. Ihr Goldmarkwert beträgt dann 9670. Diese Hypothek erwirbt von A. der B. am 27. 2. 1924. Dann ist es für die Berechnung des Goldmarkbetrages der Hypothek gleichgültig, wieviel etwa B. an A. gezahlt hat; als Goldmarkbetrag bleibt vielmehr maßgebend jene Summe von 9670.

6 **Goldmarkbetrag für Schuldverschreibungen.** Sind die in Abs. 2 genannten Schuldverschreibungen ausgegeben:

a) vor dem 1. 1. 1918, so gilt der Nennbetrag als Goldmarkbetrag;

b) nach dem 31. 12. 1917, so findet, wie in Abs. 1, eine Umrechnung statt. Der Ausgabetag bestimmt das Umrechnungsverhältnis. Die

Reichsregierung hat über die Feststellung des Ausgabetages die näheren Bestimmungen zu treffen, zu vergl. Art. 30 ff., Art. 79 ff., 92, 93 DfVO. vom 29. 11. 1925 und — gemäß Art. 94 Abs. 2 aaO. — §§ 17, 26, 27 Preuß.VO. vom 10. 12. 1925 (GS. S. 169).

§ 3.

(1) Für die Berechnung des Goldmarkbetrags ist maßgebend:

1. soweit in Ziffer 2 bis 11 nichts Abweichendes bestimmt ist, der Erwerb durch den Gläubiger selbst;

2. bei Erwerb von Todes wegen der Erwerb durch den Erblasser;

3. bei Erwerb durch Gütergemeinschaft der Erwerb durch den Ehegatten, der das Recht in die Gütergemeinschaft eingebracht hat;

4. bei Erwerb durch Auseinandersetzung einer Erbengemeinschaft oder einer Gütergemeinschaft der Erwerb durch die Gemeinschaft;

5. bei Erwerb als Ausstattung der Erwerb durch Vater oder Mutter;

6. bei Erwerb mit Rücksicht auf ein künftiges gesetzliches Erbrecht der Erwerb durch den Veräußerer;

7. bei Erwerb auf Grund eines Treuhandverhältnisses der Erwerb durch den Geschäftsherrn oder, wenn zuerst der Treuhänder das Recht erworben hat, der Erwerb durch den Treuhänder;

8. bei Erwerb durch Übernahme eines Vermögens als Ganzen der Erwerb durch den Veräußerer;

9. bei Erwerb durch Übernahme eines der Deckung von Pfandbriefen dienenden Hypothekenbestandes als Ganzen der Erwerb durch den Veräußerer;

10. bei Erwerb durch Übernahme eines Versicherungsbestandes oder bei durch Währungsschwierigkeiten bedingter Übernahme einzelner Versicherungen durch eine andere Versicherungsunternehmung der Erwerb durch die übertragende Versicherungsunternehmung;

11. bei Erwerb durch Schenkung der Erwerb durch den Schenker.

(2) Änderungen des Inhalts des Rechtes, insbesondere die Hinausschiebung der Fälligkeit (Prolongation), bleiben für die Berechnung des Goldmarkbetrags außer Betracht. Ist im Falle der Gewährung eines Zusatzdarlehns oder aus anderen Gründen unter Aufhebung des bisherigen Rechtes zugunsten desselben Berechtigten ein neues einheitliches Recht begründet, so gilt für den bisherigen Betrag diese Vorschrift entsprechend.

1 **Erwerbstag.** Maßgebend ist zunächst der Tag des Erwerbes durch den jetzigen Gläubiger. In den unter Z. 2 bis 11 aufgeführten Fällen kommt ein früherer Erwerbstag in Betracht. Die 3. St.N.V. Fällen kommt ein früherer Erwerbstag in Betracht. Die 3. St.N.V. kannte als Ausnahme von dem Grundsatz, daß der Tag des Erwerbes durch den jetzigen Gläubiger entscheide, nur den Erwerb von Todes wegen. Die Rechtsprechung, namentlich des K.G., entwickelte indes im Anschluß an das Schrifttum aus dem allgemeinen bürgerlichen Recht noch andere Ausnahmen und bildete so das Recht bewußt weiter. (D.Not.V. 1925 S. 129/130.) Im einzelnen interessieren jetzt diese Entscheidungen nicht mehr.

2 Z. 2.: Auch bei einem Fideikommißerwerb, wenn der Übergang nicht durch einen Todesfall veranlaßt wird, Mügel [4] § 3 A. 3. Erwerb von Todeswegen ist der Erwerb durch Erbfolge, durch Vermächtnis oder als Pflichtteil (zu vergl. § 1369 BGB.).

Z. 3.: Gütergemeinschaft (allgemeine, §§ 1437 ff. BGB.; fortgesetzte, §§ 1487 ff. BGB.; Errungenschaftsgemeinschaft, §§ 1519 ff. BGB.; Fahrnisgemeinschaft, §§ 1549 ff. BGB.).

Z. 4.: Auseinandersetzung: einer Erbengemeinschaft (§§ 2042 ff. BGB.), einer Gütergemeinschaft (allgemeinen, §§ 1470 ff. BGB., fortgesetzten, §§ 1493 ff. BGB.; Errungenschaftsgemeinschaft, §§ 1546 ff. BGB.; Fahrnisgemeinschaft, § 1549). Auch bei der Auseinandersetzung anderer Gemeinschaften wird dies zu gelten haben, Mügel [4], § 3, A. 3, a. A. Schlegelberger-Harmening § 3 A. 6.

Z. 5.: Ausstattung (§ 1624 BGB.), einschließlich der Aussteuer (§ 1620 BGB.), durch Vater oder Mutter; bei Ausstattung durch andere Personen wird meist Schenkung, Z. 11., vorliegen.

Z. 6.: insbesondere bei Überlassungs- (Übergabe-) Verträgen; ob der Erwerber ein Entgelt zahlt oder nicht, bleibt sich gleich.

Z. 7.: Fiduziarische Rechtsgeschäfte. Abtretung einer Hypothek an einen Dritten zur Sicherung (K.G. 19. 2. 1925, 9. Aw. 122. 24, JW. 1925, S. 798). Treuhänder ist derjenige, der eine Sache oder ein Recht im Interesse des Übertragenden (des Treugebers, Geschäftsherrn) verwerten soll. Der Treuhänder darf, wenn er auch nach außen als der Berechtigte erscheint, über die Sache oder das Recht als sein eigen nicht verfügen. Die dem Treuhänder übertragene Sache oder das ihm übertragene Recht scheidet nicht endgültig aus dem Vermögen des Geschäftsherrn. (RGZ. 91 S. 279.)

Z. 8.: Vermögensübernahme, § 419 BGB., Übertragung des Vermögens einer Aktiengesellschaft auf eine andere Aktiengesellschaft oder auf eine Kommanditgesellschaft auf Aktien, §§ 305, 306 Hgb., Umwandlung einer Aktiengesellschaft in eine G. m. b. H., §§ 80, 81 GmbHGes., einer Kommanditgesellschaft auf Aktien in eine Aktiengesellschaft, §§ 332 ff. HGB., einer Genossenschaft, § 143 Gen.Ges.

Z. 9.: zu vergl. §§ 47, 48.

Z. 10.: so auch § 15 der — jetzt aufgehobenen — 4. DfVO. v. 28. 8. 1924.

Z. 11.: Schenkung, § 516 BGB., auch Schenkung unter einer Auflage, § 525 BGB., von Todeswegen, § 2301 BGB.

3 **Änderungen des Inhalts des Rechts, Zusatzdarlehn.** Die Vorschrift des Abs. 2 entspricht im wesentlichen dem § 4 der 1. Df.V.O. vom 1. 5. 1924. Hierhin gehören auch die Umwandlung einer Hypothek in eine Grundschuld, einer Grundschuld in eine Hypothek. Voraussetzung ist indes in allen diesen Fällen, daß kein Wechsel in der Person des Gläubigers eintritt.

Zusatzdarlehn: Für den Gläubiger A. ist am 1. 4. 1910 eine Hypothek von 100 000 Mark eingetragen worden; der Schuldner will ein Zusatzdarlehn von 50 000 Mark aufnehmen mit der Maßgabe, daß unter Löschung der 100 000 Mark eine einheitliche Hypothek von 150 000 Mark für denselben Gläubiger eingetragen wird. Wenn demgemäß nach Löschung der 100 000 Mark die Hypothek von 150 000 Mark für denselben Gläubiger am 1. 4. 1920 eingetragen wird, so ist als Erwerbstag für die 150 000 Mark anzusehen:

a) in Höhe der 100 000 Mark der 1. 4. 1910,

b) in Höhe der 50 000 Mark der 1. 4. 1920 und hiernach der Goldmarkbetrag der 150 000 Mark zu berechnen (K.G. 9. 10. 1924 9 Aw. 21 24, D.J.Z. 1925 S. 264).

Zweiter Abschnitt.

Aufwertung von Hypotheken.

I. Die Aufwertung des dinglichen Rechts.

1. Aufwertungsbetrag.

§ 4.

Hypotheken werden auf 25 vom Hundert des Goldmarkbetrags, jedoch nicht höher aufgewertet als die durch sie gesicherten Forderungen (Aufwertungsbetrag).

1 **Hypotheken.** Hypotheken §§ 1113 ff. BGB. Wertbeständige Hypo-

theken und Valutahypotheken kommen nach § 1 nicht in Betracht; im übrigen fallen hierunter Hypotheken aller Art, also insbesondere:

a) Verkehrs- (gewöhnliche) Hypotheken, bei denen die Vorschriften über den guten Glauben (§§ 891—899 BGB.) auch für die Forderung und die dem Eigentümer nach § 1137 BGB. zustehenden Einreden gelten (§ 1138 BGB).

Ist ein Brief erteilt, so handelt es sich um eine Briefhypothek, deren Abtretung erleichtert ist (§ 1154 BGB., außerhalb des Grundbuchs durch schriftlichen Abtretungsvertrag und Briefübergabe).

Bei der Buchhypothek ist die Erteilung eines Hypothekenbriefes ausgeschlossen (§ 1116 Abs. 2 BGB.).

b) **Sicherungshypotheken.** Das Recht des Gläubigers aus der Hypothek bestimmt sich nur nach der Forderung, der Gläubiger kann sich zum Beweise der Forderung nicht auf die Eintragung berufen (§ 1184 BGB.). Bei der Höchstbetragshypothek (§ 1190 BGB.) ist nur ein Höchstbetrag bestimmt, bis zu dem das Grundstück haften soll, im übrigen wird die Feststellung der Forderung vorbehalten.

c) **Gesamthypotheken** (§ 1132 BGB.).

d) **Rechtsgeschäftliche Hypotheken** (§ 873 BGB.), erzwungene Hypotheken (§§ 866, 932 ZPO., § 54 F.G.G.).

Immer handelt es sich hier um das dingliche Recht. Der Rechtsunkundige versteht unter Hypothek oft auch oder nur die durch die Hypothek gesicherte persönliche Forderung. Ist in dieser Hinsicht der Antrag des Antragstellers nicht klar genug, so hat die Aufwertungsstelle festzustellen, ob er die Aufwertung des dinglichen oder des persönlichen Rechts oder beider Arten beantragen will.

[2] **Aufwertungsbetrag.** Die 3. St.N.V. wertete die dinglichen Rechte nur auf 15% des Goldmarkbetrages auf. Diese Aufwertung ist längst als zu gering anerkannt worden. Der Regierungsentwurf sah daher für Hypotheken, Grundschulden, Rentenschulden, Reallasten, Schiffs- und Bahnpfandrechte eine Aufwertung von 15% und in gewissen Fällen eine im Rang nicht gleichstehende Zusatzaufwertung von 10% vor. Der Aufwertungsbetrag ist nun für alle diese dinglichen Rechte auf 25% erhöht. (§§ 4, 31, 32.) Hierdurch ist gegenüber dem Regierungsentwurf, der schwierige Berechnungen erfordert hätte, das Aufwertungsverfahren vereinfacht worden. Darüber, ob es richtig ist, daß die landwirtschaftlichen und die städtischen Grundstücke in dieser Hinsicht gleich behandelt sind, kann man verschiedener Ansicht sein. Anderseits ist nicht zu verkennen, daß eine scharfe Unterscheidung zwischen diesen beiden Arten von Grundstücken oft schwierig sein würde.

[3] **Hypotheken mit Goldklausel.** Auch für Hypotheken mit Goldklausel ist eine andere Aufwertung als 25% nicht zulässig. Es handelt sich bei diesen ebenfalls um die Zahlung einer bestimmten in Reichswährung ausgedrückten Geldsumme, da die Goldklausel nur als Goldmünzklausel eintragungsfähig war, nicht als Goldwert- oder Kursgarantieklausel (RGR. K. § 1115 A. 8, Mügel [4] § 4 A. 7, zu vergleichen auch R.G.Z. 108, S. 176 ff.). Wegen der Aufwertung der persönlichen

Forderung zu vergl. § 10 A. 1. Für die schweizerischen Goldhypotheken zu vgl. § 87.

[4] **Aufwertungsbetrag der dinglichen Forderung nicht höher als der der persönlichen Forderung.** Nach bisherigem Recht war nicht ausgeschlossen, daß das dingliche Recht höher aufgewertet wurde als die gesicherte Forderung, wenn nämlich der Dollarstand an dem für die dingliche Forderung maßgebenden Erwerbstage niedriger war als am Erwerbstage der persönlichen Forderung. Zur Vermeidung der Zweifel, wem der Mehrbetrag des dinglichen Rechts zustehen sollte, ob dem Eigentümer als Eigentümergrundschuld oder dem Gläubiger als Gläubigergrundschuld, schließt das Gesetz eine die Aufwertung der persönlichen Forderung übersteigende Aufwertung der dinglichen Forderung aus. Diese Bestimmung bedeutet keine Verbesserung gegen früher, ist vielmehr höchst unglücklich und führt zu Härten, die der Gesetzgeber offenbar nicht durchdacht hat. § 4 ist nicht dahin zu verstehen, daß vor oder mit der Aufwertung des dinglichen Rechts auch die Aufwertung der persönlichen Forderung erfolgen müsse. Der Gläubiger kann vielmehr ein Interesse daran haben, daß nur das dingliche Recht aufgewertet wird. Vielleicht fürchtet er, daß der persönliche Schuldner einen Antrag aus §§ 9. 8. auf Herabsetzung der Aufwertung mit Erfolg stellen werde, oder er weiß überhaupt nicht, wer ihm als persönlicher Schuldner gegenübersteht (Erbfall; Anschrift unbekannt). Es muß daher abgewartet werden, ob der dingliche Schuldner etwa geltend macht, die persönliche Forderung sei erloschen (z. B. wegen Ablaufs der Frist aus § 16) oder sei doch niedriger als die dingliche Forderung aufzuwerten. Erst dann hat die Aufwertungsstelle dies zu prüfen.

[5] **Aufwertung für jede Hypothek besonders.** Handelt es sich um Aufwertung mehrerer Hypotheken, so muß nach der ständigen Rechtsprechung des K.G. jede Hypothek besonders aufgewertet werden (DJZ. 1925 S. 745, JR. 1925 Nr. 510, JW. 1925 S. 1125, K.G. 18. 6. 1925 9 Aw. 390. 25).

[6] Nach der DfVO. vom 29. 11. 1925 Art. 1 (RGBl. S. 392) ist der Aufwertungsbetrag in Goldmark zu bestimmen; 1 G.Mk. des Aufwertungsbetrages wird dem jeweiligen Preise von $^1/_{2790}$ kg Feingold gleichgesetzt. Bei der Eintragung der Aufwertung im Grundbuch ist der Aufwertungsbetrag vorbehaltlich der Vorschrift des Art. 33 Abs. 2 in Goldmark einzutragen. Näheres in Art. 1. 33 der DfVO.

[7] Über die vom 25. 10. 1925 ab in Abt. III des Grundbuchs durch die Aufwertung veranlaßten Eintragungen haben in Preußen die Amtsgerichte Nachweisungen aufzustellen und dem Statistischen Landesamt einzureichen (JM. vom 15. 10. 1925, JMBl. 1925, S. 377).

[8] Die Regelung der Aufwertung von Hypotheken durch das AwG. verstößt nicht gegen Vorschriften der Reichsverfassung (RG. 4. 11. 1925, zu vergl. § 88 A. 4).

[9] Ansprüche, deren dingliche Sicherheit bereits vor dem Beginn des Währungsverfalls fortgefallen ist, und die als ungesicherte von dem Währungsverfall betroffen worden sind, kommen für die Aufwertung

nur als ungesicherte Ansprüche in Betracht. Der Währungsverfall hat erst im Laufe des Weltkrieges eingesetzt (RG. 4. 11. 1925, zu vergl. auch § 63 A. 12, § 88 A. 4).

§ 5.

(1) Für die Berechnung des Goldmarkbetrags (§ 2) wird vermutet, daß die Hypothek an dem Tage erworben ist, an dem sie für den Gläubiger in das Grundbuch eingetragen ist. Ist die Hypothek durch Abtretungserklärung und Übergabe des Briefes abgetreten, so wird vermutet, daß sie an dem Ausstellungstage der Abtretungsurkunde erworben ist.

(2) Die an Stelle einer Rangänderung vorgenommene Abtretung oder Neueintragung bleibt für die Berechnung des Goldmarkbetrags außer Betracht. Das gleiche gilt, wenn eine Hypothek deshalb gelöscht und alsbald wieder eingetragen ist, weil nach landesgesetzlicher Vorschrift bei einem Eigentumswechsel die Beseitigung aller auf dem Grundstück ruhenden Lasten geboten ist; es gilt ferner im Falle der Auswechslung des belasteten Grundstücks gegen ein anderes Grundstück desselben Eigentümers.

(3) Der Goldmarkbetrag einer Hypothek für die Forderung aus einer verzinslichen oder an Stelle der Verzinsung mit einem Aufgeld rückzahlbaren Schuldverschreibung, die auf den Inhaber lautet oder durch Indossament übertragbar ist, wird nach den für die Forderung geltenden Vorschriften des § 2 Abs. 2 berechnet.

1 **Erwerb der Hypothek.** Nach bürgerlichem Recht ist in der Regel Voraussetzung für die Entstehung der Hypothek Einigung und Eintragung, sowie Entstehung der zu sichernden Forderung. Die Buchhypothek entsteht im Regelfall mit der Eintragung in das Grundbuch. Bei der Briefhypothek erwirbt der Gläubiger die Hypothek erst, wenn ihm der Brief von dem Eigentümer des Grundstücks übergeben wird (§ 1117 Abs. 1 BGB.). Die Übergabe des Briefes kann durch die Vereinbarung ersetzt werden, daß der Gläubiger berechtigt sein soll, sich den Brief von dem Grundbuchamt aushändigen zu lassen (§ 1117 Abs. 2 BGB.). Wenn der Gläubiger dem Grundbuchamte eine Urkunde überreicht, worin der Eigentümer die Aushändigung des Briefes an den Gläubiger beantragt, so ist hierin die Annahme des Angebots auf Aushändigung des Hypothekenbriefes an ihn nach der Verkehrssitte zu erblicken (RGZ. 93 S. 248). Eine abgetretene Buchhypothek erwirbt der neue Gläubiger in der Regel mit der Eintragung der Abtretung in das Grundbuch (§ 1154 Abs. 3 BGB.). Eine abgetretene Briefhypothek erwirbt der neue Gläubiger durch schriftliche Abtretungserklärung des alten Gläubigers und Übergabe des Hypothekenbriefes

(§ 1154 BGB.). Auch hier kann die Übergabe des Hypothekenbriefes ersetzt werden durch eine Vereinbarung im Sinne des § 1117 Abs. 2 BGB. Die Eintragung der Abtretung in das Grundbuch ist zum Erwerb der Briefhypothek nicht erforderlich.

2 **Vermuteter Erwerb.** Zur Erleichterung im Aufwertungsverfahren ist für die Errechnung des Goldmarkbetrages die Vermutung aufgestellt, daß als Tag des Erwerbes der Tag der Eintragung in das Grundbuch gelten soll. Bei Abtretung einer Briefhypothek wird vermutet, daß sie an dem Ausstellungstage der Abtretungsurkunde erworben ist. Bei der Abtretung einer Buchhypothek bleibt indes regelmäßig der Tag der Eintragung der Abtretung in das Grundbuch maßgebend. Jene Vermutung kann widerlegt werden; den Parteien bleibt es freigestellt, im Einzelfalle geltend zu machen, daß der Erwerbstag ein anderer ist. Die Aufwertungsstelle hat dies dann, gegebenenfalls nach § 12 FGG., aufzuklären. Wenn indes in dieser Hinsicht von den Beteiligten nichts vorgebracht wird, hat die Aufwertungsstelle den Tag der Eintragung, bei Briefhypotheken den Ausstellungstag der Abtretungsurkunde als Erwerbstag zugrunde zu legen. Sie ist nicht verpflichtet, die Beteiligten etwa danach zu fragen, ob sie einen anderen Erwerbstag gelten lassen wollen. In dem Verfahren auf die sofortige weitere Beschwerde kann die auf Grund jener Vermutung erfolgte Feststellung nur dann angefochten werden, wenn bereits in I. oder II. Instanz die betreffende Partei einen anderen Erwerbstag behauptet hat. Andernfalls handelt es sich um neues tatsächliches Vorbringen, das von der nur mit der Rechtsbeschwerde befaßten III. Instanz nicht beachtet werden kann. Diese Rechtsvermutung ist auch für den Grundbuchverkehr von Bedeutung, wenn der Aufwertungsbetrag in das Grundbuch einzutragen ist. Für die Eintragung im Grundbuch bedarf der Nachweis des Erwerbstags nicht der im § 29 GBO. vorgeschriebenen Form, Art. 2. 27 DfVO. vom 29. 11. 1925.

3 **Rangänderung.** Handelt es sich lediglich um eine Rangänderung der Hypothek, so bleibt die vorgenommene Abtretung oder Neueintragung für die Feststellung des Erwerbstages außer Betracht. Z. B.: Auf dem Grundstück sind folgende Hypotheken eingetragen:

a) 200000 Mk. für A. am 1. 4. 1910,

b) 50000 Mk. für B. am 1. 4. 1916,

c) 150000 Mk. für C. am 1. 4. 1920.

Die Hypothek für C. soll an die erste Stelle rücken; zu dem Zwecke hat A. am 1. 4. 1922 einen Teilbetrag der Hypothek von a) von 150000 Mk. an C., C. die Hypothek c) von 150000 Mk. an A. abgetreten. Dann bleibt für die abgetretenen Hypotheken doch maßgebend als Erwerbstag der 1. 4. 1910 und 1. 4. 1920; es entscheidet nicht der Ausstellungstag der Abtretungsurkunde — 1. 4. 1922 — oder, wenn es sich um Buchhypotheken handelt, der Tag der Eintragung in das Grundbuch. Oder: Die Hypotheken unter b) und c) sollen den Rang vor der Hypothek unter a) erhalten. Dies soll in der Weise geschehen, daß die Hypothek a) gelöscht und neu unter d) eingetragen wird. Als Erwerbstag für die Hypothek von d) bleibt dann der 1. 4. 1910 maßgebend. In gleicher Weise ist der landesrechtlich vereinzelt (z. B. in Bremen) vorkommende Fall der Aufhebung und Neubegründung des Rechts im Falle der Veräußerung des belasteten Grundstücks und der Fall der Pfandauswechslung berücksichtigt worden.

4 Wird für eine bereits fällige Hypothek ein neuer Fälligkeitstermin vereinbart (Prolongation), so liegt hierin, auch bei Änderung der Zins- und Rückzahlungsbedingungen, in der Regel kein Neuerwerb der Hypothek. Maßgebend bleibt daher in der Regel der frühere Erwerbstag.

5 **Hypotheken für Schuldverschreibungen.** Ist eine Hypothek für eine Schuldverschreibung der in Abs. 3 bezeichneten Art eingetragen, so gilt nach § 2 Abs. 2 als Goldmarkbetrag bei den vor dem 1. 1. 1918 ausgegebenen Schuldverschreibungen der Nennbetrag. Bei den später ausgegebenen Schuldverschreibungen ist der Ausgabetag für die Berechnung des Goldmarkbetrages maßgebend, die Umrechnung erfolgt nach der Tabelle in der Anlage zum Aufwertungsgesetz. Zu vergl. auch Art. 33 DfVO. vom 29. 11. 1925 (Eintragung des Aufwertungsbetrages in Reichsmark, also nicht in Goldmark).

2. Rang der aufgewerteten Hypothek.

§ 6.

(1) Die aufgewertete Hypothek behält ihren bisherigen Rang, soweit sich nicht aus den Vorschriften über den Rangvorbehalt für den Eigentümer (§ 7) oder über die Rückwirkung (§§ 20, 21) etwas anderes ergibt. Die Aufwertung der Hypothek ist auf Antrag des Gläubigers oder des Eigentümers in das Grundbuch einzutragen; wird der Antrag von dem Eigentümer gestellt, so bedarf es der Vorlegung des Hypothekenbriefs nicht.

(2) Den in der Zeit vom 14. Februar 1924 bis zum 1. Oktober 1924 von einem anderen erworbenen oder für ihn vorgemerkten Rechten geht die Hypothek insoweit im Range nach, als sich nach den Vorschriften dieses Gesetzes gegenüber den Vorschriften der Dritten Steuernotverordnung ein höherer Aufwertungsbetrag ergibt. Die Erhöhung bleibt unberücksichtigt, soweit sie auf der Einführung des Umrechnungsverhältnisses (§ 2) beruht.

1 **Eintragung des Aufwertungsbetrages in das Grundbuch.** Die aufgewertete Hypothek ist die alte Hypothek, die nunmehr auf einen bestimmten Goldbetrag festgestellt ist, der bis dahin zweifelhaft war.

Die Grundbuchberichtigung (§ 22 GBO., daher formloser Antrag, Beglaubigung nicht erforderlich) ist dadurch erleichert, daß in § 5 Abs. 1 die Vermutung für den Zeitpunkt des Erwerbes der Hypothek aufgestellt ist. Wegen der besonderen Fälle des § 7 und der Rückwirkung nach §§ 20, 21 zu vergl. die Bemerkungen dort. Die Eintragung des gesetzlichen Aufwertungsbetrages von Hypotheken (Grundschulden, Rentenschulden und Reallasten) ist in Preußen gebührenfrei. Das Gleiche gilt für die entsprechenden Eintragungen im Bahngrundbuch und im Schiffsregister, V.O. v. 31. 8. 1925 (GS. S. 111).

2 **Antragsrecht.** Zu dem Antrag auf Eintragung der Aufwertung der Hypothek ist berechtigt der Gläubiger oder der Eigentümer, ebenso derjenige, dem das Recht oder der Berichtigungsanspruch nach Pfändung zur Einziehung überwiesen ist. Wird der Antrag durch den Eigentümer gestellt, so bedarf es der Vorlegung des Hypothekenbriefes nicht, wie dies das K.G. bereits angenommen hat (Beschl. v. 3. 7. 1924, 1. X. 300 24, 9. 10. 1924, 1. X. 410. 24, DJZ. 1925 S. 437); das Gleiche wird für den pfändenden Gläubiger des Eigentümers zu gelten haben.

3 Nach Art. 5 DfVO. vom 29. 11. 1925 steht der Eintragung der Aufwertung im Grundbuch nicht entgegen, daß ein Antrag auf Herabsetzung der Aufwertung (§ 8) gestellt, oder daß die Frist für den Antrag auf Herabsetzung noch nicht abgelaufen ist. Diese Vorschrift ist offenbar zurückzuführen auf die von Mügel (2. Aufl. § 2 A. 9 S. 60, 4. Aufl. § 6 A. 2 S. 221) und die vom Bayerischen Obersten Landesgericht (Beschl. vom 12. 11. 1925, JW. 1926 S. 60 vertretene Ansicht, eine Bescheinigung der Aufwertungsstelle sei erforderlich, daß bei ihr ein derartiger Antrag nicht eingegangen sei. Gegen diese Ansicht habe ich mich in der 1. Auflage (§ 6 A. 3) ausgesprochen; auch Schlegelberger-Harmening (AwG. § 6 A. 2b) und Quassowski (§ 6 II C) haben den Nachweis, daß der Eigentümer von seinem Recht, die Herabsetzung zu verlangen, keinen Gebrauch gemacht habe, nicht für erforderlich gehalten. Nun ist durch die DfVO. erfreulicherweise jeder Zweifel gehoben und festgestellt worden, daß ein derartiger Nachweis nicht erforderlich sei. Der Grundbuchrichter hat daher, wenn ein Antrag auf Eintragung der Aufwertung bei ihm eingeht, diesem Antrage zu entsprechen, wenn sonstige Bedenken nicht bestehen. Hat der Eigentümer die Herabsetzung nach § 8 bereits beantragt oder stellt er einen solchen Antrag später, so ist, wenn der Antrag Erfolg hat, der bereits eingetragene Aufwertungsbetrag demnächst zu berichtigen. Eine gewisse Unsicherheit besteht daher für das aufgewertete Recht; hiermit muß der Gläubiger, auch ein etwaiger neuer Gläubiger (Abtretung) aber rechnen. Zur Zeit ist der öffentliche Glaube des Grundbuchs ausgeschaltet, § 22 Abs. 2. Nach § 8 Abs. 2 kann der Eigentümer die Eintragung eines Widerspruchs beantragen, wenn er rechtzeitig den Herabsetzungsantrag gestellt hat.

4 **Rang für die in der Zeit vom 14. 2. bis 1. 10. 1924 erworbenen Rechte.** Wer im Vertrauen auf die durch die 3. St.N.V.O. geschaffene Rechtslage und die Richtigkeit des Grundbuchs eine Hypothek oder ein

gleichartiges dingliches Recht erworben hat, darf in seinem Recht nicht dadurch geschädigt werden, daß das neue Aufwertungsgesetz den Aufwertungsbetrag von 15% auf 25% erhöht hat. Im Verhältnis zu einem solchen Recht soll daher die den Aufwertungsbetrag von 15% überschreitende Aufwertung im Range zurücktreten. Dies gilt aber nur für Rechte, die bis zum 1. 10. 1924 erworben sind. Der in der breitesten Öffentlichkeit geführte Kampf um die Aufwertung, sowie die wiederholte Erklärung der Reichsregierung, innerhalb der Grenzen des wirtschaftlich Möglichen eine Ergänzung der 3. St.N.V.O. in Erwägung zu ziehen, haben schon seit längerer Zeit die Geldgeber und die Schuldner darüber aufgeklärt, daß voraussichtlich eine höhere Aufwertung erfolgen werde. Ein Gläubiger, der in der letzten Zeit, und zwar ist als Stichtag der 1. 10. 1924 gewählt worden, ein Recht an einem Grundstück hinter einem aufgewerteten oder aufzuwertenden Recht erworben hat, mußte daher mit der höheren Aufwertung rechnen. Anderseits mag auch mancher Schuldner versucht haben, das Recht des Aufwertungsgläubigers auf die höhere Aufwertung dadurch gegenstandlos zu machen, daß er sein Grundstück in eigennütziger, gewinnsüchtiger Absicht hoch belastete. Im Interesse der Aufwertungsgläubiger ist es daher erforderlich und für die neuen Gläubiger erträglich, daß die erst nach dem 1. 10. 1924 erworbenen Rechte im Range auch hinter die erhöhte Aufwertung zurücktreten. Soweit indes die Erhöhung des Aufwertungsbetrages auf der Einführung des Umrechnungsverhältnisses beruht, bleibt sie unberücksichtigt. Wenn daher z. B. nach der 3. St.N.V.O. eine Hypothek auf 15%, nämlich auf 1000 Reichsmark aufgewertet ist, und dieselbe Hypothek, da ein Herabsetzungsantrag des Eigentümers (§ 8) Erfolg hat, ebenfalls auf 15%, aber nach der Umrechnungstabelle auf 1100 Reichsmark aufgewertet wird, so geht die aufgewertete Hypothek von nunmehr 1100 Reichsmark dennoch den neuen Rechten vor.

Im allgemeinen kann derart verfahren werden. Man berechnet den Goldmarkbetrag für die aufzuwertende Hypothek auf 15% nach der 3. St.N.V.O. und der 1. Df.V.O. v. 1. 5. 1924 (Dollarkurs bis Januar 1920 in § 1 der 1. Df.V.O. v. 1. 5. 1924, sonst der amtliche Berliner Börsenkurs; maßgebend für den Kurs der letzte vor dem Ereignis liegende Börsentag). Dann berechnet man für denselben Tag die 15% nach dem Umrechnungsverhältnis der Tabelle zum Aufwertungsgesetz. Der höhere Betrag ist maßgebend auch gegenüber den vom 14. 2. bis 1. 10. 1924 erworbenen Rechten. Z. B.: Es handelt sich um eine Hypothek von 100 000 Mark, der Goldmarkbetrag ist nach der 3. St.N.V.O. und der 1. Df.V.O. v. 1. 5. 1924 zu berechnen für die Zeit vom 1. bis 10. 1. 1920 und ergibt 6472,49. Nach der Umrechnungstabelle entsprechen die 100 000 Mark 9670 Goldmark. 15% von 6472,49 = 970,87; von 9670 = 1450,50. Der Betrag von 1450,50 Goldmark ist maßgebend.

[5] Nach der DfVO. vom 29. 11. 1925 (RGBl. S. 392) ist der Aufwertungsbetrag in Goldmark in das Grundbuch (Schiffsregister oder Bahngrundbuch) einzutragen; eine Goldmark ist die Bezeichnung für den

amtlich festgestellten Preis von $^1/_{2790}$ kg Feingold. Soweit eine Aufwertung abweichend von den Vorschriften der Art. 1 oder 9 dieser VO. eingetragen ist, ist die Eintragung von Amts wegen zu berichtigen; die Berichtigung erfolgt gebührenfrei, Art. 1, 25, 27 aaO.

6 Das Beispiel von Schlegelberger-Harmening in A. 8 V (S. 68) ist m. E. nicht richtig. Es ist dort angenommen: Auf dem Grundstücke des X lasten folgende Hypotheken:

für A. 100000 Mark aus der Zeit vor 1918,
„ B. 30000 Goldmark seit dem 1. 1. 1924,
„ C. 20000 „ seit dem 1. 5. 1924,

M. E. muß folgendermaßen aufgewertet werden:

Die aufgewertete Hypothek für A. von 25000 GM. geht zwar der vor dem 14. 2. 1924 erworbenen Hypothek für B. vor, der Hypothek für C. aber nur in Höhe von 15%, d. h. in Höhe von 15000 GM. Die an 25% fehlenden 10% kommen daher dem C. zugute. Zunächst würde die Belastung des Grundstücks folgende sein:

für A. 15000 Goldmark
„ C. 10000 „
„ B. 30000 „ (ihm gehen nur 25000 Goldmark vor),
„ C. 10000 „ (die Hypothek für A. geht dem C. nur in Höhe von 15000 Goldmark vor),
„ A. 10000 „

Der Eigentümer kann nach § 7 für sich eine Kredithypothek von 25% des Goldmarkbetrages der Hypothek für A. eintragen lassen; weitere Kredithypotheken kommen nach dem Beispiel nicht in Frage. Die Kredithypothek des Eigentümers von 25000 GM. kann nach § 7 Abs. 4 der Gläubiger B. für sich in dieser Höhe beanspruchen; im Ergebnis ändert sich hierdurch nichts. Demnach ist die Belastung folgende:

1. für A. 15000 Goldmark,
2. „ C. 10000 „
3. „ B. 25000 „ (in Höhe der Kredithypothek),
4. „ B. 5000 „ (Rest seiner Hypothek),
5. „ C. 10000 „ (Rest seiner Hypothek),
6. „ A. 10000 „

dementsprechend wird der Versteigerungserlös verteilt. Nach Schlegelberger-Harmening wäre die Verteilung folgende:

	bei einem Versteigerungserlöse von 40000	50000	60000	70000 Goldmark
für A.	25000	20000	15000	20000 Goldmark
„ B.	15000	25000	30000	30000 „
„ C.	—	5000	15000	20000 „

Das wunderliche Ergebnis, daß A. von dem Versteigerungserlöse um so mehr erhält, je geringer der Erlös ist, wird nach meiner Berechnung vermieden.

7 In Abs. 2 ist nur der Erwerb von Hypotheken oder gleichartigen dinglichen Rechten gemeint, nicht etwa auch der Erwerb des Eigentumsrechts. Wer also in der Zeit vom 14. 2. 1924 bis zum 1. 10. 1924 das Grundstück selbst erworben hat, kann sich den eingetragenen Gläu-

bigern gegenüber nicht darauf berufen, er habe mit einer Aufwertung der Hypotheken und ähnlichen Rechte nur in Höhe von 15 % gerechnet. Schon der Wortlaut des Gesetzes läßt eine derartige Auslegung nicht zu. Die Hypothek könnte, soweit die durch das neue AwG. um 10 % erhöhte Aufwertung in Frage kommt, dem Eigentumsrecht nicht im Range nachgehen; vielmehr müßte es dann heißen, daß die Hypothek insoweit dem neuen Erwerber des Grundstücks gegenüber unwirksam wäre, insoweit also erlösche. Sodann spricht die Entstehungsgeschichte des AwG. gegen eine derartige Auslegung. Daran, daß sich der neue Grundstückserwerber die erhöhte Aufwertung von 25 % gefallen lassen müsse, war bei der Beratung des Gesetzes eigentlich kein Zweifel; man suchte nur nach einer Bestimmung, inwieweit der Veräußerer dem Erwerber hierfür haften solle. Eine dahingehende Vorschrift wurde dann aber gestrichen mit der Begründung, es wäre nicht Sache der Aufwertungsgesetzgebung, in die vertraglichen Beziehungen zweier Personen einzugreifen, deren Rechte nicht unmittelbar durch die Aufwertung berührt würden. Inwieweit der Veräußerer, der dem Erwerber gegenüber die Löschung der Hypotheken und anderen dinglichen Rechte übernommen hat, diesem mit Rücksicht auf die erhöhte Aufwertung haftet, hängt von den Umständen des einzelnen Falles ab. Auch hier ist zu prüfen, wie weit erfordern dies Treu und Glauben mit Rücksicht auf die Verkehrssitte (§ 242 BGB).

[8] Anträge auf Eintragung der Aufwertung gemäß § 6 sind stempelfrei, Erlaß des Preuß. Finanzmin. v. 2. 11. 1925, II C 3121 (JMBl. 397).

3. Rangvorbehalt für den Eigentümer.

§ 7.

(1) Der Eigentümer ist befugt, im Range nach dem an erster Stelle eingetragenen aufgewerteten Rechte und vor den diesem nachgehenden Rechten eine Hypothek oder Grundschuld in Höhe von 25 vom Hundert des Goldmarkbetrags des aufgewerteten Rechts mit dem üblichen Zinsfuß eintragen zu lassen. Liegt der Goldmarkbetrag eines aufgewerteten, im Range nachgehenden Rechtes in voller Höhe innerhalb der für die Anlegung von Mündelgeld geltenden Sicherheitsgrenze, so ist der Eigentümer befugt, auch im Range nach diesem Rechte und vor den diesem im Range nachgehenden Rechten eine Hypothek oder Grundschuld in Höhe von 25 vom Hundert des Goldmarkbetrags mit dem üblichen Zinsfuß eintragen zu lassen. Sind in unmittelbarem Zusammenhang mit dem an erster Stelle eingetragenen aufgewerteten Recht zugunsten desselben Gläubigers andere aufgewertete Rechte eingetragen, so gelten, sofern der Gläubiger ein öffentlich-rechtliches oder unter Staatsaufsicht stehendes Unternehmen ist, das nach Gesetz oder

Satzung bestimmte Beleihungsgrenzen einzuhalten hatte, die Rechte zusammen im Sinne dieser Vorschrift als ein einheitliches an erster Stelle eingetragenes Recht.

(2) Soweit es bei der Beurteilung der Mündelsicherheit auf das Verhältnis des Rechtes zum Grundstückswert ankommt, ist als Grundstückswert der berichtigte Wehrbeitragswert (Artikel II § 3 Abs. 1 Ziffer 1 der Zweiten Steuernotverordnung vom 19. Dezember 1923, Reichsgesetzbl. I S. 1205) oder, soweit ein berichtigter Wehrbeitragswert nicht festgestellt ist, der unter entsprechender Anwendung der bezeichneten Vorschriften durch die Aufwertungsstelle zu ermittelnde Wehrbeitragswert zugrunde zu legen.

(3) Die Befugnis, an der vorbehaltenen Rangstelle eine Hypothek oder Grundschuld eintragen zu lassen (Abs. 1), wird, auch solange die Befugnis nicht eingetragen ist, dadurch nicht berührt, daß ein im Range nachgehendes Recht von einem Dritten erworben ist. Die Befugnis ist bei der Eintragung der Aufwertung von Amts wegen, auf Antrag des Eigentümers auch früher, in das Grundbuch einzutragen.

(4) Bestehen an dem Grundstück Rechte, die auf Reichsmark, eine ausländische Währung, auf Feingold, Roggen oder einen anderen wertbeständigen Maßstab lauten, so nehmen sie in der Reihenfolge ihres Ranges die für den Eigentümer vorbehaltene Rangstelle ein. Der Gläubiger eines solchen Rechtes kann an Stelle des Eigentümers die Eintragung des Rechtes an der dem Eigentümer vorbehaltenen Rangstelle beantragen. Die Reichsregierung wird ermächtigt, Vorschriften zur Berechnung des Goldmarkwerts dieser Rechte zu erlassen.

(5) Der Eigentümer kann mit Zustimmung der im Abs. 4 bezeichneten Gläubiger auf die Befugnis, an der vorbehaltenen Rangstelle eine Hypothek oder Grundschuld eintragen zu lassen (Abs. 1), verzichten. Der Verzicht bedarf zu seiner Wirksamkeit der Eintragung in das Grundbuch. Soweit ein Verzicht erfolgt ist, findet die Vorschrift des Abs. 4 keine Anwendung.

[1] **Kredithypotheken und -Grundschulden für den Grundstückseigentümer.** Der Grundsatz, daß die aufgewertete Hypothek ihren bisherigen Rang behalten soll (§ 6), ist noch in einer anderen Richtung weiter ausgebaut worden. Ist ein Grundstück mit einem Friedenswerte von 300000 M. belastet mit folgenden Hypotheken:

1. 200000 M.,
2. 50000 M.,
3. 80000 M.,

so wird die 3. Hypothek durch den Grundstückswert nicht mehr voll gedeckt, die letzten 30000 M. gehen über ihn hinaus, sind tatsächlich nicht mehr sicher. Ist der Grundstückswert jetzt auf 200000 RM. (oder noch niedriger, etwa 100000 RM.) zu veranschlagen, so würde bei einer Aufwertung von 25 % — ohne die Vorschrift des § 7 — die Belastung folgende sein:

1. 50000 GM.
2. 12500 GM.
3. 20000 GM.

Sa: 82500 GM.

Der 3. Hypothekengläubiger würde dann nicht seinen alten Rang behalten, sondern besser gestellt sein; auch die 2. Hypothek wäre sicherer als sie es früher war. Bei einer allgemeinen Aufwertung auf 25 % würde also für die zweiten und die folgenden Hypotheken der Rang besser sein als zur Zeit ihrer Begründung. Der Grundsatz, daß die aufgewertete Hypothek ihren bisherigen Rang behält (§ 6), würde dadurch zugunsten der Gläubiger einseitig durchbrochen werden. Andererseits besteht für den Eigentümer des belasteten Grundstücks ein Kreditbedürfnis, das um so schwerer zu befriedigen ist, je mehr alte Hypotheken der neu aufzunehmenden Hypothek vorgehen. Das Gesetz gewährt dem Grundstückseigentümer daher die Möglichkeit, sich Realkredit zu verschaffen, und berechtigt ihn, eine Hypothek oder eine Grundschuld zum üblichen Zinsfuß unmittelbar im Range nach dem an erster Stelle eingetragenen aufgewerteten Rechte in Höhe von 25 % des Goldmarkbetrages des aufgewerteten Rechts, unabhängig von einer etwaigen Herabsetzung der Hypothek infolge der Härteklausel, eintragen zu lassen. Ein gleiches Recht hat er, soweit nachgehende Rechte in Betracht kommen, wenn der Goldmarkbetrag für diese Rechte in voller Höhe innerhalb der angegebenen Sicherheitsgrenze liegt. Die etwa erforderlichen Aufklärungen und Feststellungen, z. B. über den berichtigten Wehrbeitrag, liegen gegebenenfalls dem Grundbuchrichter ob (K.G.J. 38 A. 291; 48, 194; K.G. 26. 11. 1925, 1 X. 726. 25). Die Eintragung der Kredithypothek oder -grundschuld erfolgt in GM., Art. 9, 33, Abs. 2 Df.V.O. v. 29. 11. 1925, zu vergl. A. zu Art. 33. Der Vorlegung des Briefes über eine im Range vor- oder nachgehende Hypothek, Grundschuld oder Rentenschuld bedarf es nicht; den Brief über gleichstehende oder nachgehende Hypotheken und dgl. Rechte hat das Grundbuchamt nachher indes zum Vermerk der Eintragung auf dem Briefe einzufordern, wenn nicht etwa der Brief unbrauchbar gemacht worden ist, Art. 10. a. a. O. Die Befugnis des Eigentümers ist einzutragen „mit dem üblichen Zinsfuß", also ohne Angabe eines bestimmten Zinssatzes. Zur Zeit gilt als üblicher Zinsfuß ein Zinsfuß von 11 %; der Reichswirtschaftsminister veröffentlicht jede Änderung dieses Zinsfußes im RGBl. (Art. 11 a. a. O.).

Der Rangvorbehalt des § 7 ist zwar dem Vorbehalt des § 881 BGB. nachgebildet und rechtsähnlich, jedoch in verschiedenen Punkten abweichend geregelt. So beruht er insbesondere nicht auf dem Willen des Eigentümers, sondern auf dem Gesetz; zu seiner Entstehung bedarf er keiner Eintragung, gilt vielmehr mit dinglicher Wirkung und geschützt gegenüber dem öffentlichen Glauben des Grundbuches auch ohne Buchung. Die Eintragung des Rangvorbehalts nach § 7 Abs. 1 hat hiernach keine rechtsbegründende, sondern nur eine berichtigende Bedeutung (K.G. 26. 11. 25, 1 X. 726. 25). Der Rangvorbehalt gelangt auch dann zur Buchung, wenn er durch ein wertbeständiges Recht nach § 7 Abs. 4 aufgebraucht wird (K.G. a. a. O. gegen Mügel § 7 A. 10). Durch die Eintragung der Befugnis wird gerade das Vorhandensein der vorbehaltenen Rangstelle, in die jenes wertbeständige Recht einrücken kann, offen gelegt. Andrerseits setzt der Rangvorbehalt des § 7 das Vorhandensein eines Nachrechts hinter dem erststelligen Rechte voraus, sei es ein eingetragenes, sei es ein bereits gelöschtes, aber aufwertungs- und wiedereintragungsfähiges Recht. Ist kein derartiges Nachrecht vorhanden, so ist der Rangvorbehalt nicht eintragungsfähig (K.G. 17. 12. 1925, 1 X. 778. 25). Der Rangvorbehalt des § 7 unterliegt, wie man wird annehmen müssen, der Zwangsvollstreckung (Bing, JW. 1925, S. 2570, Mortzfeld, JW. 1925, S. 2573, a. A. Schlegelberger-Harmening § 7 A. 9, Quassowski).

Nach der AV. v. 9. 12. 1925 (J.M.Bl. 1925, S. 426, abgedr. Anhang) erfolgt die Eintragung der Befugnis in Abt. III., Sp. 1—4.

Auf einem Grundstück ruhen z. B. folgende Hypotheken:

		Aufwertungsbetrag in Goldmark	
1.	100 000 Mark	25 000	Hypotheken aus der Zeit vor dem 1. 1. 1918, daher 25 % vom Nennbetrag,
2.	50 000 Mark	12 500	
3.	200 000 Mark	10 000	Hypotheken aus späterer Zeit, daher 25% des Goldmarkbetrages.
4.	30 000 Mark	1 000	
5.	20 000 Mark	300	

Ist die Sicherheitsgrenze bei 180000 Goldmark erreicht, so kann der Eigentümer eintragen lassen:

hinter 1 25000 Goldmark
hinter 2 12500 Goldmark

Die Belastung würde dann folgende sein:

1.	25000 Goldmark
1a.	25000 Goldmark
2.	12500 Goldmark
2a.	12500 Goldmark
Sa.	75000 Goldmark

Der Goldmarkbetrag der Hypothek 3 ist nach dem Beispiel 40000 GM., liegt also zusammen mit demjenigen der Hypotheken 1 und 2 (100000 und 50000) nicht mehr in voller Höhe innerhalb der Sicherheitsgrenze (180000 GM.).

Das Gesetz ist nicht glücklich gefaßt. Unter dem an erster Stelle eingetragenen aufgewerteten Rechte wird man zu verstehen haben dasjenige Recht, das den 1. Rang hat, selbst wenn es im Falle der §§ 14, 15, 17, mit Rücksicht auf den öffentlichen Glauben des Grundbuchs hinter einem anderen der mehreren Rechte zurücktreten muß. Haben mehrere Rechte den gleichen erststelligen Rang, so gelten sie, auch wenn sie unter verschiedenen Nummern eingetragen sind, zusammen als ein einheitliches Recht für die Eintragung der Kredithypothek des Eigentümers. Rangänderungen, die die Beteiligten seit dem Inkrafttreten des AwG. vereinbart haben, sind für den Rangvorbehalt unerheblich; maßgebend bleibt hierfür vielmehr der Rechtszustand bei dem Inkrafttreten des AwG. Der Goldmarkbetrag des aufgewerteten Rechts ist derjenige Betrag, der für dieses Recht zu berechnen ist, unabhängig davon, wie hoch es aufgewertet wird. Z. B. für A ist eine Friedenshypothek von 100000 M. eingetragen. Der GM.-Betrag ist 100000 GM., auch wenn das Recht selbst nur etwa auf 15%, d. h. 15000 GM., aufgewertet wird. Der Goldmarkwert des Rechts wird durch Zahlungen, die nach § 18 auf den Aufwertungsbetrag anzurechnen sind, nicht geändert. Dieser Goldmarkbetrag entscheidet auch, wenn für die nachgehenden Rechte festgestellt werden soll, ob sie innerhalb der Sicherheitsgrenze liegen. Nach dem Wortlaut des 2. Satzes könnte freilich angenommen werden, daß die Rechte zunächst aufzuwerten wären, und daß dann ihr so ermittelter Goldmarkbetrag maßgebend wäre. Diese Auslegung entspräche indes m. E. nicht dem Sinne des Gesetzes.

Ist die erststellige Friedenshypothek von 100000 M. vor dem 15. 6. 1922 an B gegen Zahlung von 100000 Papiermark ohne Vorbehalt abgetreten, z. B. in der Zeit vom 1.—10. Februar 1922, so beträgt ihr Goldmarkbetrag nicht mehr 100000 GM., sondern nur 2300 GM. Der Eigentümer kann daher nur in Höhe von 575 GM. die Kredithypothek eintragen lassen. Unrichtig Wunderlich, D.J.Z. 1926, S. 15, 16.

Ist die Kredithypothek (-grundschuld) nach einer Rentenschuld oder einer Reallast einzutragen, so gilt für die Berechnung des GM.-Betrages der Rentenschuld oder Reallast Art. 13 Df.V.O. v. 29. 11. 1925.

Dadurch, daß der Goldmarkbetrag der nachgehenden Rechte für die Sicherheitsgrenze maßgebend sein soll, wird einem Kreditbedürfnis des Eigentümers nicht genügend Rechnung getragen; die nachgehenden Rechte können durch die Aufwertung eine größere Sicherheit als früher erlangen.

2 **Splitterhypotheken.** Der Satz 3 beruht auf einem Antrage der Kompromißparteien. Im Interesse der Grundkreditanstalten werden die einzelnen unmittelbar zusammenhängenden für sie eingetragenen Splitterhypotheken zusammengefaßt und als einheitliche erststellige Hypothek behandelt.

3 **Sicherheitsgrenze.** In Preußen zu vergleichen Art. 73 AG. z. BGB. — in der Regel das 15- oder 20fache des Grundsteuerreinertrages oder die ersten zwei Drittel (bei einem ländlichen Grundstück), die erste Hälfte (bei einem städtischen Grundstück) des Grundstückswertes —.

4 **Wehrbeitragswert.** Art. II § 3 Abs. 1 Z. 1 der 2. St.N.V.O. vom 19. 12. 1923 (RGBl. S. 1205) bestimmt folgendes:

„Für die Wertermittlung gilt folgendes: 1. Grundstücke sind mit dem Wehrbeitragswert zu bewerten, zu dessen Berichtigung Bestim-

mungen zu erlassen sind, um eine gleichmäßige Belastung aller Steuerpflichtigen zu erreichen."

Hierzu kommen in Betracht

a) Durchführungsbestimmungen für die Vermögenssteuer 1924 (V.St.D.B.) vom 8. 3. 1924 (R.M.Bl. 103),

b) Ausführung des § 8 Abs. 3 der V.St.D.B. vom 8. 3. 1924 (R.M.-Bl. 110),

c) Erläuterung der V.St.D.B. vom 18. 3. 1924 (R.St.Bl. 97), **auszugsweise abgedruckt im Anhang.**

Der Wehrbeitragswert wird vom Finanzamt zu erfahren sein; der Reichsfinanzminister hat hierzu bestimmt: „Ersuchen der Aufwertungsstellen um Auskunft über den berichtigten Wehrbeitragswert des belasteten Grundstücks zur Beurteilung der Mündelsicherheit einer Hypothek nach § 7 Abs. 2 ist stattzugeben. Falls bei der Berechnung des Vermögenssteuerwerts des Grundstücks, also bei der Vornahme der Abschläge, von dem unveränderten Wehrbeitragswerte ausgegangen worden ist, ist dieser der Aufwertungsstelle mitzuteilen und dabei zu bemerken, daß er als berichtigter Wehrbeitragswert der Vermögensteuer 1924 zugrunde gelegt worden ist. Bezieht sich das Auskunftsersuchen auf Grundstücke, bei deren Bewertung zur Vermögenssteuer 1924 nicht vom Wehrbeitragswerte ausgegangen worden ist, so ist zu antworten, daß ein berichtigter Wehrbeitragswert nicht festgestellt ist; dies gilt z. B. für Bauland, wenn es nach der gemäß § 26 V.St.D.B. getroffenen Bestimmung des Landesfinanzamts mit dem Verkaufswert am 31. 12. 1923 zu bewerten war, sowie für Grundstücke, die zum Betriebsvermögen gerechnet worden sind." (R.F.M. v. 29. 9. 1925).

„Der Erlaß v. 29. 9. 1925 findet auch auf Anfragen der Grundbuchbehörden Anwendung. Dem Hypothekengläubiger haben die Finanzämter ohne Einwilligung des Grundstückseigentümers die Auskunft über den berichtigten Wehrbeitragswert nicht zu geben. Soweit im Einzelfall das Bedürfnis an einem amtlichen Nachweis über die Höhe des berichtigten Wehrbeitragswerts besteht, ist dem Grundstückseigentümer auf Antrag eine Bescheinigung über die Höhe des Werts zu erteilen und hierbei entsprechend dem Erlaß vom 29. 9. 1925 zum Ausdruck zu bringen, ob dieser Wert als berichtigter Wehrbeitragswert der Vermögenssteuer zugrunde gelegt worden ist." (R.F.M. v. 24. 10. 1925, R.St.Bl. 206). Nötigenfalls hat ihn die Aufwertungsstelle zu ermitteln (§ 70).

5 Die Befugnis des Eigentümers zur Eintragung der Kredithypothek (-Grundschuld) bleibt auch gegenüber dem öffentlichen Glauben des Grundbuchs gewahrt. Wenn daher ein Dritter ein im Range nachgehendes Recht erworben hat, so wird dadurch jene Befugnis nicht berührt. Bei der Eintragung der Aufwertung ist der Anspruch des Grundstückseigentümers auf die Kredithypothek (-Grundschuld) von Amts wegen durch die Eintragung seiner Befugnis im Grundbuch zu sichern. Schon vor der Eintragung der Aufwertung kann der Eigentümer die Eintragung seiner Befugnis beantragen. Die Befugnis ist auf einen zahlenmäßig zu errechnenden Betrag einzutragen, es genügt nicht, etwa der Fassung des Gesetzes entsprechend, eine Eintragung dahin: „Der

Eigentümer hat die Befugnis, hinter dem zu Nr.... aufgewerteten (aufzuwertenden) Recht eine Hypothek oder Grundschuld in Höhe von 25% des GM.-Betrages des aufgewerteten (aufzuwertenden) Rechts eintragen zu lassen." Das Grundbuch soll klare Verhältnisse ergeben. Die Befugnis erfüllt ihren Zweck, dem Eigentümer Kredit zu verschaffen, auch nur dann, wenn der Geldgeber weiß, in welcher Höhe er gesichert sein wird. Ist daher der GM.-Betrag eines Rechts zur Zeit nicht zu ermitteln — dies wird bei Anträgen des Eigentümers auf Eintragung der Befugnis vor der Eintragung der Aufwertung vorkommen — so ist auch die Eintragung der Befugnis zur Zeit nicht möglich.

6 **Kredithypothek bei wertbeständigen Hypotheken.** Die Kredithypothek des Eigentümers fällt dann weg, wenn das Kreditbedürfnis bereits durch Aufnahme wertbeständiger Schulden befriedigt ist. Hat daher in dem angegebenen Beispiel (Anm. 1) der Eigentümer Ende 1923 eine wertbeständige Hypothek von 37500 Goldmark aufgenommen, so ist der nach Abs. 1 für ihn freigehaltene Kreditraum bereits ausgefüllt. Die Gläubiger derartiger wertbeständiger Hypotheken können Eintragung ihres Rechts an der nach Abs. 1 für den Eigentümer vorbehaltenen Rangstelle verlangen. Wenn daher in dem (A. 1) angeführten Beispiel ferner folgende Eintragungen bestehen:

		eingetragen am:
6.	20000 Goldmark	21. 12. 1923,
7.	30000 Goldmark	28. 12. 1923,

so rücken auf Antrag dieser Gläubiger:

6. 20000 Goldmark hinter 1 nach 1a
von 7. 5000 Goldmark hinter 1a,
von 7. 12500 Goldmark hinter 2.

Die Belastung des Grundstücks ist dann folgende:

1. 25000 Goldmark für Gläubiger 1,
1a. 20000 Goldmark für Gläubiger 6,
1b. 5000 Goldmark für Gläubiger 7,
2. 12500 Goldmark für Gläubiger 2,
2a. 12500 Goldmark für Gläubiger 7,
3. 10000 Goldmark für Gläubiger 3,
4. 1000 Goldmark für Gläubiger 4,
5. 300 Goldmark für Gläubiger 5,
6. erledigt,
7. 12500 Goldmark als Rest für Gläubiger 7.

Zur Berechnung des Goldmarkwertes im Sinne des Abs. 4 Satz 3 setzt Art. 12 Df.V.O. v. 29. 11. 1925 die Umrechnungssätze fest.

7 Abs. 5 behandelt den Verzicht des Eigentümers auf die Kredithypothek (-Grundschuld) im Falle wertbeständiger Rechte (Abs. 4). Zu dem Verzicht ist die Zustimmung dieser Gläubiger und die Eintragung in das Grundbuch erforderlich. Der Verzicht kann einheitlich bezüglich aller in Betracht kommenden Rangstellen eingetragen werden, Art. 14 Df.V.O. v. 29. 11. 1925. Die Eintragung des Verzichts ist — was bisher streitig war — auch dann zulässig, wenn der Aufwertungs-

betrag noch nicht eingetragen ist, auch bei gelöschten oder abgetretenen Hypotheken (§§ 20, 21), Art. 14 Abs. 2 a. a. O. Der Grundbuchrichter braucht hiernach nicht ängstlich zu prüfen, ob überhaupt das Recht, auf das sich der Verzicht erstreckt, für die Befugnis des Eigentümers in Wirklichkeit in Frage kommt, ob eine Befugnis an sich besteht. Schlimmsten Falls ist ein unnötiger Verzicht (ein superfluum) eingetragen. Jedenfalls wird dem Grundbuchrichter bei einem allgemeinen Verzicht des Eigentümers die zeitraubende Arbeit erspart, die Sicherheitsgrenze zu ermitteln.

[8] In Preußen ist die Eintragung der Befugnis des Eigentümers, an der vorbehaltenen Stelle eine Hypothek oder Grundschuld eintragen zu lassen, und die Eintragung des Verzichts auf diese Befugnis (Abs. 3 und 5) gebührenfrei. Das Gleiche gilt für die entsprechenden Eintragungen im Bahngrundbuch und im Schiffsregister. V.O. v. 31. 8. 1925 (GS. S. 111). Wegen der Eintragung des Verzichts aus Abs. 5 zu vergl. A.V. v. 5. 10. 1925 (J.M.Bl. S. 367, abgedr. Anhang).

4. Herabsetzung der Aufwertung.

§ 8.

(1) Der Eigentümer kann eine Herabsetzung der Aufwertung um höchstens 10 vom Hundert des Goldmarkbetrags verlangen, wenn dies mit Rücksicht auf seine wirtschaftliche Lage zur Abwendung einer groben Unbilligkeit unabweisbar erscheint. Die Herabsetzung der Aufwertung ist nur zulässig, wenn das Verlangen vor dem 1. April 1926 bei der Aufwertungsstelle gestellt wird. In den Fällen der §§ 203, 204, 206, 207 des Bürgerlichen Gesetzbuchs kann das Verlangen noch bis zum Ablauf von drei Monaten nach Fortfall des Hindernisses gestellt werden.

(2) Ist die Herabsetzung der Aufwertung rechtzeitig bei der Aufwertungsstelle beantragt, so ist auf Antrag des Eigentümers ein Widerspruch in das Grundbuch einzutragen. Die Eintragung des Widerspruchs setzt die Eintragung der Aufwertung nicht voraus.

[1] **Herabsetzung der Aufwertung.** Die Aufwertung der Hypothek kann um höchstens 10% herabgesetzt werden. Der Mindestbetrag für die Aufwertung sind daher 15%. Hiermit erledigen sich alle noch schwebenden Herabsetzungsanträge; denn diese hatten alle eine Aufwertung unter 15% zum Ziel. Nach § 82, der auch auf solche Streitigkeiten anzuwenden ist, trägt jede Partei ihre außergerichtlichen Kosten, die gerichtlichen Kosten sind niederzuschlagen. Näheres zu § 82.

[2] **Härteklausel.** Die Härteklausel ist nur einseitig zugunsten des Schuldners aufgenommen. Die Anträge, eine solche auch zugunsten des Gläubigers — auf höhere Aufwertung als 25% — zuzulassen, sind abgelehnt worden.

3 **Voraussetzung der Herabsetzung.** Voraussetzung für eine geringere Aufwertung ist, daß sie mit Rücksicht auf die wirtschaftliche Lage des Eigentümers zur Abwendung einer groben Unbilligkeit unabweisbar erscheint. Hierbei sind auch die Richtlinien, die das R.G. in Bd. 107 S. 78, insbesondere 87, Bd. 108 S. 85, 175/176, 379 ff., Bd. 110 S. 371 ff. gegeben hat, von Bedeutung. Auch die voraussichtliche künftige Entwicklung des Grundstücksmarktes ist zu berücksichtigen, da ja der Aufwertungsbetrag vor dem 1. 1. 1932 nicht fällig ist. Die Aufwertungsstelle hat überhaupt nach freiem Ermessen zu entscheiden, ob die Voraussetzungen für eine geringere Aufwertung gegeben sind. Die Prüfung wird immerhin scharf sein müssen, da ja der Gläubiger ohnehin durch die Aufwertung auf nur 25% eine große Einbuße erlitten hat; nur wenn die Herabsetzung „unabweisbar" erscheint, darf die Aufwertungsstelle dem Antrage des Eigentümers entsprechen. Daß auch die wirtschaftliche Lage des Gläubigers zu berücksichtigen sei, sagt das Gesetz nicht ausdrücklich. Eine gerechte Entscheidung ist indes nur möglich, wenn auch der wirtschaftlichen Lage des Gläubigers Rechnung getragen wird. Das K.G. hat daher die Berücksichtigung auch der wirtschaftlichen Lage des Gläubigers für erforderlich erklärt (K.G. 19. 2. 1925 9. Aw. 114. 25). Die Voraussetzungen für eine Herabsetzung nach § 8 sind schärfer als diejenigen für eine Herabsetzung nach § 15. Näheres zu § 15 A. 3.

4 **Antrag auf Herabsetzung.** Der Herabsetzungsantrag muß bei der Aufwertungsstelle vor dem 1. 4. 1926 gestellt werden. Die Frist ist eine Ausschlußfrist. Nur wenn die Fälle der §§ 203 (höhere Gewalt), 204 (Schuldverhältnis zwischen Ehegatten, zwischen Eltern und minderjährigen Kindern und zwischen Vormund und Mündel), 206 (Mangel gesetzlicher Vertretung), 207 BGB. (Nachlaßverbindlichkeiten) vorliegen, kann der Herabsetzungsantrag noch später gestellt werden, nämlich nach Ablauf von 3 Monaten nach Fortfall des Hindernisses. Für das ganze Wirtschaftsleben ist eine baldige Klärung der Schuldverhältnisse dringend erforderlich. Für den Herabsetzungsantrag ist deshalb eine verhältnismäßig kurze Frist gesetzt worden. Im Falle des § 16 kann unter Umständen der Antrag auch erst nach dem 31. 3. 1926 gestellt werden. Näheres zu § 16 A. 4.

5 **Antrag, nicht bloß Anmeldung.** Der Eigentümer hat die Herabsetzung bei der Aufwertungsstelle nicht nur anzumelden, sondern zu beantragen; es soll eben ein Aufwertungsverfahren eingeleitet werden. Eine bloße Anmeldung, die sich in dem einzelnen Falle nicht als ein Antrag umdeuten läßt, ist rechtlich bedeutungslos (K.G. 19. 2. 1925 9 Aw. 118. 25.; 5. 3. 1925 9 Aw. 115. 25., 164. 25.; 23. 3. 1925 9 Aw. 215. 25.; DJZ. 1925 S. 672, Nadler DRZ. 1925 S. 231). Nötigenfalls hat die Aufwertungsstelle den Eigentümer unter entsprechender Belehrung zur Stellung eines unzweideutigen klaren Antrages zu veranlassen.

6 **Antragsberechtigter.** Antragsberechtigt ist der Eigentümer des belasteten Grundstücks. Steht das Eigentum des Grundstücks mehreren nach Bruchteilen zu (§ 1008 BGB.), so kann jeder Miteigentümer für seinen Bruchteil den Antrag stellen. Bei Gesamteigentum, nament-

lich im Falle einer Erbengemeinschaft, haben in der Regel alle Eigentümer den Antrag zu stellen: es kann jedoch auch ein einzelner Miterbe den Antrag stellen, hierzu zu vergl. § 73 A. 7. Bei einer Gesamthypothek ist antragsberechtigt der Eigentümer eines jeden der belasteten Grundstücke. Die Gesamthypothek kann hierdurch inhaltlich dahin geändert werden, daß sie nur für einen Teil des Aufwertungsbetrages (nämlich in Höhe des herabgesetzten Betrages) besteht, während für den übrigen Aufwertungsbetrag nur noch ein Grundstück haftet.

7 **Entscheidung auf den Herabsetzungsantrag.** Über den Antrag auf Herabsetzung entscheidet die Aufwertungsstelle ausschließlich (§ 69). Gegen diese Entscheidung ist die sofortige Beschwerde an das Landgericht gegeben. Die Entscheidung des Beschwerdegerichts ist, wenn nicht ein Verfahrensmangel vorliegt, endgültig; weder der Eigentümer noch der Gläubiger kann die Entscheidung anfechten. Näheres zu § 74.

8 **Eintragung eines Widerspruchs.** Bei rechtzeitigem Antrag auf Herabsetzung kann der Eigentümer die Eintragung eines Widerspruchs in das Grundbuch beantragen. Zur Eintragung des Widerspruchs ist der Nachweis erforderlich, daß er den Antrag auf Herabsetzung des Aufwertungsbetrages rechtzeittig gestellt hat. Die Bescheinigung hierüber stellt nach § 6 der 2. Df.V.O. vom 24. 5. 1924, § 8 V.O. vom 21. 7. 1925, jetzt Art. 126 Df.V.O. vom 29. 11. 1925 die Aufwertungsstelle gebührenfrei aus. Diese hat hierbei zu beachten, daß nur „ein Antrag" auf Herabsetzung die Frist wahrt. Zu vgl. Anm. 5. Sind das Grundbuchamt und die Aufwertungsstelle dasselbe Amtsgericht, so genügt die Bezugnahme auf die Aw.-Akten. Die im AwG. vorgesehenen Widersprüche sind nicht ohne weiteres mit den im BGB. (§§ 894, 899) und in der GBO. (§ 54) geregelten Widersprüchen auf eine Stufe zu stellen und mit ihnen nicht wesensgleich. Sie verfolgen zwar auch, wie diese, den Zweck, den öffentlichen Glauben des Grundbuches auszuschließen, sind aber nicht davon abhängig, daß das Grundbuch eine Unrichtigkeit zu ungunsten des Widerspruchsberechtigten enthält, sondern sind ein durch das AwG. neugeschaffenes Sicherungsmittel, das dessen besonderen Zwecken zu dienen bestimmt ist und hinsichtlich der Voraussetzungen und Wirkungen grundsätzlich nach dem AwG. zu beurteilen ist, eine einfache Übernahme der für die Widersprüche des BGB. und der GBO. geltenden Rechtsregeln aber nicht ohne weiteres verträgt (R.G. 19. 11. 1925, I X. 716. 25).

Die Vorlegung des Hypothekenbriefes ist nicht erforderlich, Art. 17 Df.V.O. vom 29. 11. 1925. Bearbeitung durch den Rechtspfleger, zu vgl. A.V. vom 8. 12. 1925 (JMBl. 1925, S. 426, abgedr. Anhang).

II. Aufwertung der persönlichen Forderung.

§ 9.

Die durch die Hypothek gesicherte persönliche Forderung wird nach Maßgabe der für das dingliche Recht geltenden Vorschriften der §§ 4, 5, 8 aufgewertet. (Normaler Höchstsatz.)

1 **Geschichtliches.** Nach § 3 der 3. St.N.V.O. wurde die persönliche Forderung nach allgemeinen Vorschriften aufgewertet. Hier griff der § 7 der 1. Df.V.O. vom 1. 5. 1924 ein und bestimmte als Regel, daß auch die persönliche Forderung, ebenso wie die dingliche, nur auf 15% aufgewertet werden dürfe. Ausnahmen hiervon waren in den Ziffern 1 bis 3 angegeben. Das K.G. hat den § 7 für ungültig erklärt, soweit er die Aufwertung der persönlichen Forderung auf 15% des Goldmarkbetrages anordnet (K.G. 13. 11. 1924, 9 Aw. 32. 24., DJZ. 1925 S. 118), weil er aus dem Rahmen einer bloßen Durchführungsverordnung nach § 64 der 3. St.N.V.O. vollständig herausfalle und sich als ein diese Verordnung grundsätzlich abänderndes Gesetz darstelle. Als zu derselben Zeit (Urteil vom 21. 11. 1924) das R.G. aus ähnlichen Gründen die Gültigkeit einer Bestimmung der Df.V.O. vom 28. 8. 1924 verneinte (RGZ. 109 S. 216), erließ der Reichspräsident die vielumstrittene V.O. vom 4. 12. 1924 (RGBl. S. 765) und bestimmte, daß die Vorschriften auch der Df.V.O. vom 1. 5. 1924 für die Aufwertung maßgebend wären. Jetzt ist durch § 9 außer Zweifel, daß die persönliche Forderung in der Regel nur auf 25% aufzuwerten ist.

2 **Aufwertung nach Maßgabe der Vorschriften für das dingliche Recht.** Die Vorschriften für die Aufwertung der Hypothek (§§ 4, 5, 8) gelten auch für die persönliche Forderung. Als Erwerbstag für die persönliche Forderung wird der Tag der Eintragung der Hypothek vermutet, bei Abtretung einer verbrieften Hypothek der Ausstellungstag der Abtretungsurkunde. Im übrigen kann auf die Bemerkungen zu § 5 verwiesen werden. Auch für die persönliche Forderung kann jene Vermutung widerlegt werden. Es ist dann zu beachten, daß der Gläubiger die persönliche Forderung am Tage des Abschlusses des Vertrages (Darlehns-, Kaufvertrags usw.) erwirbt, wenn nicht im Vertrage ein späterer Erwerbstag bestimmt ist. Die persönliche Forderung pflegt früher zu entstehen und erworben zu werden als das dingliche Recht. Freilich muß es sich um einen rechtswirksamen Vertrag handeln. Aus einem privatschriftlichen Grundstückskaufvertrage kann der Verkäufer erst dann eine persönliche Forderung erwerben, wenn die Auflassung und die Eintragung in das Grundbuch erfolgen, § 313 BGB., vorher steht ihm ein Anspruch aus diesem — nichtigen — Vertrage nicht zu (RGZ. 64 S. 35 und 41). Sowohl die Auflassung als auch die wirklich vollzogene Eintragung müssen erfolgt sein; erst dann, also nicht mit rückwirkender Kraft (RGZ. 75 S. 114), erwirbt die Vertragspartei eine Forderung aus dem — jetzt gültig gewordenen Vertrage (K.G. 17. Dezember 1925, 9 Aw. 487. 25). Der früheste Erwerbstag in einem solchen Falle für die persönliche Forderung ist somit regelmäßig der Tag der Eintragung des Eigentumswechsels in das Grundbuch. Zu vgl. auch K.G. 29. 12. 1925, 9 Aw. 493. 25 gegen O.L.G. Karlsruhe v. 28. 7. 1925 (J.R. 25, Spruchbeilage Nr. 1369). Auch für die persönliche Forderung gelten die Ziffern 2 bis 11 des § 3, wonach in bestimmten Fällen nicht der Erwerbstag des jetzigen Gläubigers, sondern ein früherer Erwerbstag maßgebend ist.

3 **Nach** dem von den Beteiligten oder einem von ihnen geltend

gemachten Erwerbstage der persönlichen Forderung kann es vorkommen, daß der Goldmarkbetrag für die persönliche Forderung geringer ist als für das dingliche Recht, z. B. die persönliche Forderung von 100000 Mark ist im Kaufvertrage vom Dezember 1918 erworben. Eingetragen ist die Hypothek im Januar 1919. Der Goldmarkbetrag für die persönliche Forderung entspricht dann 50000 Goldmark, für die dingliche Forderung 51300 Goldmark (in ähnlicher Weise für die Zeit vom 1. bis 10. 2. 1920 und 11. bis 20. 2. 1920, 1. bis 10. 3. 1920 und die spätere Zeit bis zum 31. 8. 1921 u. a.). Dann ist der geringere Aufwertungsbetrag für die persönliche Forderung nach § 4 maßgebend auch für das dingliche Recht.

4 **Herabsetzung der Aufwertung der persönlichen Forderung.** Auch die persönliche Forderung kann unter Umständen unter 25% aufgewertet werden, wenn dies mit Rücksicht auf die wirtschaftliche Lage des Schuldners zur Abwendung einer groben Unbilligkeit unabweisbar erscheint. Maßgebend ist die wirtschaftliche Lage des persönlichen Schuldners, nicht diejenige des davon etwa verschiedenen Grundstückeigentümers. Es kann also folgender Fall eintreten: Der persönliche Schuldner A. hat das Grundstück veräußert an B. B. hat die persönliche Schuld nicht übernommen. A. ist persönlicher Schuldner geblieben. A. ist vollständig verarmt und verlangt die Herabsetzung der Aufwertung der persönlichen Forderung unter 25%. Würde diesem Begehren stattgegeben und ein Aufwertungsbetrag festgesetzt, der geringer ist, als der Aufwertungsbetrag für die dingliche Forderung, so ändert sich damit auch der Aufwertungsbetrag für die dingliche Forderung, § 4. Der Versuch Wunderlichs (DJZ. 1926 S. 15), die Anwendung des § 4 in einem solchen Falle auszuschalten, scheitert — leider — an dem Wortlaut des Gesetzes. In solchen Fällen muß daher besonders vorsichtig geprüft werden, ob die Herabsetzung wirklich „unabweisbar" ist. Wenn anzunehmen ist, daß der Gläubiger volle Befriedigung aus dem Pfande erhält, wird für den persönlichen Schuldner ein begründeter Anlaß zu einem Herabsetzungsantrage in der Regel nicht vorliegen. Vielleicht hat der Grundstückseigentümer den persönlichen Schuldner zur Stellung des Herabsetzungsantrages vorgeschoben, damit der Grundstückseigentümer von der erhofften Herabsetzung ebenfalls (§ 4) Vorteile hat. Im übrigen kann Bezug genommen werden auf die Bemerkungen zu § 8.

5 **Schuldübernahme.** Die Schuldübernahme regeln §§ 414ff. BGB. Es sind hierbei folgende Fälle zu unterscheiden:

a) Vertrag zwischen dem Dritten und dem Gläubiger, daß der Dritte die Schuld des bisherigen Schuldners übernimmt. Dann tritt der Dritte an die Stelle des bisherigen Schuldners, § 414 BGB.

b) Vertrag zwischen dem Dritten und dem bisherigen Schuldner, wonach der Dritte dessen Schuld übernehmen soll, § 415 BGB. Dem Gläubiger gegenüber erlangt dieser Vertrag erst Wirksamkeit, wenn er die Schuldübernahme des Dritten genehmigt hat. Eine solche Genehmigung braucht nicht ausdrücklich zu erfolgen. Z. B.: A. verkauft das Grundstück an B., B. verpflichtet sich zur Zahlung des Restkaufgeldes und zu dessen hypothekarischer Sicherstellung. Nachher verkauft B. an C.; C. übernimmt die Schuld des B. an A. in Anrechnung auf den Kaufpreis. Nun läßt A. das Grundstück an C. auf, wobei die Kaufverträge zwischen A. und B. und zwischen B. und C. vorgelegt werden. Hieraus ist zu folgern, daß A. die Schuldübernahme des C. in dessen Vertrage mit B. genehmigt hat. (K.G. v. 27. 4. 1925 9 Aw. 168. 25.) Eine Genehmigung der Schuldübernahme kann ferner darin erblickt werden, daß der Gläubiger die persönliche Forderung gegen den Dritten geltend macht (K.G. 11. 5. 1925, 9 Aw. 332. 25.). Verweigert der Gläubiger die Genehmigung der Schuldübernahme durch den Dritten, so gilt dessen Schuldübernahme dem Gläubiger gegenüber als nicht erfolgt. Der Dritte wird also nicht persönlicher Schuldner des Gläubigers. Persönlicher Schuldner bleibt der bisherige Schuldner; dieser hat indes einen Anspruch — aus der Erfüllungsübernahme — gegen den Dritten auf rechtzeitige Befriedigung des Gläubigers. Nach § 415 Abs. 1 S. 2 kann der Gläubiger die Schuldübernahme durch den Dritten erst genehmigen, wenn der Schuldner oder der Dritte dem Gläubiger die Schuldübernahme mitgeteilt hat. Dies ist nicht dahin zu verstehen, daß eine solche Mitteilung in jedem Falle erforderlich sei. (Wolff, JW. 1925, S. 2537, a. A. Nadler, Grundbuch und Aufwertungsfragen, S. 66). Sofern nicht etwa der Dritte die Schuldübernahme ausdrücklich davon abhängig gemacht hat, daß er oder der bisherige Schuldner sie nachher dem Gläubiger mitteilt, ist eine solche Mitteilung dann nicht erforderlich, wenn der Gläubiger Kenntnis von der Schuldübernahme hat. Würde der Dritte dem Gläubiger, der ihn als persönlichen Schuldner in Anspruch nimmt, entgegenhalten, weder der bisherige Schuldner noch der Dritte hätten dem Gläubiger die Schuldübernahme mitgeteilt, so wäre ein derartiger Einwand des Dritten, der dem bisherigen Schuldner gegenüber zur Schuldübernahme unbedingt verpflichtet ist, arglistig und nicht zu beachten. Dies trifft auch dann zu, wenn das Grundstück mehrfach den Eigentümer gewechselt und jeder von den mehreren Erwerbern die persönliche Schuld übernommen hat (Wolff a. a. O.). Durch wohlwollende Auslegung des § 415 BGB. wird man viele Schwierigkeiten beseitigen können, die sich daraus ergeben, daß das Gesetz die Aufwertung des dinglichen Rechts nach § 4 von der Aufwertung der persönlichen Forderung in gewissem Umfange abhängig macht.

Liegen Tatsachen vor, aus denen man darauf schließen kann, daß der Gläubiger die Schuldübernahme durch den Dritten genehmigt hat, so kann sich auch der bisherige Schuldner hierauf berufen. Dies wird oft von Bedeutung sein, wenn der dingliche Schuldner, der die persönliche Schuld dem bisherigen Schuldner gegenüber übernommen hat, schwer zu erreichen ist, z. B. das belastete Grundstück liegt in dem an Polen abgetretenen Gebiet, dort wohnt auch der Eigentümer.

c) Für den Grundstückserwerb gelten nach § 416 BGB. noch besondere Vorschriften. Auch hier kann der Gläubiger die Schuldübernahme ausdrücklich oder durch seine Handlungen genehmigen. Dann liegt der Fall b) (§ 415 BGB.) vor. Die Genehmigung gilt außerdem aber als erteilt, wenn der Veräußerer dem Gläubiger die Schuldübernahme mitgeteilt hat und der Gläubiger während der sechs Monate die Genehmigung dem Veräußerer gegenüber nicht verweigert hat. Für die Mitteilung des Veräußerers an den Gläubiger sind, wenn die erwähnte Folge (§ 416 Abs. 1 Satz 2) eintreten soll, in Abs. 2 besondere Vorschriften erlassen. Voraussetzung ist, daß der Erwerber als Eigentümer in das Grundbuch eingetragen ist, daß die Mitteilung schriftlich erfolgt und den Hinweis enthält, daß der Erwerber an die Stelle des Veräußerers tritt, wenn nicht der Gläubiger innerhalb der sechs Monate die Schuldübernahme des Dritten verweigert.

Liegt eine Schuldübernahme vor, so tritt der Dritte an die Stelle des bisherigen Schuldners. Der Dritte übernimmt, wenn nichts Entgegenstehendes vereinbart wird, die Schuld des bisherigen Schuldners in vollem Umfange. Die Sachlage ist daher in der Regel nicht anders anzusehen, als ob dem Gläubiger noch der ursprüngliche Schuldner gegenüberstände. Der Wechsel des Eigentümers hat insofern also auf die Aufwertung der dinglichen und der persönlichen Forderung keinen Einfluß (K.G. 13. 11. 1924 9 Aw. 18. 24., JW. 1925 S. 267; 5. 2. 1925 9 Aw. 82. 25.; 23. 3. 1925 9 Aw. 22. 25. 17. 12. 1925, 9 Aw. 478. 25). Trägt die Forderung, die der Dritte übernimmt, den Keim der Aufwertungsfähigkeit nach allgemeinen Vorschriften in sich, so geht sie auch in diesem Umfange auf den Dritten über, gleichviel wie sie in dem Grundbuche selbst rechtlich bezeichnet ist (z. B. als Darlehn, während es sich in Wirklichkeit um eine Forderung nach § 10 Z. 2 handelt); der öffentliche Glaube des Grundbuches steht nicht entgegen. § 417 Abs. 2 BGB. ferner schließt dem Gläubiger gegenüber die Einwendungen des Übernehmers aus dem der Schuldübernahme zugrunde liegenden Rechtsverhältnisse zwischen dem Übernehmer und dem bisherigen Schuldner aus (K.G. 17. 12. 1925 a. a. O.). Der Wechsel in der Person des Schuldners hat nur Bedeutung, wenn bei einer Herabsetzung des Aufwertungsbetrages unter 25% oder bei der Aufwertung nach allgemeinen Vorschriften die wirtschaftliche Lage des jetzigen Schuldners entscheidend in die Wagschale fällt.

Bestreitet der in Anspruch genommene Schuldner die Schuldübernahme oder macht er geltend, nicht er, sondern ein anderer sei der persönliche Schuldner, so bestreitet er damit den aufzuwertenden Anspruch. In diesem Falle hat zunächst das Prozeßgericht die Streitfrage zu entscheiden, zu vergl. § 69 A. 2b.

[6] Auf die durch Schiffs- oder Bahnpfandrecht gesicherte persönliche Forderung gilt das Gleiche, wie für die durch Hypothek gesicherte persönliche Forderung, § 32.

§ 10.

(1) Eine höhere oder geringere Aufwertung der persönlichen Forderung nach allgemeinen Vorschriften unter Abweichung von dem normalen Höchstsatz ist unbeschadet der Herabsetzung nach § 8 nur zulässig,

1. wenn die Forderung auf einem Gesellschaftsvertrag oder einem anderen Beteiligungsverhältnis, oder
2. auf einem Gutsüberlassungsvertrag oder auf den Beziehungen aus der Auseinandersetzung unter Miterben, unter Ehegatten, unter geschiedenen Ehegatten, unter Eltern und Kindern oder zwischen Erben und Pflichtteilsberechtigten oder Vermächtnisnehmern, oder
3. auf den Beziehungen zwischen unterhaltsberechtigten und unterhaltsverpflichteten Personen beruht;
4. wenn es sich um eine Forderung auf wiederkehrende Leistungen handelt, die bei Abfindungen, Auseinandersetzungen, Überlassungen oder ähnlichen Rechtsvorgängen begründet ist;
5. wenn es sich um eine Kaufgeldforderung (Kaufgeld für den Erwerb des mit der Hypothek belasteten Grundstücks) handelt, die nach dem 31. Dezember 1908 begründet worden ist; dies gilt auch dann, wenn die Kaufgeldforderung bei ihrer Begründung in eine Darlehnsforderung umgewandelt worden ist;
6. bei Forderungen anderer als der in Ziffer 1 bis 5 bezeichneten Art, wenn die Hypothek eine Sicherungshypothek ist, mit Ausnahme von Darlehnsforderungen.

(2) Als allgemeine Vorschriften im Sinne dieser Bestimmungen gelten auch die Vorschriften der §§ 63 bis 66.

(3) In den Fällen des Abs. 1 Ziffer 5 und bei Gutsüberlassungsverträgen (Abs. 1 Ziffer 2) darf bei der Aufwertung nach allgemeinen Vorschriften, wenn die Forderung vor dem 1. Januar 1912 begründet worden ist, der Satz von 75 vom Hundert und, wenn sie vor dem 1. Januar 1922 begründet worden ist, der Satz von 100 vom Hundert des Goldmarkbetrags der Forderung nicht überschritten werden.

[1] **Aufwertung nach allgemeinen Vorschriften.** Bestimmte persönliche Forderungen werden nicht nach dem normalen Höchstsatz, d. h. auf 25%, sondern nach allgemeinen Vorschriften aufgewertet (sog. Individualaufwertung). Unter persönlicher Forderung ist hier die durch Hypothek oder Schiffs- oder Bahnpfandrecht (§§ 9, 32) gesicherte Forderung zu verstehen. Auch die überschriften sind Gesetz geworden. § 10 steht in dem 2. Abschnitt; dieser handelt von der Aufwertung der Hypotheken, und zwar unter I von der Aufwertung des dinglichen Rechts, unter II von der Aufwertung der persönlichen Forderung. **Für die Aufwertung der nicht durch Hypothek, Schiffs-**

oder Bahnpfandrecht gesicherten Forderungen gelten §§ 62 ff., soweit es sich nicht um solche handelt, deren Aufwertung in den Abschnitten 4 bis 8 (§§ 33 bis 61) geregelt wird. Unter den allgemeinen Vorschriften sind diejenigen des allgemeinen bürgerlichen Rechts zu verstehen, aus denen sich nach der durch die Rechtsprechung, insbesondere des R.G. (RGZ. 107 S. 78, 87; 108 S. 85, 175/176, 379 ff.; 110 S. 371 ff.) festgestellten Grundsätzen die Aufwertung rechtfertigt (K.G. 13.11.1924, 9 Aw. 32. 24., DJZ. 1925 S. 119); es sind die für die Aufwertungsfrage in Betracht kommenden allgemeinen Rechtsnormen des bürgerlichen Rechts (R.G. 17. 6. 1925, V. B. 14. 25.). Als allgemeine Vorschriften im Sinne des § 10 gelten nach der ausdrücklichen Vorschrift des Abs. 2 auch die Vorschriften der §§ 63 bis 66. Soweit diese daher eine Aufwertung ausschließen, behält es dabei sein Bewenden. Dadurch wird dann auch die Aufwertung der Hypothek beeinflußt, da diese nicht höher aufgewertet werden kann, als die durch sie gesicherte Forderung, § 4. Eine starre Formel ist in den allgemeinen Vorschriften nicht enthalten; sie werden auch durch die Rechtsprechung weiter ausgebildet werden, sich also der fortschreitenden Entwicklung des Rechts anpassen.

Es wird insbesondere festzustellen sein, was haben die Vertragschließenden beabsichtigt, wenn sie für den einen oder den anderen die Forderung begründet haben (ergänzende Vertragsauslegung); welchen Wert hatte damals die vorgesehene Leistung im allgemeinen und für die Beteiligten im besonderen; wie sind jetzt die Einkommens- und Vermögensverhältnisse der Beteiligten? Durch den unglücklichen Ausgang des Krieges ist das Volksvermögen zurückgegangen; nicht nur der Schuldner, sondern auch der Gläubiger ist von der allgemeinen Verarmung betroffen. Der Vermögensverlust soll verteilt werden auf beide Teile nach ihrer Leistungsfähigkeit, man spricht nicht mit Unrecht von den leistungsfähigen Schultern. Bei der Aufwertung soll kein Vertragsteil auf Kosten des anderen bereichert oder benachteiligt werden, ein billiger Ausgleich der widerstreitenden Interessen soll stattfinden. Jeder Aufwertungsfall ist daher bei einer Aufwertung nach allgemeinen Vorschriften besonders zu behandeln und zu entscheiden. Bei Berücksichtigung der persönlichen Verhältnisse kommt es auf diejenigen der Beteiligten selbst an, nicht etwa auf diejenigen ihrer Vertreter (z. B. des Testamentsvollstreckers, K.G. 9. 4. 1925, 9 Aw. 181. 25.). Die Aufwertung von Forderungen, die einer Erbengemeinschaft zustehen, kann, auch wenn das Verfahren auf den Antrag eines einzelnen Erben betrieben wird, nicht anders ausfallen, als wenn die Gesamtheit der Gläubiger die Aufwertung beantragt hätte. Soweit die persönlichen Verhältnisse auf der Gläubigerseite in Betracht kommen, sind daher nicht lediglich die Verhältnisse des einzelnen, die Aufwertung betreibenden Erben maßgebend, vielmehr sind die Verhältnisse der Gesamtheit der Erben zu berücksichtigen (RG. 17. 6. 1925 V. B. 14. 25.).

Bei einer Aufwertung nach allgemeinen Vorschriften gemäß § 10 ist auch folgendes zu beachten. Das AwG. stellt sich gegenüber dem allgemeinen bürgerlichen Recht als ein Ausnahmegesetz dar (RGZ. 110,

S. 85, 135). Das Ziel der Auslegung muß deshalb sein, dem allgemeinen bürgerlichen Recht wieder Geltung zu verschaffen, soweit es irgend möglich ist. Infolgedessen müssen die die Rechte des Gläubigers beschränkenden Vorschriften des AwG. eng, diejenigen Bestimmungen dagegen, die für gewisse Fälle die Anwendung der Grundsätze des allgemeinen bürgerlichen Rechts, d. h. die freie Aufwertung, zulassen, in ausdehnendem Sinne ausgelegt werden. Gerade bei den auf erb- und familienrechtlicher Grundlage beruhenden Ansprüchen trifft dies in besonderem Maße zu (K.G. 17. 12. 1925, 9 Aw. 478. 25).

Eine Aufwertung nach allgemeinen Vorschriften ist an sich auf 100% des Goldmarkbetrages nicht beschränkt, kann vielmehr diese Grenze auch überschreiten. Für bestimmte Fälle begrenzt das Gesetz indes die Aufwertung nach oben, Abs. 3, A. 12. Zur Vermeidung von Zweifeln sei darauf hingewiesen, daß nach den allgemeinen Vorschriften nicht nur eine höhere, sondern auch eine geringere Aufwertung als 25% stattfinden kann. Auf die Aufwertung der dinglichen Forderungen können jene allgemeinen Vorschriften dann Einfluß haben, wenn die persönliche Forderung niedriger aufgewertet wird als der Aufwertungsbetrag der dinglichen Forderung an sich festzusetzen wäre (§ 4). Bei Hypotheken mit Goldklausel kann, wenn die persönliche Forderung nach allgemeinen Vorschriften aufzuwerten ist, dem Umstande Rechnung getragen werden, daß sich der Schuldner gerade diesem Gläubiger gegenüber zur Zahlung der Schuld in Gold verpflichtet hat; dem Schuldner kann daher gegenüber diesem Gläubiger eine höhere Zahlung zugemutet werden als einem anderen Gläubiger gegenüber, der sich die Zahlung nicht in Gold ausbedungen hat (RGZ. 108, 182). Ist in dem einzelnen Falle die Goldklausel als Goldwertkausel auszulegen, so ist wegen des dinglichen Rechts allerdings nur eine Aufwertung auf 25% zulässig (§ 4 A. 3). Die persönliche Forderung dagegen unterliegt nicht der Aufwertung, da sie, soweit die Goldwertklausel in Frage kommt, nicht zu den in § 1 genannten Ansprüchen gehört (RGZ. 108, 146 insbes. 151); so auch Schlegelberger-Harmening § 1 A. 5, wohl auch Mügel [4], I. Teil § 31 V (S. 167).

[2] **Nur folgende persönliche Forderungen** werden gemäß § 10 nach allgemeinen Vorschriften aufgewertet.

I. Die auf einem Gesellschaftsvertrage oder einem anderen Beteiligungsverhältnis beruhenden Forderungen. Dies gilt für Gesellschaftsverträge aller Art, für Gesellschaften des bürgerlichen Rechts sowohl, wie auch für Handelsgesellschaften, Versicherungsvereine auf Gegenseitigkeit, Genossenschaften und stille Gesellschaften, ferner für Darlehnsforderungen, wenn sie auf einem Gesellschaftsverhältnis beruhen (Schlegelberger-Harmening § 10 A. 4, Bericht des Reichstagsausschusses S. 32).

II. Forderungen, die beruhen auf
a) einem Gutsüberlassungsvertrage (A. 3),
b) auf den Beziehungen aus der Auseinandersetzung (A. 5)
α) unter Miterben (§§ 2042 ff. BGB.),
β) unter Ehegatten (§§ 1471, 1474 ff., 1497 ff., 1546, 1549 BGB.),

γ) unter geschiedenen Ehegatten (§§ 1578 ff. BGB.),

δ) unter Eltern und Kindern (§§ 1314, 1492 ff., 1669 ff., 1761, 1845 BGB.),

ε) zwischen Erben und Pflichtteilsberechtigten oder Vermächtnisnehmern (§§ 2303 ff., 2147 ff. BGB.).

Diese Vorschrift ist dem § 7 Z. 2 der 1. Df.V.O. v. 1. 5. 1924 im wesentlichen entnommen. Der Kreis ist insofern erweitert, als auch Gutsüberlassungsverträge (a), nicht geschiedene Ehegatten (β) und Vermächtnisnehmer (ε) hineingezogen sind.

III.—VI. zu vgl. A. 5—9.

[5] **Gutsüberlassungsverträge** (successio anticipata). Das R.G. hat in ständiger Rechtsprechung Forderungen aus derartigen Verträgen entsprechend dem § 7 Z. 2 der 1. Df.V.O. v. 1. 5. 1924 nach allgemeinen Vorschriften aufgewertet (z. B.: Beschl. v. 9. 4. 1925, 9 Aw. 222. 25.; JW. 1925 S. 1124, DJZ. 1925 S. 823, JR. 1925 Nr. 805; v. 11. 5. 1925, 9 Aw. 311. 25.; 25. 5. 1925, 9 Aw. 327. 25.; 29. 6. 1925, 9 Aw. 399. 25.). Bei derartigen Verträgen geht der Wille der Vertragschließenden in der Regel dahin, daß die künftigen Erben mit den ihnen überwiesenen Beträgen den Teil des Werts der Wirtschaft erhalten sollen, der dem Verhältnis dieser Beträge zu dem Werte der Wirtschaft beim Vertragsschluß entspricht. Gemäß § 157 BGB. ist der Vertrag im Wege der Auslegung dahin zu ergänzen: Die Parteien würden, wenn sie den Währungsverfall vorausgesehen hätten, den Vertrag so gestaltet haben, daß sie den künftigen Erben das Recht auf diesen Teil des Wertes der Wirtschaft unter Zubilligung eines entsprechenden Bruchteils der Wirtschaft zur Zeit der Auszahlung oder zur Zeit der Neufestsetzung der Forderungen nach Beendigung des Währungsverfalls gesichert hätten (zu vgl. auch RGZ. 108, 83/85). Der Überlassungspreis pflegt nicht dem wirklichen Grundstückswerte zu entsprechen. Der Übernehmer soll nämlich nach Absicht der Vertragschließenden in der Regel dadurch günstiger gestellt werden und eine leistungsfähige Wirtschaft erhalten, daß er einen verhältnismäßig niedrigen Preis für das Grundstück zahlt. Die den künftigen Erben ausgesetzten Erbabfindungen können daher in der Regel nicht verglichen werden mit dem Überlassungspreise. Vielmehr muß der damalige Grundstückswert ermittelt werden, etwa in der Richtung: Welche Preise in Papiermark pflegten in der damaligen Zeit für derartige Grundstücke gezahlt zu werden, oder welche Preise in Papiermark waren damals angemessen? Dann wird das Verhältnis der Erbabfindungen zu diesem Preise festgestellt. Nunmehr wird der Grundstückswert zur Zeit der Aufwertung ermittelt und nach dem gleichen Verhältnis ein Betrag errechnet. Dieser ist freilich nicht ohne weiteres als Aufwertungsbetrag anzunehmen; vielmehr sind die persönlichen Verhältnisse der Beteiligten, namentlich ihre Einkommens- und Vermögensverhältnisse, die erhöhten Steuern und die Verteuerung der Betriebsmittel und sonstige besondere Umstände zu berücksichtigen. Es ist zu prüfen, ob nicht alle diese Umstände erhebliche Abschläge rechtfertigen, und ob ins-

besondere die Wirtschaft auch leistungsfähig bleibt, wenn der Übernehmer jene nach dem angegebenen Verhältnis ermittelten Beträge auszahlt. Gegebenenfalls sind diese Beträge dann noch herabzusetzen. Die Aufwertung findet also unter Berücksichtigung aller dieser Umstände statt; einem einzelnen von ihnen, etwa dem früheren oder jetzigen Grundstückswerte, ist ein ausschlaggebendes Gewicht nicht beizumessen. Z. B. die Eltern überlassen ihrem Sohne A. das Grundstück für 100000 Mark; A. hat dafür an seine Geschwister B. und C. je 40000 Mark Erbabfindung zu zahlen und an seine Eltern ein näher bestimmtes Altenteil zu leisten. Wie durch das Gutachten des (einen oder der mehreren) Sachverständigen festgestellt worden ist, betrug der Grundstückswert bei Abschluß des Vertrages 150000 Mark. Dann steht die Forderung von B. zum Grundstückswert im Verhältnis von 4:15. Der Grundstückswert zur Zeit der Aufwertung ist auf 120000 Reichsmark ermittelt. Dann würde B. zunächst $^4/_{15}$ von 120000 Reichsmark zu erhalten haben, d. h. 32000 Reichsmark. Wenn indes A. in den schwierigen Zeitverhältnissen ohne ernstliche Schädigung der Wirtschaft die 32000 + 32000 = 64000 Reichsmark nicht zahlen und das vielleicht nicht unbeträchtliche Altenteil an seine etwa noch rüstigen Eltern nicht leisten kann, so müssen unter Abwägung der persönlichen Verhältnisse der Beteiligten, insbesondere ihrer Einkommens- und Vermögensverhältnisse, die Erbabfindungen von 32000 + 32000 Reichsmark so weit herabgesetzt werden, daß die Frage, ob die Wirtschaft noch leistungsfähig ist, bejaht werden kann.

Anderseits können die Vertragschließenden beabsichtigt haben, daß der Überlassungspreis dem Grundstückswerte entspricht. Wenn einer der Beteiligten dies behauptet, hat die Aufwertungsstelle gemäß § 12 FGG. von Amts wegen dies festzustellen, gegebenenfalls durch Beweiserhebung. Wird jene Behauptung erwiesen, so ist der Überlassungspreis zu ermitteln; er setzt sich in dem genannten Beispiel zusammen aus:

a) den Erbabfindungen von 40000 + 40000 Mark,
b) dem Altenteil, dessen Geldwert zu schätzen und zu kapitalisieren ist.

In demselben Verhältnis, wie die Erbabfindungen zu dem so festgestellten Überlassungspreise stehen, ist ein Betrag von dem Grundstückswerte zur Zeit der Aufwertung zu berechnen. Dieser ist dann, wie vorher angegeben, den näheren Verhältnissen des einzelnen Falles anzugleichen.

4 **Höchstgrenze.** Nach Abs. 3 ist für derartige Forderungen aus früherer Zeit eine Höchstgrenze gesetzt. Das Nähere A. 12. Häufig stehen mit der Überlassung eines Grundstücks Altenteilsverträge in Verbindung. Für diese Verträge gilt das Sondergesetz (§ 1 Abs. 2) v. 18. 8. 1923, in Preußen die V.O. v. 8. 9. 1923 (abgedr. Anhang). Die in dem Altenteilsvertrage bestimmte Geldleistung soll nach diesen Vorschriften möglichst in eine Naturalleistung umgewandelt oder in dem Werte einer Menge von Naturalerzeugnissen ausgedrückt werden. Eine Aufwertung nach dem Aufwertungsgesetze findet nicht statt.

[5] **Beziehungen aus der Auseinandersetzung** unter Miterben, Ehegatten, Eltern und Kindern, Erben, Pflichtteilsberechtigten und Vermächtnisnehmern. Der Ausdruck „Beziehungen" ist sehr dehnbar und gestattet der Aufwertungsstelle einen großen Spielraum. Auch der Ausdruck Auseinandersetzung darf nicht engherzig ausgelegt werden und nicht etwa in dem Sinne der Aufhebung einer Gemeinschaft (§§ 741 ff. BGB.) aufgefaßt werden. Das Gesetz verwendet ihn auch für solche Fälle, in denen es an einer Gemeinschaft fehlt, z. B. für das Verhältnis zwischen Erben und Pflichtteilsberechtigten oder Vermächtnisnehmern. Er muß vielmehr im weitesten Sinne verstanden werden (K.G. 17. Dezember 1925, 9 Aw. 478. 25). In dieser Entscheidung hat das K.G. unter Bezugnahme auch auf § 3 Z. 6 eine Auseinandersetzung unter Eltern und Kindern angenommen bei folgendem Sachverhalt: Der Vater bekannte in der notariell beglaubigten Urkunde, seinen vier Kindern, von denen er in Wirklichkeit keine Darlehn erhalten hatte, Darlehen in der angegebenen Höhe zu verschulden. Diese Ansprüche sollten vorweggenommenes Vatererbe sein und auf den künftigen Erbteil der Kinder angerechnet werden (wie durch Beweisaufnahme festgestellt wurde). Der Vater behielt sich und seiner Ehefrau den Nießbrauch bis an das Lebensende vor. Wenige Tage nach der Ausstellung der Urkunde verkaufte der Vater das Grundstück an einen Dritten, der jene Forderungen dann in Anrechnung auf den Kaufpreis als persönlicher Schuldner übernahm. Darauf, ob eine Pflicht zur Auseinandersetzung besteht, kommt es nicht an, sondern nur darauf, ob tatsächlich Rechtshandlungen vorgenommen sind, die als Auseinandersetzung zu kennzeichnen sind. Rechtlich unerheblich ist es, wie der Anspruch bezeichnet wird (in jenem erwähnten Falle war die Bezeichnung als Darlehn gewählt); vielmehr genügt es, daß er auf einem der in § 10 Abs. 1. Z. 1—3 angegebenen Rechtverhältnisse „beruht". Es kommt also auf das Ursprungsverhältnis an (K.G.G. 17. Dezember 1925 a. a. O.).

[6] III. Forderungen, die auf den Beziehungen zwischen unterhaltsberechtigten und unterhaltsverpflichteten Personen beruhen. Diese Vorschrift entspricht dem § 7 Z. 1 der 1. Df.V.O. v. 1. 5. 1924. Es handelt sich um die gesetzliche, nicht um die durch Vertrag, etwa durch einen Altenteilsvertrag, begründete Unterhaltspflicht (z. B. §§ 1601 ff., 823 ff. BGB., Haftpflichtgesetz). Besteht nach dem Gesetz die Unterhaltspflicht und schließen die Beteiligten über die Gewährung des Unterhalts einen Vertrag, so beruht dieser auf den Beziehungen zwischen dem Unterhaltsberechtigten und dem Unterhaltsverpflichteten. Wenn dagegen zwischen anderen Personen, die an sich weder unterhaltsberechtigt, noch -verpflichtet sind, ein Vertrag auf Gewährung von Unterhalt geschlossen wird, und hierdurch erst ein Unterhaltsrecht und eine Unterhaltspflicht begründet wird, so beruhen die Unterhaltsansprüche auf diesem Vertrage, aber nicht auf den Beziehungen zwischen unterhaltsberechtigten und unterhaltsverpflichteten Personen. A. A. Schlegelberger-Harmening § 10 A. 4c, d (S. 94), Mügel[4] § 63 A. 3. Zu dem Ausdruck „Beziehungen" hat das K.G. ausgeführt: Die Vorschrift darf nicht zu engherzig ausgelegt werden. Aus sozialen Rücksichten

sollten gerade die unterhaltsberechtigten Personen eine Ausnahmestellung einnehmen. Der Ausdruck „Beziehungen" ist sehr dehnbar, kann daher auf verschiedenartige Fälle angewandt werden, wo es sich um Forderungen unterhaltsberechtigter Personen handelt (K.G. 30. 12. 1924, 9 Aw. 53. 24., DJZ. 1925 S. 347; 5. 2. 1925, 9 Aw. 52. 25). Hierhin gehört z. B. auch der Fall, daß der uneheliche Vater auf sein Grundstück für das uneheliche Kind zur Abfindung oder Sicherstellung für dessen späteren Beruf eine Hypothek hat eintragen lassen.

7 IV. Forderungen auf wiederkehrende Leistungen aus Abfindungen, Auseinandersetzungen, Überlassungen und ähnlichen Rechtsvorgängen. Nach § 1 kommen nur Geldleistungen in Betracht. Es handelt sich um andere Abfindungen und Auseinandersetzungen als in Z. 2 und 3 erwähnt; denn derartige Forderungen werden bereits durch die Ziffern 2 und 3 geregelt.

8 V. **Kaufgeldforderungen.** a) Es handelt sich um Kaufgeld oder Restkaufgeld für den Erwerb des mit der Hypothek belasteten Grundstücks. Das Kaufgeld (Restkaufgeld) muß geschuldet werden für den Erwerb gerade desjenigen Grundstücks, auf dem die Hypothek lastet. Daher gehört folgender Fall nicht hierher: A. hat das Grundstück I an B. verkauft; B. hat sich verpflichtet, 50000 Mark bei der Auflassung zu zahlen. Da er diese 50000 Mark aber nicht zahlen kann, läßt er auf seinem Grundstück II für A. eine Hypothek von 50000 Mark eintragen. Die 50000 Mark lasten dann nicht auf dem gekauften Grundstück I, sondern auf einem anderen; nicht das gekaufte, sondern ein anderes Grundstück ist der Pfandgegenstand. Die 50000 Mark werden daher, ebenso wie die Hypothek, höchstens mit 25% aufgewertet.

b) Anderseits ist es nicht erforderlich, daß das Restkaufgeld auch als solches eingetragen worden ist; es kann auch als Darlehn eingetragen werden. Wenn daher in dem erwähnten Beispiel B. die 50000 Mark auf das Grundstück I eintragen läßt nicht als Kaufgeld (oder Restkaufgeld), sondern als Darlehn für A., so kann doch die persönliche Forderung von 50000 Mark nach allgemeinen Vorschriften aufgewertet werden. Die Umwandlung in eine Darlehnsforderung muß indes, wenn eine Aufwertung nach allgemeinen Vorschriften stattfinden soll, bei Begründung der Kaufgeldforderung erfolgen. Ein gewisser Spielraum ist hier indes gegeben. Z. B. A. und B. vereinbaren im Kaufvertrage vom 2. 4. 1914, daß der Käufer B. das Restkaufgeld von 50000 Mark bei der Auflassung hypothekarisch eintragen lassen soll. Die Auflassung, die für die nächste Zeit vorgesehen war, verzögert sich bis zum 4. 6. 1914. Jetzt vereinbaren die Vertragsparteien, daß die 50000 Mark nicht als Kaufgeldforderung, sondern als Darlehn eingetragen werden sollen. Die Kaufgeldforderung ist zwar am 2. 4. 1914 begründet worden; die Absicht der Parteien ging aber dahin, daß sie hypothekarisch gesichert werden sollte. Solange dies nicht geschehen, ist eine derartige Forderung, wie sie die Parteien im Vertrage vom 2. 4. 1914 vorgesehen hatten, — eine hypothekarisch gesicherte Forderung — in Wahrheit noch nicht zur Entstehung gelangt. Es dürfte daher nichts im Wege stehen, daß auch in diesem Falle die 50000 Mark nach allgemeinen Vorschriften aufgewertet werden. Von Bedeutung ist dies, wenn das Grundstück weiterveräußert wird an C., und C. die persönliche Schuld des B. im Einverständnis mit A. übernimmt. Der eingetragenen Darlehnsforderung kann man es ohne weiteres nicht ansehen, daß sie in Wahrheit eine Restkaufforderung ist. Für den neuen Erwerber ist daher Vorsicht geboten; er muß sich über die Rechtsnatur derartiger Forderungen rechtzeitig unterrichten.

c) **Stichtag 31. 12. 1908.** Die Vorzugsstellung hat die Kaufgeldforderung aber nur, soweit sie nach dem 31. 12 1908 begründet worden ist. Nach § 7 der 1. Df.V.O. vom 1. 5. 1924 war der Stichtag der 31. 12. 1918. Der Regierungsentwurf wollte den 31. 12. 1911 entscheiden lassen. Bei der Beratung des Gesetzes wurde dann zugunsten der Gläubiger jener Zeitpunkt noch weiter zurückverlegt, und zwar auf den 31. 12. 1908. Begründet wird eine derartige zeitliche Beschränkung damit, daß Restkaufgeldforderungen, die eine lange Zeit hindurch bereits bestehen, allmählich den wirtschaftlichen Zusammenhang mit dem Kaufvertrage verlieren und die Natur einer Vermögensanlage annehmen; der innere Grund ihrer Bevorzugung vor reinen Darlehnsforderungen fällt dann allmählich weg. Anderseits ist zu berücksichtigen, daß seit 1914 ein allgemeines Moratorium gegolten hat, und daß der Gläubiger während des Krieges durch die Notgesetze, während der Nachkriegszeit durch die Geldentwertung in der freien Entschließung über die Rücknahme des Geldes behindert war. Wegen der Begrenzung des Aufwertungssatzes auf 75% und 100% zu vgl. A. 12.

d) **Standpunkt des R.G.** Das R.G., das bis dahin nicht Gelegenheit gehabt hat, zu der Frage der Aufwertung hypothekarisch gesicherter Kaufgeld- (Restkaufgeld-) Forderungen Stellung zu nehmen, hat sich nunmehr in dem Beschluß vom 17. 6. 1925 (V.B. 14. 25.) hierzu geäußert. Hiernach bestimmt sich die Aufwertung hypothekarisch gesicherter Restkaufgeldforderungen in gleicher Weise nach den in der Rechtsprechung für die Anwendung des § 242 BGB. auf Aufwertungsfragen aufgestellten Grundsätzen, wie dies für nicht hypothekarisch eingetragene Kaufgeldforderungen der Fall ist. Es handelt sich darum, die mit dem Währungsverfall wertlos gewordene Kaufpreisforderung den jetzt maßgebenden Wertverhältnissen anzupassen. Es ist daher bei der Aufwertung regelmäßig von dem Vertragspreise auszugehen und zu ermitteln, welcher Geldbetrag jetzt dem inneren Werte des Kaufpreises zur Zeit der Vereinbarung oder seiner damaligen Kaufkraft entspricht. Welcher Betrag in Reichsmark entspricht unter Berücksichtigung der damaligen und der gegenwärtigen Wirtschafts- und Währungsverhältnisse dem vereinbarten Papiermarkpreise? Liegt der vertragsmäßig vereinbarte Kaufpreis über dem angemessenen Werte des Grundstücks, so muß dieser Umstand auch bei der Aufwertung dem Verkäufer zugute kommen und der aufgewertete Kaufpreis entsprechend höher ausfallen. Auf der anderen Seite ist die Aufwertung nicht dazu bestimmt, einen zu billigen und unvorteilhaften Verkauf für den Verkäufer nachträglich vorteilhafter zu gestalten (RGZ. 109 S. 163/164). Eine Umwertung lediglich nach dem Dollarstande oder nach dem Stande einer anderen wertbeständig gebliebenen ausländischen Währungseinheit ist nicht zulässig, sofern sie nicht nach den besonderen Umständen des einzelnen Falles zu einem Ergebnis führt, das einem billigen, den Interessen beider Teile gerecht werdenden Ausgleich entspricht. Die Kaufkraft der Mark im Inlande, und zwar gerade auch auf dem Grundstücksmarkt, war lange Zeit bedeutend größer als im Auslande. Ebensowenig darf ausschließlich die Reichsrichtzahl zugrunde gelegt werden, die im wesentlichen nach den Kosten der Lebenshaltung berechnet ist und im Grundstücksverkehr nicht unbedingt maßgebend sein kann. Immerhin sind auch diese Wertverhältnisse als Vergleichsmaßstab bei der Aufwertung zu berücksichtigen. Ausgangspunkt für die Aufwertung bleibt aber regelmäßig die Kaufkraft des Geldwertes des Kaufpreises zur Zeit seiner Festsetzung, nicht etwa zur Zeit seiner Fälligkeit. Auch sie ist jedoch allein nicht maßgebend. Vielmehr sind alle Umstände des Einzelfalles zu berücksichtigen. Auch die weitere Entwicklung der Verhältnisse auf dem Grundstücksmarkte kann in Betracht gezogen und demnach auch dem gegenwärtigen — gesunkenen oder gestiegenen — Grundstückswerte gebührend Rechnung getragen werden. Keinesfalls darf aber der gegenwärtige Grundstückswert ausschließlich zugrunde gelegt und ohne weiteres mit dem jetzt von dem Schuldner zu entrichtenden angemessenen Kaufpreis für wesensgleich erachtet werden. Der Bruchteil des gegenwärtigen Grundstückswertes, der dem Verhältnis der Restkaufgeldforderung zu dem damaligen Grundstückswerte entspricht, kann nicht ohne weiteres als der maßgebende Aufwertungsbetrag angesehen werden. Freilich kann diese Berechnungsart unter Umständen einen geeigneten Ausgangspunkt für die unter Heranziehung weiterer Gesichtspunkte vorzunehmende Bemessung des Aufwertungsbetrages abgeben, die Aufstellung dieser Berechnungsart als einer allgemein gültigen Regel kann aber nicht für zulässig erachtet werden. Der gegenwärtige Grundstückswert bildet immer nur einen der mehreren wichtigen Bestandteile, die für die Feststellung des Aufwertungsbetrages in Betracht kommen können. Welche Bedeutung jedem derselben beizumessen ist, kann nur nach der besonderen Lage des einzelnen Falles entschieden werden und unterliegt dem pflichtmäßigen Ermessen der für die Beurteilung der tatsächlichen Verhältnisse allein zuständigen Aufwertungsstelle. Die Aufstellung einer festen, allgemein gültigen Regel, daß dem gegenwärtigen Grundstückswerte das ausschlaggebende Gewicht beizulegen und er zur Grundlage der Berechnung zu machen sei, würde eine unzulässige Beschränkung des Ermessens der Aufwertungsstelle enthalten und gegen den aus § 242 BGB. herzuleitenden Grundsatz verstoßen, daß jeder Aufwertungsfall nach seiner besonderen Artung individuell zu behandeln ist. Der Aufwertungsbetrag ist nach dem gesamten Kaufpreise zu berechnen; hiervon ist derjenige Bruchteil dem Gläubiger zuzusprechen, der dem Verhältnis des Restkaufgeldes zu dem Gesamtkaufpreise entspricht.

e) Mit diesen theoretisch unbestreitbaren Richtlinien ist der Praxis indes wenig gedient. Eine mathematisch genaue Feststellung, welchen

Wert der in Papiermark bestimmte Kaufpreis jetzt in Reichsmark hat, ist überhaupt nicht möglich. Es kann sich immer nur um eine annähernde Bestimmung handeln, und es wird sich niemals vermeiden lassen, daß der Gläubiger oder der Schuldner hierbei irgendwie zu kurz kommt. Von Bedeutung bleibt in erster Linie: Welchen inneren Wert haben die Parteien selbst dem Kaufpreise zugelegt? Er soll doch, regelmäßig wenigstens, dem Grundstückswerte entsprechen, so wie diesen die Parteien damals angenommen haben. Freilich werden hier die Wertschätzungen des Verkäufers und des Käufers oft wesentlich voneinander abweichen. Der Verkäufer wird oft annehmen, günstig verkauft zu haben, — dann geht der Kaufpreis nach seiner Schätzung über den Grundstückswert hinaus —, der Käufer wird oft der Ansicht sein, ein gutes Geschäft gemacht zu haben — dann erreicht der Kaufpreis nach seiner Auffassung nicht den wirklichen Grundstückswert —. Dies muß in dem einzelnen Falle aufgeklärt werden. Wenn indes aus dem Vorbringen der Parteien nichts Entgegenstehendes zu entnehmen ist, so kann zunächst angenommen werden, daß der vereinbarte Kaufpreis ungefähr wenigstens dem damaligen Grundstückswerte entsprochen hat (zu vgl. auch RG. vom 21. 3. 1925, 392. 24, Recht 1925, Nr. 1699, S. 530). Zu dem Kaufpreise gehört nicht nur der bar zu zahlende Betrag; auch sonstige Leistungen des Käufers, z. B. die Übernahme eines Altenteils, die Begründung eines Wohnrechts, die Verpflichtung zur Gewährung von Unterhalt, stellen das Entgelt für die Überlassung des Grundstücks dar, sind daher in Geldwert zu schätzen, und dieser ist dem baren Kaufpreise hinzuzurechnen. Beruft sich der Käufer darauf, daß er besonders billig gekauft habe, daß der Kaufpreis daher hinter dem angemessenen Werte, insbesondere hinter dem sonst für solche Grundstücke in der fraglichen Zeit allgemein bezahlten Preise, zurückgeblieben sei, so ist diese Behauptung nachzuprüfen, gegebenenfalls nach § 12 FGG. Beweis zu erheben (Vernehmung von Sachverständigen). Der Vorteil des billigen Kaufes muß allerdings dem Käufer verbleiben. Entsprechendes gilt, wenn der Verkäufer geltend macht, daß der Kaufpreis den Grundstückswert übersteige. Der vereinbarte Kaufpreis, gegebenenfalls der ermittelte Grundstückswert, wird mit dem Restkaufpreise verglichen und ihr Verhältnis zueinander festgestellt. Sodann ist der Grundstückswert zur Zeit der Aufwertung zu ermitteln, jedoch nach Abzug etwa inzwischen vorgenommener Verbesserungen, Neubauten u. dgl. Eine nachträgliche, bei dem Kauf nicht schon berücksichtigte Wertsteigerung durch außergewöhnliche Umstände, z. B. durch Anlage einer Villenkolonie, eines Bahnhofes, Entdeckung einer Heilquelle, von Bodenschätzen (Kohle u. dgl.) — sogenannter Konjunkturgewinn — bleibt außer Ansatz. Dieser Gewinn kommt — zunächst wenigstens — dem Käufer zugute. Von dem so ermittelten Grundstückswerte wird ein Betrag errechnet, der zu ihm in demselben Verhältnis steht, wie die aufzuwertende Forderung zu dem Kaufpreise oder dem ermittelten Grundstückswerte. Z. B. barer Kaufpreis 150000 Mark; Restkaufgeld 50000 Mark; Wert der übernommenen sonstigen Leistungen (Altenteil, Wohnrecht und dgl.) 50000 Mark. Der

Kaufpreis beträgt dann insgesamt 150000 + 50000 = 200000 Mark. Die Restpreisforderung von 50000 Mark steht zu diesem Kaufpreise im Verhältnis von 50000 : 200000 = 1 : 4. Entscheidet in dem einzelnen Falle nicht der Kaufpreis, sondern der zu ermittelnde Grundstückswert, so ist die Restkaufforderung mit diesem zu vergleichen. Jetziger Grundstückswert 160000 Reichsmark. Nach der Gleichung 4 : 1 = 160000 : X ist X = 40000 Reichsmark zu errechnen. An diesem Betrage ist aber nicht starr festzuhalten. In jedem einzelnen Falle ist sorgfältig zu prüfen, ob und inwieweit noch Abzüge geboten sind. Hierbei sind zu berücksichtigen die Art des Grundstücks — städtisches, ländliches Grundstück —, der Einfluß der Wohnungszwangswirtschaft (der sich im Laufe der Zeit immer weniger bemerkbar machen wird), die erhöhte steuerliche Belastung des Grundstücks und sonstige für den einzelnen Fall in Betracht kommende Umstände, ferner die persönlichen Verhältnisse der Beteiligten, insbesondere ihre — festzustellenden — Einkommens- und Vermögensverhältnisse (hier kann auch der vorher erwähnte Konjunkturgewinn berücksichtigt werden) und eine etwaige verminderte Erwerbsfähigkeit oder eine Erwerbsunfähigkeit. Die Aufwertungsstelle darf auch der Entwicklung auf dem Grundstücksmarkte in den nächsten Jahren Rechnung tragen, sofern sich eine solche, wenn auch nur mit einer gewissen Wahrscheinlichkeit, voraussehen läßt (K.G. 8. 1. 1925, 9 Aw. 10. 24, JR. 1925, Rechtspr. Nr. 93; 9. 4. 1925, 9 Aw. 266. 25; 25. 5. 1925, 9 Aw. 327. 25). Der Aufwertungsbetrag ist ja erst 1932 oder noch später fällig; der Wert der Grundstücke scheint allgemein wieder zu steigen, wenn auch nur langsam. Jede schematische Aufwertung ist abzulehnen; die Aufwertung ist vielmehr dem einzelnen Falle anzupassen. Alle vorher erwähnten Umstände zusammengenommen ergeben erst die rechte Grundlage zur Aufwertung. Ein überwiegendes Gewicht ist auf den einen oder den anderen von ihnen hierbei nicht zu legen. Die Aufwertungsstelle hat daher genügend freien Spielraum. Ihre Begründung muß ergeben, daß sie diese Gesichtspunkte geprüft hat.

Es ist nicht zu verkennen, daß der Aufwertungsstelle zum Teil schwierige und eingehende Untersuchungen zugemutet werden. Außergewöhnliche Zeiten verlangen aber auch außergewöhnliche Leistungen, es ist nicht zu vergessen, daß sich auch die Rechtswissenschaft ständig weiter entwickelt und den Richter vor neue Aufgaben stellt.

Bei einer derartigen Aufwertung kann die allgemeine Verarmung, der sogenannte Verelendungsfaktor, als ein den Aufwertungsbetrag mindernder Umstand nicht noch besonders in Betracht kommen, soweit er nicht in den beiderseitigen Einkommens- und Vermögensverhältnissen ohnehin in Erscheinung tritt. Hat die allgemeine Verarmung auch den Wert des Grundstücks ergriffen und zu einer Wertverringerung geführt, so kommt die Verarmung in dem nach dem Wertverhältnis errechneten Aufwertungsbetrage zum Ausdruck; ist dies nicht der Fall gewesen, so ist, wenn der jetzige Grundstückswert berücksichtigt wird, kein Grund ersichtlich, noch einen besonderen Abzug wegen der allgemeinen Verarmung zugunsten des Grundstückseigentümers zu machen, der hiervon in Ansehung des Grundstücks unberührt geblieben ist (K.G. 18. 6. 1925, 9 Aw. 388. 25).

Das R.G. hat sich in seiner erwähnten Entscheidung vom 17. 6. 1925 gegen den Beschluß des K.G. vom 24. 11. 1924 (9 Aw. 33. 24; JW. 1924 S. 2002; DJZ. 1925 S. 116) ausgesprochen. Das K.G. hat indes in seinen späteren Entscheidungen diese Rechtsprechung weiter ausgebaut und ergänzt, so daß in der Sache selbst kaum noch ein tieferer Unterschied zwischen den beiden Auffassungen bestehen dürfte. Der Aufwertungsstelle wird indes mit der vorher angegebenen Berechnungsart eine Handhabe gegeben, deren die Praxis nicht entbehren kann. Wegen der späteren Rechtsprechung des K.G. sei noch verwiesen auf die Beschlüsse vom 30. 12. 1924, 9 Aw. 39. 24 (JW. 1925 S. 267); 5. 2. 1925, 9 Aw. 47. 25 (JW. 1925 S. 630), 9 Aw. 57. 25; 19. 25; 19. 2. 1925, 9 Aw. 126. 25; 5. 3. 1925, 9 Aw. 159. 25, 107. 25; 27. 4. 1925, 9 Aw. 168. 25. Neuerdings hat das K.G. in dem Beschlusse vom 1. 10. 1925, 9 Aw. 20. 24 (JW. 1925 S. 2253) nochmals seinen Standpunkt begründet. Dieser Beschluß bringt, trotz seines Umfanges, nichts wesentlich Neues.

9 **Tauschverträge.** Vereinbaren die Parteien bei einem Tausche, daß der eine von ihnen eine Geldzugabe zu leisten und diese als Hypothek einzutragen hat, so kann auch diese Tauschzugabe nach den Vorschriften der Restkaufgeldforderung aufgewertet werden. Nach § 515 BGB. finden auf den Tausch die Vorschriften über den Kauf entsprechende Anwendung. Das Aufwertungsgesetz bildet in seinen materiellrechtlichen Bestimmungen eine Ergänzung des bürgerlichen Rechts. Es ist daher so anzusehen, als ob die Aufwertung von Restkaufgeldforderungen in dem BGB. für zulässig erklärt wäre. Dann aber ist kein rechtlicher oder wirtschaftlicher Grund ersichtlich, die Tauschzugabe im Aufwertungsrecht anders zu behandeln als die Restkaufgeldforderung (K.G. 27. 4. 1925, 9 Aw. 262. 25).

10 Auch bei Kaufgeldforderungen und — A. 9. — Tauschverträgen aus früherer Zeit ist die *Aufwertung nach obenhin begrenzt*. Das Nähere A. 12.

11 VI. **Sicherungshypotheken.** Eine besondere Behandlung der durch Sicherungshypothek gesicherten Forderung ist, wie die Erläuterungen zum Regierungsentwurf bemerken, deshalb geboten, weil hier die akzessorische Bedeutung der Hypothek besonders stark hervortritt. Im Wirtschaftsleben wird die Sicherungshypothek hauptsächlich zur Sicherung von Ansprüchen aus gegenseitigen Verträgen verwendet, insbesondere von Forderungen der Bauhandwerker, von Kautionen, sowie von Ansprüchen aus laufender Geschäftsverbindung und Kontokorrentverhältnissen. In der Öffentlichkeit ist wiederholt auf die Unbilligkeit der früheren Regelung hingewiesen, wonach die Aufwertung einer Forderung lediglich deshalb, weil sie durch die rein akzessorische Sicherungshypothek gesichert ist, beschränkt wird. Insbesondere ist die Ungerechtigkeit hervorgehoben worden, die darin liegt, daß der Unternehmer eines Bauwerkes, der sich auf Grund des § 648 BGB. für seine Forderung gegen den Besteller eine Sicherungshypothek hat einräumen

lassen, schlechter gestellt werden soll als derjenige, der dies unterlassen hat. Desgleichen ist für Baugeldforderungen im Sinne des § 1 Abs. 2 des Gesetzes über den Schutz von Bauforderungen vom 1. 1. 1909 (RGBl. S. 449) die Zulassung einer höheren Aufwertung verlangt worden. Ferner sind die Fälle zur Sprache gebracht worden, in denen der Anspruch auf Rückzahlung einer Pachtkaution oder der Anspruch auf Rückzahlung einer geleisteten Kaufpreisanzahlung durch Sicherungshypothek gesichert worden ist. Auch der Fall der Arresthypothek ist in diesem Zusammenhange zu erwähnen. In allen diesen Fällen wäre es unbillig, die Forderung starr auf den Normalsatz aufzuwerten. Die Regierungsvorlage sah daher bereits eine Ausnahmestellung für derartige durch eine Sicherungshypothek gesicherten Forderungen vor. Bei der Beratung des Aufwertungsgesetzes wurden Bedenken hiergegen nicht erhoben. Die Forderungen der in Z. 1 bis 5 bezeichneten Art können an sich auch durch eine Sicherungshypothek gesichert sein. Dann gelten die Bestimmungen der Z. 1 bis 5, d. h. die Aufwertung findet nach allgemeinen Vorschriften statt. Nach Z. 6 gilt ein Gleiches für Forderungen anderer Art; nur sind Darlehnsforderungen ausdrücklich ausgenommen. Diese werden daher auf den normalen Höchstsatz von 25% — § 9 — aufgewertet. Zu beachten ist, daß als allgemeine Vorschriften auch die §§ 63 bis 66 gelten, wonach bestimmte Ansprüche nicht aufwertbar sind. Soweit daher die Sicherungshypothek derartige Ansprüche sichert, findet eine Aufwertung überhaupt nicht statt, auch nicht der Hypothek, § 4. Bei einer Sicherungshypothek kann der Eigentümer das Recht zur Auszahlung der Hypothek nur durch eine zwischen dem persönlichen Schuldner und dem Gläubiger erfolgende Kündigung erlangen. Der persönliche Schuldner muß aber, wenn er von dem Kündigungsrecht des § 25 Abs. 2 Gebrauch machen will, die ganze Forderung zu ihrem vollen Aufwertungsbetrage kündigen. Erst durch eine derartige Kündigung der Forderung durch den persönlichen Schuldner wird die Fälligkeit der für einen Teil der Forderung fortbestehenden Sicherungshypothek herbeigeführt. Der Grundstückseigentümer, der zugleich der persönliche Schuldner ist, kann nur gegen Zahlung des vollen Aufwertungsbetrages der Forderung die Aushändigung der zur Löschung erforderlichen Urkunden verlangen. R.G. 11. 11. 1925, V. 22. 25, DJZ. 1926 S. 84). Diese Ausführungen beziehen sich aber nur auf die Sicherungshypothek; das RG. läßt ausdrücklich dahingestellt sein, wie bei einer Verkehrshypothek zu entscheiden wäre.

12 **Beschränkter Höchstbetrag der Aufwertung.** Bei Kaufgeldforderungen und Gutsüberlassungsverträgen ist der Höchstbetrag der Aufwertung beschränkt. Die Regierungsvorlage sah eine derartige Beschränkung, die auch der 3. St.N.V.O. fremd war (R.G. v. 17. 6. 1925 V. B. 14. 25.), nicht vor. Die Kompromißparteien (der Vertreter der Bayerischen Volkspartei hatte den Antrag nicht mit unterzeichnet) beantragten in der ersten Lesung zunächst die Beschränkung der Aufwertung bei Kaufgeldforderungen ,und zwar auf 75% bei den vor dem 1. 1. 1912 begründeten, auf 100% bei allen anderen. Begründet wurde der Antrag damit, daß man bei einer Aufwertung über 100% in die

vertragsmäßige Bindung der Parteien eingreife, den Kaufpreis nachprüfe und die Gefahr heraufbeschwöre, daß alle Geschäfte der Inflationszeit in ihrem Bestande erschüttert würden. Die Beschränkung der Aufwertung wurde dann auf die Gutsüberlassungsverträge ausgedehnt .Schließlich wurde die Beschränkung nur für die vor dem 1. 1. 1922 begründeten Kaufgeldforderungen und Forderungen aus Gutsüberlassungsverträgen beschlossen, und zwar für diejenigen, die begründet worden sind

a) vor dem 1. 1. 1912 auf 75%,

b) vor dem 1. 1. 1922 auf 100%.

In rechtlicher Hinsicht ist diese Beschränkung nicht gerechtfertigt. Eine Nachprüfung des Kaufpreises wird dadurch nicht ausgeschlossen. Die Aufwertungsstelle kann auch jetzt noch prüfen, welche Aufwertung nach allgemeinen Vorschriften überhaupt angezeigt ist, um festzustellen, ob sich die 75%ige oder 100%ige Aufwertung im Rahmen der Aufwertung nach den allgemeinen Vorschriften hält. Es werden daher auch jetzt „die Geschäfte der Inflationszeit in ihrem Bestande erschüttert". Diese Beschränkung ist offenbar aus politischen Beweggründen erfolgt. Jedenfalls muß man es noch begrüßen, daß wenigstens für die Zeit vom 1. 1. 1922, wo die Geldentwertung, von verschwindenden Ausnahmen abgesehen, ständige Fortschritte machte, die Aufwertung unbeschränkt zugelassen ist. Der größte „Giftzahn" ist dadurch dieser Vorschrift genommen.

Für die Aufwertungsstellen kann diese Beschränkung insofern eine Erleichterung bringen, als sich bei vielen Aufwertungssachen ohne große Untersuchungen ergeben wird, daß die Aufwertung weit über 75% oder 100% sonst geboten wäre. Von einer Berechnung im einzelnen wird in vielen Fällen dann abgesehen und die Aufwertung auf 75% oder 100% ohne weiteres festgesetzt werden können.

13 Die in Abs. 3 ausgesprochene Beschränkung der Aufwertung auf 75% und 100% ist eine entschiedene Ausnahmemaßregel; diese Bestimmung darf daher nicht ergänzend ausgelegt werden. Nur die in Abs. 1 Z. 2 genannten Gutsüberlassungsverträge, nicht aber auch die weiteren in Z. 2 angegebenen Verträge unterliegen dieser Beschränkung. Außer den Kaufgeldforderungen des Abs. 1 Z. 5 werden indes wegen ihrer inneren Wesensgleichheit auch Tauschverträge beschränkt aufgewertet werden müssen, wenn die Forderung vor dem 1. 1. 1922 begründet worden ist.

14 Für die Aufwertung der Ansprüche des § 10 ist die Aufwertung nach allgemeinen Vorschriften die Regel, nicht etwa (Schlegelberger-Harmening § 10 A. 2) nur eine Ausnahme und als Regel eine Aufwertung von 25% anzusehen. Die Aufwertungsstelle hat daher für diese Ansprüche ohne weiteres eine Aufwertung nach allgemeinen Vorschriften vorzunehmen, nicht etwa zu prüfen, ob im Einzelfalle eine Ausnahme von einer Aufwertung auf 25% angezeigt ist. Im Falle des Abs. 3 ist dann der nach allgemeinen Vorschriften sonst gebotene etwa höhere Aufwertungsbetrag entsprechend zu beschränken (auf 75% oder 100%). (Zu vgl. auch R.G. 7. 1. 1926, 9 Aw. 489. 25.)

§ 11.

In den Fällen des § 10 Ziffer 1 bis 5 ist eine Abweichung von dem normalen Höchstsatz unzulässig, wenn die Forderung vor dem 14. Februar 1924 von dem ursprünglichen Gläubiger auf einen anderen übergegangen ist, es sei denn, daß es sich um einen Rechtsübergang der im § 3 Abs. 1 Ziffer 2 bis 11 bezeichneten Art handelt.

1 Bei den Forderungen des § 10 Z. 1 bis 5 ist die Aufwertung nach allgemeinen Vorschriften nur zulässig, wenn die Forderung bis zum 14. 2. 1924 noch dem ursprünglichen Gläubiger oder seinem nach § 3 Z. 2 bis 11 in Betracht kommenden Rechtsnachfolger zugestanden hat. Trifft diese Voraussetzung nicht zu, ist also die Forderung vor dem 14. 2. 1924 in anderer Weise als durch Gesamtnachfolge oder unentgeltlichen Erwerb (§ 3 Z. 2 bis 11) auf einen anderen Gläubiger übergegangen, so ist die Forderung auf den normalen Höchstsatz von 25% aufzuwerten. Diese einschneidende neue, von der bisherigen Regel abweichende Vorschrift betrifft z. B. die Abtretung der Forderung.

2 Bei der Abtretung einer der im § 10 Z. 1—5 genannten Forderungen, die an sich nach allgemeinen Vorschriften aufgewertet werden dürfen, kann zwar der jetzige Gläubiger gemäß § 11 eine Aufwertung von nur 25% des Goldmarkbetrages verlangen. Dies schließt nicht aus, daß der frühere Gläubiger eine höhere Aufwertung geltend machen darf (so auch Goldschmidt, JW. 1925, S. 2577, A.G. Köln vom 1. 12. 1925, 6 Aw. 3575. 25, Grundeigentum 1926, S. 6). Lebt das Recht des früheren Gläubigers, der eine Aufwertung nach allgemeinen Vorschriften beanspruchen konnte, nach §§ 15, 17 wieder auf, so kann er auch die Aufwertung der persönlichen Forderung nach allgemeinen Vorschriften, unter Umständen also über 25%, verlangen. Die geleistete Zahlung muß er sich hierauf nach der Vorschrift des § 18 anrechnen lassen. Bei dieser Aufwertung nach allgemeinen Vorschriften darf der Schuldner nicht schlechter gestellt werden als vor der Abtretung. War z. B. der frühere Gläubiger ein Millionär und ist der jetzige Gläubiger weniger bemittelt, so können bei dem Vergleich der gegenseitigen Vermögens- und Einkommensverhältnisse auf der Gläubigerseite nur diejenigen des Millionärs aus der Zeit seines früheren Gläubigerrechts zugrunde gelegt werden, die unter Umständen einen geringeren Aufwertungsbetrag rechtfertigen; diejenigen des jetzigen Gläubigers kommen hierfür nicht in Betracht.

3 Die in § 10 Z. 6 genannten Forderungen werden durch § 11 nicht betroffen.

§ 12.

Eine Abweichung von dem normalen Höchstsatz ist nur zulässig, wenn sie vor dem 1. April 1926 bei der Aufwertungsstelle beantragt ist. In den Fällen der §§ 203, 204, 206, 207 des Bürgerlichen Gesetzbuchs kann der Antrag noch bis zum Ablauf von drei Monaten nach Fortfall des Hindernisses gestellt werden.

1 Wer eine höhere oder geringere Aufwertung als 25% verlangen will, muß dies vor dem 1. 4. 1926 bei der Aufwertungsstelle beantragen. Auch hier ist ein Antrag, nicht bloß eine Anmeldung erforderlich. Im übrigen kann auf § 8 A. 4—6 verwiesen werden. Erteilung einer Bescheinigung, zu vgl. Art. 126 Df.V.O. vom 29. 11. 1925.

2 Dieser § betrifft also auch den Fall, daß der Schuldner eine geringere Aufwertung zahlen will, sei es auf Grund der Härteklausel nach §§ 9, 8, sei es, weil nach allgemeinen Vorschriften für die im § 10 genannten Forderungen eine geringere Aufwertung geboten erscheint.

3 Für den auf Grund des Vorbehalts der Rechte oder kraft Rückwirkung wieder auflebenden Aufwertungsanspruch gilt die Frist des § 16 (§ 17) zur Anmeldung bis zum 1. 1. 1926. Ergibt sich aus dieser Anmeldung, daß der frühere Gläubiger die höhere Aufwertung nach allgemeinen Vorschriften beansprucht oder ganz allgemein eine so hohe Aufwertung, wie nach dem AwG. überhaupt zulässig ist, so genügt diese Anmeldung auch zur Wahrung der Rechte aus § 12. Es hätte keinen Sinn, wenn man von dem Gläubiger auch in einem solchen Falle einen förmlichen Antrag verlangen wollte, während das Gesetz zunächst nur eine Anmeldung vorschreibt und eine Frist von 3 Monaten für den etwaigen Einspruch des Schuldners bestimmt. Vor Ablauf dieser Frist kann der Gläubiger nicht gezwungen werden, einen förmlichen Aufwertungsantrag zu stellen. Abgesehen hiervon würde man wohl in den meisten Fällen die Anmeldung nach § 16 als einen Antrag im Sinne des § 12 umdeuten können und müssen.

§ 13.

In die Bilanz ist die Forderung, unbeschadet der Vorschrift des § 38 der Dritten Steuernotverordnung, als Aktivum oder Passivum mit einem Betrage einzustellen, der unter Zugrundelegung des normalen Höchstsatzes errechnet wird, sofern nicht durch abweichende Vereinbarung oder durch rechtskräftige Entscheidung der Aufwertungsstelle eine höhere oder geringere Aufwertung bestimmt ist.

1 In die Bilanz ist die Forderung mit dem normalen Höchstsatz, also mit 25% des Nennbetrages oder des Goldmarkbetrages (§ 2 Abs. 1, 2) einzustellen. Ist eine andere (höhere oder geringere) Aufwertung vereinbart oder durch rechtskräftige Entscheidung der Aufwertungsstelle bestimmt, so ist dieser Betrag maßgebend.

2 § 38 der 3. St.N.V.O. bestimmte, daß bei der Vermögenssteuerveranlagung zum 31. 12. 1923 noch nicht aufgewertete, aber möglicherweise

noch aufzuwertende Forderungen und Schulden mit dem Papiermarknennbetrag unter Umrechnung in Goldmark zu bewerten sind. Entsprechendes soll gelten: a) für die in Schuldverschreibungen oder Pfandbriefen verbrieften Forderungen und Schulden, sofern die Zinszahlung und die Kapitalsrückzahlung nach den am 31. 12. 1923 maßgebenden Bedingungen ausschließlich auf Reichsmark abgestellt ist, b) ferner für die Erbschaftssteuerveranlagung bei Erwerben, für welche die Steuerschuld nach dem 30. 6. 1923 entstanden ist oder entsteht, mit der Maßgabe, daß an Stelle des 31. 12. 1923 der nach § 31 des Erbsch.-St.Ges. maßgebende Zeitpunkt tritt.

III. Aufwertung bei Vorbehalt der Rechte. Rückwirkung.

1. Vorbehalt der Rechte.

§ 14.

Trotz der Bewirkung der Leistung findet die Aufwertung statt, wenn der Gläubiger sich bei der Annahme der Leistung seine Rechte vorbehalten hat. Liegt diese Voraussetzung für die persönliche Forderung vor, so wird neben dieser auch die Hypothek aufgewertet; dies gilt nicht, wenn der Gläubiger sich seiner Rechte auf Aufwertung der Hypothek ausdrücklich begeben hat. Liegt die Voraussetzung für die persönliche Forderung nicht vor, so findet auch eine Aufwertung der Hypothek nicht statt.

[1] **Annahme der Leistung.** Hierunter ist die ausdrückliche oder stillschweigende Willenserklärung des Empfängers zu verstehen, die betreffende Leistung gerade als Erfüllung der ihm geschuldeten Leistung anzunehmen, zu vgl. auch RG. 4. 11. 1925 (RGZ. 111 S. 320, 333, 334). Hat z. B. der Schuldner B. dem Hypothekengläubiger A., für den eine Friedenshypothek von 100 000 Mark auf dem Grundstück lastet, am 16. 8. 1923 einen 100 000-Mark-Schein übersandt mit der Aufforderung, ihm eine löschungsfähige Quittung zu erteilen, und hat A. hierauf gar nicht geantwortet, so kann in dem Schweigen des A. regelmäßig eine Annahme der Leistung im Sinne des § 14 nicht gefunden werden. Am 16. 8. 1923 entsprachen nach der Umrechnungstabelle die 100 000 Papiermark 12,5 Goldpfennigen. Der Schuldner B. konnte dem Gläubiger A. nicht zumuten, ihn noch erst brieflich zu benachrichtigen, daß er die Zahlung der 100 000 Papiermark als vollgültige Zahlung der Schuld nicht anerkenne, und für den Brief mit Porto unter Umständen einen Betrag aufzuwenden, der jene übersandte Summe fast erreichte oder gar überstieg. Nicht jedes Unterlassen eines Widerspruchs gegen eine ungenügende Zahlung bedeutet daher ein stillschweigendes Einverständnis des Gläubigers mit der geleisteten Zahlung. Eine stillschweigende Annahme der Leistung liegt vielmehr nur

dann vor, wenn mit Rücksicht auf die Grundsätze von Treu und Glauben, insbesondere auf die Verkehrssitte und die im Handelsverkehr üblichen Gewohnheiten und Gebräuche, das Verhalten des Empfängers nur dahin ausgelegt werden kann, daß er mit der Leistung des Schuldners zufrieden ist, sie als Tilgung der Schuld in der angegebenen Höhe annehmen will und annimmt. Die bloße körperliche Empfangnahme des Geldes stellt nur dann eine Annahme der Zahlung dar, wenn darin der Wille zum Ausdruck kommt, die Zahlung als Erfüllung gelten zu lassen (RG. 25. 11. 1925, V. 18. 25). Andernfalls bleibt, ohne daß es eines Vorbehalts zur Erhaltung des Aufwertungsrechts bedarf, die Schuld bestehen, und die Zahlung kann gegebenenfalls nur als Teilleistung in Betracht kommen. Der Vorbehalt ist gegenüber dem Schuldner oder seinem Bevollmächtigten zu erklären. Es genügt aber auch, daß er erklärt wird gegenüber demjenigen, der von dem Schuldner mit der Regelung dieser Angelegenheit beauftragt ist (Rechtsanwalt, insbesondere Notar, Bureauvorsteher, Bank und dergleichen).

2 **Vorbehalt, formlos, rechtzeitig.** Eine Annahme der Leistung im Sinne des Gesetzes liegt insbesondere dann nicht vor, wenn sich der Gläubiger bei ihrer Annahme seine Rechte vorbehalten hat. Denn hierdurch gibt er unzweideutig zu erkennen, daß ihm die Leistung nicht genüge. Hat sich der Gläubiger bei der Entgegennahme der Leistung seine Rechte vorbehalten, so findet in jedem Falle eine Aufwertung statt, ohne daß noch geprüft zu werden braucht, ob überhaupt eine Annahme der Leistung im Sinne des Gesetzes (zu vergl. auch § 363 BGB.) vorliegt. Der Vorbehalt ist an keine Form gebunden; er kann auch außerhalb des schriftlichen Empfangsbekenntnisses (der Quittung) oder der Löschungsbewilligung irgendwie (Begleitschreiben, mündlich) seinen Ausdruck gefunden haben, muß aber rechtzeitig erklärt sein, und zwar spätestens in dem Zeitpunkte, in welchem nach Bewirkung der Leistung jene Urkunde dem Schuldner gemäß § 130 BGB. zugeht. Ob besondere Umstände die Erklärung des Vorbehaltes schon vor der Übermittlung der Urkunde notwendig machen, um die Zahlungsannahme als eine nicht vorbehaltlose im Sinne des § 14 gelten zu lassen, ist nach Lage des Einzelfalles zu prüfen. Diese Frage wird dann zu bejahen sein, wenn der Gläubiger die Übermittlung einer Quittung über den nach den Umständen angemessenen Zeitraum hinaus ungebührlich verzögert und der Schuldner nach Treu und Glauben die *vorherige* Erklärung eines Vorbehalts erwarten darf (K.G. 16. 10. 1924, 1. X. 448. 24.; 27. 11. 1924, 1. X. 520. 24.; 2. 10. 1924, 1. X. 429. 24.; 20. 11. 1924, 1. X. 521. 24.). Die Ansicht des O.L.G. Marienwerder (JW. 1924, S. 1269), daß auch bei zwangsweiser Beitreibung des Nennbetrages ein Vorbehalt erforderlich sei, ist unrichtig (RGZ. 111, S. 320, 335). Zur Annahme eines Vorbehalts nach § 14 reicht jede Erklärung aus, welche die Unzufriedenheit des Gläubigers mit der ihm gemachten Leistung zum Ausdruck bringt (K.G. 19. 2. 1925, 9 Aw. 126. 25.). Im Zweifel wird anzunehmen sein, daß sich der Vorbehalt sowohl auf das dingliche Recht, wie auch auf die persönliche Forderung beziehen soll. Man wird wohlwollend derartige Erklärungen

zu prüfen haben. So hat z. B. das R.G. in folgender Urkunde einen wirksamen Vorbehalt gefunden, die die Vertreter des Gläubigers nach Bezeichnung der Hypotheken ausgestellt haben: „Wir haben vorgenannten Nennbetrag nebst Zinsen durch den Grundstückseigentümer ..... zurückerhalten und bewilligen die Berichtigung des Grundbuchs". Das Empfangsbekenntnis hinsichtlich „des Nennbetrages" ließ, wie das R.G. ausführt (RGZ. 110. 92) deutlich erkennen, daß die Forderungen in Ansehung ihres aufzuwertenden Betrages nicht getilgt seien. Die Erklärung des Gläubigers gegenüber dem zahlenden Schuldner, daß er „mit den ihm bezahlten Papierfetzen jetzt nichts mehr anfangen könne", enthält, wenn auch nicht im Wortlaut, einen genügenden Rechtsvorbehalt. BayObLG. vom 26. 5. 1925, DJZ. 1925, S. 1441.

3 **Vorbehalt für die persönliche Forderung.** Ist der Vorbehalt für die persönliche Forderung gemacht, so wirkt er auch für die Hypothek. Ausgenommen ist hier nur der Fall, daß sich der Gläubiger seiner Rechte auf Aufwertung der Hypothek ausdrücklich begeben hat; mit diesem Erfordernis verlangt das AwG. eine über einen bloßen Nichtvorbehalt hinausgehende Erklärung, die dem Willen des Aufwertungsverzichts in einer jeden Zweifel ausschließenden Form Ausdruck gibt. Der Verzicht ist streng auszulegen. In einer Erklärung des Gläubigers: „ich quittiere darüber vorbehaltlos und bewillige die Löschung im Grundbuch" kommt dieser Verzichtswille nicht zweifelsfrei zum Ausdruck (R.G. 1.10. 1925, 1 X. 601. 25), ebensowenig in der Erklärung des Gläubigers, er wolle sich die persönlichen Ansprüche vorbehalten. Die Eintragung eines Verzichts auf das aufgewertete Recht ist auch dann zulässig, wenn der Aufwertungsbetrag noch nicht eingetragen ist. Es bedarf auch nicht des Nachweises, daß das Recht aufgewertet oder auch nur aufwertbar sei (Art. 7 Df.V.O. vom 29. 11. 1925). Der Grundbuchrichter hat daher den Verzicht einzutragen ohne Prüfung der Frage, ob das Recht in Wahrheit noch besteht. Der Verzicht wirkt auch nur gegen den ihn erklärenden Gläubiger; hat z. B. bei einer Abtretung der gegenwärtige Gläubiger auf das Recht verzichtet, so wird das Recht des Rechtsvorgängers (§ 17) hierdurch nicht berührt.

4 **Erlöschen der Forderung.** Ist ein Vorbehalt für die persönliche Forderung nicht gemacht, so erlischt mit der persönlichen auch die dingliche Forderung. Die Rechtsprechung, auch des R.G., mit der Neuschaffung einer „Hypothek ohne Forderung" hat, wie bei der Beratung des Gesetzentwurfes hervorgehoben wurde, dem Rechtsleben kein Geschenk gemacht. Man hat es daher für angebracht gehalten, diese künstliche Konstruktion aufzugeben und zu dem klaren Zusammenhange von Hypothek und Forderung zurückzukehren, wie er unter der Herrschaft des bürgerlichen Rechts früher stets anerkannt worden sei, und hat darauf hingewiesen, daß das Gesetz gerade in dieser schwierigen Materie klares Recht schaffen müsse.

5 Das gesamte Aufwertungsrecht steht unter dem Zeichen von Treu und Glauben. Man wird daher die Grundsätze von Treu und Glauben zur Beantwortung sowohl der Frage, ob der Gläubiger die Leistung des Schuldners als Erfüllung im Sinne der §§ 362 ff. BGB. ange-

nommen hat, als auch der besonderen Frage, ob der Gläubiger wirksam einen Vorbehalt erklärt hat, in weitem Umfange anzuwenden haben. Wenn z. B. der Gläubiger bei einer Bank Wertpapiere im Depot hatte, und die Bank diese Wertpapiere dem Schuldner gegen Zahlung des Papiermark-Preises (-Kurses) aushändigte, ohne einen Vorbehalt zu erklären, so muß der Gläubiger noch für befugt erachtet werden, alsbald nach Kenntnis dieses Vorganges dem Schuldner zu erklären, er sei mit jener Zahlung nicht einverstanden, oder er behalte sich seine Rechte vor. Innerhalb welcher Frist eine derartige Erklärung rechtswirksam noch erfolgen konnte, hängt von dem Einzelfall ab. Hierbei wird aber dem Gläubiger, namentlich für die Zeit, wo die Geldentwertung noch nicht in vollem Umfange erkannt wurde, eine gewisse Zeit gelassen werden müssen, sich diese Frage in Ruhe zu überlegen und Erkundigungen von sachverständiger Seite einzuziehen. Treu und Glauben erfordern hier unbedingt eine für den Gläubiger wohlwollende Beurteilung. Der Schuldner war bestrebt, durch eine Treu und Glauben widersprechende Ausnutzung der Zeitverhältnisse und einer Rechtsprechung, die wir jetzt nicht mehr als richtig anerkennen, und deren für den Gläubiger ungünstige Folgen auch das AwG. abzuschwächen bemüht ist, seine Schuld durch eine wertlose oder doch nicht ausreichende Leistung zu tilgen, gegen Treu und Glauben also den Gläubiger zu schädigen, um sich selbst Vorteile zu verschaffen.

Zum mindesten wird zu prüfen sein, ob jene nachträgliche Erklärung des Gläubigers nicht die Anfechtung der Willenserklärung seiner beauftragten Bank im Sinne des § 119 BGB. enthält.

Diese Frage kann z. B. für den Fall des § 35 Abs. 1 von Bedeutung werden.

2. Rückwirkung.

§ 15.

Hat der Gläubiger die Leistung in der Zeit vom 15. Juni 1922 bis zum 14. Februar 1924 angenommen, so findet eine Aufwertung der Hypothek und der persönlichen Forderung auch dann statt, wenn der Gläubiger sich bei der Annahme der Leistung seine Rechte nicht vorbehalten hat (Rückwirkung). Die Aufwertung kraft Rückwirkung findet nicht statt, soweit sie, ganz oder zum Teil,

1. für den Eigentümer des belasteten Grundstücks oder für den persönlichen Schuldner mit Rücksicht auf seine wirtschaftliche Lage, insbesondere auch auf erhebliche, auf den Währungsverfall oder die Verdrängung oder die Liquidation des Vermögens zurückzuführende Vermögensverluste, oder

2. für den persönlichen Schuldner mit Rücksicht auf die Höhe des bei der Veräußerung des belasteten Grundstücks erzielten Erlöses oder mit Rücksicht darauf, daß das belastete Grundstück nicht mehr im Inland liegt und deshalb die Inanspruchnahme des Eigentümers wesentlich erschwert ist, oder
3. deshalb für den Eigentümer des belasteten Grundstücks oder für den persönlichen Schuldner eine unbillige Härte bedeuten würde, weil er nachweislich durch die Kündigung des Gläubigers gezwungen wurde, Vermögensgegenstände weit unter dem wirklichen Werte zu veräußern, um die Hypothekenschuld zurückzahlen zu können.

1 **Rückwirkung.** Den Fällen, in denen der Gläubiger einen Vorbehalt erklärt hat, sind in § 15 die Fälle gleichgestellt, in denen der Gläubiger die Leistung erst nach dem 15. 6. 1922 angenommen hat. Die Regierungsvorlage hatte als maßgebenden Tag den 15. 12. 1922. Bei der Beratung ist dann im Interesse der Gläubiger dieser Zeitpunkt noch weiter zurückgelegt worden auf den 15. 6. 1922. Der Antrag auf Zurückverlegung auf den 1. 7. 1921 ist nicht angenommen worden. Die Rückwirkung ist deshalb innerlich begründet, weil früher in den weitesten Kreisen der Bevölkerung die Überzeugung vorherrschend war, es bestehe die Pflicht zur Annahme der geschuldeten Geldleistung, wenn auch nur der Papiermarkbetrag bezahlt würde, ein Vorbehalt dürfe nicht gemacht werden, der Schuldner sei andernfalls zur Klage auf Erteilung eines vorbehaltlosen Empfangsbekenntnisses berechtigt. Früher galt ja, auch in der Rechtsprechung der höchsten Gerichte, noch der Satz Mark gleich Mark. Nur ganz schüchtern (OLG. Darmstadt v. 29.3. 1923, JW. 1923, 459; v. 18.5. 1923, JW. 1923, 522; RG. 28.11. 1923, RGZ. 107, 78; v. 28.1. 1925, JW. 1925, 1377) hat die Rechtsprechung diesen Satz aufgegeben. Hinzu kam, daß erstmalig im Januar 1923 von den maßgebenden Regierungsstellen erklärt wurde, gesetzliche Aufwertungsmaßnahmen wären nicht zu erwarten. Wer daher im Vertrauen auf diese Rechtsprechung oder die Erklärung der amtlichen Stellen die Geldleistung vorbehaltlos angenommen hat, soll in seinen Rechten nicht demjenigen nachstehen, der in vorsichtiger Weise vom Vorbehalt Gebrauch gemacht hat. Es wäre im höchsten Grade unbillig, wenn die ganz besonders schlauen oder die grundsätzlich querköpfigen Gläubiger, die vom Vorbehalt Gebrauch gemacht haben, in dieser Hinsicht besser gestellt wären, als die große Masse der Bevölkerung, die den Prozessen abhold ist und den Gerichten und den amtlichen Stellen Vertrauen geschenkt hat.

2 Der Ausstellungstag der löschungsfähigen Quittung ist nicht maßgebend. Es kommt vielmehr darauf an, ob der Gläubiger die Leistung in der angegebenen Zeit angenommen hat. Auch der Zeitpunkt der Zahlung im Rechtssinne entscheidet nicht. Der Schuldner hat z. B. am

14. 6. 1922 oder noch früher das Geld an den Gläubiger abgesandt; selbst wenn diese Absendung bereits als Zahlung im Rechtssinne zu gelten hat, so findet doch die Rückwirkung nach § 15 statt, wenn der Gläubiger das Geld erst am 15. 6. 1922 oder später erhalten hat. Hier kann der Zufall eine große Rolle spielen; die Geldsendung verzögert sich z. B. auf der Post oder auf der Bank. Wird das Geld auf das Bankkonto des Gläubigers eingezahlt, so wird in der Regel (Ausnahme, wenn die Bank etwa in weitestem Umfange bevollmächtigt ist, die Geldgeschäfte des Gläubigers für diesen selbständig zu regeln) erfordert werden müssen, daß der Gläubiger von dieser Zahlung Kenntnis erhalten hat. Verzögert die Bank die Benachrichtigung, die im ordentlichen Geschäftsgange bereits vor dem 15. 6. 1922 in den Händen des Gläubigers sein mußte, so fällt diese Verzögerung dem Gläubiger zur Last; es wird dann so angesehen, als ob er bereits vor dem 15. 6. 1922 die Zahlung erhalten hätte. Bei Zahlung an eine Behörde, eine Gesellschaft, einen Verein, eine Bank u. dergl. kommt es auf den Zeitpunkt an, wo diejenigen Personen von der Zahlung Kenntnis erhalten haben oder im ordentlichen Geschäftsgange Kenntnis erhalten mußten, die solche Zahlungen für die Behörde usw. zu bearbeiten haben; Einzahlung bei der Kasse dieser Gläubiger wird nicht ohne weiteres maßgebend sein.

Über die Annahme der Leistung gilt dasselbe, was zu § 14 ausgeführt worden ist.

Vorlegung des Hypothekenbriefes ist nicht erforderlich, Art. 17 Df.V.O. vom 29. 11. 1925.

3 **Härteklausel.** Die Rückwirkung des § 15 tritt dann nicht ein, wenn sie für den Eigentümer des Pfandgrundstücks oder für den persönlichen Schuldner eine unbillige Härte bedeuten würde. Wann eine solche angenommen werden kann, geben die Ziffern 1 bis 3 an. Man kann demjenigen Schuldner die Aufwertung einer nach allgemeinen Rechtsgrundsätzen erloschenen Forderung billigerweise nicht zumuten, der trotz Abstoßung der Hypothek an seinem übrigen Vermögen erhebliche Einbußen erlitten hat und aus der Zeit der sprunghaften Geldentwertung außer dem ehemals belasteten Grundbesitze nur noch einen Bruchteil seines früheren Vermögens gerettet hat, während sich der Gläubiger vielleicht trotz Zurückzahlung der Hypothek in entwertetem Gelde in keiner bedrängten Lage befindet. Die Frage, ob eine unbillige Härte vorliegt, kann ähnlich wie in § 8 der Begriff „grobe Unbilligkeit" nur dann gerecht entschieden werden, wenn auch die wirtschaftliche Lage des Gläubigers berücksichtigt wird (§ 8 A. 3). Auch hier ist zu beachten, daß in denjenigen Fällen, wo der persönliche Schuldner die Härteklausel des § 15 für sich in Anspruch nimmt, die Hypothek für den Gläubiger wenigstens teilweise verloren gehen kann. Wird nämlich dem Antrage des persönlichen Schuldners entsprochen, so findet insoweit auch eine Aufwertung der Hypothek nicht statt (§§ 4, 14). Auch dieser Umstand ist daher nicht unberücksichtigt zu lassen (zu vgl. § 9 A. 4). Die Härteklausel gilt nur für die Rückwirkung nach § 15, also nicht für diejenigen Fälle, wo der Gläubiger die Leistung unter Vorbehalt angenommen hat (§ 14). Nach dem Wortlaut des § 15 ist

nicht ausgeschlossen, daß die Rückwirkung in vollem Umfange durchgreift, d. h. daß die Hypothek oder die persönliche Forderung überhaupt nicht mehr aufgewertet werden. Diese Vorschrift geht insofern also weiter als § 8, der nur eine Herabsetzung um höchstens 10% kennt. Andrerseits sind die Voraussetzungen für § 8 schärfer; die Herabsetzung dort muß „unabweisbar" sein. Der Ausdruck „unabweisbar" fehlt im § 15, es wird hier nur eine „unbillige Härte" verlangt.

4 Diejenigen Gläubiger, die vor dem 15. 6. 1922, vielleicht nur kurze Zeit vorher, die Leistung vorbehaltlos angenommen haben, sind natürlich nun schlechter gestellt als die Gläubiger aus der Zeit vom 15. 6. 1922 ab. Dabei stand der Dollar kurz vor dem 15. 6. 1922 (nämlich am 12. bis 14. 6.) höher als am 15. 6. 1922 selbst. Z. B. entsprach eine Goldmark am 14. 6. 1922 etwa 74,19 Papiermark, am 15. 6. 1922 74,01 Papiermark; am 13. und 12. 6. 1922 war dieser Unterschied noch größer, den höheren Stand des Dollars am 23. bis 30. 3. 1922, 3. bis 5. 4., 22. 5. 1922 will ich gar nicht einmal berücksichtigen. Hieran läßt sich indes nichts ändern. Irgendwann muß eben eine Grenze gesetzt werden.

5 **Entscheidung der Aufwertungsstelle.** Über die Härtevorschriften der Ziffern 1 bis 3 entscheidet die Aufwertungsstelle (§ 70). Auch hier ist, ähnlich wie für § 8, die Entscheidung der II. Instanz endgültig, wenn keine Verfahrensvorschriften verletzt sind (§§ 74, 8 A. 7).

3. Gemeinsame Vorschriften.

a. Anmeldezwang.

§ 16.

(1) Die Aufwertung auf Grund des Vorbehalts der Rechte oder kraft Rückwirkung findet nur statt, wenn der Gläubiger den Anspruch auf Aufwertung bis zum 1. Januar 1926 bei der Aufwertungsstelle anmeldet. Die Aufwertungsstelle hat die Anmeldung dem Eigentümer des belasteten Grundstücks und dem ihr vom Gläubiger bezeichneten persönlichen Schuldner mitzuteilen. Innerhalb einer Frist von drei Monaten seit Mitteilung der Anmeldung kann der Eigentümer und der Schuldner bei der Aufwertungsstelle Einspruch erheben.

(2) Ist die Hypothek bereits gelöscht, so findet ihre Wiedereintragung, falls sie nicht der Eigentümer bewilligt, erst statt, nachdem die Einspruchsfrist abgelaufen ist, ohne daß ein Einspruch eingelegt ist, oder nachdem durch rechtskräftige Entscheidung festgestellt ist, daß ein wirksamer Vorbehalt der Rechte vorliegt oder eine Rückwirkung stattfindet. Der Anspruch auf

Wiedereintragung der Hypothek ist auf Antrag des Gläubigers durch Eintragung eines Widerspruchs zu sichern.

(3) Ist die Hypothek noch nicht gelöscht und behauptet der Eigentümer, daß nach den Vorschriften der §§ 14, 15 eine Aufwertung nicht stattfindet, so ist auf seinen Antrag ein Widerspruch in das Grundbuch einzutragen.

1 **Anmeldung.** Jeder Gläubiger, der auf Grund eines Vorbehalts nach § 14 oder kraft Rückwirkung nach § 15 die Aufwertung der Forderung für sich in Anspruch nehmen will, muß diesen Anspruch bis zum 1. 1. 1926 bei der Aufwertungsstelle anmelden, sofern nicht Gläubiger und Schuldner vor dem 1. 1. 1926 über die Aufwertung bereits einig sind (zu vgl. hierzu A. 8). Hier genügt die bloße Anmeldung; der in § 8 vorgesehene Antrag kommt daher nicht in Frage (§ 8 A. 5). Bei der Anmeldung hat der Gläubiger den Eigentümer des Pfandgrundstücks und den persönlichen Schuldner so genau zu bezeichnen, daß die Aufwertungsstelle diesen die Anmeldung mitteilen kann. Nötigenfalls hat die Aufwertungsstelle den Gläubiger zur Angabe der richtigen Anschrift anzuhalten. Die Aufwertungsstelle teilt nun die Anmeldung dem Grundstückseigentümer und dem von ihm etwa verschiedenen, vom Gläubiger bezeichneten persönlichen Schuldner mit. Eine Mitteilung an andere Personen, z. B. an den Zessionar (K.G. 7. 12. 1925, 9 Aw. 469. 25), ist nicht vorgesehen. Da Rechtsfolgen hieran geknüpft sind, empfiehlt sich die Zustellung dieser Mitteilung (so auch AV. vom 26. 8. 1925, JMBl. 1925, S. 286, zu 8, AV. vom 15. 12. 1925 zu III., JMBl. 1925, S. 432 — bei Mitteilungen nach dem Auslande durch eingeschriebenen Brief gegen Rückschein, AV. 17. 10. und 13. 11. 1925, JMBl. 1925, S. 379, 404) — und der Hinweis darauf, daß, wenn innerhalb von drei Monaten Einspruch nicht erhoben wird, die Aufwertungsstelle auf den Antrag des Gläubigers den Aufwertungsbetrag festsetzen wird. Rühren sich der Eigentümer und der Schuldner nicht, so kann angenommen werden, daß die Aufwertung der Forderung mit ihrer Einwilligung stattzufinden hat. Die Aufwertungsstelle hat dann je nach der Sachlage auf den Antrag des Gläubigers (wenn die Anmeldung nicht bereits als ein solcher Antrag umzudeuten ist — nötigenfalls ist dies aufzuklären —) entweder den Aufwertungsbetrag sofort festzusetzen oder die Beteiligten zu einem Einigungstermine zu laden und mit ihnen zu verhandeln (§ 70 Z. 2). Für die Mitteilungen nach dem Auslande vom 1. 4. 1926 ab zu vgl. AV. vom 15. 12.1925 (JMBl. 1925, S. 432). Zu vgl. ferner Art. 119, 120 Df.V.O. vom 29. 11. 1925.

2 Bei der Anmeldung nach § 16 kommt es darauf an, daß der Gläubiger genau den Anspruch bezeichnet, der aufgewertet werden soll, z. B. die Hypothek, eingetragen (eingetragen gewesen) in Abt. III Nr. ... des Grundbuchs ... und die durch diese Hypothek gesicherte (gesichert gewesene) persönliche Forderung. Nicht immer wird der Gläubiger den dinglichen oder den persönlichen Schuldner genau bezeichnen können (z. B. bei einem Erbfall, Wechsel des persönlichen

Schuldners). Eine unrichtige Bezeichnung des dinglichen oder des persönlichen Schuldners schadet dem Aufwertungsanspruche des Gläubigers nicht, sofern sich nur aus der Anmeldung ergibt, um welchen Anspruch überhaupt es sich handelt. Unter Umständen kann sogar der Gläubiger gar nicht wissen, wer ihm jetzt als Schuldner gegenübersteht. Es wäre überaus formalistisch und nicht im Sinne des unter Treu und Glauben stehenden AwG., wollte man in den Fällen, wo der Gläubiger den Schuldner bis zum 1. 1. 1926 nicht angegeben oder nicht richtig angegeben hat, eine Aufwertung nicht zulassen, trotzdem darüber kein Zweifel ist, welchen Anspruch an sich er aufzuwerten verlangt. In solchem Falle wahrt die Anmeldung bis zum 1.1. 1926 den Aufwertungsanspruch also auch dann, wenn der Gläubiger den — dinglichen, persönlichen — Schuldner überhaupt nicht oder unrichtig bezeichnet hat. Zu vgl. mein Aufsatz in D.Not.V. 1925, S. 427, Gutachten des R.G. 9. Ziv.Sen. im JMBl. 1925, S. 435. Die fehlende oder unrichtige Bezeichnung des Schuldners hat nur die Wirkung, daß die dreimonatige Einspruchsfrist nicht läuft. Der Ansicht Pfeiffers (J.R. für Privatversf., 1925, S. 295), es genüge stets die Anmeldung des dinglichen Anspruches, der Gläubiger erlange dann gegebenenfalls in Höhe des Aufwertungsbetrages eine Grundschuld, kann ich, so erfreulich auch das Ergebnis wäre, mit Rücksicht auf § 4 nicht beitreten.

Zur Wiedereintragung des aufgewerteten Rechts nach § 16 Abs. 2 bedarf es nicht des Ablaufs der Einspruchsfrist gegen den persönlichen Schuldner; auf den Antrag des Eigentümers ist indes ein Widerspruch einzutragen, wenn die Einspruchsfrist gegen den persönlichen Schuldner noch nicht abgelaufen ist, zu vgl. Art. 15 Df.V.O. vom 29. 11. 1925, auch wegen der Löschung dieses Widerspruchs; wegen der Kosten Art. 130 a. a. O.

3 **Einspruch des Schuldners.** Erhebt der Schuldner Einspruch, so ist zu prüfen, aus welchen Gründen er ihn geltend macht. Bestreitet er überhaupt den Vorbehalt oder die Voraussetzungen des § 15 — macht er z. B. geltend, er habe am 13.6. 1922 das Geld an den Gläubiger abgesandt, der Gläubiger habe es noch vor dem 15.6. 1922 erhalten oder im ordnungsmäßigen Geschäftsgange erhalten müssen —, so bestreitet er damit den aufzuwertenden Anspruch. In diesem Falle ist das Prozeßgericht zur Entscheidung zuständig. Die Aufwertungsstelle wird dann den Beteiligten, insbesondere dem Gläubiger, eine Frist zur Beibringung der rechtskräftigen Entscheidung des Prozeßgerichts zu bestimmen und das Verfahren so lange auszusetzen haben. Ein begründeter Anlaß, den Aufwertungsantrag sogleich zurückzuweisen, wird in der Regel nicht gegeben sein, schon deshalb nicht, weil der Gesetzgeber selbst in § 16 für die Anmeldung eine Frist vorgeschrieben hat, den Gläubiger daher zwingt, die Aufwertungsstelle jetzt bereits anzurufen.

Bestreitet der Schuldner den Anspruch an sich nicht, macht er aber z. B. geltend, ein anderer Goldmark-Betrag sei für den Aufwertungsbetrag einzusetzen, oder verlangt er Herabsetzung der Aufwertung nach §§ 8, 9 oder nimmt er die Härteklausel des § 15 Z. 1 oder 2 oder 3 für sich in Anspruch, so entscheidet hierüber die Aufwertungsstelle. Zu dem Zwecke bestimmt sie in der Regel einen Einigungstermin und verhandelt mit den Beteiligten über die Höhe des Aufwertungsbetrages und über die Voraussetzungen der Härteklauseln.

4 Hat die Aufwertungsstelle dem Schuldner (z. B. bei fehlender oder unrichtiger Angabe der Anschrift, Überlastung der Aufwertungsstelle mit Aufwertungsanträgen) die Anmeldung des Gläubigers erst nach dem 31. 3. 1926 mitgeteilt, so kann der Schuldner dennoch die Herabsetzung nach § 8 beantragen, wenn nur die 3monatige Einspruchsfrist des § 16 gewahrt wird. Denn erst durch die Anmeldung erfährt der Schuldner, daß der Gläubiger von ihm die Aufwertung begehrt. Es hätte keinen Sinn, von dem Schuldner einen Herabsetzungsantrag nach §§ 8, 9 vor dem 1. 4. 1926 zu verlangen, wenn noch gar nicht einmal feststeht, ob der Gläubiger überhaupt von ihm eine Aufwertung verlangt. Es wäre freilich richtiger, wenn im § 8 auf solche Fälle ausdrücklich Rücksicht genommen wäre.

Hat der Schuldner die Einspruchsfrist von 3 Monaten nach § 16 verstreichen lassen, so kann er bis zum 1. 4. 1926 noch den Herabsetzungsantrag der §§ 8, 9 stellen, hiermit aber nur eine Herabsetzung der Aufwertung um höchstens 10% erreichen, nicht eine weitere, nach § 15 mögliche Herabsetzung. Das Einspruchsrecht des § 16 ist für den Schuldner auch eine Einspruchspflicht.

5 Bestreitet der Schuldner die Voraussetzungen des § 15 für eine Aufwertung, macht er aber außerdem die Härteklausel des § 15 geltend, so entscheidet zunächst das Prozeßgericht über die bestrittenen Voraussetzungen des § 15; erst dann, wenn diese rechtskräftig festgestellt sind, kann die Aufwertungsstelle über die Härteklausel befinden.

6 **Eine gelöschte Hypothek** ist, falls der Eigentümer die Wiedereintragung nicht bewilligt, erst dann in das Grundbuch einzutragen, wenn die Einspruchsfrist der drei Monate abgelaufen ist, ohne daß der Einspruch eingelegt ist, oder wenn die rechtskräftige Entscheidung des Prozeßgerichts vorliegt. A u f d e n A n t r a g d e s G l ä u b i g e r s ist ein W i d e r s p r u c h gegen die Löschung in das Grundbuch einzutragen. Der Antrag braucht nicht beglaubigt zu werden, dem Grundbuchrichter muß indes nachgewiesen werden, daß der Aufwertungsanspruch bei der Aufwertungsstelle bis zum 1. 1. 1926 angemeldet worden ist. Hierzu kann die Bescheinigung dienen, die im § 8 V.O. vom 21. 7. 1925, jetzt Art. 126 Df.V.O. vom 29. 11. 1925 erwähnt ist, und die der Gerichtsschreiber auszustellen hat (A.V. vom 26. 8. 1925, s. Anhang). Der Widerspruchsantrag des Gläubigers kann indes mit der Anmeldung auch in derselben Urkunde verbunden werden. Leitet ihn dann die Aufwertungsstelle an das Grundbuchamt urschriftlich weiter, so ergibt, wenn diese Verfügung vor dem 1. 1. 1926 erlassen ist, dieser Umstand bereits, daß die Frist des § 16 gewahrt ist. Ist die Verfügung der Aufwertungsstelle von einem späteren Tage, so müßte diese allerdings zum Ausdruck bringen, daß die Anmeldung rechtzeitig eingegangen ist, wenn sich dies nicht bereits aus dem für die Anmeldung maßgebenden Ein-

gangsvermerk ergibt. Zur Eintragung des Widerspruchs aus § 16 Abs. 2 ist die Vorlegung des Hypothekenbriefes ebensowenig erforderlich, wie dies z. B. für den Antrag des Eigentümers nach § 6 Abs. 1 S. 2 der Fall ist (zu vgl. § 6 A. 2). Zur Klarstellung bestimmt dies noch Art. 17 Z. 2 Df.V.O. vom 29. 11. 1925. Für den Widerspruchsantrag selbst verlangt das K.G. in dem Beschluß vom 29. 10. 1925 (1 X. 677. 25. JW. 1925, S. 2617) Angabe eines bestimmten, gemäß §§ 2, 4, 5, 18 AwG. zu errechnenden Betrages, für die Widerspruchseintragung außer der Bezeichnung des Berechtigten (K.G.J. 36 A. 180; 45 S. 231; 47 S. 212) Angabe des nach Maßgabe der §§ 2, 4, 5, 18 zu berechnenden normalen Aufwertungsbetrages. Der Umstand, daß der endgültige Aufwertungsbetrag auf Grund der §§ 8, 15 Z. 1—3 möglicherweise von der Aufwertungsstelle demnächst niedriger festgesetzt oder ein Aufwertungsanspruch ganz verneint wird, steht der Bezeichnung des normalen Aufwertungsbetrages in der Widerspruchseintragung nicht entgegen, da der Widerspruch das zu schützende Recht nicht als bestehend verlautbaren, sondern bis zur Beendigung des Schwebezustandes nur sichern soll. Jener Beschluß empfiehlt etwa folgende Eintragung:

... Goldmark: Widerspruch für ... in ... zur Sicherung des Anspruchs auf Wiedereintragung der gelöschten Hypothek zum Aufwertungsbetrage von ... Goldmark (1 Goldmark ist die Bezeichnung für den amtlich festgesetzten Preis von $^{1}/_{2790}$ kg Feingold). Auf Grund des § 16 Abs. 2 S. 2 AwG. eingetragen am ...

Dieser Entscheidung kann ich nicht beipflichten.

Von dem Gläubiger und von dem Grundbuchamte wird hiernach eine umständliche, oft sogar zur Zeit unmögliche Berechnung erfordert, die die Widerspruchseintragung sehr erschwert oder gar unmöglich macht. Sollte das K.G. bei seiner Ansicht verbleiben, so wäre zur Erleichterung des Grundbuchverkehrs (§ 88) eine Anordnung der Reichsregierung dringend erforderlich, daß für die Eintragung des Widerspruchs aus § 16 Abs. 2 der zu sichernde Wiedereintragungsanspruch seinem Aufwertungsbetrage nach nicht näher angegeben zu werden brauchte. Auch bei einem Antrage an die Aufwertungsstelle ist ja ein zahlenmäßig bestimmter Antrag nicht erforderlich (§ 73 A. 4). Es dürfte ferner genügen, wenn sich aus der Eintragung des Widerspruchs klar ergibt, auf welchen aufzuwertenden Anspruch er sich bezieht. Zu beachten ist hierbei, daß die Vorschriften des § 16 auch bei der Abtretung nach § 17 Anwendung finden; gerade für die etwa wiederholte Abtretung ist die Berechnung des jedesmaligen Aufwertungsbetrages sehr schwierig und oft zur Zeit unmöglich. Woher soll auch der frühere Gläubiger wissen, wieviel die auf seinen Nachmann folgenden späteren Gläubiger für die Hypothek bezahlt haben (§ 18 Abs. 2)? Gegen jenen Beschluß des K.G. haben sich nun auch die Grundbuch- und Aufwertungsrichter Groß-Berlins ausgesprochen, zu vgl. z. B. DJZ. 1925, S. 1867, JW. 1925, S. 2746, Beschluß Nr. 35.

Wegen des Widerspruchs überhaupt zu vgl. § 8 A. 8.

Der Widerspruch des § 16 Abs. 2 soll dem Gläubiger ein alsbald wirksam werdendes Sicherungsmittel geben, das sein noch nicht wieder eingetragenes und damit für Dritte nicht erkennbares Recht gegen etwa mögliche Schädigungen durch gutgläubigen Rechtserwerb schützt. Neben dem Eintragungsantrage fordert das Gesetz daher lediglich die Anmeldung bei der Aufwertungsstelle. Die Frage, ob der Anspruch auf Wiedereintragung der Hypothek begründet ist oder nicht, und damit sowohl die Frage, ob die Voraussetzungen der §§ 14, 15 AwG. gegeben sind, wie auch die weitere, ob der Anspruch etwa durch gutgläubigen Zwischenerwerb ausgeschlossen ist oder nicht, ist bei der Eintragung des Widerspruchs nicht zu prüfen. Sie mag im ordentlichen Verfahren ausgetragen werden, dem dann entweder die endgültige Wiedereintragung der Hypothek oder, falls das Fehlen der Voraussetzungen der §§ 14, 15 AwG. oder ein gutgläubiger Zwischenerwerb dargetan wird, die Löschung des Widerspruchs folgt. Eine nähere Begründung des Anspruchs auf Wiedereintragung der Hypothek ist gegenüber dem Grundbuchamt bei Stellung des Antrages auf Wiedereintragung nicht erforderlich. Zur Begründung des Antrages genügt die Behauptung des Bestehens jenes Anspruchs und der gleichzeitige Nachweis seiner Anmeldung bei der Aufwertungsstelle (R.G. 17. 8. 1925, 1 X. 481. 25; 15. 10. 1925, 1 X. 653. 25; 19. 11. 1925, 1 X. 716. 25). Unrichtig daher Beschluß Nr. 31 der Grundbuch- und Aufwertungsrichter, z. B. DJZ. 1925 S. 1797, JW. 1925, S. 2746.

7 Anderseits ist auf den Antrag des Grundstückeigentümers ein Widerspruch in das Grundbuch einzutragen, wenn er eine Aufwertung nach den §§ 14, 15 bestreitet. Dies gilt auch für den Fall, daß er die Härteklausel des § 15 Z. 1 oder 3 für sich in Anspruch nimmt. Auch dieser Antrag braucht nicht beglaubigt zu werden. Die bloße Behauptung des Eigentümers, daß eine Aufwertung nach §§ 14, 15 nicht stattfinde, genügt (R.G. 19. 11. 1925, 1 X. 716. 25). Die Vorlegung des Hypothekenbriefes ist nicht erforderlich, Art. 17 Df.V.O. Wegen des Widerspruchs zu vgl. § 8 A. 8.

8 **Endgültiges Erlöschen der Forderung.** Wird die Forderung bis zum 1. 1. 1926 nicht angemeldet, so gilt sie endgültig als erloschen. Die Fälle der §§ 203, 204, 206, 207 BGB. (zu vgl. § 8) sind hier nicht berücksichtigt. Zu beachten ist hierbei aber folgendes: Gläubiger und — dinglicher, persönlicher — Schuldner können sich, ohne die Aufwertungsstelle anzurufen, vor dem 1. 1. 1926 über die Aufwertung einigen. In diesem Falle braucht der Gläubiger den Aufwertungsanspruch bei der Aufwertungsstelle nicht noch besonders anzumelden. A. A. Nadler, DJZ. 1925, S. 1643. Die Vorschrift des § 16 über die Mitteilung der Anmeldung an den — dinglichen, persönlichen — Schuldner weist aber schon darauf hin, daß eine solche Anmeldung nur erforderlich ist, wenn Gläubiger und Schuldner über die Aufwertung nicht einig sind. Es hätte gar keinen Sinn, wenn die Aufwertungsstelle angehalten würde, die Anmeldung auch dem in die Aufwertung einwilligenden Schuldner noch mitzuteilen. Abs. 1 letzter Satz will dem Schuldner das Einspruchsrecht nicht etwa auch dann geben, wenn er vorher mit dem Gläubiger den Aufwertungsbetrag bereits festgesetzt hat. Würde aber in jedem

Falle die Anmeldung an die Aufwertungsstelle verlangt, so hätte der Schuldner auch in jedem Falle das Recht, Einspruch zu erheben. Es ist ferner als oberster Grundsatz festzustellen, daß die Aufwertungsstelle nur dann in Tätigkeit tritt, wenn Streit über die Höhe der Aufwertung besteht. Ist der Aufwertungsbetrag selbst unter den Beteiligten nicht streitig, so ist für ein Einschreiten der Aufwertungsstelle kein Raum (zu vgl. § 69 A. 2). Überdies sieht das Gesetz in Abs. 2 selbst vor, daß der dingliche Schuldner auf die Innehaltung der Einspruchsfrist verzichten kann. Der Eigentümer kann die Wiedereintragung einer gelöschten Hypothek auch vor Ablauf der Einspruchsfrist bewilligen; das Grundbuchamt hat dann die gelöschte Hypothek wieder einzutragen, ohne den Ablauf dieser Frist abzuwarten. Wird dem Grundbuchamte nun die vor dem 1. 1. 1926 ausgestellte Eintragungsbewilligung auch des Eigentümers vorgelegt, so ersieht es hieraus, daß der Eigentümer auf die Innehaltung der Einspruchsfrist verzichtet hat; es hat daher dem Antrage, wenn sonst keine Anstände sind, zu entsprechen, gleichviel ob der Gläubiger seinen Anspruch bei der Aufwertungsstelle noch angemeldet hat oder nicht. Dies gilt auch dann, wenn jene Bewilligung bei dem Grundbuchamte erst nach dem 1. 1. 1926 eingeht.

Freilich muß nach § 16 gefordert werden, daß die Einigung bis zum 1. 1. 1926 erfolgt ist. Nach § 67 Abs. 3 ist zwar auch eine spätere Vereinbarung rechtlich zulässig; die Rechte der Nachhypothekare und sonstigen Beteiligten dürfen hierunter indes nicht leiden. Ebenso wie die Anmeldung des Aufwertungsanspruches nach § 16 befristet ist (bis 1. 1. 1926), trifft dies auch für die Vereinbarung zwischen Gläubiger und Schuldner zu, sofern der Gläubiger diejenigen Rechte beansprucht, die ihm das AwG. gegenüber sämtlichen Beteiligten zubilligt. Hat daher z. B. der Gläubiger die persönliche Forderung bis zum 1. 1. 1926 nicht angemeldet oder mit seinem persönlichen Schuldner bis zum 1. 1. 1926 eine Vereinbarung über die Aufwertung dieser Forderung in den nach dem AwG. gezogenen Grenzen nicht getroffen, so steht zwar nichts im Wege, daß er mit dem persönlichen Schuldner nach § 67 Abs. 3 auch noch später eine Vereinbarung über die Aufwertung trifft. Eine solche berührt dann aber den dinglichen Schuldner nicht mehr; Dieser kann nach § 4 geltend machen, daß die dingliche Schuld erloschen sei. Zu vgl. auch meine Abhandlung in D.Not.V. 1925, S. 427, Reichel in DJZ. 1925, S. 1797, Wunderlich, DJZ. 1926, S. 17; a. A. anscheinend A.V. vom 7. 12. 1925 (JMBl. 1925, S. 426).

Im Falle des Art. 68 Abs. 2 (Art. 92, 93) Df.V.O. vom 29. 11. 1925 ist die Anmeldung nicht erforderlich.

9 Die Wiedereintragung gelöschter Hypotheken u. dergl. ist in Preußen gebührenfrei (VO. v. 31. 8. 1925, GS. S. 111), desgleichen die Eintragung des Widerspruchs im Falle des § 16 Abs. 2 (AV. v. 30. 9. 1925, JMBl. 1925, S. 363).

10 Mit Rücksicht auf die Vorschrift des § 22 Abs. 2, die vom 1. 7. 1925 ab den öffentlichen Glauben des Grundbuches außer Kraft setzt, ist die Eintragung eines Widerspruches auf den Antrag des Gläubigers nicht unbedingt nötig zur Wahrung seiner Rechte bei freihändigem Ver-

kauf des Grundstücks oder Erwerb von Hypotheken und ähnlichen dinglichen Rechten. Immerhin wird es sich für den Gläubiger empfehlen, diesen Antrag bald zu stellen. Es ist ungewiß, wann die Reichsregierung von der Befugnis des § 22 Abs. 2 (letzter Satz) Gebrauch macht und dem öffentlichen Glauben des Grundbuches die frühere Bedeutung wieder beilegt. Ferner wahrt die Eintragung eines solchen Widerspruchs die Rechte des Gläubigers im Zwangsversteigerungsverfahren. Bei einer Zwangsversteigerung erlischt nach § 20 Abs. 1 das gelöschte Recht, soweit es nicht in das geringste Gebot aufgenommen ist, durch den Zuschlag endgültig.

11 Löschungsbewilligungen aus der Zeit vom 15. 6. 1922 bis zum 14. 2. 1924 und — mit Rücksicht auf § 78 — bis zum 15. 7. 1925 sind mit Rücksicht auf die Vorschriften der §§ 15, 16, wenn die Löschung im Grundbuche noch nicht erfolgt ist, keine geeignete Unterlage mehr für die Löschung. Die erneute Zustimmung des Gläubigers ist daher beizubringen oder die Bescheinigung (Art. 126 Df.V.O. vom 29. 11. 1925) der Aufwertungsstelle, daß der Gläubiger, soweit die zu löschende Post in Frage kommt, bis zum 1. 1. 1926 eine Anmeldung nach § 16 nicht eingereicht hat (zu vgl. auch K.G. 1. 10. 1925, 1 X 601. 25; 15.10.1925, 1 X 613. 25, JMBl. 1925, S. 411, JW. 1925, S. 2616).

12 Für die Entgegennahme einer Anmeldung nach § 16 Abs. 1 Satz 1 ist eine Gebühr nicht zu berechnen, ebensowenig für die Wiederherstellung eines Hypothekenbriefes bei Wiedereintragung einer bereits gelöschten Hypothek (AV. v. 30. 9. 1925, JMBl. 1925, S. 363).

13 Der Widerspruch aus § 16 Abs. 2 Satz 2 ist in den Spalten 1—4 (linke Hälfte der Spalte 4), der Widerspruch aus § 16 Abs. 3 ist in den Spalten 5—7 der dritten Abteilung des Grundbuchs einzutragen (AV. vom 5. 10. 1925, JMBl. 1925, S. 367). Bearbeitung der Anmeldungen und der Widersprüche durch den Rechtspfleger, zu vgl. A.V. vom 8. 12. 1925 (JMBl. 1925, S. 426). Wegen der Bescheinigungen zu vgl. Art. 126 Df.V.O. vom 29. 11. 1925.

14 Nach der Mitteilung des Preuß. Fin. Min. werden die Rentenbanken die nach den §§ 16, 31 und 78 anzumeldenden Aufwertungsansprüche für Reallastenablösungsrenten ortschaftsweise in je einer Sammelanmeldung zusammenfassen, in welcher die einzelnen Ansprüche nacheinander unter genauer Bezeichnung aufgeführt sind. Zur Erleichterung für die Aufwertungsstellen werden die Rentenbanken abschriftliche Auszüge der Sammelanmeldung folgen lassen, welche die einzelnen Ansprüche gesondert enthalten und zur Mitteilung an die Grundstückseigentümer bestimmt sind. Es bestehen keine Bedenken dagegen, daß mit den Mitteilungen an die Grundstückseigentümer bis zum Eingange der abschriftlichen Auszüge gewartet wird (A.V.J.Min. 7. 11. 1925, JMBl. 1925, S. 397).

15 Für das Anmeldeverfahren gilt auch § 73; es findet daher das FGG. sinngemäß Anwendung, z. B. auch §§ 19, 20, 27 FGG. Die im Anmeldungsverfahren sei es in zulässiger, sei es in unzulässiger Weise erlassenen Entscheidungen können daher mit der einfachen Beschwerde angefochten werden (K.G. 7. 12. 1925, 9 Aw. 469. 25).

b. Aufwertung nach Abtretung der Hypothek.

§ 17.

Hat der Gläubiger die Hypothek abgetreten und die Gegenleistung nach dem 14. Juni 1922 oder unter Vorbehalt der Rechte angenommen, so wird die Hypothek und die persönliche Forderung auf der Grundlage des für ihn maßgebenden Goldmarkbetrags (§§ 2, 3), unbeschadet der Aufwertung zugunsten des Erwerbers, auch zu seinen Gunsten aufgewertet, sofern sich nicht nach dem Schlußsatz des § 2 Abs. 1 oder nach § 3 Abs. 1 Ziffer 2 bis 11 die Höhe der Aufwertung zugunsten des Erwerbers nach der Zeit des Erwerbes durch den früheren Gläubiger bestimmt. Die Vorschriften des § 16 finden Anwendung.

1 **Rückwirkung zugunsten des Abtretenden (Zedenten).** Diese Vorschrift kommt den vielfach zum Ausdruck gelangten Wünschen entgegen, auch abgetretene Rechte nach dem Tage der Begründung in Gold umzurechnen und den Goldwert alsdann auf mehrere Rechtsinhaber zu verteilen. Unter Anwendung der Rückwirkungsvorschriften ist es möglich, das Recht der Abtretenden nicht nur mit obligatorischer, sondern auch mit dinglicher Wirkung wieder ins Leben zurückzurufen. Das R.G. hat bereits bei Abtretung einer Hypothek unter Vorbehalt dem abtretenden Gläubiger das Recht auf Aufwertung zugesprochen (R.G. 1. 4. 1925, 16. W. 1602. 25). Auch im § 17 ist als Stichtag, wie im § 15, der 15. 6. 1922 gewählt. Auch hier wird unterschieden:

a) Abtretung unter Vorbehalt der Rechte,

b) Abtretung bei Annahme der Gegenleistung nach dem 14. 6. 1922, wobei ein Vorbehalt nicht erklärt zu werden brauchte.

Bei einer Abtretung unter Vorbehalt findet stets eine Aufwertung statt, bei vorbehaltloser Abtretung dagegen nur, wenn der Gläubiger die Gegenleistung nach dem 14. 6. 1922 angenommen hat. Der Vorbehalt kann erklärt sein gegenüber dem Schuldner oder gegenüber dem neuen Gläubiger (Zessionar). Hat der Gläubiger die Gegenleistung nach dem 14. 6. 1922 angenommen, so findet die Aufwertung auch dann statt, wenn er die Abtretungserklärung bereits vorher ausgestellt hat. Für den Vorbehalt und die Annahme der Gegenleistung gilt dasselbe, was hierüber zu §§ 14, 15 gesagt ist.

A. hat z. B. eine vor dem 1. 1. 1918 erworbene Hypothek von 100000 Mark in der Zeit vom 1. bis 10. 12. 1922 abgetreten an B. und von diesem 100000 Papiermark erhalten. Diese 100000 Mark hatten bei der Zahlung des B. einen Wert von 58 Goldmark. Für A. kann dann eine Aufwertung noch stattfinden. Zunächst sind zu berechnen 25% von 100000 = 25000 Goldmark, abzüglich (§ 18) der 58 Goldmark = 24942 Goldmark. Für B. wird aufgewertet in Höhe von 25% von den 58 Goldmark = 14,50 Goldmark. A. erhält indes nach

§ 18 Abs. 2 den Aufwertungsbetrag nur in der Höhe, wie er den Aufwertungsbetrag für B. übersteigt, d. h. 24 942 — 14,50 = 24 927,50 Goldmark. Der Grundeigentümer hat daher zu zahlen an A. 24 927,50, an B. 14,50 Goldmark.

Dies gilt auch für den Fall der sogenannten unechten Zession, wenn nämlich der Schuldner den Gläubiger mit dem Betrage befriedigt hat, den er sich von einem Dritten beschafft, und wenn auf diesen Dritten alsdann die Hypothek übertragen worden ist.

Würde die Rückwirkung nicht zugelassen, so würde dem Grundstückseigentümer ein ungeheurer Verdienst mühelos ohne irgendwelche innere Berechtigung in den Schoß fallen.

[2] **Abtretung nach dem 13. 2. 1924.** Hat A. jene Hypothek an B. nach dem 13. 2. 1924 abgetreten, d. h. schon unter Herrschaft der 3. St.N.-V.O. oder des Aufwertungsgesetzes, so hat B. eine bereits aufgewertete Hypothek erworben. Dann hat der Grundstückseigentümer an B. den Betrag zu zahlen, der für die Hypothek zu berechnen wäre, wenn noch A. der Gläubiger wäre, d. h. 25 000 Reichsmark, § 2 Abs. 1 letzter Satz.

[3] **Gesamtrechtsnachfolge.** In den Fällen des § 3 Abs. 1 Z. 2 bis 11 ist für die Aufwertung nicht der Erwerbstag des jetzigen Gläubigers maßgebend, sondern der frühere seines Rechtsvorgängers. Der Erwerber wird daher bereits in der Rechtsstellung seines Rechtsvorgängers befriedigt.

[4] **Mehrfache Abtretung.** Die Vorschrift des § 17 gilt auch bei mehrfacher Abtretung. Z. B. die vor dem 1. 1. 1918 von A. erworbene Hypothek von 100 000 Mark wird abgetreten:

in der Zeit vom 1. bis 10. 12. 1922 an B.,
in der Zeit vom 21. bis 31. 5. 1923 an C.,
am 3. 7. 1923 an D.

Als Gegenwert sind jedesmal 100 000 Papiermark gezahlt worden. Dann haben, in Gold umgerechnet, erhalten:

A. von B. 58,— Goldmark,
B. von C. 8,40 Goldmark,
C. von D. 2,68 Goldmark.

Zu berechnen sind zunächst:

für A. (25% von 100 000 =) 25 000 — 58 = 24 942 Goldmark,
für B. (25% von 58 =) 14,50 — 8,40 = 6,10 Goldmark,
für C. (25% von 8,40 =) 2,10 — 2,68 Goldmark, scheidet aus,
für D. (25% von 2,68 =) 0,67 Goldmark.

Dann erhalten: D. 0,67 Goldmark, C. nichts mehr, B. 6,10 — 0,67 = 5,43 Goldmark, A. 24 942 — (5,43 + 0,67) = 24 935,90 Goldmark. Der Grundstückseigentümer hat daher insgesamt zu zahlen 24 935,90 + 5,43 + 0,67 = 24 942 Goldmark.

[5] Nach dem Wortlaut des § 18 kann, glaube ich, gegen diese Art der Berechnung nichts eingewendet werden. Ob sich freilich der Aufwertungsausschuß hierüber klar gewesen ist, kann bezweifelt werden. In seinem Bericht (Nr. 1125 v. 8. 7. 1925) ist auf S. 19 folgendes

Beispiel gegeben: Friedenshypothek von 100000 Mark, Abtretung Ende 1922 von A. an B. zu einer Papiermarkleistung, die 10 Goldmark entspricht. Diese Hypothek wird für B. auf 25% des von ihm gezahlten Goldmarkbetrages, also auf 2,50 Goldmark aufgewertet, für A. auf 25% von 100000 Mark abzüglich 10 Goldmark, die er bereits von B. erhalten hat. Auf diese Weise wird der Schuldner mit dem Goldmarkbetrage, der nach der Zeit der Begründung des Rechts ist, belastet. Ebenso bei mehrfacher Abtretung.

In diesem Beispiel müßten indes die für B. errechneten 2,50 Reichsmark von dem Aufwertungsbetrage für A. noch abgezogen werden, da nach § 18 Abs. 2 für den früheren Gläubiger die Hypothek nur insoweit aufgewertet wird, als der für ihn zu berechnende Aufwertungsbetrag denjenigen für B. übersteigt. In diesem Beispiele würde daher A. nur erhalten: 25000 — 10 — 2,50 = 24987,50 Goldmark, nicht 24990 Goldmark, wie man aus dem Bericht des Ausschusses entnehmen möchte. In dem Beispiel von Schlegelberger-Harmening zu § 17 A. 5 erhält C. nur 7155 — 342,50 = 6812,50 Goldmark.

6 **Anmeldung.** Jeder frühere Gläubiger, der eine Aufwertung beansprucht, hat seinen Anspruch bis zum 1. 1. 1926 bei der Aufwertungsstelle anzumelden. Im übrigen finden die Vorschriften des § 16 Anwendung, es kann daher auf die Bemerkungen zu diesem Paragraph verwiesen werden. Bearbeitung durch den Rechtspfleger, A.V. vom 8. 12. 1925 (JMBl. 1925, S. 426), Erteilung einer Bescheinigung Art. 126 Df.V.O. vom 29. 11. 1925.

7 Lebt für den früheren Gläubiger der Aufwertungsanspruch wieder auf, so kann er gegebenenfalls auch eine Aufwertung nach allgemeinen Vorschriften beanspruchen, zu vergl. § 11 A. 2.

8 § 17 nimmt ausdrücklich Bezug auf den § 16. Hieraus folgt nicht nur, daß der frühere Gläubiger (Zedent) den Aufwertungsanspruch bis zum 1. Januar 1926 bei der Aufwertungsstelle anzumelden hat, sondern auch, daß der Schuldner (der dingliche und der persönliche) innerhalb von 3 Monaten Einspruch erheben und den Einspruch ebenso wie im Falle der §§ 14, 15 begründen kann. Der Schuldner kann also auch die Härteklausel des § 15 geltend machen. Die Aufwertung nach Abtretung der Hypothek gehört, wie sich auch aus ihrer Stellung im Gesetz ergibt, zu den unter III. geregelten Aufwertungen bei Vorbehalt der Rechte und kraft Rückwirkung. Nicht nur die §§ 14, 15, sondern auch die §§ 18, 19 finden daher Anwendung.

9 Ist im Falle der Aufwertung nach Abtretung der Hypothek (§ 17) ein Widerspruch ins Grundbuch einzutragen (Satz 2 des § 17), so findet diese Eintragung, wenn die Hypothek bereits gelöscht ist, in den Spalten 1—4, andernfalls in den Spalten 5—7 der dritten Abteilung statt (AV. v. 5. 10. 1925, JMBl. 1925, S. 367).

10 Kommt nach § 17 die Aufwertung auch für einen früheren Gläubiger in Frage (Annahme der Gegenleistung nach dem 14. 6. 1922 oder unter Vorbehalt und Abtretung vor dem 14. 2. 1924), so reicht eine Löschungsbewilligung des gegenwärtigen Gläubigers (Zessionars) zur

Löschung nicht aus. Zur grundbuchmäßigen Beseitigung der Hypothek ist die Zustimmung des früheren Gläubigers (Zedenten) nötig. K.G. 12. 11. 1925, 1 X. 708. 25, JMBl. 1925, S. 430.

11 Der frühere Gläubiger braucht den Hypothekenbrief nicht vorzulegen, Art. 17 Df.V.O. vom 29. 11. 1925.

c. Anrechnung von Zahlungen.

§ 18.

(1) Findet auf Grund des Vorbehalts der Rechte oder kraft Rückwirkung eine Aufwertung statt, so sind geleistete Zahlungen in Höhe ihres Goldmarkbetrags (§§ 2, 3) auf den Aufwertungsbetrag anzurechnen. Dies gilt nicht für Zahlungen, die vor dem 15. Juni 1922 ohne Vorbehalt angenommen sind; solche Zahlungen sind zum Nennbetrag auf den Nennbetrag anzurechnen.

(2) Auf Grund der §§ 14 bis 17 wird die Hypothek außer für den gegenwärtigen Gläubiger für einen früheren Gläubiger nur insoweit aufgewertet, als der für diesen zu berechnende Aufwertungsbetrag die Gesamtheit der Aufwertungsbeträge der ihm zeitlich nachfolgenden Gläubiger übersteigt.

1 **Anrechnung geleisteter Zahlungen.** Zahlungen vor dem 15. 6. 1922, die vorbehaltlos angenommen sind, werden zum Nennbetrage auf den Nennbetrag angerechnet, andere Zahlungen in Höhe ihres Goldmarkbetrages auf den Aufwertungsbetrag. Hat daher A. von den 100 000 Mark abgetreten ohne Vorbehalt

50 000 Mark in der Zeit v. 1. bis 10. 5. 1922 an B.
gegen Zahlung von 50 000 Papiermark,
50 000 Mark in der Zeit v. 1. bis 10. 12. 1922 an C.
gegen Zahlung von 50 000 Papiermark,

so findet folgende Aufwertung statt:

A. kann nur in Höhe der an C. abgetretenen 50 000 Mark Aufwertung verlangen.

Die von B. gez. 50 000 Mark hatten einen Wert von 750 Goldmark, die von C. gez. 50 000 Mark hatten einen Wert von 29 Goldmark.

Zu berechnen sind daher zunächst:

für A. 25% von 50 000 = 12 500 Goldmark abzüglich der
29 Goldmark = 12 471 Goldmark,
für B. 25% von 750 = 187,50 Goldmark,
für C. 25% von 29 = 7,25 Goldmark.

Der Aufwertungsbetrag für A. übersteigt denjenigen für C. (die Aufwertung für B. kommt hier nicht in Betracht) um 12 471 — 7,25 = 12 463,75 Goldmark. Daher hat der Grundstückseigentümer zu zahlen:

an A.: 12463,75 Goldmark
an B.: 187,50 Goldmark
an C.: 7,25 Goldmark

Sa. 12658,50 Goldmark

Hat A. die 50000 Mark an B. mit Vorbehalt abgetreten, so kann er auch bezüglich dieser 50000 Mark Aufwertung verlangen. Anzurechnen sind auf die 12500 Goldmark die von B. gezahlten 750 Goldmark = 11750 Goldmark. Dieser Betrag übersteigt die Aufwertung für B. um (11750 — 187,50 =) 11562,50 Goldmark. Dann hat der Grundstückseigentümer zu zahlen:

an A.: 11562,50 + 12463,75 = 24026,25 Goldmark
an B.: 187,50 Goldmark
an C.: 7,25 Goldmark

Sa. 24221,— Goldmark

Im übrigen zu vgl. § 17 A. 4.

Sind auf dem Grundstücke des X. am 1. 3. 1919 100000 Mark für A. eingetragen worden, und hat X. in der Zeit

a) vom 1.—10. 2. 1921 50000 Papiermark,
b) vom 1.—10. 4. 1923 50000 Papiermark

an A. bezahlt, so findet folgende Aufwertung statt:

I. A. hat die zu a) erwähnten 50000 Papiermark ohne Vorbehalt angenommen:

Diese 50000 Mark werden zum Nennbetrage auf den Nennbetrag der Hypothek angerechnet. Es wird daher so angesehen, als ob die Hypothek nur in Höhe von 50000 Mark bestände.

Die zu b) erwähnten 50000 Mark werden in Höhe des Goldmarkbetrages auf den Aufwertungsbetrag angerechnet. 50000 Papiermark hatten in der Zeit vom 1.—10. 4. 1923 einen Goldmarkwert von 10,10 Goldmark.

Die Hypothek von noch 50000 Mark hatte am 1. 3. 1919 einen Wert von 20000 Goldmark; hiervon 25% = 5000 Goldmark. Auf diese 5000 Goldmark sind die 10,10 Goldmark anzurechnen. Der Aufwertungsbetrag ist also 4989,90 Goldmark.

II. A. hat die zu a) erwähnten 50000 Mark mit Vorbehalt angenommen.

Dann wird ihr Goldmarkbetrag (3450 Goldmark) auf den Aufwertungsbetrag angerechnet.

Die 100000 Mark Hypothek hatten am 1. 3. 1919 einen Wert von 40000 Goldmark; hiervon 25% = 10000 Goldmark. Auf diese 10000 Goldmark sind anzurechnen

zu a) 3450,— Goldmark,
zu b) 10,10 Goldmark,

Sa.: 3460,10 Goldmark.

Der Aufwertungsbetrag ist also (10000 — 3460,10 =) 6539,90 Goldmark.

2 **Mehrheit von Gläubigern.** Haben die Rechtsnachfolger des ursprünglichen Gläubigers bei dem entgeltlichen Erwerb der Hypothek ein höheres Entgelt als den Papiermarkbetrag der Hypothek gezahlt, so ist nach § 2 dieser Erwerbspreis bei der Umrechnung zugrunde zu legen, falls er nicht höher ist, als der Goldmarkbetrag des Nennbetrages. Z. B. A. hat vor dem 1. 1. 1918 eine Hypothek von 100000 Mark erworben. Er tritt sie ab in der Zeit vom 1. bis 10. 12. 1922 an B. und erhält einen Papiermarkbetrag, der 120000 Goldmark entspricht.

B. tritt die Hypothek vor dem 14. 2. 1924 ab an C.
und erhält 40000 Goldmark,
C. tritt die Hypothek vor dem 14. 2. 1924 ab an D.
und erhält 60000 Goldmark.
D. erhält 25% von 60000 Goldmark = 15000 Goldmark.

Für C. findet eine Aufwertung nicht statt, da die 60000 Goldmark, die er erhalten hat, höher sind, als die 40000 Goldmark, die er seinerzeit gegeben hat.

Für B. kann nicht der Erwerbspreis von 120000 Goldmark zugrunde gelegt werden, da er höher ist als der in Gold umgerechnete Nennbetrag von 100000 Mark. B. kann daher an sich nur Aufwertung verlangen von 100000 Goldmark abzüglich der 40000 Goldmark, die er von C. erhalten hat, d. h. von 60000 Goldmark; 25% hiervon wären 15000 Goldmark. Diese 15000 Goldmark übersteigen indes nicht den Aufwertungsbetrag der ihm zeitlich nachfolgenden D. und C., infolgedessen findet für B. ebenfalls keine Aufwertung statt. Für A. kommt eine Aufwertung auch nicht in Betracht, da er sich die 120000 Goldmark anrechnen lassen muß.

3 Theoretisch denkbar ist, daß sich der Gläubiger bei einem Vorbehalt schlechter steht als ohne Vorbehalt, nämlich dann, wenn es sich um Zahlungen aus dem Jahre 1918 und den ersten Monaten des Jahres 1919 handelt. In jener Zeit wird ein Vorbehalt aber wohl nie erklärt worden sein. Sollte ein solcher Fall aber doch einmal vorkommen, daß der Gläubiger bei vorbehaltloser Annahme besser stände als ein Gläubiger, der einen Vorbehalt gemacht hat, so wird man den Vorbehalt dahin auslegen müssen, daß sich der Gläubiger auch jene Rechte vorbehalten hat, daher nicht ungünstiger behandelt werden darf als der Gläubiger, der den Vorbehalt nicht erklärt hat.

4 Mügel[4], § 18 A. 4, will jede Zahlung nur auf den Aufwertungsbetrag des Nennbetrages der Zahlung anrechnen und, wenn sie diesen Betrag übersteigt, nicht weiter in Betracht ziehen. Dies läßt sich mit dem Gesetz indes nicht vereinen.

5 Wegen der Anrechnung von Sachleistungen zu vgl. Art. 18 Df.V.O. vom 29. 11. 1925, wegen der Aufrechnung Art. 19 a. a. O.

6 Bei der Eintragung der Aufwertung im Grundbuche wird vermutet, daß nur die von dem Gläubiger angegebenen Zahlungen, und zwar zu den von ihm angegebenen Zeiten, angenommen sind, Art. 3

Df.V.O. vom 29. 11. 1925. Diese Vermutung gilt nicht auch für das Aufwertungsverfahren. Der Beweis der Zahlung liegt indes dem Schuldner ob; solange er daher die angegebenen Zahlungen und Zeiten nicht bestreitet, hat die Aufwertungsstelle in dieser Hinsicht lediglich das Vorbringen des Gläubigers zu berücksichtigen.

d. Ausschluß weitergehender Ansprüche.

§ 19.

Soweit im Falle der Bewirkung der Leistung eine Aufwertung nach §§ 14 bis 17 nicht stattfindet, kann sie auch wegen ungerechtfertigter Bereicherung oder auf Grund einer Anfechtung wegen Irrtums oder aus einem anderen Rechtsgrunde nicht verlangt werden. Ansprüche wegen arglistiger Täuschung bleiben unberührt.

Weitergehende Ansprüche als nach §§ 14 bis 17, etwa wegen ungerechtfertigter Bereicherung oder auf Grund einer Anfechtung wegen Irrtums, sind ausgeschlossen. Nur sind die Ansprüche wegen arglistiger Täuschung aufrechterhalten.

e. Wiedereintragung gelöschter Hypotheken.

§ 20.

(1) Ist die Hypothek im Grundbuch bereits gelöscht, so findet ihre Wiedereintragung in Höhe der Aufwertung mit dem sich aus § 6 ergebenden Range statt, soweit nicht die Vorschriften über den öffentlichen Glauben des Grundbuchs oder über das Erlöschen von Rechten durch den Zuschlag bei der Zwangsversteigerung entgegenstehen.

(2) Die Vorschriften über den öffentlichen Glauben des Grundbuchs sind entsprechend anzuwenden, wenn in dem in § 892 Abs. 2 des Bürgerlichen Gesetzbuchs bestimmten Zeitpunkt eine dem § 29 der Grundbuchordnung entsprechende Löschungsbewilligung oder löschungsfähige Quittung bereits erteilt war oder gleichzeitig erteilt wurde.

1 **Öffentlicher Glaube des Grundbuchs.** Die Regierungsvorlage sah in § 11 Abs. 4 die Wiedereintragung gelöschter, aber aufgewerteter Rechte an alter Stelle vor, soweit nicht die Vorschriften über den öffentlichen Glauben des Grundbuchs entgegenstehen. Dieser Grundsatz ist nicht beanstandet worden. Auf den Antrag der Kompromißparteien ist der Schutz des gutgläubigen Erwerbers gegen das Wiederaufleben gelöschter Rechte ausgedehnt:

a) auf den Erwerber von Rechten in der Zwangsversteigerung — dieser Antrag ist nicht beanstandet worden und hat in dem letzten Satze des Abs. 1 Aufnahme gefunden —,

b) auf denjenigen, der nicht auf Grund des bereinigten Grundbuchs, sondern im Vertrauen auf vorgelegte Löschungspapiere das Eigentum erlangt oder eine Hypothek erworben hat.

Begründet wurde dieser Antrag mit dem Interesse der Grundkreditanstalten an der Erststelligkeit ihrer Hypotheken und an der Erhaltung der Vollwertigkeit ihrer Pfandbriefe. Man wies, wie es im Bericht des Aufwertungsausschusses (S. 19) heißt, darauf hin: Es sei im Geschäftsverkehr dieser Banken vielfach üblich, daß bei Beleihungen mit dem zu gewährenden Darlehn eine Vorhypothek abgelöst werden solle. Die Anstalt lasse in solchen Fällen zunächst hinter der abzulösenden Hypothek eine Nachhypothek eintragen und zahle die Vorhypothek gegen Vorweisung der Löschungsbewilligung des Vorhypothekars aus und bringe sie erst dann zur Löschung. Hier bestehe die Vorhypothek noch zur Zeit des Erwerbes der Nachhypothek, werde aber alsbald gelöscht. Sei in einem solchen Falle die gelöschte Hypothek nach dem 15. 6. 1922 getilgt, so würde durch ihr Wiederaufleben an alter Stelle die Hypothek der Grundkreditanstalt zweitstellig und nicht mehr pfandbriefunterlagsfähig. Sie müsse nach den Satzungen der Hypothekenbanken eingezogen werden. In solchen Fällen erscheine die Regelung erwünscht, daß der frühere Hypothekar im Interesse des allgemeinen Grundkredits der Anstalt hinter die Bankhypothek zurücktrete, einerlei, ob der Gläubiger die Zusammenhänge der Bezahlung seiner Schuld mit der Aufnahme des neuen Kredits gekannt hätte. Eine Erweiterung des öffentlichen Glaubens des Grundbuchs bedeute hier keine Beeinträchtigung des Gläubigers, da er ja bei Erteilung der Löschungspapiere mit dem Untergang seiner Rechte einverstanden gewesen sei und Zahlung erhalten habe. Die Rechtsfolge müsse dann aber auch auf jeden anderen Hypothekar ausgedehnt werden, der in gleicher Lage wie eine Grundkreditanstalt gegen Löschungspapiere ein dingliches Recht erworben habe, und die Rechtswohltat könne auch dem Erwerber des Eigentums in gleicher Lage nicht versagt bleiben.

Dieser Antrag ist gegen den Widerspruch des Abgeordneten Dr. Best gleichfalls angenommen worden.

[2] Recht verwickelt und für den Aufwertungsgläubiger unerfreulich kann die Rechtslage werden, wenn das aufzuwertende Recht im Grundbuch bereits gelöscht worden ist. Das Gesetz bestimmt im § 20 zwar die Wiedereintragung in Höhe der Aufwertung mit dem früheren Range — unbeschadet der Kredithypotheken oder -grundschulden für den Eigentümer nach § 6 —, fügt aber die gewichtige Bestimmung hinzu „soweit nicht die Vorschriften über den öffentlichen Glauben des Grundbuchs oder über das Erlöschen von Rechten durch den Zuschlag ... entgegenstehen“. In vielen Fällen wird infolgedessen der dingliche Aufwertungsanspruch des Gläubigers ganz hinfällig.

Ist das Recht im Grundbuche gelöscht, so wird nach § 891 BGB. vermutet, daß das Recht nicht bestehe. Der öffentliche Glaube des Grundbuchs schützt den späteren gutgläubigen Grundstückserwerb und den späteren gutgläubigen Erwerb von sonstigen Rechten an dem Grundstück. Wenn auf einem Hausgrundstück (Friedenswert: 400000 Mark) die für A. (50000 Mark), B. (30000 Mark), C. (20000 Mark), D. (10000 Mark) eingetragenen Friedenshypotheken vor dem 1. Juli 1925 gelöscht worden sind, und der gutgläubige E. (der nicht zu den Verwandten des § 22 Abs. 1 gehört) nach jener Löschung und vor dem 1. Juli 1925 eine Hypothek von 60000 Goldmark erworben hat, so geht diese Hypothek den etwa nach §§ 14, 15 aufzuwertenden und nach § 20 wieder einzutragenden Hypotheken für A. (12 5000 Goldmark), B. (7500 Goldmark), C. (5000 Goldmark), D. (2500 Goldmark) vor. Hat das Grundstück jetzt einen Wert von 280000 Reichsmark, so ist die Sicherheisgrenze bei 140000 Reichsmark erreicht. Das an 1. Stelle eingetragene Recht im Sinne des § 7 ist die Hypothek für A. Die Hypothek für E. kommt hierfür nicht in Betracht; denn sie braucht nicht erst aufgewertet zu werden, § 7 verlangt aber, daß es sich um ein aufgewertetes Recht handele. Hiernach liegt der Goldmark-Betrag für die Hypotheken von A. und B. noch innerhalb der angegebenen Sicherheitsgrenze von 140 000 Goldmark (60000 + 50000 + 30000 = 140000); für die Hypotheken von C. und D. trifft dies nicht mehr zu. Für den Eigentümer sind nach § 7 Kredithypoheken (= Grundschulden) in Höhe von 25% des Goldmark-Betrages der Hypotheken für A. und B. möglich. Die Belastung des Grundstücks könnte dann folgende sein:

1. für E.	60000	Goldmark,
2. für A.	12500	„
3. Kredithypothek	12500	„
4. für B.	7500	„
5. Kredithypothek	7500	„
6. für C.	5000	„
7. für D.	2500	„

Anders gestaltet sich die Belastung, wenn die Hypotheken für A., B., C., D. nicht gelöscht werden durften, und wenn E. die Tatsache, die einer Löschung engegenstand, gekannt hat. Eine an einen Vorbehalt geknüpfte Löschungsbewilligung ist in der Regel zur Löschung des Rechts nicht geeignet. Ist daher die Hypothek auf Grund einer solchen Löschungsbewilligung gelöscht worden, so ist das Grundbuch dadurch unrichig geworden. Wußte der Erwerber von Rechten an dem Grundstück (der neue Grundstückseigentümer, der Erwerber von Hypoheken und ähnlichen dinglichen Rechten), daß bei der Löschungsbewilligung ein rechtswirksamer Vorbehalt gemacht war, so versagt ihm gegenüber der öffentliche Glaube des Grundbuchs. Für den guten Glauben kommt es nicht darauf an, ob der Betreffende die rechtlichen Schlußfolgerungen aus der ihm bekannten Tatsache gezogen hat, sondern nur auf die Kenntnis der Tatsache. Verlangt wird aber die Kenntnis, nicht das Kennen-müssen. Man darf also dem späteren Erwerber den guten Glauben nicht deshalb absprechen, weil er aus den Grundakten hätte ersehen müssen, daß in der Löschungsbewilligung ein Vorbehalt gemacht ist. Der Erwerber durfte sich vielmehr auf die im Grundbuche erfolgte Löschung des

Rechts verlassen und brauchte die näheren Unterlagen hierfür nicht nachzuprüfen. Der Erwerber muß ferner, wenn ihm gegenüber der öffentliche Glaube des Grundbuches versagen soll, erkannt haben, daß es sich um eine Löschungsbewilligung mit Vorbehalt handelte. Bis zur Entscheidung des R.G. vom 13. 3. 1925 (RGZ. 110, S. 87) hatte der 1. Ziv.Senat des K.G. den Standpunkt vertreten, daß die bloße Erwähnung der „Papiermarkzahlung" in der Löschungsbewilligung kein geeigneter Vorbehalt im Sinne des § 11 der 3. St.N.V.O. wäre. Wenn daher der Erwerber in einer am 22. 2. 1923 ausgestellten Löschungsbewilligung für eine im September 1918 eingetragene Hypothek von 10000 Mark

„der eingetragene Eigentümer hat diese 100000 Mark in Papiermark nebst Zinsen bis heute an mich gezahlt; ich bewillige deshalb die Löschung der Hypothek im Grundbuche"

bei der Auflassung vom 8. 7. 1924 die Bedeutung jener Erklärung als einen Vorbehalt nicht erkannt hat, so steht ein solcher Vorbehalt seinem guten Glauben nicht entgegen (K.G. 26. 11. 1925, 1 X. 736. 25).

Nicht jede an einen Vorbehalt geknüpfte Löschungsbewilligung hindert die Löschung. Hat der Gläubiger in der Form des § 29 G.B.O. bekannt, 25% des eingetragenen Nennbetrages in Goldmark oder Reichsmark vom Schuldner erhalten zu haben, und die Löschung bewilligt, so hindert ein seiner Löschungserklärung zugefügter Aufwertungsvorbehalt die Löschung nicht. In solchem Falle beweist die Löschungserklärung, daß die Hypothek Eigentümergrundschuld geworden, und der bisherige Hypothekengläubiger nicht mehr Berechtigter im Sinne des § 19 GBO. ist (K.G. 22. 10. 1925, 1 X. 665. 25).

Hat ein gutgläubiger Dritter vor dem 1. Juli 1925 a) nach der Löschung von Rechten, b) bei früherer oder gleichzeitiger Erteilung einer Löschungsbewilligung oder löschungsfähigen Quittung (§ 29 GBO.) in dem in § 892 Abs. 2 BGB. bestimmten Zeitpunkte das Eigentum an dem Grundstücke erworben, so können die gelöschten Rechte nicht wieder eingetragen werden. Ebenso sind diejenigen Rechte, auf die sich jene Löschungsbewilligung oder löschungsfähige Quittung bezieht, dem Eigentümer gegenüber unwirksam, er kann ihre nachträgliche Löschung verlangen.

Die Gläubiger dieser Rechte verlieren dann ihr dingliches Recht. Die persönliche Forderung gegen den persönlichen Schuldner bleibt ihnen in Höhe des Aufwertungsbetrages erhalten. Dieser kümmerliche Rest ihres Rechts wird in vielen Fällen nicht zu ihrer Befriedigung führen, da die dingliche Sicherheit erloschen ist.

Zu beachten ist indes, daß sich der Schutz durch den öffentlichen Glauben auf den rechtsgeschäftlichen Erwerb beschränkt, also nicht auf den gesetzlichen Erwerb erstreckt (durch Erbfolge, §§ 1922, 1937, 1941, 1967 BGB., durch Eheschließung, §§ 1363, 1438, 1519 BGB., ferner §§ 46, 88 BGB.). Näheres bei Planck, BGB. § 892, A. II. 1 d.

[3] Ist bei einer Zwangsversteigerung ein eingetragenes Recht nicht in das geringste Gebot gelangt und der Zuschlag erteilt, so ist der

Erwerber vor einer Eintragung des Aufwertungsbetrages für dieses Recht gesichert. Der gute Glaube spielt hier keine Rolle.

4 Wer vor dem 1. Juli 1925 gutgläubig ein Grundstück erworben hat, kann sich allerdings nicht auf den öffentlichen Glauben des Grundbuchs dafür berufen, daß die eingetragenen Hypotheken und sonstigen dinglichen Rechte ihm gegenüber nur in der durch die 3. StNVO. bestimmten Höhe des Aufwertungsbetrages rechtswirksam seien. Der Erwerber haftet vielmehr auch für den Aufwertungsbetrag von 25% des neuen AwG. Der öffentliche Glaube des Grundbuchs erstreckt sich in dieser Hinsicht nur auf die Tatsache, daß auf dem Grundstücke bestimmte Rechte in der angegebenen Höhe eingetragen sind. Welchen Geldwert diese Rechte haben, insbesondere wie hoch der Aufwertungsbetrag anzunehmen ist, ist eine rechtliche Schlußfolgerung, die der öffentliche Glaube des Grundbuchs nicht deckt.

Entsprechendes gilt für denjenigen, der vor dem 1. Juli 1925 Hypotheken oder andere gleichartige Rechte an dem Grundstück erworben hat. Für die Zeit vom 14. Februar 1924 bis zum 1. Oktober 1924 ist indes in dieser Hinsicht durch § 6 Abs. 2 eine andere Regelung eingeführt. Für diese Zeit ist durch die ausdrückliche Vorschrift des § 6 Abs. 2 der öffentliche Glaube — ausnahmsweise — ausgedehnt worden. Näheres zu § 6.

5 Vom 1. Juli 1925 ist bis auf weiteres der öffentliche Glaube des Grundbuchs für die Eintragung des Aufwertungsbetrages ausgeschaltet worden; Näheres zu § 22.

6 Für die Wiedereintragung gelöschter Hypotheken gelten die Vorschriften der Art. 1—7 Df.V.O. vom 29. 11. 1925 (insbesondere Eintragung des Aufwertungsbetrages in Goldmark, formloser Nachweis des Erwerbstages und -preises, Vermutung für die Richtigkeit der Angaben des Gläubigers über die Zahlung, ein noch nicht gestellter oder noch nicht erledigter Herabsetzungsantrag nach § 8 hindert zur Zeit die Eintragung der Aufwertung nicht, kein Brief für Hypotheken bis 500 Goldmark).

Die Wiedereintragung gelöschter Hypotheken (Grundschulden, Rentenschulden und Reallasten) in Höhe des gesetzlichen Aufwertungsbetrages ist in Preußen gebührenfrei. Das gleiche gilt für die entsprechenden Eintragungen im Bahngrundbuch und im Schiffsregister. VO. v. 31.8. 1925 (GS. S. 111). Die Wiedereintragung der gelöschten Hypothek (§ 20) erfolgt in den Spalten 1 bis 4 der dritten Abteilung (AV. v. 5.10. 1925, JMBl. S. 367). Die Wiederherstellung des Hypothekenbriefs bei Wiedereintragung einer bereits gelöschten Hypothek ist in Preußen gebührenfrei (AV. v. 30.9. 1925, JMBl. S. 363).

Anträge auf Wiedereintragung einer Hypothek nach § 20 sind stempelfrei, sofern die einzutragende Summe den gesetzlichen Aufwertungsbetrag nicht übersteigt und die Anmeldung des Aufwertungsanspruches gemäß § 16 Abs. 1 rechtzeitig erfolgt ist, Erlaß des Preuß.Fin.Min. vom 2. 11. 1925, II. C. 3121 (JMBl. 1925, S. 397).

7 Nur kurz möchte ich hier noch eingehen auf die sehr umstrittene Frage (zu vgl. Weigert, JW. 1925, S. 2547), welche Rechte Verkäufer

und Käufer gegenseitig haben, wenn es sich um die spätere Aufwertung von Hypotheken, auch von gelöschten Hypotheken, handelt.

A. hat vor dem 1. 7. 1925 (§ 22 Abs. 2) das Grundstück an B. verkauft; auf dem Grundstücke lastet oder lastete eine jetzt aufzuwertende Hypothek für C. Diese Hypothek war aufwertungsfähig — trug den Keim der Aufwertungsfähigkeit in sich, R.G. 17. 12. 1925, 9 Aw. 478. 25, zu vgl. § 9 A. 5 — schon bei Abschluß des Kaufvertrages. Das AwG. hat in dieser Hinsicht keinen neuen Aufwertungsanspruch geschaffen, sondern nur anerkannt, daß nach dem allgemeinen bürgerlichen Recht die Aufwertung berechtigt ist, hat allerdings in den meisten Fällen den Aufwertungsanspruch der Höhe nach beschränkt; von den Fällen, in denen das AwG. einen Aufwertungsanspruch gänzlich versagt, kann hier abgesehen werden. Die Erkenntnis der Notwendigkeit einer Aufwertung hat sich erst allmählich durchgerungen, und zwar etwa erst vom Jahre 1923 ab. Regelmäßig kann davon ausgegangen werden, daß A. und B. die Aufwertungsfähigkeit, wenigstens in der jetzt gesetzlichen Höhe, nicht gekannt haben. Die Belastung des Grundstücks war demgemäß bei Kaufabschluß eine andere, als die Beteiligten damals angenommen haben. Dann aber kann grundsätzlich davon ausgegangen werden, daß in vielen Fällen die Voraussetzungen des § 119 BGB. für den Käufer oder den Verkäufer gegeben sind. Hätten sie damals bereits die Sach- und Rechtslage überschaut, so würden sie dem Kaufvertrage einen anderen Inhalt gegeben haben.

I. Der Käufer B. hat die Hypothek nebst der zugrundeliegenden persönlichen Forderung in Anrechnung auf den Kaufpreis als Allein- oder Selbstschuldner übernommen. Er tritt dann in vollem Umfange an die Stelle des bisherigen Schuldners A. (wenn dieser der persönliche Schuldner war, sonst des früheren persönlichen Schuldners), § 9 A. 5, hat also das Aufwertungsrisiko zu tragen. Unter Umständen kann er indes (§ 119 BGB.) den Kaufvertrag anfechten.

II. Der Käufer B. hat die Hypothek nicht übernommen, nach dem Kaufvertrage sollte der Verkäufer A. die Hypothek löschen lassen.

a) War die Hypothek bei dem Erwerbe des Grundstücks durch B. noch eingetragen, so haften B. dinglich, A. persönlich für die Aufwertung der Hypothek. B. kann von A. Befreiung verlangen. Bei dieser Klage kann A. gemäß § 242 BGB. geltend machen, daß jener Kaufvertrag ergänzend auszulegen sei, und wird, wenn dies Treu und Glauben erfordern, erreichen können, daß der Aufwertungsbetrag zwischen ihm und B. angemessen verteilt wird (etwa nach dem Verhältnis der Hypothek zum Kaufpreise). A. kann den Vertrag wegen Irrtums nicht anfechten; seine Haftung für die Aufwertung bestand schon bei Kaufabschluß, hat sich zu seinen Ungunsten nicht geändert. B. wiederum kann diese Anfechtung auch nicht erklären; durch die ergänzende Auslegung des Kaufvertrages nach Treu und Glauben werden seine Rechte genügend gewahrt. In ähnlicher Weise kann A. nach § 242 BGB. auf Grund des Kaufvertrages einen Teil des Aufwertungsbetrages, unter Umständen sogar den vollen Aufwertungsbetrag, auf B. abwälzen.

Diese Grundsätze gelten auch dann, wenn die Hypothek inzwischen gelöscht worden ist.

β) Hatte A., bevor B. das Grundstück erwarb, in Ausführung des Kaufvertrages die Hypothek zur Löschung gebracht, so haftet B. dem C. gegenüber für den Aufwertungsbetrag nicht, wenn er nicht etwa bösgläubig war (z. B. Kenntnis eines Vorbehaltes des C., s. A. 2). A. hat allein den Aufwertungsbetrag an C. zu entrichten als persönlicher Schuldner. Auch in diesem Falle kann dann A. auf Grund des Kaufvertrages gemäß § 242 BGB., wie zu α), einen Teil oder die ganze Summe des Aufwertungsbetrages von B. erstattet verlangen. Hierbei ist indes folgendes zu berücksichtigen: Hatte C. seiner Löschungsbewilligung einen Vorbehalt beigefügt, und ist die Aufwertung nur wegen dieses Vorbehalts rechtlich zulässig, d. h. für die Zeit vor dem 15. 6. 1922 (§§ 14, 15), so hat A. aufzuklären, warum er dem B. diesen Vorbehalt nicht mitgeteilt hat. Gegebenenfalls, nämlich wenn nach den Umständen des Falles eine solche Mitteilung erfordert werden mußte (dies wird meistens zu bejahen sein), versagt dann die Klage des A. gegen den B. oder aber B. hat ein Anfechtungsrecht nach § 119 BGB.

Wenn im Falle II. der Käufer B. ausdrücklich jede auch nur mögliche Aufwertung ausgeschlossen hat, so haftet er für die Aufwertung nicht.

f. Wiedereintragung des früheren Gläubigers einer umgeschriebenen oder abgetretenen Hypothek.

§ 21.

(1) Die Vorschriften des § 20 finden entsprechende Anwendung

1. wenn die Hypothek zwar nicht gelöscht, aber nicht mehr für den früheren Gläubiger eingetragen, z. B. als Grundschuld auf den Eigentümer oder im Falle der Abtretung (§ 17) auf den Erwerber umgeschrieben ist;
2. wenn die Hypothek noch für den früheren Gläubiger eingetragen ist, das Gläubigerrecht eines anderen sich jedoch aus § 1155 des Bürgerlichen Gesetzbuchs ergibt.

(2) Der Aufwertungsbetrag des früheren Gläubigers geht dem Aufwertungsbetrage des gegenwärtigen Gläubigers und den diesem im Range gleichstehenden oder nachgehenden Rechten im Range nach.

[1] Dieser Paragraph sollte die Regierungsvorlage (§ 11 Abs. 5) der Regelung der Rückwirkung bei Abtretungen anpassen. Wiedererstehende Rechte sollen im Range stets zurücktreten. Die Vorschrift des § 21 ist überaus unglücklich, ein triftiger Grund hierfür besteht nicht. Das Recht bleibt ja eingetragen, die nachfolgenden Gläubiger mußten daher mit einer Aufwertung ohne weiteres rechnen. Warum sollen sie nun den

Vorrang vor dem früheren Gläubiger erlangen! Es hätte genügt, das Rangverhältnis lediglich zwischen dem (oder den) früheren Gläubiger (Gläubigern) und dem gegenwärtigen Gläubiger zu regeln, und zwar dahin, daß das Recht des gegenwärtigen Gläubigers jenem Recht vorgeht.

Unter dem gegenwärtigen Gläubiger des Abs. 2 ist der eingetragene Gläubiger zu verstehen. Ist daher der frühere Gläubiger noch eingetragen, so findet Abs. 2 keine Anwendung. Freilich geht dann im Verhältnis zu dem gegenwärtigen Gläubiger der Aufwertungsbetrag des früheren Gläubigers demjenigen des gegenwärtigen Gläubigers nach, wie aus § 18 Abs. 2 zu folgern ist. Der Eigentümergrundschuld geht das Recht des früheren Gläubigers im Range vor, § 1176 BGB. Hat der Eigentümer freilich an den Gläubiger einen Betrag bezahlt, der den diesem zukommenden Aufwertungsbetrag erreicht oder übersteigt, so ist für die Anwendung des § 1176 BGB. kein Raum; ein „Nachteil" (§ 1176 BGB.) erleidet dann der frühere Gläubiger nicht, wenn nur die Eigentümergrundschuld aufgewertet wird (zu vgl. auch Schaeffer und Mügel, JW. 1925, S. 2579, 2580).

Für die Wiedereintragung gelten die Vorschriften der Art. 1—7 Df.V.O. vom 29. 11. 1925, zu vgl. auch § 20 A. 6.

[2] Hat z. B. A. seine Hypothek an B. abgetreten und hat B. vor dem 1. Juli 1925 für die nacheingetragene Hypothek des C. den Vorrang vor jener Hypothek bewilligt, so geht die Hypothek des C. dem Aufwertungsbetrage auch für A. vor.

g. Schutz gegen zwischenzeitliche Eintragungen.

§ 22.

(1) In den Fällen der §§ 20, 21 steht der Eintragung des Aufwertungsbetrags an der bisherigen Rangstelle der öffentliche Glaube des Grundbuchs und die Vorschrift des § 21 Abs. 2 insoweit nicht entgegen, als nach dem 1. Januar 1925 Rechte durch den Eigentümer, seinen Ehegatten vor oder während der Ehe, durch seine oder seines Ehegatten Verwandten auf- oder absteigender Linie, durch seine oder seines Ehegatten voll- oder halbbürtigen Geschwister oder durch den Ehegatten einer dieser Personen erworben sind; dies gilt nicht, wenn der Erwerber beweist, daß ihm zur Zeit des Erwerbes eine Absicht des andern Teiles, das Recht des Gläubigers zu beeinträchtigen, nicht bekannt war oder wenn das Recht vor dem 1. Juni 1925 auf einen nicht zum Kreise dieser Personen gehörenden Dritten übergegangen ist.

(2) Der Eintragung des Aufwertungsbetrags an der bisherigen Rangstelle steht der öffentliche Glaube des Grundbuchs

und die Vorschrift des § 21 Abs. 2 nur insoweit entgegen, als der Zeitpunkt des Erwerbes eines Rechtes an dem Grundstück oder der im § 892 Abs. 2 des Bürgerlichen Gesetzbuchs bestimmte Zeitpunkt vor dem 1. Juli 1925 liegt. Die Reichsregierung bestimmt den Zeitpunkt, mit dem diese Vorschrift außer Kraft tritt.

(3) Bis zum 31. Dezember 1925 kann der Gläubiger des aufgewerteten Rechtes Verfügungen, die der Eigentümer nach der Löschung oder Umschreibung des Rechtes seit dem 1. Januar 1925 über das belastete Grundstück getroffen hat, anfechten, wenn die Verfügungen in der dem anderen Teile bekannten Absicht, die Eintragung des aufgewerteten Rechtes an der bisherigen Rangstelle zu vereiteln, vorgenommen sind. Die Vorschriften der §§ 6 bis 9, des § 11 Abs. 1 bis 3 und des § 13 des Gesetzes vom 21. Juli 1879 in der Fassung der Bekanntmachung vom 20. Mai 1898 (Reichsgesetzbl. S. 709) finden entsprechende Anwendung. An die Stelle der im § 13 Abs. 4 bezeichneten Fristen tritt eine Frist von sechs Monaten seit der Beendigung des Konkursverfahrens.

[1] Zu Abs. 1. Bei der Beratung des Aufwertungsgesetzes wurde allseitig ein weiterer Schutz des Aufwertungsgläubigers gegenüber schwindelhaften Veräußerungen und Nachbelastungen des Eigentümers, wie sie im Rechtsverkehr naher Angehörigen vorkommen, anerkannt. Der öffentliche Glaube muß hier weichen. Als Stichtag ist der 1. 1. 1925 gewählt. Die Beweislast für den guten Glauben trifft den Erwerber. Der Erwerber muß daher entweder beweisen, daß der andere Teil überhaupt nicht die Absicht einer Benachteiligung gehabt, oder daß der Erwerber eine solche etwa vorhandene Absicht nicht gekannt habe. Er wird einen solchen Beweis nur dadurch führen können, daß er die näheren Umstände darlegt, die zu dem Erwerbe geführt haben. Bei einem Erwerb nach dem 31.5. 1925 schützt der gute Glaube den Verwandten nicht. Ist das Recht vor dem 1.6. 1925 auf einen Dritten übergegangen, der nicht zum Kreise der Verwandten gehört, so hat der öffentliche Glaube des Grundbuchs wieder volle Kraft. Bei der Beratung des Gesetzes wurde darauf hingewiesen, daß andernfalls die Grundkreditanstalten Gefahr liefen, ihre seit dem 1. 1. 1925 erworbenen Hypotheken angefochten zu sehen und in zahllose Prozesse verwickelt zu werden. Dabei würden indes, wie man weiter geltend machte, diese Streitigkeiten wohl stets zu Lasten des Aufwertungsgläubigers ausfallen, da die Kreditanstalten den Beweis ihrer Gutgläubigkeit unschwer erbringen könnten. Unnütze Prozesse, die die Geschäfte der Kreditanstalten belasteten und verzögerten und dem Gläubiger nur Kosten verursachten, müßten vermieden werden.

² Zu Abs. 2. Der öffentliche Glaube des Grundbuchs und die Rangvorschrift des § 21 Abs. 2 gelten nur, soweit das Recht an dem Grundstück vor dem 1. 7. 1925 erworben oder — im Falle des § 892 Abs. 2 BGB. — vor dem 1. 7. 1925 der Antrag gestellt oder die Einigung erfolgt ist. Sind also vom 1. 7. 1925 ab Rechte an dem Grundstück erworben, so steht der öffentliche Glaube des Grundstücks und die Vorschrift des § 21 Abs. 2 der Eintragung des Aufwertungsbetrages nicht entgegen. Allgemein ist ja bekannt geworden, daß ein neues Aufwertungsgesetz die früheren Bestimmungen der 3. St.N.V.O. wesentlich abändern würde. Wer daher vom 1. 7. 1925 ab noch vor dem Erlaß des Aufwertungsgesetzes Rechte an dem Grundstück erworben hat, mußte mit dieser Neuregelung rechnen. Immerhin bricht diese Vorschrift, die den öffentlichen Glauben des Grundbuchs außer Kraft setzt, mit den festgewurzelten Bestimmungen hierüber; sie kann nur eine Ausnahme darstellen und muß nach einer gewissen Zeit, wenn die Aufwertung im wesentlichen durchgeführt ist, wieder aufgehoben werden. Diesen Zeitpunkt hat die Reichsregierung zu bestimmen.

³ Zu Abs. 3. Das allgemeine Anfechtungsrecht außerhalb des Konkurses zum Schutze des Aufwertungsgläubigers ist für Verfügungen, die der Eigentümer nach der Löschung oder der Umschreibung des Rechts seit dem 1. 1. 1925 über das Pfandgrundstück getroffen hat, erweitert, ein vollstreckbarer Titel ist nicht erforderlich. Eine Umkehrung der Beweislast hat man bei der Beratung des Gesetzes nicht für erforderlich gehalten.

Die §§ 6—9, § 11 Abs. 1—3, § 13 des Anfechtungsgesetzes lauten:

§ 6. Die Anfechtung wird dadurch nicht ausgeschlossen, daß für die anzufechtende Rechtshandlung ein vollstreckbarer Schuldtitel erlangt, oder daß dieselbe durch Zwangsvollstreckung oder durch Vollziehung eines Arrestes erwirkt worden ist.

§ 7. Der Gläubiger kann, soweit es zu seiner Befriedigung erforderlich ist, beanspruchen, daß dasjenige, was durch die anfechtbare Handlung aus dem Vermögen des Schuldners veräußert, weggegeben oder aufgegeben ist, als noch zu demselben gehörig von dem Empfänger zurückgewährt werde.

Der gutgläubige Empfänger einer unentgeltlichen Leistung hat dieselbe nur soweit zurückzugewähren, als er durch sie bereichert ist.

§ 8. Wegen Erstattung einer Gegenleistung oder im Fall einer anfechtbaren Leistung wegen seiner Forderung kann der Empfänger sich nur an den Schuldner halten.

§ 9. Erfolgt die Anfechtung im Wege der Klage, so hat der Klagantrag bestimmt zu bezeichnen, in welchem Umfange und in welcher Weise die Rückgewähr seitens des Empfängers bewirkt werden soll.

§ 11. Die gegen den Erblasser begründete Anfechtung findet gegen den Erben statt.

Gegen einen anderen Rechtsnachfolger desjenigen, welchem gegenüber die anfechtbare Handlung vorgenommen ist, findet die gegen den letzteren begründete Anfechtung statt:

1. wenn ihm zur Zeit seines Erwerbes die Umstände, welche die

Anfechtbarkeit des Erwerbes seines Rechtsvorgängers begründen, bekannt waren;

2. wenn er zu den im § 3 Nr. 2 genannten Personen gehört, es sei denn, daß ihm zur Zeit seines Erwerbes die Umstände, welche die Anfechtbarkeit des Erwerbes seines Rechtsvorgängers begründen, unbekannt waren;

3. wenn ihm das Erlangte unentgeltlich zugewendet worden ist.

Im Falle des Abs. 2 Nr. 3 findet auf die Haftung des Rechtsnachfolgers die Vorschrift des § 7 Abs. 2 Anwendung.

§ 13. Wird über das Vermögen des Schuldners das Konkursverfahren eröffnet, so steht die Verfolgung der von Konkursgläubigern erhobenen Anfechtungsansprüche dem Konkursverwalter zu. Aus dem Erstrittenen sind dem Gläubiger die Prozeßkosten vorweg zu erstatten.

Ist das Verfahren über den Anfechtungsanspruch noch rechtshängig, so wird dasselbe unterbrochen. Im Fall einer Verzögerung der Aufnahme kommen die Bestimmungen der ZPO. § 239 zur entsprechenden Anwendung. Der Konkursverwalter kann den Anspruch nach den Vorschriften der KO. §§ 37—39, 41 in Gemäßheit der §§ 268, 529 ZPO. erweitern. Lehnt der Verwalter die Aufnahme des Rechtsstreits ab, so kann derselbe rücksichtlich der Prozeßkosten von jeder Partei aufgenommen werden. Durch die Ablehnung der Aufnahme wird die Befugnis des Verwalters, nach den Vorschriften der KO. das Anfechtungsrecht auszuüben, nicht ausgeschlossen.

Soweit der Gläubiger aus dem Zurückzugewährenden eine Sicherung oder Befriedigung erlangt hatte, finden auf die Anfechtung derselben die Vorschriften des § 30 Nr. 1 KO. entsprechende Anwendung.

Nach der Beendigung des Konkursverfahrens können Anfechtungsrechte, deren Ausübung dem Konkursverwalter zustand, von den einzelnen Gläubigern nach Maßgabe dieses Gesetzes verfolgt werden, soweit nicht dem Anspruch entgegenstehende Einreden gegen den Verwalter erlangt sind. War die Anfechtung nicht schon zur Zeit der Eröffnung des Konkursverfahrens erfolgt, so wird die im § 3 Nr. 2—4 bestimmte Frist von diesem Zeitpunkte berechnet, sofern die Anfechtung bis zum Ablauf eines Jahres seit der Beendigung des Konkursverfahrens erfolgt.

Rechtshandlungen, welche der Gemeinschuldner rücksichtlich seines nicht zur Konkursmasse gehörigen Vermögens vorgenommen hat, können von den Konkursgläubigern auch während des Konkursverfahrens nach Maßgabe dieses Gesetzes angefochten werden.

— Die im § 3 Nr. 2 des Anfechtungsgesetzes genannten Personen sind die im § 22 Abs. 1 AwG. angegebenen Verwandten des Eigentümers; an die Stelle der Fristen des § 13 Abs. 4 tritt nach § 22 Abs. 3 AwG. eine Frist von 6 Monaten seit der Beendigung des Konkursverfahrens. —

4 Die Vorschrift des Abs. 2, daß seit dem 1. 7. 1925 bis auf weiteres der öffentliche Glaube des Grundbuchs ausgeschaltet ist, schließt nicht aus, daß auch ein Erwerb nach dem 1. 7. 1925 dem Aufwertungsbetrage entgegensteht. Hat z. B. der Gläubiger A. einer Hypothek in der Zeit vom 15. 6. 1922 bis 14. 2. 1924 eine Gegenleistung auf seine Hypothek erhalten und daraufhin die Löschung bewilligt, ist demgemäß die

Löschung im Grundbuche erfolgt und nach der Löschung, aber noch vor dem 1. 7. 1925, für den gutgläubigen B. eine Hypothek in das Grundbuch eingetragen, so geht diese Hypothek dem Aufwertungsbetrage des A. vor; B. wird durch den öffentlichen Glauben des Grundbuchs geschützt. Wenn nun B. am 1. 8. 1925 seine Hypothek an C. abtritt, so erwirbt C. nach den Vorschriften des BGB. über die Übertragung von Forderungen die Hypothek des B. so, wie sie diesem zugestanden hat, er tritt an die Stelle des B. und braucht sich, um seinen Vorrang vor dem Aufwertungsbetrage der Hypothek für A. geltend zu machen, nicht auf einen für seine Person etwa wirksam gewordenen öffentlichen Glauben des Grundbuchs zu berufen. Dieser Vorrang war bereits ein vorher begründetes Recht.

Wäre B. nicht gutgläubig gewesen, hätte er insbesondere die durch die Löschung der Hypothek des A. eingetretene Unrichtigkeit des Grundbuchs gekannt, so hätte er für seine Hypothek den Vorrang vor dem Aufwertungsbetrage für A. nicht beanspruchen können. Wenn B. indes vor dem 1. 7. 1925 seine Hypothek an den gutgläubigen C. abtrat, so hatte nunmehr C. den Vorrang vor A. Erfolgte diese Abtretung indes erst am 1. 7. 1925 oder später, so kann C. nach der Vorschrift des § 22 Abs. 2 den Schutz des öffentlichen Glaubens des Grundbuchs für sich nicht in Anspruch nehmen; er erwirbt dann die Hypothek nur in dem Umfange, wie sie dem B. zugestanden hat.

Entsprechendes gilt für die Veräußerung des Grundstücks. Konnte A. dem Veräußerer gegenüber Rechte auf Eintragung des Aufwertungsbetrages nicht geltend machen, weil den Veräußerer der öffentliche Glaube des Grundbuchs schützte, so stehen ihm solche Rechte auch nicht gegenüber dem Erwerber zu, selbst wenn der Erwerb am 1. 7. 1925 oder später erfolgt ist.

§ 22 Abs. 2 will also besagen: wenn es auf den öffentlichen Glauben des Grundbuchs gerade für den gegebenen Fall ankommt, wenn der Aufwertungsbetrag nur deshalb zurücktreten müßte, weil ihm der öffentliche Glaube des Grundbuchs entgegenstände, soll vom 1. 7. 1925 bis auf weiteres der öffentliche Glaube ausgeschaltet werden.

Unter dem Recht an dem Grundstück im Sinne des § 22 Abs. 2 ist auch das Eigentum gemeint. Andernfalls würde für den Eigentumserwerb der öffentliche Glaube des Grundbuchs auch dann gelten, wenn das Grundstück nach dem 30. 6. 1925 erworben wäre. Es hätte keinen Sinn, den Erwerb des Eigentums günstiger zu behandeln als den Erwerb anderer Rechte an dem Grundstück. Auch die Verhandlungen bei Beratung des AwG. sprechen gegen eine solche Auffassung.

§ 23.

(1) Ist vor der Wiedereintragung der aufgewerteten Hypothek im Grundbuch des belasteten Grundstücks eine Gesamthypothek eingetragen worden, die nach den Vorschriften des § 20 der aufgewerteten Hypothek im Range vorgeht, so hat auf Antrag des Gläubigers der aufgewerteten Hypothek die

Aufwertungsstelle den Betrag zu bestimmen, der auf die mitverhafteten Grundstücke entfallen würde, wenn eine angemessene Verteilung der Gesamthypothek stattfände. In Höhe dieses Betrags hat der Gläubiger der Gesamthypothek dem Gläubiger der aufgewerteten Hypothek den Vorrang einzuräumen.

(2) Der Antrag kann nur bis zum 1. Januar 1926 gestellt werden. In den Fällen der §§ 203, 204, 206, 207 des Bürgerlichen Gesetzbuchs ist der Antrag noch bis zum Ablauf von drei Monaten nach Fortfall des Hindernisses zulässig.

[1] **Zu Abs. 1.** Nach Löschung der später aufgewerteten und in das Grundbuch wieder einzutragenden Hypothek kann eine Gesamthypothek eingetragen worden sein. Z. B.: Auf dem Grundstück I lastete unter 3 die Hypothek von 100 000 Mark, die gelöscht worden ist und jetzt nach Aufwertung eingetragen werden soll. Unter 5 ist eine Gesamthypothek von 150 000 Mark auf die Grundstücke I, II, III eingetragen worden. An sich geht die Gesamthypothek in voller Höhe, wenn nicht die Ausnahmefälle des § 22 gegeben sind, der aufzuwertenden Hypothek vor. Auf den Antrag des Aufwertungsgläubigers kann indes die Aufwertungsstelle gemäß § 70 Z. 3 die Haftung des Grundstücks I auf einen Teil der 150 000 Mark beschränken. Der Wert der Grundstücke II und III im Verhältnis zu demjenigen des Grundstücks I und die Sicherheit, die für die Gesamthypothek durch die Eintragung auf die Grundstücke I, II, III gegeben ist, wird hier maßgebend sein. Steht etwa die Gesamthypothek auf dem Grundstück III an letzter Stelle, und ist dieses bereits derart belastet, daß es für die 150 000 Mark keine Sicherheit mehr bieten würde, so kommt die Eintragung der Gesamthypothek auf diesem Grundstücke bei einer Verteilung der Gesamthypothek nicht weiter in Betracht.

Wenn man dagegen annehmen kann, daß eine ausreichende Sicherheit gegeben ist

bei dem Grundstück I für einen Betrag von 80 000 Mark,
bei dem Grundstück II für einen Betrag von 40 000 Mark,
bei dem Grundstück III für einen Betrag von 30 000 Mark,

dann kann die Aufwertungsstelle bestimmen, daß die auf dem Grundstück I eingetragene Gesamthypothek von 150 000 Mark zurücktritt in Höhe von 70 000 Mark zugunsten der aufzuwertenden Hypothek. Der Einzelfall entscheidet hier. Nötigenfalls wird die Aufwertungsstelle den Wert der mit der Gesamthypothek belasteten Grundstücke von Amts wegen (§ 12 FGG.) festzustellen haben.

[2] **Zu Abs. 2.** Der Antrag des Aufwertungsgläubigers auf eine derartige Verteilung der Gesamthypothek ist nur bis zum 1. 1. 1926 zulässig. Die §§ 203, 204, 206, 207 BGB. finden indes auch hier, wie bei § 8, entsprechende Anwendung. Erteilung der Bescheinigung Art. 126 Df.V.O. vom 29. 11. 1925.

h. Berücksichtigung eines landesrechtlichen Sonderfalls.

§ 24.

Der Aufwertung und Eintragung nach den Vorschriften der §§ 14 bis 23 steht es nicht entgegen, daß die Hypothek aus Anlaß der Anlegung des Grundbuchs oder eines Eigentumswechsels nach landesrechtlichen Vorschriften wegen Nichtanmeldung innerhalb einer Ausschlußfrist erloschen ist.

Diese Regelung betrifft, wie der Ausschußbericht (S. 23) hervorhebt, einen Fall des Bremer Rechts. Nach Bremer Landesrecht werden im Falle eines Eigentumswechsels sämtliche Rechte, die auf dem Grundstücke lasten, gelöscht und wieder neu eingetragen, zu der Neueintragung bedarf es einer Anmeldung innerhalb einer Ausschlußfrist. Die Gläubiger, deren Hypotheken durch Annahme der Leistung vermeintlich getilgt worden waren, haben ihre Hypotheken als erloschen betrachtet und infolgedessen nicht neu angemeldet. Da nach dem neuen Aufwertungsgesetze die Hypotheken wieder aufleben sollen, muß auch den Gläubigern die Möglichkeit gegeben werden, die Wiedereintragung ihrer Rechte zu erlangen.

Diese Folge der Rückwirkung fand allseitige Anerkennung.

IV. Rückzahlung, Verzinsung, Tilgung.

1. Rückzahlung.

§ 25.

(1) Die Zahlung des Aufwertungsbetrags kann der Gläubiger vor dem 1. Januar 1932 weder von dem Eigentümer des belasteten Grundstücks noch von dem persönlichen Schuldner verlangen. Vorschriften in Gesetzen, Satzungen oder Verträgen, die für besondere Fälle eine vorzeitige Fälligkeit der Schuld anordnen, bleiben unberührt. Bestimmungen, die eine vorzeitige Fälligkeit der Schuld für den Fall der Rangänderung der Hypothek vorsehen, finden auf Rangänderungen, die auf den Vorschriften dieses Gesetzes beruhen, keine Anwendung.

(2) Der Eigentümer und der Schuldner sind berechtigt, den Aufwertungsbetrag nebst den fälligen Zinsen drei Monate nach Kündigung schon vor dem 1. Januar 1932 zu zahlen.

[1] **Zwingendes Recht.** Für den Grundstückseigentümer und den davon etwa verschiedenen persönlichen Schuldnern ist ein Zahlungsaufschub, ein sogenanntes Moratorium begründet worden. Diese Vorschrift ist zwingendes Recht; eine Abänderung dieser Bestimmung, etwa unter

Hinweis auf den Grundsatz von Treu und Glauben (§ 242 BGB.), ist nicht zulässig, sofern nicht ein nach § 67 rechtswirksamer Vergleich vorliegt (R.G. 5. 2. 1925, 9 Aw. 73. 25; DNotV. 1925 S. 134). Also auch bei einer Aufwertung nach allgemeinen Vorschriften darf eine frühere Zahlung des Aufwertungsbetrages nicht festgesetzt werden, falls nicht die Beteiligten etwas anderes vereinbart haben und diese Vereinbarung maßgebend ist. Eine Ausnahme hiervon kann für die Sparkassen bestimmt werden, § 58 Z. 6.

2 **Vorzeitige, spätere Fälligkeit.** Der Zahlungsaufschub betrifft nur den Fall der regelmäßigen Fälligkeit des Aufwertungsbetrages. Alle gesetzlichen, satzungsmäßigen oder vertraglichen außerordentlichen Kündigungsrechte (z. B. für den Fall der Verschlechterung des Grundstücks, Nichtversicherung der Grundstücksgebäude) und etwaige Nebenabreden (z. B. Unterwerfung unter die sofortige Zwangsvollstreckung) bleiben unberührt. So bleibt auch die Vereinbarung bestehen, daß der Betrag der Hypothek sofort fällig wird, wenn die Hypothekenzinsen nicht pünktlich gezahlt werden. Die bloße Tatsache der Nichtzahlung der Zinsen reicht indes regelmäßig nicht aus, um die sofortige Fälligkeit zu begründen. Vielmehr wird hierzu in der Regel gefordert werden müssen, daß sich der Schuldner im Verzuge befindet. Ist die Zinszahlung wegen nicht anzurechnender Unkenntnis der — nicht einfachen — Aufwertungsvorschriften unterblieben, oder ist gar der Aufwertungsbetrag selbst oder die Fälligkeit der Zinsen (z. B. § 28, Abs. 2, zu vergl. A. 3 dort) streitig, so wird regelmäßig ein Verzug des Schuldners nicht anzunehmen sein. Andrerseits ist der Gläubiger nicht verpflichtet, dem Schuldner eine Berechnung über die Zinsen zuzusenden; der Schuldner hat sich selbst darum zu kümmern, welche Zinsen er zu zahlen hat. Immerhin wird sich der Schuldner, der von seinem Gläubiger eine solche Zinsberechnung erhalten hat, weniger leicht auf eine Unkenntnis der gesetzlichen Vorschriften berufen können. Unter Umständen empfiehlt es sich daher für den Gläubiger, dem Schuldner genau mitzuteilen, welche Zinsen zu zahlen sind. Rangänderungen, die auf den Vorschriften des Aufwertungsgesetzes beruhen, können indes eine vorzeitige Fälligkeit der Schuld nicht bewirken. Ist der Anspruch erst nach dem 1. 1. 1932 fällig, so ändert sich der Fälligkeitstermin nicht. War der Anspruch bereits vor dem Inkrafttreten der 3. St.N.V.O., d. h. vor dem 14. 2. 1924, fällig, so bleiben die Fälligkeitsfolgen unberührt. § 25 betrifft nur die Zahlung des Aufwertungsbetrages. Eine Verjährung, die bereits am 14. 2. 1924 lief, wird bis zum 1. 1. 1932 gehemmt, § 202 BGB.

Wegen Erteilung einer vollstreckbaren Ausfertigung der Schuldurkunde über den Aufwertungsbetrag zu vgl. Art. 24, 27 Df.V.O. vom 29. 11. 1925.

3 **Vollstreckbare gerichtliche Entscheidungen.** Für rechtskräftige gerichtliche Entscheidungen gilt § 68. Vorläufig vollstreckbare Urteile, welche den Zahlungsaufschub des § 25 nicht berücksichtigen, kann der Schuldner anfechten und dann die Anträge aus §§ 719, 707 ZPO. stellen; das Gericht muß in einem anhängigen Rechtsstreit, sofern nicht über-

haupt das Verfahren nach § 77 ausgesetzt wird, auch die Vorschrift des § 25 beachten.

4 **Ausspruch der Aufwertungsstelle über die Fälligkeit.** Um späteren Streitigkeiten zwischen den Beteiligten vorzubeugen, ist es zweckmäßig, daß sich die Aufwertungsstelle auch über die Fälligkeit des Aufwertungsbetrages ausspricht (ständige Rechtsprechung des K.G., z. B. 24. 11. 1924, 9 Aw. 43. 24; 8. 1. 1925, 9 Aw. 72. 24; DJZ. 1925 S. 438; DNotV. 1925 S. 133).

5 Der Zahlungsaufschub ist lediglich zugunsten des Schuldners bestimmt. Um jeden Zweifel zu beseitigen, spricht der Abs. 2 noch ausdrücklich aus, daß der Eigentümer und der Schuldner berechtigt sind, die Zahlung schon vor dem 1. 1. 1932 zu leisten, wenn sie die vorgeschriebene Kündigungsfrist von drei Monaten innegehalten haben. In diesem Falle haben sie nur die bis zur Zahlung aufgelaufenen Zinsen zu entrichten. Die Kündigung rechnet von Tag zu Tag, nicht nach Kalendermonaten. Die Reichsregierung kann Vorschriften wegen der Berücksichtigung von Zwischenzinsen erlassen (§ 88); hierzu zu vgl. Art. 21 und 22 Df.V.O. vom 29. 11. 1925.

6 Fälligkeit und Verzinsung kann nach billigem Ermessen im Falle des § 63 Abs. 4 festgesetzt werden. Näheres zu vgl. § 63 A. 8.

§ 26.

(1) Wenn es mit Rücksicht auf die wirtschaftliche Lage des Eigentümers oder des Schuldners zur Abwendung einer groben Unbilligkeit unabweisbar erscheint, kann die Aufwertungsstelle auf seinen Antrag anordnen, daß der Aufwertungsbetrag in Teilbeträgen, jedoch spätestens bis zum 1. Januar 1938, zu zahlen ist; die Aufwertungsstelle kann dabei bestimmen, daß schon vom 1. Januar 1930 ab Zahlungen zu leisten sind.

(2) Der Antrag ist nur bis zum 1. Januar 1927 zulässig. In den Fällen der §§ 203, 204, 206, 207 des Bürgerlichen Gesetzbuches kann der Antrag noch drei Monate nach Fortfall des Hindernisses gestellt werden.

(3) Werden dem Eigentümer oder dem Schuldner von der Aufwertungsstelle Teilzahlungen gestattet, so ist dies auf Antrag des Eigentümers oder des Gläubigers in das Grundbuch einzutragen.

1 **Härteklausel zugunsten des Schuldners.** Dem vielfach geäußerten Wunsche, die Hypotheken in Tilgungshypotheken umzuwandeln, hat das Aufwertungsgesetz nicht stattgegeben. Es kommt dem Schuldner (dinglichen und persönlichen) aber insofern entgegen, als es die Aufwertungsstelle ermächtigt, ihm auf seinen Antrag die Abzahlung der

Schuld in Teilbeträgen zu gestatten und die Fälligkeit weiter hinauszuschieben, spätestens bis zum 1. 1. 1938.

2 **Voraussetzung** für eine derartige Abweichung von dem Regelfall ist:

a) daß sie mit Rücksicht auf die wirtschaftliche Lage des Eigentümers oder Schuldners zur Abwendung einer groben Unbilligkeit unabweisbar erscheint. Die Regierungsvorlage hatte die Bestimmung nur in der Form vorgesehen, daß „die wirtschaftliche Lage des Schuldners es erfordert." Die Voraussetzung ist also gegenüber der Regierungsvorlage verschärft. Diese Regelung schließt sich dem § 8 an. Auf die Bemerkungen zu § 8 (A. 3) kann Bezug genommen werden. Auch hier wird die wirtschaftliche Lage des Gläubigers zu berücksichtigen sein,

b) daß der Antrag bis zum 1. 1. 1927 gestellt wird. Auch hier muß ein Antrag gestellt werden; auf den Antrag hat dann die nach § 70 Ziffer 4 zuständige Aufwertungsstelle ein Aufwertungsverfahren einzuleiten und die Voraussetzungen für den Antrag des Schuldners nachzuprüfen. In den Fällen der §§ 203, 204, 206, 207 BGB. verlängert sich die Frist bis zu 3 Monaten nach Fortfall des Hindernisses.

3 **Teilbeträge, hinausgeschobene Fälligkeit.** Sind die Voraussetzungen zu 2 a, b erfüllt, so kann die Aufwertungsstelle nach freiem Ermessen dem Schuldner Teilbeträge gestatten; sie kann sogar die Fälligkeitt über den 1. 1. 1932 hinaus verlängern, aber nicht über den 1. 1. 1938 hinaus. Der Reichsrat hatte diese Frist sogar bis zum 1. 1. 1945 verlängert. Bei der Beratung des Gesetzes ist als letzter Termin indes der 1. 1. 1938 gewählt worden. Wird dem Schuldner Stundung über den 1. 1. 1932 bewilligt, so hat er einen höheren Zinssatz zu zahlen, § 28.

4 **Grundbucheintragung.** Die Befugnis zu Teilzahlungen ist auf den Antrag des Eigentümers oder des Gläubigers in das Grundbuch einzutragen.

5 **Eine Klage auf künftige Leistung** am 1. 1. 1932 (§§ 257, 259 ZPO.) ist zulässig.

6 Für Industrieobligationen und verwandte Schuldverschreibungen gilt § 26 nicht, Art. 37 Df.V.O. vom 29. 11. 1925.

§ 27.

(1) Soweit die wirtschaftliche Lage des Gläubigers es dringend erfordert und der Eigentümer des belasteten Grundstücks oder der persönliche Schuldner hierdurch keine erhebliche Erschwerung seiner wirtschaftlichen Lage erleidet, kann die Aufwertungsstelle auf Antrag des Gläubigers anordnen, daß der Eigentümer oder der Schuldner frühestens vom 1. Januar 1926 ab den Aufwertungsbetrag ganz oder teilweise abzüglich eines Betrags für Zwischenzinsen, den die Aufwertungsstelle festsetzt, vorzeitig zu leisten hat. Die Summe der angeordneten vor-

zeitigen Zahlungen darf innerhalb eines Jahres höchstens 10 vom Hundert des Aufwertungsbetrags erreichen und 1000 Reichsmark nicht übersteigen. Zwischen der Bekanntmachung der Entscheidung der Aufwertungsstelle und dem ersten Zahlungstage müssen mindestens drei Monate liegen.

(2) Der Antrag ist nur bis zum 1. April 1926 zulässig. In den Fällen der §§ 203, 204, 206, 207 des Bürgerlichen Gesetzbuchs kann der Antrag noch drei Monate nach Fortfall des Hindernisses gestellt werden. Der Antrag kann nicht gestellt werden, wenn der Ertrag des belasteten Grundstücks durch eine Zwangswirtschaft zum Nachteil des Verpflichteten beschränkt worden ist.

(3) Diese Vorschriften finden keine Anwendung auf Forderungen, die der Gläubiger erst nach dem 13. Februar 1924 erworben hat; es sei denn, daß es sich um einen Rechtserwerb der im § 3 Abs. 1 Ziffer 2 bis 11 bezeichneten Art handelt.

[1] **Härteklausel zugunsten des Gläubigers.** Die Regierungsvorlage sah eine derartige Bestimmung nicht vor; diese verdankt ihre Aufnahme dem Antrage des Abgeordneten Emminger. Auf den Antrag des Gläubigers kann die nach § 70 Z. 4 zuständige Aufwertungsstelle vorzeitige Zahlung der Schuld anordnen; die Aufwertungsstelle bestimmt hierbei die einzelnen Teilzahlungen, die 1000 Reichsmark nicht übersteigen dürfen, und die Zwischenzinsen, die abzuziehen sind. Unter dem Aufwertungsbetrag, von dem höchstens 10% zu zahlen sind, ist zu verstehen der erstmalig festgesetzte Aufwertungsbetrag, nicht der nach den Teilzahlungen verbleibende Rest des Aufwertungsbetrages. Z. B. Aufwertungsbetrag 10000 Reichsmark; hier kann die Rückzahlung in jedem Jahre 1000 Reichsmark erreichen; man darf nicht etwa so rechnen:

1. Jahr: Rückzahlung 1000 Reichsmark, Rest 9000 Reichsmark,

2. Jahr: Rückzahlung 10% von 9000 Reichsmark = 900 Reichsmark usf.

[2] **Antragsfrist.** Damit der Schuldner möglichst bald zur Ruhe und Gewißheit komme, soll sich der Gläubiger bald entschließen, ob er von der Wohltat dieser Bestimmung Gebrauch machen will. Die Antragsfrist ist daher kürzer als im § 26. Nur bis zum 1. 4. 1926 kann der Gläubiger einen derartigen Antrag stellen. Auch hier ist den §§ 203, 204, 206, 207 BGB. Rechnung getragen.

[3] Nur unter folgenden Voraussetzungen ist der Antrag zulässig:

a) die wirtschaftliche Lage des Gläubigers erfordert dringend eine vorzeitige Zahlung. Es wird also nicht, wie in §§ 8, 26 verlangt, daß die frühere Zahlung zur Abwendung einer groben Unbilligkeit unabweisbar erscheint. Die Voraussetzung ist daher erleichtert. Die Prüfung kann wohlwollender ausfallen,

b) der Schuldner (der dingliche oder der persönliche) erleidet durch die vorzeitige Zahlung keine erhebliche Erschwerung seiner wirtschaftlichen Lage. Irgendeine Erschwerung soll der Schuldner also in Kauf nehmen. Wann diese „erheblich" ist, muß der Einzelfall ergeben,

c) der Antrag muß bis zum 1. 4. 1926 gestellt sein (A. 2),

d) der Ertrag des belasteten Grundstücks darf nicht durch eine Zwangswirtschaft zum Nachteil des Verpflichteten beschränkt worden sein. Man kann darüber streiten, ob diese Vorschrift auch gegenüber dem von dem dinglichen Schuldner verschiedenen persönlichen Schuldner gilt. Dem dinglichen Schuldner gegenüber hat eine derartige Beschränkung ohne weiteres Berechtigung. Eigentlich wird dieser Fall schon durch b mit geregelt; die wirtschaftliche Lage des dinglichen Schuldners wird durch eine Zwangswirtschaft ohnehin erheblich erschwert. Der persönliche Schuldner dagegen wird sich auf die Zwangswirtschaft nur dann berufen können, wenn auch er hierdurch beschränkt wird, was nicht immer der Fall zu sein braucht. Soweit der persönliche Schuldner unter der Zwangswirtschaft des belasteten Grundstücks nicht leidet, ist kein Grund ersichtlich, warum der Gläubiger gegen ihn einen derartigen Antrag nicht stellen könnte. Der persönliche Schuldner haftet ja auch in dem Falle, wo das Grundstück die beizutreibende Forderung nicht mehr deckt,

e) es darf sich nicht um Forderungen handeln, die der Gläubiger erst am 14. 2. 1924 (dem Inkrafttreten der 3. StNVO.) oder später erworben hat (Abs. 3). Der Gläubiger, der unter der Herrschaft der 3. StNVO. eine Forderung erworben hat, hat damit eine nach dieser Vorschrift bereits aufgewertete Forderung erlangt. Die 3. StNVO. hat aber eine vorzeitige Rückzahlung, wie sie § 27 vorschreibt, nicht vorgesehen. Der Gläubiger würde daher, wenn die durch Abs. 3 eingeführte Beschränkung nicht bestände, eine Besserung seiner Gläubigerstellung erfahren, die innerlich nicht berechtigt ist. Ein Rechtserwerb im Sinne des § 3 Z. 2—11 bleibt indes außer Betracht; denn hier entscheidet ein früherer Erwerbstag.

4 § 27 findet keine Anwendung für Industrieobligationen und verwandte Schuldverschreibungen, Art. 37 Df.V.O. vom 29. 11. 1925.

2. Verzinsung und Tilgung.

§ 28.

(1) Der Aufwertungsbetrag ist bis zum 1. Januar 1925 unverzinslich. Rückständige Zinsen gelten als erlassen. Vom 1. Januar 1925 ab beträgt der Zinssatz 1,2 vom Hundert, vom 1. Juli 1925 ab 2½ vom Hundert, vom 1. Januar 1926 ab 3 vom Hundert und vom 1. Januar 1928 ab 5 vom Hundert. Insoweit dem Eigentümer des belasteten Grundstücks oder dem

persönlichen Schuldner über den 1. Januar 1932 hinaus Stundung bewilligt ist, erhöht sich der Zinssatz um einen Betrag, den die Reichsregierung unter Berücksichtigung der allgemeinen Wirtschaftslage bestimmt.

(2) Wird die Hypothek infolge Aufwertung kraft Rückwirkung wieder eingetragen, so beginnt die Verzinsung erst mit dem Beginne des auf die Wiedereintragung folgenden Kalendervierteljahrs.

1 **Zwingendes Recht.** Auch die Vorschriften über Verzinsung sind, ähnlich wie diejenigen des § 25 über die Fälligkeit des Aufwertungsbetrages, zwingendes Recht (§ 25 A. 1.). Die Zinspflicht des § 28 besteht auch dann, wenn etwa der Hypothekenbetrag früher unverzinslich war, oder wenn höhere oder niedrigere Zinsen früher vereinbart waren.

2 **Höhere Verzinsung.** War der Anspruch bereits vor dem 14. 2. 1924 fällig, so bleiben die Fälligkeitsfolgen, die sich etwa in einer höheren Verzinsung äußern, unberührt (§ 25 A. 2). Hat der Schuldner (der dingliche oder der persönliche) Stundung über den 1. 1. 1932 erhalten (§ 26), so hat die Aufwertungsstelle einen höheren Zinssatz festzusetzen. Den höheren Zinssatz bestimmt allgemein die Reichsregierung unter Berücksichtigung der allgemeinen Wirtschaftslage. Hat die Aufwertungsstelle auf den Antrag des persönlichen Schuldners die Fälligkeit über den 1. 1. 1932 verlängert und dafür einen höheren Zinssatz bestimmt, so gilt die hinausgeschobene Fälligkeit nach § 4 auch zugunsten des von dem persönlichen Schuldner verschiedenen dinglichen Schuldners. Dann haftet dieser aber auch für den erhöhten Zinssatz.

3 **Verzinsung bei Rückwirkung.** Bei Eintragung einer Hypothek kraft Rückwirkung, d. h. in dem Falle des § 15, beginnt die Verzinsung erst mit dem Beginn des auf die Wiedereintragung folgenden Kalendervierteljahres. Dies gilt nicht für den Fall des § 14, wenn der Gläubiger die Leistung unter Vorbehalt angenommen hat. Für eine solche Aufwertungshypothek sind die Zinsen bereits vom 1. 1. 1925 zu zahlen. Mügel[4] § 28 A. 4 ist anderer Ansicht und bezieht die Vorschrift des Abs. 2 auch auf den Vorbehalt. Man wird indes davon auszugehen haben: der Gläubiger, der bei der Annahme der Leistung einen Vorbehalt gemacht hat, hat sich dadurch alle seine Rechte, insbesondere auf Aufwertung, gewahrt. Auch durch die Löschung des Rechts im Grundbuch hat er materiellrechtlich dem Schuldner gegenüber keine Einbuße erfahren, die Löschung hätte überhaupt nicht erfolgen dürfen. Auch Dritten gegenüber ist ihm das Recht, wenn nicht etwa der öffentliche Glaube des Grundbuchs in Frage kommt, erhalten geblieben. Wenn daher die Hypothek jetzt wieder eingetragen wird, so wird nur eine Unrichtigkeit des Grundbuchs beseitigt, die schon vor Erlaß des AwG. bestanden hat. Anders liegt die Sache, wenn ein Vorbehalt nicht gemacht worden ist, die Hypothek im Grundbuche daher auf Grund der Löschungsbewilligung gelöscht werden durfte. Zum mindesten ist das dingliche Recht damals durch die Löschung untergegangen; es lebt erst

kraft des AwG. wieder auf. Ferner bedeutet der Abs. 2 des § 28 eine Einschränkung der Rechte des Gläubigers und bildet eine Ausnahme von der Zinsregelung des Abs. 1. Ausnahmebestimmungen dürfen nicht ergänzend ausgelegt werden. Gegen Mügel auch Roß, JW. 1925, S. 2574. Dagegen stimmt Mügel bei Weil, JW. 1925, S. 2576. Übrigens kann nach dem Wortlaut des Abs. 2 die Verzinsung nur auf das dingliche Recht bezogen werden. Die persönliche Forderung ist daher stets schon vom 1. 1. 1925 zu verzinsen. Wegen der Auslegung des AwG. zu vgl. auch § 10 A. 1, K.G. vom 17. 12. 1925, 9 Aw. 478. 25.

4 **Ausspruch der Aufwertungsstelle über die Verzinsung.** Ähnlich, wie für die Fälligkeit des Aufwertungsbetrages, empfiehlt sich auch für die Verzinsung eine ausdrückliche Regelung durch die Aufwertungsstelle (§ 25 A. 4).

5 Abweichend vom § 28 kann die Verzinsung nach billigem Ermessen festgesetzt werden im Falle des § 63 Abs. 4. zu vgl. § 63 A. 8.

6 Die Vorschrift des Abs. 2, die die Wiedereintragung der Hypothek für die Verzinsung als maßgebend bestimmt — sogar erst mit dem Beginne des auf diese Wiedereintragung folgenden Kalendervierteljahres —, ist sehr unpraktisch. Der Gläubiger ist letzten Endes davon abhängig, wie schnell die Behörden arbeiten. Bei der zu erwartenden Fülle von Aufwertungs- und Grundbuchanträgen wird es sich nicht vermeiden lassen, daß die Wiedereintragung der Hypothek verzögert wird. Dem Gläubiger geht dann um nichts und wieder nichts sein Zinsrecht für die Hypothek verloren. Richtiger wäre gewesen, wenn die Anmeldung bei der Aufwertungsstelle den Zinsbeginn entschieden hätte.

§ 29.

Die Verpflichtung zur Leistung von Tilgungsbeträgen ruht bis zum 1. Januar 1926. Auf Antrag des Gläubigers kann die Aufwertungsstelle, falls nicht die wirtschaftliche Lage des Eigentümers des belasteten Grundstücks oder des persönlichen Schuldners es untunlich erscheinen lassen, bestimmen, daß ein höherer als der vereinbarte Tilgungssatz zu leisten ist. Ist der Ertrag des belasteten Grundstücks durch eine Zwangswirtschaft zum Nachteil des Verpflichteten beschränkt worden, so ist der Antrag erst nach Ablauf eines Jahres seit Beendigung der Zwangswirtschaft zulässig.

1 **Tilgungsbeträge.** Bis zum 1. 1. 1926 sind Tilgungsbeträge nicht zu zahlen. Die Aufwertungsstelle (§ 69) kann auf den Antrag des Gläubigers den vereinbarten Tilgungssatz erhöhen. Voraussetzung hierfür ist, daß nicht die wirtschaftliche Lage des Grundstückseigentümers oder des persönlichen Schuldners eine Erhöhung untunlich erscheinen läßt. § 29 bezieht sich auf die Tilgungs-, nicht auch auf die Abzahlungshypotheken. Für diese gilt § 25, d. h. vor dem 1. 1. 1932

braucht der Schuldner derartige Beträge nicht zu zahlen. Die Vorschriften über die Zwischenzinsen, Art. 21 Df.V.O. vom 29. 11. 1925, finden auch Tilgungsbeträge keine Anwendung. Über den Unterschied zwischen Tilgungs- und Abzahlungshypotheken zu vgl. A. 1 zu Art. 69, 70 Df.V.O. vom 29. 11. 1925.

[2] Satz 3. Diese Bestimmung verdankt ihre Aufnahme dem Antrage des Vertreters der Wirtschaftsparteien; die Kompromißparteien, die sich bei der zweiten Lesung im Ausschuß hiergegen ablehnend verhalten hatten, haben sich dann diesem Antrage angeschlossen.

§ 30.

(1) Reicht der Ertrag eines der Zwangswirtschaft unterliegenden Grundstücks zur Befriedigung des Anspruchs des Gläubigers auf Leistung der Zins- und Tilgungsbeträge nicht aus, weil Miets- oder Pachtzinszahlungen ausgeblieben sind, und kann in Anbetracht der Vorschriften über die Zwangswirtschaft durch eine anderweitige Vermietung oder Verpachtung der Ausfall nicht rechtzeitig gedeckt werden, so kann auf Antrag des Eigentümers die Zwangsversteigerung durch das Gericht für die Dauer von längstens sechs Monaten eingestellt werden, sofern dies zur Abwendung einer unbilligen Härte erforderlich erscheint. Die Parteien haben die tatsächlichen Behauptungen glaubhaft zu machen.

(2) Die Einstellung ist auch vor der Anordnung der Versteigerung zulässig. Sie kann mehrfach erfolgen.

(3) Erfolgt die Einstellung des Verfahrens nach der Anordnung der Versteigerung, so ist der Beschluß allen Beteiligten (§ 9 des Gesetzes über die Zwangsversteigerung und die Zwangsverwaltung) zuzustellen.

(4) Wird die Zwangsversteigerung eingestellt, so beginnt die im § 31 Abs. 2 des Gesetzes über die Zwangsversteigerung und die Zwangsverwaltung vorgesehene Frist erst mit dem Ablauf der Frist, für deren Dauer die Einstellung angeordnet ist.

Der Eigentümer hat hierdurch bei einer gegen ihn beantragten Zwangsversteigerung eines der Zwangswirtschaft unterliegenden Grundstücks das Recht zu einem Einstellungsantrage erhalten, wenn die Nichtbefriedigung des Gläubigers auf den Ausfall an Miets- oder Pachtzinszahlungen zurückzuführen ist. § 31 Abs. 2 ZwangsVerstGes. betrifft den Antrag des Gläubigers auf Fortsetzung des Zwangsversteigerungsverfahrens.

Dritter Abschnitt.

Aufwertung von Grundschulden, Rentenschulden und Reallasten, Schiffs- und Bahnpfandrechten.

I. Grundschulden, Rentenschulden und Reallasten.

§ 31.

(1) Auf Grundschulden finden die Vorschriften der §§ 4 bis 8 und der §§ 14 bis 30 entsprechende Anwendung. Dasselbe gilt hinsichtlich der §§ 4 bis 8 und der §§ 14 bis 24 für Rentenschulden und Reallasten; für Reallasten jedoch mit der Maßgabe, daß die Eintragung der Aufwertung (§ 6) nicht verlangt werden kann, wenn die Eintragung der Reallast unterblieben war.

(2) Wiederkehrende Leistungen, die auf Grund einer Rentenschuld oder einer Reallast geschuldet werden, sind im Jahre 1925 mit 40 vom Hundert, vom 1. Januar 1926 ab mit 60 vom Hundert und vom 1. Januar 1928 ab in voller Höhe des Aufwertungsbetrags der Jahresleistung zu bewirken. Rückständige Leistungen gelten als erlassen.

1 **Die Grundschulden,** §§ 1191 ff. BGB., auch die Eigentümergrundschuld § 1196 BGB., werden ebenso wie die Hypotheken aufgewertet auf 25% (§ 4). Alles, was von der Aufwertung des dinglichen Rechts bei Hypotheken bestimmt ist, gilt auch für die Grundschulden, §§ 4—8, 14—30. Regelmäßig liegt der einem Gläubiger zustehenden Grundschuld eine persönliche Forderung zugrunde. Es wäre wohl zweckmäßig gewesen, für die Grundschulden auch die Vorschriften der §§ 9—13 für die Aufwertung der persönlichen Forderung entsprechend zuzulassen. Sehr oft ist folgender Fall gegeben. Der Grundstückseigentümer hat für sich eine Grundschuld auf sein Grundstück eintragen lassen. Er nimmt dann ein Darlehn auf und tritt die für ihn eingetragene Grundschuld zur Sicherung der Darlehnsforderung an den Gläubiger ab. Für die Aufwertung der persönlichen Darlehnsschuld ist nun im Streitfalle nicht die Aufwertungsstelle, sondern nach §§ 62 ff. das Prozeßgericht zuständig.

2 **Für Rentenschulden** — §§ 1199 ff. BGB. — und Reallasten — §§ 1105 ff. BGB. — finden die Vorschriften der §§ 4—8, 14—24 entsprechende Anwendung. Ist die Reallast nicht in das Grundbuch eingetragen, z. B. bei Überbau- und Notweg-Renten (§§ 914, 917 BGB.), so kann auch die Eintragung der Aufwertung in das Grundbuch nicht verlangt werden. Ist die Reallast zu Unrecht gelöscht, so kann ihre Wiedereintragung verlangt werden. Bei der Reallast muß es sich nach

§ 1 Abs. 1 um die Zahlung bestimmter, nicht bloß bestimmbarer Geldsummen handeln.

[3] **Wiederkehrende Leistungen.** Es handelt sich nur um solche, die auf Grund einer Rentenschuld oder einer Reallast geschuldet werden, also nicht um Leistungen aus einem mit der Überlassung des Grundstücks in Verbindung stehenden Altenteilsvertrage. Für letztere gilt das Gesetz vom 18. 8. 1923 und für Preußen die VO. v. 8. 9. 1923 (§ 1 Abs. 2); die Aufwertungsstelle ist zu ihrer Aufwertung nicht zuständig, § 1 A. 2. Wegen der Erbbauzinsen zu vgl. § 63 A. 5.

[4] Wegen der Anmeldung der Aufwertungsansprüche für Reallastenablösungsrenten zu vgl. A.V. des J.Min. vom 7. 11. 1925 (JMBl. 1925, S. 397), § 16 A. 15.

[5] Zu vgl. Art. 27, 28 Df.V.O. vom 29. 11. 1925.

II. Schiffs- und Bahnpfandrechte.

§ 32.

Auf Pfandrechte an im Schiffsregister eingetragenen Schiffen und an Bahneinheiten sowie auf die durch Schiffspfandrecht oder Bahnpfandrecht gesicherten Forderungen finden die Vorschriften der §§ 4 bis 6 und der §§ 8 bis 30 entsprechende Anwendung.

Schiffspfandrecht, §§ 1259 ff. BGB., Bahnpfandrecht, EG. z. BGB. Art. 112, Ges. v. 8. 7. 1902 über die Bahneinheit (GS. 237). Die dinglichen und die persönlichen Forderungen werden nach Maßgabe der für die Hypotheken geltenden Vorschriften §§ 4—6, 8—30 aufgewertet. Erteilung einer Bescheinigung Art. 126 Df.V.O vom 29. 11. 1925, zu vgl. auch Art. 27, 28 Df.V.O. a. a. O.

Vierter Abschnitt.

Aufwertung von Industrieobligationen und verwandten Schuldverschreibungen.

I. Aufwertung des Anspruchs aus der Schuldverschreibung.

1. Gegenstand der Aufwertung. — Aufwertungsbetrag.

§ 33.

Ansprüche aus verzinslichen oder an Stelle der Verzinsung mit einem Aufgeld rückzahlbaren Schuldverschreibungen, die auf den Inhaber lauten oder durch Indossament übertragbar sind, und die von natürlichen Personen, Personenvereinigungen oder juristischen Personen des Privatrechts ausgegeben sind, werden ohne Rücksicht darauf, ob sie durch Hypothek gesichert sind, auf 15 vom Hundert des Goldmarkbetrags aufgewertet.

1 **Die Industrieobligationen** waren in der 3. StNVO. im § 1 Abs. 2 Z. 7, § 4 erwähnt. Ihre Aufwertung beträgt allgemein zunächst 15%. Eine Aufwertung findet auch dann statt, wenn sie nicht durch Hypothek (§ 1187 BGB.) gesichert sind. Zinsscheine, die ja selbst nicht verzinslich sind, fallen nicht unter diese Vorschrift, ebenfalls nicht Wechsel, Schecks, kaufmännische Anweisungen oder Aktien, auch nicht Vorzugsaktien. Der Goldmarkbetrag für Industrieobligationen ist in § 2 Abs. 2 bestimmt (§ 2 A. 6); maßgebend ist der Ausgabetag, nicht der Zeitpunkt, wann der jetzige Inhaber die Schuldverschreibung erworben hat.

2 Für die Aufwertung der Schuldverschreibungen von juristischen Personen des öffentlichen Rechts kommen § 51 oder das Anleiheablösungsgesetz (dort §§ 54, 51) zur Anwendung; ein Genußrecht kennt der 6. Abschnitt (§§ 51 ff.) nicht.

3 Die V.O. vom 9. 10. 1925 (RGBl. S. 385) über die Eintragung der Aufwertungsbeträge von Hypotheken und dgl. fand auf die Industrieobligationen keine Anwendung. Die Aufwertung der Industrieobligationen usw. ist jetzt in der Df.V.O. vom 29. 11. 1925 näher geregelt, zu vgl. dort Art. 29—56 und die Erläuterungen dort.

2. Herabsetzung der Aufwertung.

§ 34.

Der Schuldner kann eine Herabsetzung der Aufwertung verlangen, wenn dies mit Rücksicht auf seine wirtschaftliche Lage zur Abwendung einer groben Unbilligkeit unabweisbar erscheint. Die Herabsetzung der Aufwertung ist nur zulässig, wenn das Verlangen vor dem 1. April 1926 bei der Aufwertungsstelle gestellt wird. In den Fällen der §§ 203, 204, 206, 207 des Bürgerlichen Gesetzbuchs kann das Verlangen noch bis zum Ablauf von drei Monaten nach Fortfall des Hindernisses gestellt werden.

Diese Vorschrift ist dem § 8 nachgebildet, nur ist hier der Herabsetzungsbetrag, der im § 8 auf höchstens 10% festgesetzt ist, nicht beschränkt. Im übrigen kann auf die entsprechenden Bemerkungen zu § 8 A. 2—5, 7, verwiesen werden. Erteilung einer Bescheinigung, zu vgl. Art. 126 Df.V.O. vom 29. 11. 1925.

3. Aufwertung bei Vorbehalt der Rechte, Kündigung und Auslosung.

§ 35.

(1) Trotz Bewirkung der Leistung findet die Aufwertung statt, wenn der Gläubiger sich bei der Annahme der Leistung seine Rechte vorbehalten hat.

(2) Schuldverschreibungen, die ausgelost oder gekündigt sind, aber sich noch im mittelbaren oder unmittelbaren Besitze des Gläubigers befinden, werden zu seinen Gunsten auch dann aufgewertet, wenn bereits eine Abrechnung mit dem Schuldner oder eine Hinterlegung zugunsten des Gläubigers stattgefunden hat.

(3) Schuldverschreibungen, die bei Banken zur Einlösung eingereicht sind, werden, wenn sie sich noch im Besitze der Bank befinden, zugunsten des einreichenden Gläubigers auch dann aufgewertet, wenn bereits eine Abrechnung mit dem Gläubiger oder mit dem Schuldner oder eine Hinterlegung zugunsten des Gläubigers stattgefunden hat. Eine Aufwertung zugunsten der Bank findet nicht statt. Ablieferungen aus dem Besitze der Bank an den Schuldner, die seit dem 1. Juni 1925 erfolgt sind, gelten als nicht geschehen. Entsprechendes gilt für Bankiers und andere Unternehmungen, die die Aufbewahrung und Verwaltung fremder Wertpapiere gewerbs- oder geschäftsmäßig betreiben. Die Reichsregierung wird ermächtigt, Vorschriften über die Anmeldung und den Nachweis des Rechtes der Gläubiger und für den Fall, daß die Rechte nicht rechtzeitig oder ordnungsgemäß angemeldet oder nachgewiesen werden, über den Ausschluß der Rechte zu erlassen.

(4) Gezahlte Beträge sind in den Fällen der Abs. 1 bis 3 in Höhe des Goldmarkbetrags (§§ 2, 3) auf den Aufwertungsbetrag anzurechnen. Hinterlegte Beträge kann der Schuldner auch dann zurücknehmen, wenn er auf das Recht zur Rücknahme verzichtet hatte.

(5) Liegen die Voraussetzungen der Abs. 1 bis 3 nicht vor, so kann im Falle der Bewirkung der Leistung eine Aufwertung, auch wegen ungerechtfertigter Bereicherung oder auf Grund einer Anfechtung wegen Irrtums oder aus einem anderen

Rechtsgrund, nicht verlangt werden. Ansprüche wegen arglistiger Täuschung bleiben unberührt.

1 **Der Vorbehalt** wahrt die Rechte des Gläubigers auf Aufwertung. Er kann formlos, muß aber rechtzeitig erklärt worden sein. Bei Annahme der Leistung nach dem 13. 2. 1924 gilt § 78. Im übrigen kann wegen des Vorbehalts und der Frage, ob eine Annahme der Leistung vorliegt, auf die Bemerkungen zu § 14 verwiesen werden.

2 Schuldverschreibungen nach Auslosung, Kündigung, Zahlung. Abs. 2—4 verdanken ihre Aufnahme in das Gesetz einem Antrage des Abgeordneten Dr. Wunderlich. Drei Fälle sind zu unterscheiden:

a) ausgeloste oder gekündigte Schuldverschreibungen befinden sich noch im — mittelbaren oder unmittelbaren — Besitze des Gläubigers. Diese werden zu seinen Gunsten auch dann aufgewertet, wenn bereits eine Abrechnung mit dem Schuldner oder eine Hinterlegung zugunsten des Gläubigers stattgefunden hat, ferner, wie sich aus Abs. 4 ergibt, wenn eine Zahlung erfolgt ist. Entscheidend ist der Besitz des Gläubigers. Die Aufwertung findet zu seinen Gunsten statt. Sollte daher etwa der Fall praktisch werden, daß die Zahlung für die Schuldverschreibung den Aufwertungsbetrag, wie er nach dem Aufwertungsgesetze zu berechnen ist, überstiegen hat, so braucht doch der Gläubiger den Unterschied nicht zurückzuzahlen. Den hinterlegten Betrag kann der Schuldner auch dann zurücknehmen, wenn er auf die Rücknahme verzichtet hat. (Abs. 4),

b) der Gläubiger hat eine Schuldverschreibung bei der Bank (auch derjenigen des Schuldners) zur Einlösung eingereicht, die Schuldverschreibung befindet sich indes noch im Besitze der Bank, ist dem Schuldner also noch nicht ausgehändigt worden. Auch hier steht der Aufwertung die etwa bereits erteilte Abrechnung oder eine zugunsten des Gläubigers erfolgte Hinterlegung oder — Abs. 4 — eine Zahlung nicht entgegen,

c) Schuldverschreibungen sind seit dem 1. 6. 1925 aus dem Besitze der Bank an den Schuldner abgeliefert worden. Dann gelten diese Ablieferungen als nicht geschehen.

Nähere Regelung in Art. 41—48 Df.V.O. vom 29. 11. 1925, die an die Stelle der Verordnungen vom 10. 8. und 29. 9. 1925 (RGBl. S. 187, 383) getreten sind.

3 **Anrechnung gezahlter Beträge.** Sie erfolgt in den Fällen der Abs. 1—3 in Höhe des Goldmarkbetrages. Der Goldmarkbetrag ist nach §§ 2, 3 festzustellen. (Bei Zahlung etwa schon vor dem 1. 1. 1918 gilt der Nennbetrag, bei späteren Zahlungen erfolgt eine Umrechnung nach der Tabelle in der Anlage zum Aufwertungsgesetz.) Abs. 4 unterscheidet zwischen gezahlten und hinterlegten Beträgen. Anzurechnen hat sich der Gläubiger nur die gezahlten, nicht auch die hinterlegten Beträge (Schlegelberger-Harmening § 35 A. 4; a. A. Quassowski, § 35, VI.). Hat daher der Schuldner einen Betrag hinterlegt, um sich von seiner Verbindlichkeit zu befreien, so muß er doch den vollen Auf-

wertungsbetrag an den Gläubiger zahlen, kann aber den hinterlegten Betrag zurücknehmen. Die Entwertung des hinterlegten Betrages trifft daher lediglich den Schuldner.

[4] Nach Art. 45 Df.V.O. vom 29. 11. 1925 kann die Bank die Herausgabe der Schuldverschreibung von der Vergütung des Goldwerts eines etwa ausgezahlten Einlösungsbetrages abhängig machen. Dagegen sieht Abs. 4 nur die Anrechnung bezahlter Beträge auf den Aufwertungsbetrag vor; irgendeine Zahlung oder Zuzahlung wird dem Gläubiger nicht zugemutet. Abs. 4 will aber wohl eine derartige Einlösungspflicht des Gläubigers nicht ausschließen und denkt nur an den Fall, daß dieser den Aufwertungsbetrag sofort gezahlt erhält. Ich möchte daher annehmen, daß jene Vorschrift des Art. 45 a. a. O. noch gedeckt wird durch § 88 Abs. 2 und sich in dem Rahmen einer Durchführungsbestimmung hält.

[5] In anderen als den in Abs. 1—3 erwähnten Fällen findet eine Aufwertung nicht statt, ähnlich wie sie auch § 19 ausschließt. Nur bleiben Ansprüche wegen arglistiger Täuschung unberührt.

4. Rückzahlung, Verzinsung, Kündigung.

§ 36.

Für die Rückzahlung, Verzinsung und Tilgung des Aufwertungsbetrags gelten die Vorschriften der §§ 25, 26, 28, 29 entsprechend, soweit nicht die Reichsregierung etwas anderes bestimmt.

Auf die entsprechenden Bemerkungen zu §§ 25, 26, 28 und 29 kann Bezug genommen werden. Die Härteklausel zugunsten des Gläubigers, § 27, gilt hier nicht. Die Reichsregierung ist zum Erlaß abweichender Bestimmungen ermächtigt. Hierzu zu vgl. Art. 35—40 Df.V.O. vom 29. 11. 1925.

II. Genußrecht.

1. Kreis der Berechtigten.

§ 37.

(1) Wer Schuldverschreibungen der im § 33 bezeichneten Art vor dem 1. Juli 1920 erworben hat und bis zur Anmeldung (§ 39 Abs. 1) Gläubiger geblieben ist (Altbesitzer), erwirbt mit dem 1. Juli 1925 neben der Aufwertung einen Anspruch auf Beteiligung am Reingewinne des Schuldners und am Liquidationserlöse nach Maßgabe der §§ 40 bis 42 (Genußrecht). Der Beteiligung werden 10 vom Hundert des Goldmarkbetrags der Schuldverschreibung als Nennwert des Genußrechts zugrunde gelegt.

(2) Der Erwerb der im Abs. 1 bezeichneten Genußrechte durch den ersten Inhaber ist von der Gesellschaftssteuer des Kapitalverkehrssteuergesetzes befreit.

1 **Altbesitzer.** Der Abgeordnete Dr. Best hatte für Industrieobligationen Aufwertung von 50%, der Abgeordnete Keil Aufwertung von 25% gefordert. Diese Anträge hat der Ausschuß bei Beratung des Gesetzes abgelehnt. Dagegen ist für eine bestimmte Gruppe von Obligationsgläubigern eine im Ergebnis etwa gleichwertige 25%ige Aufwertung erreicht worden, nämlich durch Zubilligung eines Genußrechts in Höhe von 10% des Goldmarkbetrages der Schuldverschreibungen neben der 15%igen Aufwertung der Schuldverschreibung selbst. Diese Art Regelung durch ein Genußrecht ist wohl zurückzuführen auf den unermüdlichen Vorkämpfer für eine gerechte Aufwertung, auf Exzellenz Mügel. Sie kommt zugute den Altbesitzern, d. h. denjenigen, die Schuldverschreibungen der in § 33 bezeichneten Art vor dem 1. 7. 1920 erworben haben und bis zur Anmeldung Gläubiger geblieben sind. Der Zeitpunkt — 1. 7. 1920 — ist folgendermaßen begründet worden. Der Dollar habe bald nach dem 1. 7. 1920 eine Höhe von 40 und darüber erreicht; der Erwerb einer Schuldverschreibung in diesem Zeitpunkte sei also schon zu einem geringeren Goldmarkbetrage als selbst 15% des Nennwertes erfolgt. Diesen Nichtaltbesitzern durch Gewährung einer Aufwertung über 15% hinaus einen höheren Betrag zuzusprechen, als sie selbst bei dem Erwerbspreis angelegt hätten, liege daher keine Veranlassung vor. Es sei somit nur gerechtfertigt, die Altbesitzer, welche etwa 20% bis 30% der Obligationen besäßen, durch die Zuteilung des Genußscheines von 10% den Besitzern von Hypotheken im wesentlichen gleichzustellen.

2 Sind die Schuldverschreibungen erst am 1. 7. 1920 oder später ausgegeben, so kommt ein Genußrecht für sie nicht mehr in Frage.

3 Eine Herabsetzung des Genußrechts aus Billigkeit kennt das Gesetz nicht. Für das Genußrecht haftet die Hypothek nicht; das Genußrecht ist ein Anspruch „neben" der Aufwertung.

4 Die Df.V.O. vom 29. 11. 1925 bestimmt in Art. 49—53 Näheres über das Genußrecht. Der Nennwert des Genußrechts ist auf Reichsmark zu stellen, Art. 51 a. a. O.

§ 38.

Schuldverschreibungen gelten auch dann als vor dem 1. Juli 1920 erworben, wenn sie

1. dem Gläubiger nach dem 30. Juni 1920 zur Erfüllung eines vor dem 1. Juli 1920 begründeten Anspruchs auf Übereignung von einer Bank, einem Bankier, einer Sparkasse oder einer Versicherungsgesellschaft übereignet worden sind,

2. der Gläubiger von einer Bank, einem Bankier oder einer Sparkasse nach dem 30. Juni 1920 in Erfüllung eines darlehnsartigen Verwahrungsvertrags übereignet erhalten hat, falls er der Bank, dem Bankier oder der Sparkasse auf Grund des gleichen Vertrags vor dem 1. Juli 1920 erworbene Schuldverschreibungen übergeben hat und der Anspruch auf Übereignung von Schuldverschreibungen gleicher Art und gleichen Betrags von dieser Übergabe bis zum Erwerb ununterbrochen bestanden hat,
3. der Gläubiger von Todes wegen oder in einem der sonstigen Fälle des § 3 Abs. 1 Ziffer 2 bis 11 nach dem 30. Juni 1920, der Erblasser oder andere Rechtsvorgänger aber vorher erworben hat.

Als Altbesitzer gelten in den unter Z. 1—3 angegebenen Fällen auch diejenigen, die eine Schuldverschreibung erst nach dem 1. 7. 1920 erworben haben.

§ 39.

(1) Schuldverschreibungen, für die die Vorrechte des Altbesitzes in Anspruch genommen werden, sind zur Vermeidung des Verlustes des Genußrechts spätestens innerhalb einer Frist von einem Monat seit Aufforderung durch den Schuldner bei diesem oder der von ihm bestimmten Stelle anzumelden. Die erforderlichen Beweismittel sind der Anmeldung beizufügen oder binnen einer weiteren Frist von einem Monat nachzureichen. Die Aufforderung erfolgt durch Bekanntmachung im Deutschen Reichsanzeiger und in den anderen für die Veröffentlichungen des Schuldners bestimmten Blättern, und zwar spätestens am 30. September 1925. Ist der Schuldner eine Aktiengesellschaft oder eine Kommanditgesellschaft auf Aktien, so können Revisoren gemäß §§ 266, 267, 320 Abs. 3 des Handelsgesetzbuchs auch zur Nachprüfung der Vorgänge bei der Anerkennung des Altbesitzes bestellt werden. Das gleiche gilt für Gesellschaften mit beschränkter Haftung, eingetragene Genossenschaften, Gewerkschaften und Vereine; die Vorschriften der §§ 266, 267 des Handelsgesetzbuchs finden insoweit entsprechende Anwendung. Bei eingetragenen Genossenschaften und Vereinen bedarf es zur Ernennung von Revisoren durch das Gericht eines Antrags des zehnten Teiles der Mitglieder. Revisoren sind

durch das Gericht, in dessen Bezirk der Schuldner seinen Sitz hat, auch dann zu bestellen, wenn eine gemäß §§ 3 bis 10 des Gesetzes, betreffend die gemeinsamen Rechte der Besitzer von Schuldverschreibungen, vom 4. Dezember 1899 in der Fassung des Gesetzes vom 14. Mai 1914 (Reichsgesetzbl. 1899 S. 691, 1914 S. 121) einberufene und abgehaltene Versammlung der als Altbesitzer bereits anerkannten Gläubiger dies mit einfacher Mehrheit beschließt.

(2) Die Anerkennung der Eigenschaft als Altbesitz ist auf den Schuldverschreibungen durch Stempelaufdruck kenntlich zu machen.

1 § 39 schreibt die Anmeldung der Schuldverschreibungen vor, für die die Vorrechte des Altbesitzes in Anspruch genommen werden; erfolgt die Anmeldung innerhalb der Frist nicht, so geht das Genußrecht verloren; zu vgl. indes Art. 50 Df.V.O. vom 29. 11. 1925.

2 Die Ernennung der Revisoren erfolgt durch das Amtsgericht; die Aufwertungsstelle hat hiermit nichts zu tun.

3 Ist einer Schuldverschreibung die Eigenschaft als Altbesitz zuerkannt, so ist dies auf der Urkunde durch Stempelaufdruck kenntlich zu machen. Bei Ausstellung neuer Urkunden zu vgl. Art. 34, 52 Df.V.O. vom 29. 11. 1925.

4 An die Nichtinnehaltung der Frist vom 30. 9. 1925 sind Rechtsnachteile nicht geknüpft. Erfolgt die Aufforderung zur Anmeldung erst nach dem 30. 9. 1925, so läuft die einmonatige Anmeldungsfrist erst von diesem späteren Tage ab.

5 Die Aufforderung zur Anmeldung des Altbesitzes hat in der durch die VO. v. 29. 8. 1925 (RGBl. S. 384, abgedr. Anhang) bestimmten Form im Deutschen Reichsanzeiger zu erfolgen. Nur wenn diese Form gewahrt ist, läuft die einmonatige Frist des § 39.

6 Wird das Genußrecht bestritten, so entscheidet hierüber das ordentliche Gericht; die Aufwertungsstelle entscheidet nur, wenn die Höhe des Betrages streitig ist.

2. Beteiligung am Reingewinn.

§ 40.

(1) Mit Beginn des am 1. Juli 1925 laufenden Geschäftsjahrs, jedoch frühestens mit Beginn des am 31. Dezember 1925 endenden Geschäftsjahrs wird der nach der Bilanz zur Ausschüttung an die Gewinnberechtigten zur Verfügung stehende Jahresreingewinn in folgender Weise verwendet: vorweg stehen 6 vom Hundert, berechnet auf das gewinnberechtigte Gesamtkapital, zur Verteilung an die Geschäftsinhaber oder Gesell-

schafter zur Verfügung. Der Überschuß des Reingewinns wird auf die Gesamtheit der gewinnberechtigten Geschäftsinhaber oder Gesellschafter und der Inhaber der Genußrechte in der Weise verteilt, daß für je 1 vom Hundert, das als Gewinnanteil in irgendeiner Form den Geschäftsinhabern oder Gesellschaftern zugewiesen wird, je 2 vom Hundert bis insgesamt 6 vom Hundert des Gesamtnennbetrags der Genußrechte auf die Inhaber der Genußrechte entfallen.

(2) Die auf die Genußrechte entfallenden Beträge sind bis zur Höhe des ursprünglichen Zinssatzes der Schuldverschreibung, jedoch nicht über 5 vom Hundert hinaus, zur Verzinsung, im übrigen zur Tilgung des Nennwerts des Genußrechts zu verwenden. Eine Verwendung von Mitteln für die Genußrechte findet jeweils nur für das Geschäftsjahr statt, aus dessen Gewinn die Mittel bereitgestellt werden. Die Tilgung erfolgt durch Auslosung zum Nennwert, und zwar mindestens einmal im Verlaufe zweier Geschäftsjahre.

Die Vorschriften über den Genußschein wollen einen gerechten Ausgleich schaffen zwischen dem Kreditbedürfnis des Schuldners einerseits und den Interessen des Genußscheinsinhabers anderseits. Wie der Ausschußbericht hervorhebt (Nr. 1125 S. 10), werden die gesellschaftlichen Unternehmungen auch noch in Zukunft im großen Umfang auf fremdes Kapital angewiesen sein. Der Wert einer Gesellschaft wird hauptsächlich nach der Dividende beurteilt, und danach richtet sich auch ihre Kreditwürdigkeit. Das ist auch der Grund, warum von einer Festsetzung der Aufwertung der Obligationen auf 25% abgesehen und lediglich ein Genußscheinsrecht von 10% neben der Aufwertung von 15% den Altbesitzern der Obligationen gewährt worden ist. Aus dem gleichen Grunde wurde auch die gleichmäßige Beteiligung der Genußscheinsinhaber und der gewinnberechtigten Geschäftsinhaber oder Gesellschafter als Gefahr angesehen. Daher wird in § 40 eine Mindestdividende von 6% für die gewinnberechtigten Geschäftsinhaber oder Gesellschafter festgestellt, bevor der Genußscheinsinhaber berechtigt sein soll, einen Anteil zu erhalten. Ist jedoch mit dieser Mindestdividende auf die wirtschaftlichen Interessen des Schuldners gebührend Rücksicht genommen, so ist von da an das Recht der Genußscheinsinhaber in den Vordergrund gestellt. Jedem Prozent nach der Vorzugsdividende von 6% entsprechen dann 2% für die Genußscheinsinhaber. Auf diese Weise soll der Genußscheinsinhaber bis zu 6% seines Genußscheins erhalten. Bis zur Höhe der Verzinslichkeit der alten Obligation, doch höchstens bis 5% gelten diese Beträge als Zinsen. Darüber hinaus dienen sie zur Tilgung. Der Genußschein wird im übrigen durch Auslosung getilgt.

§ 41.

Die Beteiligung der Genußrechtsinhaber am Reingewinne darf durch Kapitalserhöhungen oder sonstige Maßnahmen des Schuldners nicht beeinträchtigt werden. Ein für die als Altbesitzer anerkannten Gläubiger (§ 39) bestellter Vertreter kann darüber, ob eine solche Beeinträchtigung vorliegt und wie sie auszugleichen ist, die Entscheidung der gemäß der Vierten Verordnung zur Durchführung der Verordnung über Goldbilanzen vom 28. August 1924 (Reichsgesetzbl. I S. 697) gebildeten Spruchstelle anrufen. Der Schuldner hat der Spruchstelle alle Auskünfte zu erteilen, die für die Beurteilung der Frage, ob eine Beeinträchtigung vorliegt, zweckdienlich sind. Stellt die Spruchstelle das Vorliegen einer Beeinträchtigung fest, so ist die Maßnahme insoweit den Genußrechtsinhabern gegenüber unwirksam.

Die Beteiligung der Genußrechtsinhaber am Reingewinn darf durch Kapitalserhöhungen oder durch andere Maßnahmen des Schuldners nicht beeinträchtigt werden. Zur Wahrung der Rechte der Genußscheinsinhaber ist die durch die 4. DfVO. über Goldbilanzen v. 28. 8. 1924 (RGBl. S. 697) gebildete Spruchstelle vorgesehen, die in der Besetzung mit einem Richter und zwei sachverständigen Beisitzern entscheidet. Die Spruchstelle hat festzustellen, ob eine Beeinträchtigung der Genußrechtsinhaber vorliegt. Bejahendenfalls ist diese Maßnahme ihnen gegenüber unwirksam. Die Zurückstellung der Entscheidung, wie sie § 43 Z. 2 vorsieht, ist hier nicht zugelassen.

3. Beteiligung am Liquidationserlös.

§ 42.

Sind im Falle der Auflösung oder der Liquidation des Unternehmens des Schuldners die Genußrechte noch nicht getilgt oder auf andere Weise abgelöst, so ist das nach Berichtigung der Schulden verbleibende Vermögen auf die Geschäftsinhaber oder Gesellschafter einerseits und die Genußrechtsinhaber andererseits nach Maßgabe der Bestimmungen des § 40 Abs. 1 Satz 3 so lange zu verteilen, bis auf die Genußscheininhaber der Nennwert der Genußrechte ausgeschüttet ist. Die überschießenden Beträge fallen den Geschäftsinhabern oder Gesellschaftern zu.

[1] In Bezug genommen sind hier die Bestimmungen des § 40 Abs. 1 Satz 3. Nach dem amtlichen Druck im RGBl. enthält der Abs. 1 aber nur 2 Sätze; der 2. Satz beginnt mit den Worten: „Der Überschuß des

Reingewinnes". Der Satz mit den Worten: „vorweg stehen 6 v. H." gehört nach dem amtlichen Druck noch zu Satz 1. In der Regierungsvorlage mit den Beschlüssen des 18. Ausschusses in 2. Lesung ist der Satz mit den Anfangsworten: „Vorweg stehen 6 v. H." als der 2. Satz gedacht, wie sich auch schon äußerlich dadurch ergibt, daß das Wort „Vorweg" mit großem Anfangsbuchstaben geschrieben ist. Jedenfalls meint der § 42, daß diejenigen Bestimmungen in § 40 Abs. 1 in Betracht kommen, die in dem Satze enthalten sind: „Der Überschuß des Reingewinns wird.... verteilt".

2 Im Falle der Auflösung oder der Liquidation des Unternehmens des Schuldners hat der Genußscheinsinhaber gegenüber den gewinnberechtigten Geschäftsinhabern oder Gesellschaftern das Recht auf Befriedigung im Verhältnis von 2:1. Eine 6%ige Vorzugsdividende der Geschäftsinhaber oder Gesellschafter kommt in diesem Falle nicht in Frage, da der Gesichtspunkt der Kreditwürdigkeit im Falle der Auflösung oder der Liquidation entfällt. Soweit nach Zahlung der Schulden, zu denen auch die Obligationen gehören, noch eine Masse übrigbleibt, wird sie in der Weise verteilt, daß auf 1% dessen, was die Geschäftsinhaber oder Gesellschafter erhalten, immer 2% auf den Genußscheinsinhaber entfallen, und zwar so lange, bis auf diese der Nennwert der Genußrechte ausgeschüttet ist. Was dann noch übrigbleibt, wird verteilt unter die Geschäftsinhaber oder die Gesellschafter.

4. Verbriefung und Ablösung der Genußrechte.

§ 43.

Der Schuldner ist berechtigt:

1. über die Genußrechte besondere, von den Schuldverschreibungen getrennte, auf den Inhaber oder, wenn die Schuldverschreibungen an Order lauten, an Order lautende Genußscheine auszugeben. Genußscheine werden nur über Nennbeträge von mindestens 20 Reichsmark und nur über durch 10 teilbare Beträge ausgegeben; die entstehenden Spitzenbeträge sind durch Zahlung des Nennbetrags abzulösen. Die Ausgabe von Genußscheinen ist auf den Schuldverschreibungen zu vermerken;
2. an Stelle der Genußrechte eine Zusatzaufwertung oder eine Barabfindung zu gewähren, die den Wert, den die Genußrechte im Zeitpunkt der Gewährung haben, nicht unterschreiten dürfen. Ob dies der Fall ist, entscheidet auf Antrag des Schuldners oder eines für die Genußrechtsinhaber bestellten Vertreters die gemäß der Vierten Verordnung zur Durchführung der Verordnung über Gold-

bilanzen vom 28. August 1924 (Reichsgesetzbl. I S. 697) gebildete Spruchstelle. Die Spruchstelle kann die Entscheidung über einen Antrag des Schuldners gemäß Satz 2 auf Zeit zurückstellen, wenn sie der Ansicht ist, daß durch die alsbaldige Entscheidung die Gefahr einer unbilligen Benachteiligung der Genußrechtsinhaber entstehen könnte;

3. die Genußrechte durch Zahlung des Nennbetrags abzulösen.

[1] Der Schuldner hat das Recht:

a) Genußscheine über die Genußrechte auszugeben. Die Genußscheine lauten über einen Nennbetrag von mindestens 20 Reichsmark; der Betrag muß durch 10 teilbar sein. Überschießende Beträge werden durch Zahlung des Nennbetrages abgelöst. Die Ausgabe der Genußscheine wird auf den Schuldverschreibungen vermerkt; oder

b) an Stelle der Genußrechte eine Zusatzaufwertung oder eine Barabfindung zu gewähren. Diese darf nicht geringer sein, als der Wert, den die Genußrechte zur Zeit haben. Auch hier ist die Anrufung der Spruchstelle (§ 41) vorgesehen; oder

c) die Genußrechte durch Zahlung des Nennbetrages abzulösen.

[2] Bei der Beratung des Gesetzes hat man auf folgendes hingewiesen. Es liege im Interesse der Schuldner, sich ihren Verpflichtungen nicht zu entziehen, weil sie dadurch nur ihren Kredit verschlechtern könnten. Die Schuldner würden alles daransetzen, alsbald ihre Obligationen zum Aufwertungssatze zurückzuzahlen, um damit die Schwierigkeiten des ganzen Apparates zu vermeiden. Dieser zeige überhaupt ein unberechtigtes Mißtrauen gegen die Wirtschaft.

Inwieweit dieser Optimismus berechtigt ist, kann nur die Zukunft lehren.

[3] Der Ausdruck „Zusatzaufwertung" weist daraufhin, daß es sich hierbei auch um einen Aufwertungsbetrag handelt. Man wird daher annehmen müssen, daß die Zusatzaufwertung den für die Aufwertung erlassenen Bestimmungen ebenfalls unterliegt, daß also auch für sie die Hypothek haftet, und daß, entsprechend dem § 36, die Vorschriften der §§ 25, 26, 28, 29 für die Zusatzaufwertung ebenfalls maßgebend sind. Freilich kann bezüglich dieser Vorschriften der Gläubiger geltend machen, daß sie für ihn zu ungünstig seien; die Spruchstelle kann dann die Zusatzaufwertung davon abhängig machen, daß der Schuldner in dieser Hinsicht dem Gläubiger mehr entgegenkommt (höhere Verzinsung, frühere Rückzahlung). Soweit die Spruchstelle indes nicht angerufen wird, werden für die Rückzahlung, Verzinsung und Tilgung auch der Zusatzaufwertung jene Bestimmungen anzuwenden sein.

§ 44.

Ein Beschluß über die Ausübung der im § 43 bezeichneten Befugnisse ist spätestens drei Monate nach Ablauf des im

§ 40 Abs. 1 bezeichneten Geschäftsjahrs in den im § 39 Abs. 1 bezeichneten Blättern bekanntzumachen. Ein Beschluß über die Ausübung der im § 43 Ziffer 2 und 3 bezeichneten Rechte kann innerhalb von drei Monaten nach Ablauf jedes Geschäftsjahrs gefaßt werden; er ist in der gleichen Weise bekanntzumachen. In der Bekanntmachung kann eine Frist bestimmt werden, nach deren Ablauf die Genußrechte nur noch in der bekanntgemachten Form ausgeübt werden können; die Frist darf nicht weniger als sechs Monate betragen.

Der Paragraph behandelt die Bekanntmachung des Beschlusses über die Ausübung der Befugnisse des § 43.

5. Rückwirkung.

§ 45.

Auf Schuldverschreibungen, die nach dem 13. Februar 1924 zurückgezahlt sind, finden die Vorschriften der §§ 37 bis 44 Anwendung. Die Genußrechte können nur in einer der im § 43 Ziffer 1 bis 3 vorgesehenen Weise gewährt werden.

Sind Schuldverschreibungen vor dem 14. 2. 1924 zurückgezahlt, so findet eine Aufwertung zugunsten des Gläubigers nur in den Fällen des § 35 Abs. 1—4 statt. Ist die Rückzahlung dagegen nach dem 13. 2. 1924 (also unter der Herrschaft der 3. StNVO.) erfolgt, so gelten für Altbesitzer (§§ 37, 38) die Vorschriften der §§ 37—44, d. h. ihnen werden Genußrechte zugestanden. Diese können indes nur in einer der in § 43 Z. 1—3 vorgesehenen Weise gewährt werden.

III. Gemeinsame Verfahrensvorschrift.

§ 46.

Bei Teilschuldverschreibungen kann über die Höhe der Aufwertung, über das Verlangen auf Herabsetzung des Aufwertungsbetrags und über die Rechte aus den §§ 37 bis 45 nur einheitlich gegenüber allen Gläubigern entschieden werden. Die Entscheidung wirkt auch für und gegen die Gläubiger, die an dem Verfahren nicht beteiligt waren.

1 Für Teilschuldverschreibungen ist nur eine einheitliche Entscheidung über die Höhe der Aufwertung, über die Härteklausel und die Genußrechte vorgesehen, ohne Rücksicht darauf, ob sich alle Gläubiger an dem Verfahren beteiligt haben oder nicht. Wann dem einzelnen Gläubiger die Teilschuldverschreibung ausgehändigt ist, kommt

nicht in Frage. Der Reichsfinanzminister hat „Durchführungsbestimmungen zum Geldentwertungsausgleiche bei Schuldverschreibungen (Obligationssteuer)" vom 29. 2. 1924 (RMBl. 67 = RStBl. 43 = RAnz. Nr. 51 vom 29. 2. 1924) erlassen und für Teilschuldverschreibungen (Partialobligationen) in § 12 Abs. 2 für maßgebend bezeichnet den 1. Tag, an dem Schuldverschreibungen dieser Ausgabe (Emission, Serie, Gruppe) begeben worden sind. Diese Durchführungsbestimmungen sind indes nicht für das Aufwertungsgesetz erlassen, waren daher nicht ohne weiteres maßgebend (zu vgl. auch Mügel 3. StNVO. § 4 A. 4 S. 83, Schlegelberger § 4 A. 2, Schlegelberger-Harmening § 2 A. 6). Bei der Härteklausel wird nach Lage der Sache nur das wirtschaftliche Verhältnis des Schuldners berücksichtigt werden können, nicht auch dasjenige des Gläubigers.

2 Aus dem letzten Satz ergibt sich, daß die rechtskräftige Entscheidung auch maßgebend ist für diejenigen Gläubiger, die sich an dem Verfahren nicht beteiligt haben. Diese können daher nur in der für die beteiligten Gläubiger laufenden Frist ein Rechtsmittel einlegen. Jeder Gläubiger kann sich dem Verfahren als Beteiligter anschließen, Art. 125 Abs. 3 Df.V.O. vom 29. 11. 1925.

3 Wegen der Bekanntmachung der Anrufung und der Entscheidung der Aufwertungsstelle zu vgl. Art. 125 Df.V.O. vom 29. 11. 1925.

Fünfter Abschnitt.

Aufwertung von Pfandbriefen und verwandten Schuldverschreibungen.

I. Art der Aufwertung.

§ 47.

Ansprüche aus Pfandbriefen, Rentenbriefen, Kommunalobligationen und anderen verzinslichen oder an Stelle der Verzinsung mit einem Aufgeld rückzahlbaren Schuldverschreibungen oder aus für Grundkredit- oder Kommunalkreditzwecke aufgenommenen verbrieften Darlehen von Grundkreditanstalten, privatrechtlichen Kommunalkreditanstalten, von Schiffsbeleihungsbanken sowie von Ablösungsanstalten werden in der Weise aufgewertet, daß die Teilungsmasse gleichmäßig unter die Gläubiger im Verhältnis der Goldmarkbeträge ihrer Ansprüche verteilt wird. Hierbei ist es unerheblich, ob den Gläubigern an der Deckung ein Pfandrecht oder ein Recht auf vorzugsweise Befriedigung im Konkurse zusteht.

II. Teilungsmasse.

§ 48.

(1) Die Teilungsmasse besteht aus:

1. den bei Ablauf des 13. Februar 1924 als Deckung für die aufgewerteten Pfandbriefe, Rentenbriefe, Kommunalobligationen, anderen Schuldverschreibungen und Schuldurkunden bestimmten Werten;
2. den Werten, die früher zur Deckung gehört haben, soweit die Aufwertung 15 vom Hundert des Goldmarkbetrags übersteigt oder soweit die Aufwertung auf Grund der Vorschriften des § 15 über die Rückwirkung erfolgt ist;
3. einem etwa aus dem sonstigen Vermögen des Schuldners zu leistenden Beitrag.

(2) Von der Teilungsmasse ist nach näherer Bestimmung dei Reichsregierung oder der von ihr bestimmten Stelle ein Beitrag zu den Verwaltungskosten abzuziehen, der 10 vom Hundert der Teilungsmasse nicht überschreiten darf.

III. Beteiligung bei Vorbehalt der Rechte, Kündigung und Auslosung.

§ 49.

(1) Trotz Bewirkung der Leistung ist der Gläubiger bei der Verteilung zu berücksichtigen, wenn er sich bei der Annahme der Leistung seine Rechte vorbehalten hat.

(2) Schuldverschreibungen, die gekündigt oder ausgelost sind, aber sich noch im unmittelbaren oder mittelbaren Besitze des Gläubigers befinden, werden zu seinen Gunsten auch dann aufgewertet, wenn bereits eine Abrechnung mit dem Schuldner oder eine Hinterlegung zugunsten des Gläubigers stattgefunden hat.

(3) Schuldverschreibungen, die bei Banken zur Einlösung eingereicht sind, werden, wenn sie sich noch im Besitze der Bank befinden, zugunsten des einreichenden Gläubigers auch dann aufgewertet, wenn bereits eine Abrechnung mit dem Gläubiger oder mit dem Schuldner oder eine Hinterlegung zugunsten des Gläubigers stattgefunden hat. Eine Aufwertung zugunsten der Bank findet nicht statt. Ablieferungen aus dem Besitze der Bank an den Schuldner, die seit dem 1. Juni 1925 erfolgt

sind, gelten als nicht geschehen. Entsprechendes gilt für Bankiers und andere Unternehmungen, die die Aufbewahrung und Verwaltung fremder Wertpapiere gewerbs- oder geschäftsmäßig betreiben. Die Reichsregierung wird ermächtigt, Vorschriften über die Anmeldung und den Nachweis des Rechtes der Gläubiger und für den Fall, daß die Rechte nicht rechtzeitig oder ordnungsgemäß angemeldet oder nachgewiesen werden, über den Ausschluß der Rechte zu erlassen.

(4) Gezahlte Beträge sind in den Fällen der Abs. 1 bis 3 in Höhe des Goldmarkbetrags (§§ 2, 3) auf den Aufwertungsbetrag anzurechnen. Hinterlegte Beträge kann der Schuldner auch dann zurücknehmen, wenn er auf das Recht zur Rücknahme verzichtet hatte.

(5) Liegen die Voraussetzungen der Abs. 1 bis 3 nicht vor, so kann im Falle der Bewirkung der Leistung eine Aufwertung auch wegen ungerechtfertigter Bereicherung oder auf Grund einer Anfechtung wegen Irrtums oder aus einem anderen Rechtsgrund nicht verlangt werden. Ansprüche wegen arglistiger Täuschung bleiben unberührt.

IV. Durchführung der Aufwertung.

§ 50.

Die Reichsregierung oder die von ihr bestimmte Stelle trifft die näheren Bestimmungen zur Feststellung der bei der Verteilung zu berücksichtigenden Ansprüche, über die Bildung und Verteilung der Teilungsmasse sowie über den von dem Schuldner zu der Teilungsmasse zu leistenden Beitrag; sie kann bestimmen, daß die Gläubiger durch Gewährung von Goldpfandbriefen oder sonst in anderer Weise befriedigt werden und kann das Abfindungsverfahren regeln. Sie kann ferner Vorschriften zur Sicherstellung der Teilungsmasse und zur Erleichterung und Beschleunigung ihrer Liquidierung erlassen und darüber hinaus zur Ergänzung der Vorschriften dieses Gesetzes die Anordnungen treffen, die sie zur Durchführung der Aufwertung für notwendig erachtet.

Zu §§ 47—50.

1 Die 3. StNVO. regelte im § 1 Z. 5 und 6 die Aufwertung der Pfandbriefe, Rentenbriefe und sonstigen Schuldverschreibungen von Kreditanstalten verschieden, je nachdem dem Gläubiger ein Pfandrecht oder ein Recht auf vorzugsweise Befriedigung im Konkurse zusteht oder nicht. Aus wirtschaftlichen Gründen erwies sich diese Unterschei-

dung als unzweckmäßig. Das Aufwertungsgesetz hat daher diese verschiedene Behandlung der beiden Pfandbriefarten beseitigt. Die Berechnung des Goldmarkbetrages erfolgt nach § 2 Abs. 2.

[2] Die Vorschriften im 5. Abschnitt sind gewissermaßen nur ein Rahmengesetz und überlassen die weitere Gestaltung den Durchführungsbestimmungen. § 50 ermächtigt die Reichsregierung oder die von ihr bestimmte Stelle in weitem Umfang, die Anordnungen zu treffen, die sie zur Durchführung der Aufwertung für notwendig erachtet. Er entspricht der Regierungsvorlage zu § 6 Abs. 2; nur ist die Bestimmung dort, daß die Reichsregierung Anordnungen auch „in Abweichung von den Vorschriften dieser Verordnung" treffen dürfe, nicht aufgenommen. Wie die Erläuterungen zu § 6 der Regierungsvorlage bemerken, soll diese Ermächtigung der Reichsregierung alle Vorschriften decken, die bisher in der 3. DfVO. enthalten sind.

[3] Die Gläubiger werden aus den Mitteln der Teilungsmasse (§ 48) gleichmäßig im Verhältnis der Goldmarkbeträge ihrer Ansprüche befriedigt; ein fester Aufwertungssatz für alle Pfandbriefe und die im § 47 genannten Schuldverschreibungen ist hier also nicht bestimmt. Welche Ansprüche bei der Verteilung zu berücksichtigen sind, wie im einzelnen die Teilungsmasse zu bilden und zu verteilen ist, welchen Beitrag der Schuldner zur Teilungsmasse zu leisten hat, welcher Beitrag bis zu 10% der Teilungsmasse zu den Verwaltungskosten abzuziehen ist, hat die Reichsregierung oder die von ihr bestimmte Stelle anzuordnen. Als Verwaltungskostenbeitrag durften nach der 3. DfVO. vom 15. 8. 1924 (§§ 12, 30) 20% in Anspruch genommen werden. Dieser Satz wurde bei der Beratung auf 5% ermäßigt, dann aber auf den Widerspruch der Reichsregierung auf 10% festgesetzt.

Zu § 48 Z. 2: Sind Werte, die früher zur Deckung gehört haben, auf Grund eines Vorbehalts bei der Zahlung aufgewertet worden (§ 14), so fließt nur der die 15% übersteigende Aufwertungsbetrag in die Teilungsmasse; ist die Aufwertung dagegen auf Grund der Vorschriften des § 15 über die Rückwirkung erfolgt, so fällt der volle Aufwertungsbetrag in die Teilungsmasse.

[4] Der § 49 entspricht dem § 35.

[5] Die 3. DfVO. v. 15. 8. 1924 (RGBl. S. 682) regelte die Aufwertung der von Hypothekenbanken (§§ 1—29) und von anderen Grundkreditanstalten, von Schiffsbeleihungsbanken sowie von Ablösungsanstalten (§§ 30, 31) ausgegebenen Pfandbriefe und anderen Schuldverschreibungen. Jetzt bestimmt die Df.V.O. vom 29. 11 1925 in den Artikeln 57—94 die Aufwertung von Pfandbriefen und verwandten Schuldverschreibungen. Auf die Erläuterungen zu diesen Artikeln wird Bezug genommen.

[6] In Preußen galt bis zum 15. 7. 1925 die VO. über die Aufwertung von Ansprüchen aus Pfandbriefen und Schuldverschreibungen landschaftlicher (ritterschaftlicher) Kreditanstalten und von Landeskulturrentenbanken v. 15. 11. 1924 (GesS. 743). Nach § 18 war die Aufwertungsstelle für die im § 1 genannten Pfandbriefe und Schuldverschreibungen der Oberpräsident, in dessen Bezirk die oberste Ver-

waltungsdirektion der Kreditanstalt ihren Sitz hat, für die Westpreußischen Landschaften der Regierungspräsident des Regierungsbezirks Westpreußen, für die im § 2 bezeichneten Werte das Amtsgericht, in dessen Bezirk die oberste Verwaltungsdirektion der Kreditanstalt ihren Sitz hat. Die Df.V.O. vom 29. 11. 1925 hat in Art. 94 Abs. 2 die obersten Landesbehörden ermächtigt, die im § 50 vorgesehenen Bestimmungen zu treffen. In Preußen ist erlassen die erste V.O. über die Aufwertung der Ansprüche aus Pfandbriefen und Schuldverschreibungen landschaftlicher (ritterschaftlicher) Kreditanstalten, von Stadtschaften, Pfandbriefämtern und gleichartigen öffentlich-rechtlichen Kreditanstalten für den städtischen Grundkredit und von Landeskulturrentenbanken vom 10. 12. 1925 (GS. S. 169). Sie behandelt in drei Abschnitten die Schuldverschreibungen

a) landschaftlicher (ritterschaftlicher) Kreditanstalten, §§ 1—22,

b) der Stadtschaften, Pfandbriefämter und gleichartigen öffentlich-rechtlichen Kreditanstalten für den städtischen Grundkredit, §§ 23—26,

c) der Landeskulturrentenbanken, § 27.

Die V.O. schließt sich zum Teil der V.O. vom 15. 11. 1924, sowie der Df.V.O. vom 29. 11. 1925, Art. 57 ff an. Der für die Berechnung des Goldmark-Betrages in Betracht kommende Ausgabetag ist in §§ 17, 26, 27 bestimmt. Aufwertungsstelle für die Ansprüche aus den in der V.O. genannten Pfandbriefen und Schuldverschreibungen ist (§§ 20, 23, 27) der Oberpräsident, in dessen Bezirk die oberste Verwaltungsdirektion der Kreditanstalt ihren Sitz hat, für die Westpreußische Landschaft und die Neue Westpreußische Landschaft der Regierungspräsident des Regierungsbezirks Westpreußen. Gegen die Entscheidung des Oberpräsidenten oder des Regierungspräsidenten ist dasselbe Rechtsmittel gegeben wie gegen die Entscheidung der Aufwertungsstelle nach dem AwG., d. h. die sofortige Beschwerde (§ 74 AwG.) oder die einfache Beschwerde des § 19 FGG. Über die Beschwerde entscheidet das Landgericht, in dessen Bezirk der Oberpräsident (Regierungspräsident) seinen Sitz hat. Die sofortige weitere oder die weitere Beschwerde geht an das Kammergericht. Die §§ 73—76 AwG., Art. 117—128 Df.V.O. vom 29. 11. 1925 finden Anwendung, soweit die Zuständigkeit der Aufwertungsstelle begründet ist. D. h.: auch für das Verfahren vor dem Oberpräsidenten (Regierungspräsidenten) finden die Vorschriften des FGG. sinngemäß Anwendung, auch hier ist der Versuch einer gütlichen Einigung zu machen, sofern nicht Erfolglosigkeit des Sühneverfahrens mit Bestimmtheit vorherzusehen ist, auch der Oberpräsident (Regierungspräsident) hat seine Entscheidung zu begründen (Art. 123 Df.V.O. a. a. O.).

Die sofortige Beschwerde kann eingelegt werden

a) bei dem Oberpräsidenten (Regierungspräsidenten),

b) bei dem Landgericht, in dessen Bezirk der Oberpräsident (Regierungspräsident) seinen Sitz hat, und zwar durch Einreichung einer — auch privatschriftlichen — Beschwerdeschrift oder zum Protokoll des Gerichtsschreibers des genannten Landgerichts oder irgendeines Amtsgerichts.

Die sofortige weitere Beschwerde kann eingelegt werden

a) bei dem Oberpräsidenten (Regierungspräsidenten),
b) bei dem Landgerichte, dessen Entscheidung angefochten wird,
c) bei dem Kammergericht,

und zwar entweder

I. Durch Einreichung einer von einem Rechtsanwalt unterzeichneten Beschwerdeschrift (Ausnahme: für eine Behörde oder einen Notar, Art. 124 Abs. 2 Df.V.O. a. a. O.), oder

II. durch Erklärung zum Protokoll des Gerichtsschreibers des betreffenden Landgerichts oder des Kammergerichts oder irgendeines Amtsgerichts.

Die Erklärung zum Protokoll des genannten Gerichtsschreibers wahrt die entsprechende Beschwerdeschrift.

Art. 129 Df.V.O. vom 29. 11. 1925 ist zwar nicht ausdrücklich in Bezug genommen, aber gemäß § 76 AwG. ebenfalls anzuwenden.

Im übrigen kann verwiesen werden auf die entsprechenden Bemerkungen zu §§ 73—76 AwG., Art. 117—129 Df.V..O a. a. O.

Eine besondere V.O. soll noch die Verteilung der Teilungsmasse im Wege der Ausschüttung oder der Auslosung regeln (§ 19).

Sechster Abschnitt.

Aufwertung von Schuldverschreibungen der Genossenschaften des öffentlichen Rechtes und verwandter Körperschaften als Unternehmer wirtschaftlicher Betriebe.

I. Aufwertungsbetrag.

§ 51.

(1) Ansprüche aus verzinslichen oder an Stelle der Verzinsung mit einem Aufgeld rückzahlbaren auf den Inhaber lautenden oder durch Indossament übertragbaren Schuldverschreibungen, die von juristischen Personen des öffentlichen Rechtes als Unternehmer wirtschaftlicher Betriebe ausgegeben sind, werden ohne Rücksicht darauf, ob sie durch Hypothek gesichert sind, auf 15 vom Hundert des Goldmarkbetrags aufgewertet.

(2) Ob im Einzelfalle die Voraussetzungen des Abs. 1 vorliegen, entscheidet der Reichsminister der Justiz mit Zustimmung des Reichsrats.

(3) Die Länder werden ermächtigt, die Aufwertung von Ansprüchen aus Schuldverschreibungen öffentlich-rechtlicher Kredit-

anstalten, abweichend von den Vorschriften der §§ 51 bis 54, auf der Grundlage der §§ 47 bis 50 zu regeln, soweit diese auf die bezeichneten Schuldverschreibungen nicht ohnehin Anwendung finden.

1 Haben juristische Personen des öffentlichen Rechts als Unternehmer wirtschaftlicher Betriebe (z. B. der Gas-, Elektrizitätswerke) Obligationen ausgegeben, so werden diese auf 15% des Goldmarkbetrages aufgewertet (ein Genußrecht kennt der 6. Abschnitt nicht). Für die Berechnung des Goldmarkbetrages gilt § 2 Abs. 2. Auf eine Sicherung durch Hypothek kommt es nicht an. Die Unterscheidung von öffentlichen Anleihen ist oft schwierig. Daher ist bestimmt worden, daß der Reichsminister der Justiz mit Zustimmung des Reichsrats darüber entscheidet, ob eine Schuldverschreibung unter § 51 fällt.

Schuldverschreibungen (Markanleihen) des Reichs, der Länder, der Gemeinden und der Gemeindeverbände werden nach Maßgabe des Anleiheablösungsgesetzes v. 16. 7. 1925 aufgewertet; §§ 51—54 finden auf diese keine Anwendung (§ 54 Anl.Abl.Ges.). Nach § 46 Anl.Abl.-Ges. kann die Reichsregierung mit Zustimmung des Reichsrats die Vorschriften des Anl.Abl.Ges. über die Markanleihen der Gemeinden und Gemeindeverbände auch auf Markanleihen anderer öffentlich-rechtlicher Körperschaften für anwendbar erklären.

2 Verschiedene öffentlich-rechtliche Kreditanstalten, die keine Grundkreditanstalten (§ 47) sind, haben, abgesehen von der Ausleihung von Hypotheken, im wesentlichen das Kommunaldarlehnsgeschäft betrieben und auf Grund der Hypotheken und Darlehnsforderungen Schuldverschreibungen ausgegeben, die unter die Vorschrift des § 51 fallen, obwohl der pfandbriefähnliche Charakter dieser Schuldverschreibungen nicht zu verkennen ist. Die Länder sind daher (Abs. 3) ermächtigt worden, die Aufwertung derartiger Schuldverschreibungen nach der Pfandbriefaufwertung (§§ 47—50) zu regeln, soweit diese nicht ohnehin Anwendung findet.

3 Der 6. Abschnitt bezieht sich insbesondere auf Schuldverschreibungen der Deichverbände und der Entwässerungs-, Bewässerungs- und Fischereigenossenschaften.

II. Herabsetzung der Aufwertung.

§ 52.

Der Schuldner kann eine Herabsetzung der Aufwertung verlangen, wenn dies mit Rücksicht auf seine wirtschaftliche Lage zur Abwendung einer groben Unbilligkeit unabweisbar erscheint. Die Herabsetzung der Aufwertung ist nur zulässig, wenn das Verlangen vor dem 1. April 1926 bei der Aufwertungsstelle gestellt wird. In den Fällen der §§ 203, 204, 206, 207 des

Bürgerlichen Gesetzbuchs kann das Verlangen noch bis zum Ablauf von drei Monaten nach Fortfall des Hindernisses gestellt werden.

III. Aufwertung bei Vorbehalt der Rechte, Kündigung und Auslosung.

§ 53.

(1) Trotz Bewirkung der Leistung findet die Aufwertung statt, wenn der Gläubiger sich bei der Annahme der Leistung seine Rechte vorbehalten hat.

(2) Schuldverschreibungen, die gekündigt oder ausgelost sind, aber sich noch im unmittelbaren oder mittelbaren Besitze des Gläubigers befinden, werden zu seinen Gunsten auch dann aufgewertet, wenn bereits eine Abrechnung mit dem Schuldner oder eine Hinterlegung zugunsten des Gläubigers stattgefunden hat.

(3) Schuldverschreibungen, die bei Banken zur Einlösung eingereicht sind, werden, wenn sie sich noch im Besitze der Bank befinden, zugunsten des einreichenden Gläubigers auch dann aufgewertet, wenn bereits eine Abrechnung mit dem Gläubiger oder mit dem Schuldner oder eine Hinterlegung zugunsten des Gläubigers stattgefunden hat. Eine Aufwertung zugunsten der Bank findet nicht statt. Ablieferungen aus dem Besitze der Bank an den Schuldner, die seit dem 1. Juni 1925 erfolgt sind, gelten als nicht geschehen. Entsprechendes gilt für Bankiers und andere Unternehmungen, die die Aufbewahrung und Verwaltung fremder Wertpapiere gewerbs- oder geschäftsmäßig betreiben. Die Reichsregierung wird ermächtigt, Vorschriften über die Anmeldung und den Nachweis des Rechtes der Gläubiger und für den Fall, daß die Rechte nicht rechtzeitig oder ordnungsgemäß angemeldet oder nachgewiesen werden, über den Ausschluß der Rechte zu erlassen.

(4) Gezahlte Beträge werden in den Fällen der Abs. 1 bis 3 zum Goldmarkbetrag (§§ 2, 3) auf den Betrag der Aufwertung angerechnet. Hinterlegte Beträge kann der Schuldner auch dann zurücknehmen, wenn er auf das Recht zur Rücknahme verzichtet hatte.

(5) Liegen die Voraussetzungen der Abs. 1 bis 3 nicht vor, so kann im Falle der Bewirkung der Leistung eine Aufwertung

auch wegen ungerechtfertigter Bereicherung[1]) oder auf Grund einer Anfechtung wegen Irrtums oder aus einem anderen Rechtsgrund nicht verlangt werden. Ansprüche wegen arglistiger Täuschung bleiben unberührt.

IV. Rückzahlung, Verzinsung.

§ 54.

Für die Rückzahlung, Verzinsung und Tilgung der Aufwertungsbeträge gelten die Vorschriften der §§ 25, 26, 28, 29 entsprechend, soweit nicht die Reichsregierung etwas anderes bestimmt.

Zu §§ 52—54. Diese Vorschriften entsprechen den §§ 34—36. Erteilung einer Bescheinigung Art. 126 Df.V.O. vom 29. 11. 1925.

Siebenter Abschnitt.

Aufwertung von Sparkassenguthaben.

I. Art der Aufwertung.

§ 55.

(1) Sparguthaben bei öffentlichen oder unter Staatsaufsicht stehenden Sparkassen werden in der Weise aufgewertet, daß die Teilungsmasse von einem Treuhänder unter die Gläubiger verteilt wird. Der von dem Treuhänder aufgestellte Teilungsplan bedarf der Genehmigung der obersten Landesbehörde oder einer von ihr bestimmten Stelle. Mit der Genehmigung wird der Teilungsplan verbindlich.

(2) Der bei der Verteilung auf die Sparguthaben entfallende Betrag soll mindestens 12½ vom Hundert des Goldmarkbetrags erreichen, möglichst aber dem Aufwertungssatz entsprechen, der sich für die Anleihen des Schuldners oder seines Garanten ergibt.

II. Teilungsmasse.

§ 56.

Die Teilungsmasse besteht aus dem aufgewerteten Sparkassenvermögen und einem etwa aus dem sonstigen Vermögen

[1]) Im amtlichen Text steht „Berechnung"; dies ist ein Druckfehler.

des Schuldners oder durch den Garanten zu leistenden Beitrag unter Abzug eines etwa zu den Verwaltungskosten zu gewährenden Beitrags.

III. Beteiligung an der Teilungsmasse.

§ 57.

(1) Die Gläubiger werden im Verhältnis des Goldmarkbetrags ihrer Forderungen berücksichtigt. Ist ein Guthaben von einer Sparkasse auf eine andere Sparkasse überwiesen worden, so ist der Gläubiger mit dem Goldmarkbetrage zur Zeit des Erwerbes der Forderung gegen die erste Sparkasse bei der Teilungsmasse zu berücksichtigen, die bei der zweiten Sparkasse zu bilden ist. Die oberste Landesbehörde oder die von ihr bestimmte Stelle ordnet einen Ausgleich zwischen beiden Sparkassen an; sind mehrere Länder beteiligt, so entscheiden sie in gegenseitigem Einvernehmen.

(2) Bereits ausgezahlte Guthaben werden bei der Verteilung berücksichtigt, wenn der Gläubiger sich bei der Annahme der Leistung seine Rechte vorbehalten hat. Die Zahlung ist unbeschadet der Vorschrift im § 58 Ziffer 3 in Höhe des Goldmarkbetrags (§§ 2, 3) anzurechnen. Mangels eines Vorbehalts der Rechte kann unbeschadet einer etwa auf Grund des § 58 Ziffer 3 angeordneten Rückwirkung die Aufwertung ausgezahlter Guthaben auch wegen ungerechtfertigter Bereicherung oder auf Grund einer Anfechtung wegen Irrtums oder aus einem anderen Rechtsgrund nicht verlangt werden. Ansprüche wegen arglistiger Täuschung bleiben unberührt.

IV. Durchführung der Aufwertung.

§ 58.

Die obersten Landesbehörden oder die von ihnen bestimmten Stellen werden ermächtigt,

1. die Anmeldung der Guthaben innerhalb einer Ausschlußfrist vorzuschreiben;
2. einen Goldmarkbetrag zu bestimmen, den die Guthaben erreichen müssen, um bei der Verteilung berücksichtigt zu

werden, und Vorschriften über die Ablösung der Guthaben, die bei der Verteilung nicht berücksichtigt werden, zu erlassen;

3. anzuordnen, daß Einzahlungen und Auszahlungen, die nach bestimmtem Stichtag erfolgt sind, bei der Aufwertung unberücksichtigt bleiben; die Stichtage dürfen jedoch nicht vor dem 15. Juni 1922 liegen;

4. die Leistung eines Beitrags zur Teilungsmasse aus dem sonstigen Vermögen des Schuldners oder durch den Garanten vorzuschreiben. Hierbei kann eine Beitragsleistung auch solcher öffentlich-rechtlichen Körperschaften vorgeschrieben werden, die, ohne Garant der Sparkasse zu sein, nach deren Satzung an den Überschüssen der Sparkasse zu beteiligen sind oder ohne satzungsmäßige Bestimmung tatsächlich innerhalb der letzten 15 Jahre regelmäßig mit einem erheblichen Anteil an den Überschüssen teilgenommen haben;

5. nähere Bestimmungen über den zur Teilungsmasse zu leistenden Beitrag zu treffen;

6. sonstige Bestimmungen über die Bildung und Verteilung der Teilungsmasse sowie über ihre Liquidierung zu treffen; insbesondere zu gestatten, daß den Schuldnern aufgewerteter Rechte der Sparkassen und den Eigentümern zur Sicherung dieser Rechte belasteter Grundstücke für den Fall vorzeitiger Leistung zur Teilungsmasse eine Kürzung der Schuld oder andere Vergünstigungen gewährt werden;

7. einen einheitlichen Aufwertungssatz (Einheitssatz) für sämtliche Sparkassen eines Landes oder einzelner Landesteile oder für bestimmte Arten von Sparkassen (städtische, Bezirks-, Kreis-, Provinzialsparkassen und ähnliche) festzusetzen und zu bestimmen, daß in solchem Falle die Bildung einer Teilungsmasse sowie die Bestellung eines Treuhänders unterbleiben darf. Der Einheitssatz wird unter Zugrundelegung des Gesamtbetrags der aufgewerteten Sparkassenvermögen schätzungsmäßig festgesetzt und darf nicht unterhalb desjenigen Satzes liegen, der sich aus dem Verhältnis der aufgewerteten Sparkassenvermögen zu den aufgewerteten Sparguthaben ergibt;

8. Vorschriften über die Aufbringung der für die Aufwertung zu einem Einheitssatze (Ziffer 7) erforderlichen Beiträge zu treffen; hierbei kann eine Beitragsleistung auch solcher öffentlich-rechtlichen Körperschaften vorgeschrieben werden, die, ohne Garant der Sparkasse zu sein, nach deren Satzung an den Überschüssen der Sparkasse zu beteiligen sind oder ohne satzungsmäßige Bestimmung tatsächlich innerhalb der letzten 15 Jahre regelmäßig mit einem erheblichen Anteil an den Überschüssen teilgenommen haben;
9. einen Mindestsatz für die Aufwertung zu bestimmen;
10. für mehrere Sparkassen die Zusammenlegung der Teilungsmassen und ihre einheitliche Verteilung unter die Gläubiger dieser Sparkassen anzuordnen;
11. die Gewährung eines Beitrags zu den Verwaltungskosten vorzuschreiben und Grundsätze für die Bemessung des Verwaltungskostenbeitrags zu geben;
12. zu bestimmen, daß die Auswechslung von zum Sparkassenvermögen gehörigen Hypotheken zwischen zwei Sparkassen aus Anlaß der Abtretung deutschen Gebiets auf Grund des Versailler Vertrags für die Feststellung des Erwerbstags außer Betracht bleibt.

Zu §§ 55—58.

1 Es handelt sich hier um die öffentlichen oder unter Staatsaufsicht stehenden Sparkassen. Andere Sparkassen sind in § 63 Abs. 2 Z. 6 erwähnt. Öffentliche Sparkassen sind die Sparkassen der Länder, Kreise, Stadt- und Landgemeinden. Darauf, ob sie selbständige juristische Personen sind oder nicht, kommt es nicht an. In Preußen sind sie dies nicht, sondern Teile der Stadt- oder Kreisverwaltung (RGZ. 68, 277). Die Eigenschaft von selbständigen öffentlichen Behörden haben sie dann, wenn diese Eigenschaft auf gesetzlicher Vorschrift beruht. Dies ist der Fall bei den städtischen Sparkassen, wenn sie eine selbständige Verwaltung haben, bei den Kreissparkassen, wenn sie von selbständigen Kreiskommissionen verwaltet werden. Näheres bei Güthe-Triebel, Grundbuchordnung Bd. 2 unter Sparkassen. Die unter Staatsaufsicht stehenden Privatsparkassen sind den öffentlichen Sparkassen gleichgestellt; dies trifft z. B. auf einzelne Privatsparkassen in Schleswig-Holstein zu (K.G.Z. 30. A. 165; 33 A. 109). Soweit für die Privatsparkassen eine Staatsaufsicht nicht besteht, kommen die Vorschriften des 7. Abschnittes nicht zur Anwendung. Im übrigen zu vergleichen wegen

der Fabrik- und Werksparkassen §§ 63, 64,
der sonstigen Privatsparkassen §§ 65, 66.

Unter den Sparguthaben des § 55 ist zu verstehen die Einlage des Sparers, für die satzungsmäßig ein Sparbuch ausgestellt ist oder hätte ausgestellt werden müssen. Die von einzelnen Sparkassen in der Inflationszeit aufgenommenen Darlehen gelten nicht als Sparguthaben im Sinne des § 55, selbst wenn hierfür — mißbräuchlicherweise — ein Sparbuch ausgestellt worden ist.

2 Das Gesetz beschränkt sich darauf, für die Aufwertung solcher Sparkassenguthaben die Grundsätze aufzustellen und die Einzelregelung den Ländern zu überlassen. Der Rahmen für die von diesen zu erlassenden Vorschriften ist absichtlich sehr weit gespannt, um eine sichere Rechtsgrundlage hierfür zu schaffen.

3 In der Regel (Ausnahme: § 58 Z. 7) hat ein Treuhänder die Teilungsmasse unter die Gläubiger zu verteilen; diese besteht aus dem aufgewerteten Sparkassenvermögen und einem etwa aus dem sonstigen Vermögen des Schuldners, durch den Garanten oder — § 58 Z. 4, 8 — durch bestimmte öffentlich-rechtliche Körperschaften zu leistenden Beitrag. Ein Verwaltungskostenbeitrag darf auch hier abgezogen werden.

4 Der Teilungsmasse gegenüber stehen die Guthaben der Gläubiger, die nach dem Goldmarkbetrage zur Zeit des Erwerbs berechnet werden. Bei Überweisung eines Guthabens einer Sparkasse auf eine andere ist dafür Sorge getragen, daß der hiervon betroffene Gläubiger keinen Schaden erleidet. Maßgebend ist dann der Goldmarkbetrag zur Zeit des Erwerbes der Forderung gegen die erste Sparkasse; dieser Betrag ist bei der Teilungsmasse zu berücksichtigen, die bei der zweiten Sparkasse gebildet wird. Zwischen den beiden Sparkassen findet ein Ausgleich statt. Aufrechnung von Gegenforderungen, zu vgl. Art. 19 Abs. 2 Df.V.O. vom 29. 11. 1925.

5 Ausgezahlte Guthaben werden bei der Verteilung nur berücksichtigt, wenn sich der Gläubiger bei der Annahme der Leistung seine Rechte vorbehalten hat. Wegen des Vorbehalts zu vgl. § 14 A. 1. Die Zahlung ist in Höhe des Goldmarkbetrages anzurechnen. Es kann aber auch (§ 58 Z. 3) bestimmt werden, daß Auszahlungen nach einem noch zu bestimmenden Stichtage, der jedoch nicht vor dem 15. 6. 1922 liegen darf (zu vgl. §§ 15, 17), unberücksichtigt bleiben; insoweit findet dann auch hier eine gewisse Rückwirkung statt. Anderseits können Einzahlungen nach einem noch zu bestimmenden Stichtage, der aber ebenfalls nicht vor dem 15. 6. 1922 liegen darf, unberücksichtigt gelassen werden.

6 Eine weitergehende Aufwertung, etwa wegen ungerechtfertigter Bereicherung oder auf Grund einer Anfechtung wegen Irrtums, ist ausgeschlossen (zu vgl. §§ 19, 35 Abs. 5, 49 Abs. 5, 53 Abs. 5). Nur bleiben auch hier Ansprüche wegen arglistiger Täuschung unberührt.

7 Wenn der Treuhänder so die Teilungsmasse — das Aktivvermögen — und die Guthaben der Gläubiger — das Passivvermögen — be-

rechnet hat, stellt er den **Teilungsplan** auf. Dieser muß von den obersten Landesbehörden oder einer von ihr bestimmten Stelle genehmigt werden. Mit der Genehmigung wird der Teilungsplan verbindlich; eine Anfechtung des Teilungsplans ist ausgeschlossen. Mindestens soll jeder Gläubiger 12½% seines Goldmarkbetrages erhalten. Es ist dies indes nur eine Sollvorschrift.

[8] Im übrigen ist die Regelung der Aufwertung den obersten Landesbehörden oder den von ihnen bestimmten Stellen überlassen, allerdings nur in dem, freilich weit gespannten Rahmen der Z. 1—12 § 58. In Preußen ist die 1. VO. zur Durchführung der Aufwertung der Sparguthaben v. 24.10.1925 (GS. S. 151, abgedr. Anhang) erlassen. Danach erfolgt die Aufwertung der Sparguthaben zu einem festen Aufwertungssatze von 12½% des Goldmarkbetrages der Sparguthaben. Eine Teilungsmasse wird nicht gebildet, ein Treuhänder nicht bestellt. Ein höherer Aufwertungssatz ist vorgesehen, wenn für eine Markanleihe des betreffenden Gewährleistungsverbandes nach Maßgabe des Anl.Abl.-Ges. v. 16.7.1925 ein Aufwertungssatz über 12½% erreicht wird. Für leistungsschwache Sparkassen sieht § 3 a.a.O. einen Sparkassenausgleichsstock vor, dessen Verwaltung und Verwendung von dem Min. d. J. geregelt wird.

[9] Die Regierungsvorlage hatte im § 7 Abs. 3 und im 1. Satze von Abs. 4 noch eine Rangordnung der Gläubiger und eine Berücksichtigung ihrer Guthaben im Verhältnis von 3:2 vorgesehen. Bei der Beratung des Gesetzes wurde die Streichung dieser Bestimmung verlangt. Man wies hierbei auf folgendes hin. Die von der Regierung vorgeschlagene Regelung erreiche den beabsichtigten Zweck des sozialen Ausgleichs nicht. Die Sparkassen wären keineswegs die Anstalten, wo nur die Bedürftigen die Anlage ihrer Spargroschen gesucht hätten. Auch die Verwalter großer Vermögen hätten erhebliche Beträge auf Sparguthaben angelegt, Vormünder und Vormundschaftsgerichte hätten ohne Rücksicht auf die soziale Stellung der Mündel die Anlegung der Gelder bei der Sparkasse vielfach gefordert. Jede Unterscheidung führe also zu sozialen Ungerechtigkeiten.

Der Streichungsantrag fand dann allseitige Zustimmung.

[10] Die 3. StNVO. hatte in § 7 Abs. 1 vorgeschrieben, daß die Sparkassenguthaben bis zum 31. 12. 1924 bei der Aufwertungsstelle anzumelden wären. Für die Entgegennahme dieser Anmeldungen waren in Preußen nach der VO. v. 24. 6. 1924 (JMBl. 338 = MBlV. i. V. 699) die Sparkassen an Stelle der Amtsgerichte für zuständig erklärt worden. Hierbei hat es sich nur um eine Anmeldung, nicht um einen im § 7 Abs. 3 der 1. DfVO. v. 1. 5. 1924 vorgesehenen Antrag auf Einleitung des Verfahrens gehandelt.

[11] Die Aufwertung von Sparkassenguthaben ist in den §§ 69—71 nicht erwähnt. Die dort genannte Aufwertungsstelle ist daher zur Aufwertung von Sparkassenguthaben nicht zuständig.

Achter Abschnitt.

Aufwertung von Versicherungsansprüchen.

I. Geltungsgebiet.

§ 59.

(1) Versicherungsansprüche im Sinne der §§ 60, 61 sind die Ansprüche der Versicherten aus Lebensversicherungsverträgen, ferner die Ansprüche der Versicherten aus solchen Kranken-, Unfall- und Haftpflichtversicherungsverträgen, für die nach gesetzlichen Bestimmungen oder nach Vorschrift der Aufsichtsbehörde vor dem 14. Februar 1924 ein Prämienreservefonds im Sinne der §§ 56 ff. des Versicherungsaufsichtsgesetzes zu bilden war, mit Ausnahme von Ansprüchen aus Haftpflichtversicherungsverträgen mit unbegrenzter Deckung. Als Lebensversicherung gilt die Versicherung auf den Lebensfall, auf den Todesfall, Kapitalversicherung, Rentenversicherung usw., ferner die Invaliditäts-, Alters-, Witwen-, Waisen-, Aussteuer- und Militärdienstversicherung, gleichviel ob auf Kapital oder Rente.

(2) Die Reichsregierung oder die von ihr bestimmte Stelle wird ermächtigt, Bestimmungen über die Voraussetzungen, die Art und die Höhe der Aufwertung von Ansprüchen der Versicherten aus Versicherungsverträgen anderer Art zu erlassen.

II. Gegenstand und Art der Aufwertung.

§ 60.

(1) Versicherungsansprüche werden in der Weise aufgewertet, daß das aufgewertete Vermögen der Versicherungsunternehmung nebst einem etwa aus dem sonstigen Vermögen des Schuldners zu leistenden Beitrag einem Treuhänder überwiesen wird.

(2) Der Treuhänder hat den ihm überwiesenen Betrag (Aufwertungsstock) nach Abzug der Verwaltungskosten zugunsten der Versicherten nach einem von der Aufsichtsbehörde genehmigten Teilungsplane zu verwenden. Mit der Genehmigung durch die Aufsichtsbehörde wird der Teilungsplan verbindlich.

(3) Trotz der Bewirkung der Leistung nimmt der Gläubiger an der Verteilung des Aufwertungsstocks teil, wenn er sich bei der Annahme der Leistung seine Rechte vorbehalten hat.

Hat der Gläubiger die Leistung in der Zeit vom 15. Juni 1922 bis zum 14. Februar 1924 angenommen, so wird er an dem Aufwertungsstock auch dann beteiligt, wenn er sich bei der Annahme der Leistung seine Rechte nicht vorbehalten hat (Rückwirkung). Die Zahlungen sind unbeschadet der Vorschrift im § 61 in Höhe des Goldmarkbetrags (§§ 2, 3) anzurechnen. Liegen diese Voraussetzungen nicht vor, so kann im Falle der Bewirkung der Leistung die Aufwertung auch wegen ungerechtfertigter Bereicherung oder auf Grund einer Anfechtung wegen Irrtums oder aus einem anderen Rechtsgrund nicht verlangt werden. Ansprüche wegen arglistiger Täuschung bleiben unberührt.

III. Durchführung der Aufwertung.

§ 61.

Die Reichsregierung oder die von ihr bestimmte Stelle trifft die näheren Bestimmungen über die Berechnung der Versicherungsansprüche, über die Bildung, Erhaltung, Liquidierung und Verteilung des Aufwertungsstocks sowie über den von dem Schuldner zum Aufwertungsstocke zu leistenden Beitrag; sie kann einen Goldmarkbetrag bestimmen, den die Versicherungsansprüche erreichen müssen, um bei der Verteilung berücksichtigt zu werden. Sie kann zulassen, daß in besonderen Fällen die Durchführung des Aufwertungsverfahrens in anderer Weise als durch Überweisung des Aufwertungsstocks an einen Treuhänder erfolgt und besondere Vorschriften für Ansprüche aus Versicherungsverträgen mit ausländischen, nicht unter Reichsaufsicht stehenden Unternehmungen erlassen. Darüber hinaus kann sie zur Ergänzung der Vorschriften dieses Gesetzes die Anordnungen treffen, die sie zur Durchführung der Aufwertung für notwendig erachtet.

Zu §§ 59—61.

1 Die Ansprüche der Versicherten aus bestimmten Kranken-, Unfall- und Haftpflichtversicherungsverträgen waren in der 3. StNVO. selbst nicht erwähnt, wurden aber in der 4. DfVO. v. 28. 8. 1924, § 1 Satz 2 den Ansprüchen aus Lebensversicherungsverträgen hinsichtlich der Aufwertung gleichgestellt. RGZ. 109 S. 216 hat diese Vorschrift für ungültig erklärt, da die verfassungsmäßige Grundlage für eine derartige Verordnung fehle. Nunmehr sind jene Ansprüche in das Aufwertungsgesetz aufgenommen worden, so daß jetzt ihre Aufwertung keinem Be-

denken unterliegt. Zu den Versicherungsansprüchen gehören die Ansprüche nicht nur aus der Kapital-, sondern auch aus der Rentenversicherung. Die Sozialversicherung ist reichsrechtlich anderweit geregelt und kommt hier nicht in Betracht.

2 Auch die Vorschriften über die Aufwertung von Versicherungsansprüchen stellen sich als ein Rahmengesetz dar. Die Reichsregierung oder die von ihr bestimmte Stelle hat die Ermächtigung erhalten,

a) auch für Versicherungsverträge anderer Art die Voraussetzung, die Art und die Höhe der Aufwertung zu bestimmen (§ 59 Abs. 2; Mügel[4] § 59 A. 2, JW. 1925, S. 2407 hält den Abs. 2 für eine verfassungswidrige Übertragung der dem Reichstage zustehenden Gesetzgebungsgewalt, a. A. Lammers, JW. 1925 S. 2405). In Frage kommen insbesondere Haftpflichtversicherungsverträge mit unbegrenzter Deckung und Schadenversicherungsverträge (Einbruch, Feuer und dgl.),

b) nähere Bestimmungen für die Durchführung der Aufwertung selbst zu erlassen (§ 61 S. 1 und 2),

c) zur Ergänzung des Aufwertungsgesetzes die Anordnungen zu treffen, die sie zur Durchführung der Aufwertung für notwendig erachtet (§ 61 Satz 3). Vermieden ist hierbei die Bestimmung der Regierungsvorlage (§ 8 Abs. 2, letzter Satz), daß jene Anordnungen auch „in Abweichung" von den Vorschriften dieser VO. erlassen werden dürfen.

Jetzt regelt die Df.V.O. vom 29. 11. 1925 in Art. 95—116 die Aufwertung von Versicherungsansprüchen.

3 Die Aufwertung findet in folgender Weise statt. Es wird ein Aufwertungsstock gebildet, der sich zusammensetzt

a) aus dem aufgewerteten Vermögen der Versicherungsunternehmung,

b) aus einem Beitrage, der aus dem sonstigen Vermögen des Schuldners etwa geleistet wird — dieser Beitrag kann zwingend vorgeschrieben werden, § 61.

Der Aufwertungsstock wird in der Regel (Ausnahme § 61) einem Treuhänder — ähnlich wie nach dem bisherigen Recht, zu vgl. § 12 der 4. DfVO. v. 28. 8. 1924 — überwiesen. Dieser bringt einen Verwaltungskostenbeitrag hiervon in Abzug, stellt dann den Teilungsplan auf und überreicht ihn der Aufsichtsbehörde zur Genehmigung. Mit der Genehmigung durch die Aufsichtsbehörde wird der Teilungsplan verbindlich. Eine Anfechtung des Teilungsplans ist ausgeschlossen.

4 Soweit bereits Zahlungen an die Gläubiger erfolgt sind, ist zu unterscheiden:

a) ist die Zahlung vor dem 15. 6. 1922 vorbehaltlos angenommen, so wird in dieser Höhe die Schuld getilgt,

b) hat sich der Gläubiger bei der Annahme der Leistung seine Rechte vorbehalten (zu vergleichen die Bemerkungen zu § 14), oder

c) — Rückwirkung — ist die Zahlung in der Zeit vom 15. 6. 1922 bis 14. 2. 1924 erfolgt (ob mit oder ohne Vorbehalt ist gleichgültig), so wird die Zahlung nur in Höhe des Goldmarkbetrages angerechnet. Der Goldmarkbetrag ist nach §§ 2, 3 zu berechnen. Es wird also der Goldmarkbetrag für den Tag festgestellt, an welchem der Gläubiger oder sein im § 3 Z. 2—11 genannter Rechtsvorgänger den Anspruch erworben hat. Von diesem Betrage ist abzuziehen der Goldmarkbetrag, dem die Zahlung am Zahlungstage nach der Umrechnungstabelle entsprach.

Zur Erleichterung der Durchführung kann (§ 61) ein Mindestbetrag bestimmt werden, den die Versicherungsansprüche erreichen müssen, um bei der Verteilung berücksichtigt zu werden. Im übrigen kann die Aufwertung etwa wegen ungerechtfertigter Bereicherung oder auf Grund einer Anfechtung wegen Irrtums nicht verlangt werden. Nur bleiben Ansprüche wegen arglistiger Täuschung unberührt (§§ 19, 35 Abs. 5, 49 Abs. 5, 53 Abs. 5, 57 Abs. 2). Im übrigen zu vgl. jetzt die Erläuterungen zu Art. 95—116 Df.V.O. vom 29. 11. 1925.

[5] Die Aufwertung der Versicherungsansprüche ist in den §§ 69—71 nicht erwähnt (zu vgl. A. 11 zu §§ 55—58).

Neunter Abschnitt.

Aufwertung anderer Ansprüche.

I. Allgemeine Bestimmung.

§ 62.

Die Aufwertung anderer als der in den §§ 4 bis 61 bezeichneten Ansprüche richtet sich nach den allgemeinen Vorschriften, soweit sich nicht aus den Vorschriften der §§ 63 bis 66 ein anderes ergibt.

[1] Die §§ 4—61 betrafen die Aufwertung:

I. Der Hypotheken (§§ 4—30),
   a) des dinglichen Rechts (§§ 4—8, §§ 14—30),
   b) des persönlichen Rechts (§§ 9—13, §§ 14—30).

II. a) der Grundschulden, Rentenschulden, Reallasten (§ 31),
   b) der Schiffs- und Bahnpfandrechte (des dinglichen und des persönlichen Rechts, § 32).

III. Der Industrieobligationen u. dgl. (§§ 33—46).

IV. Der Pfandbriefe u. dgl. (§§ 47—50).

V. Der Schuldverschreibungen öffentlich-rechtlicher Körperschaften (§§ 51—54).

VI. Der Sparkassenguthaben (§§ 55—58).

VII. Der Versicherungsansprüche (§§ 59—61).

Alle sonstigen Ansprüche werden nach Maßgabe der §§ 62—66 aufgewertet. Für diese Aufwertung ist, mit Ausnahme der Aufwertung von Guthaben bei Fabrik- und Werksparkassen und von Ansprüchen an Betriebs-Pensionskassen (§ 70 Z. 5), nicht die Aufwertungsstelle (§ 69) zuständig, sondern das Prozeßgericht, sofern nicht etwa die Beteiligten nach § 71 die Zuständigkeit der Aufwertungsstelle vereinbart haben.

2 Die Aufwertung der im 9. Abschnitt bezeichneten Ansprüche erfolgt regelmäßig nach allgemeinen Vorschriften (hierzu zu vgl. § 10 A. 1). Während sonst regelmäßig die allgemeinen Vorschriften eine Aufwertung nach oben hin nicht begrenzen, ist für bestimmte Ansprüche eine solche Höchstgrenze — 25% — gesetzt. Auch für die Rückzahlung und die Verzinsung des Aufwertungsbetrages ist in gewissen Fällen das billige Ermessen beschränkt. Endlich sind einzelne Ansprüche überhaupt von einer Aufwertung ausgenommen.

3 Die Regelung der Aufwertung der unter die §§ 62, 63 fallenden Ansprüche verstößt nicht gegen Vorschriften der Reichsverfassung (RG. 4. 11. 1925, RGZ. 111, S. 320, zu vgl. auch § 88 A. 4).

II. Aufwertung von Vermögensanlagen.

§ 63.

(1) Die Aufwertung von Vermögensanlagen darf 25 vom Hundert des Goldmarkbetrags (§§ 2, 3) nicht übersteigen. Die Vorschriften der §§ 14, 15, 17 bis 19 über den Vorbehalt der Rechte und die Rückwirkung finden entsprechende Anwendung.

(2) Als Vermögensanlagen im Sinne des Abs. 1 gelten nicht:

1. Ansprüche aus Gesellschaftsverträgen und anderen Beteiligungsverhältnissen;
2. Ansprüche aus Gutsüberlassungsverträgen sowie Ansprüche, die auf den Beziehungen aus der Auseinandersetzung unter Miterben, unter Ehegatten, unter geschiedenen Ehegatten, unter Eltern und Kindern oder zwischen Erben und Pflichtteilberechtigten oder Vermächtnisnehmern beruhen;
3. Ansprüche, die auf den Beziehungen zwischen unterhaltsberechtigten und unterhaltsverpflichteten Personen beruhen;
4. Ansprüche auf wiederkehrende Leistungen, die bei Abfindungen, Auseinandersetzungen, Überlassungen oder ähnlichen Rechtsvorgängen begründet sind;
5. Ansprüche auf Entrichtung eines Erbbauzinses;
6. Guthaben bei Fabrik- oder Werksparkassen sowie Ansprüche an Betriebs-Pensionskassen (§ 64). Die Vorschrift, daß die Guthaben und Ansprüche kraft Gesetzes nicht Vermögensanlagen sind, gilt nicht, soweit die Mittel der Kasse

aus freiwilligen Zuwendungen des Arbeitgebers herrühren; sie gilt auch nicht, sofern das Vermögen der Kasse gesondert vom Betriebsvermögen des Arbeitgebers zu verwalten und anzulegen war und verwaltet und angelegt worden ist.

(3) Als Vermögensanlagen im Sinne des Abs. 1 gelten ferner nicht Ansprüche aus gegenseitigen Verträgen. Soweit zum Zwecke der Versorgung von Arbeitern oder Angestellten eine Versicherung abgeschlossen ist, bleiben etwa daneben bestehende Versorgungsansprüche aus dem Anstellungsverhältnis unberührt. Ist der Arbeiter oder Angestellte bei seinem Arbeitgeber versichert, so wird das Vorliegen eines solchen Versorgungsanspruchs aus dem Dienstvertrage vermutet.

(4) In den Fällen des Abs. 1 sowie des Abs. 2 Ziffer 1 bis 4 kann das Gericht über die Fälligkeit und die Verzinsung nach billigem Ermessen entscheiden. Über das aus §§ 25, 26, 28 ersichtliche Maß hinaus darf jedoch ohne Zustimmung des Gläubigers Stundung oder Zinsermäßigung nicht gewährt werden.

(5) Die Länder werden ermächtigt, im Wege der Gesetzgebung Vorschriften über die Aufwertung von Erbpachtzinsen (Kanon), Grundmieten, Erbleihen und ähnlichen Ansprüchen zu erlassen.

[1] Was unter einer Vermögensanlage zu verstehen ist, kann zweifelhaft sein. Bei der Beratung des Gesetzes ist denn auch die Unklarheit dieses Begriffs wiederholt hervorgehoben worden. Man wird die Vermögensanlage etwa dahin auslegen können: Sie ist die für eine immerhin längere Dauer bestimmte Verwendung des Vermögens oder einzelner Vermögensstücke zum Zwecke der Nutzung, Sicherstellung oder sonstigen Aufbewahrung. Reine Gefälligkeitsdarlehen sind keine Vermögensanlage, so z. B. wenn ein Geschäftsmann das Geld, das er vorteilhafter im eigenen Geschäft hätte arbeiten lassen oder mit größerem Gewinn einem andern hätte leihen können, einem geldsuchenden Verwandten oder Bekannten geliehen hat. Andrerseits steht der Umstand, daß mit dem Darlehn eine Gefälligkeit beabsichtigt ist, der Annahme einer Vermögensanlage nicht entgegen, wenn sonst nur deren Voraussetzungen gegeben sind (RG. 23. 11. 1925, IV. 575. 25). Ebensowenig ist die Aufwertung einer Wechselsumme als solcher möglich, die Wechselsumme stellt einen unabänderlichen festen Wert dar. Nur auf der Grundlage des für den Wechsel in Betracht kommenden Rechtsgeschäfts kann je nach dessen rechtlicher Natur ein Aufwertungsanspruch oder ein Nachforderungsrecht gegeben sein. Ist der Wechsel zahlungshalber, nicht an Zahlungs Statt gegeben, so ist nicht ausgeschlossen,

daß der Wechselinhaber wegen des unvorhergesehenen Versagens des Zahlungsmittels wieder auf die ursprüngliche Forderung zurückgreift (RGZ. 110, 40).

2 Vermögensanlagen dürfen nicht höher als 25% aufgewertet werden. Anderseits ist auch eine geringere Aufwertung zulässig, wenn eine solche nach den allgemeinen Vorschriften geboten ist. Die Bestimmungen der §§ 14, 15, 17—19 über den Vorbehalt, die Rückwirkung, Aufwertung bei Gläubigerwechsel und Anrechnung geleisteter Zahlungen finden entsprechende Anwendung.

3 Nach ausdrücklicher Bestimmung gelten die in Abs. 2 unter Z. 1 bis 6 aufgeführten Ansprüche nicht als Vermögensanlagen im Sinne des Abs. 1, d. h. die Aufwertung kann auch über 25% betragen. Die Vorschriften der §§ 14, 15, 17—19 sollten dadurch, daß diese Ansprüche von den im Abs. 1 genannten Vermögensanlagen ausgenommen worden sind, nicht etwa ausgeschlossen werden.

4 Die Ansprüche in Z. 1—4 sind bereits in § 10 unter Z. 1—4 aufgeführt worden. Dort handelte es sich indes um Forderungen, die durch Hypothek, Schiffs- oder Bahnpfandrecht (§ 32) gesichert sind, und deren Aufwertung durch die Aufwertungsstelle zu erfolgen hat. Besteht eine derartige dingliche Sicherung nicht, so erfolgt die Aufwertung nach § 63 ebenfalls, wie in § 10 a. a. O., nach allgemeinen Vorschriften, aber durch das Prozeßgericht, falls nicht nach § 71 die Zuständigkeit der Aufwertungsstelle vereinbart ist. Im einzelnen zu vgl. die entsprechenden Bemerkungen zu § 10. Als Abfindung im Sinne der Z. 4 ist auch das Leibzuchtsrecht der Witwe anzusehen; seiner Natur nach soll es als Abfindung von dem dem Anerbenrecht unterworfenen Grundbesitz des Ehemanns bei dessen Tod dienen (RGZ. 108, 292/297). Eine nicht bei einer Abfindung oder einem anderen in Z. 4 angegebenen Rechtsvorgange, sondern durch Kauf erworbene Leibrente gehört dagegen nicht zu den in Z. 4 genannten wiederkehrenden Leistungen. Man kann hier noch die Frage aufwerfen, ob, ähnlich wie dies in § 10 Abs. 3 ausdrücklich bestimmt ist, bei den Gutsüberlassungsverträgen des § 63 Z. 2 die Aufwertung ebenfalls auf 75% und 100% beschränkt ist, wenn die Forderung vor dem 1. 1. 1912 oder 1. 1. 1922 begründet worden ist. Ich möchte diese Frage bejahen. Es ist offenbar übersehen worden, jene in letzter Stunde aufgenommene Vorschrift auch dem § 63 anzufügen. Überdies wäre nicht ersichtlich, warum ein Unterschied gemacht werden soll, je nachdem die Ansprüche dinglich gesichert sind oder nicht. Eine große Bedeutung wird diese Frage kaum haben, da die meisten Forderungen aus derartigen Verträgen wohl hypothekarisch sichergestellt sind. Immerhin kann es vorkommen, daß für derartige Ansprüche eine Grundschuld bestellt worden ist, für die ja die Vorschrift des § 10 nicht gilt (§ 31 A. 1), oder daß die Vertragschließenden aus besonderen Gründen eine hypothekarische Sicherung nicht für erforderlich gehalten haben.

5 Erbbauzins ist das für die Bestellung des Erbbaurechts vereinbarte, in wiederkehrenden Leistungen zu entrichtende Entgelt, § 9 VO.

v. 15. 1. 1919 (RGBl. S. 72). Die Vorschriften des BGB. über die Reallasten finden entsprechende Anwendung. Da das AwG. als eine Ergänzung des BGB. anzusehen ist (KG. 27. 4. 1925, 9. Aw. 262. 25), gilt für die Aufwertung des dinglichen Rechts § 31 (a. A. Mügel[4] § 63 A. 8); die persönliche Forderung wird nach allgemeinen Vorschriften aufgewertet. Hierzu hat der M.Volksw. im Erlaß vom 14. 10. 1925 (Volkswohlf. 415) folgendes bestimmt:

„Ich ersuche, auf die Gemeinden und sonstigen Grundeigentümer, die Land in Erbbaurecht gegeben haben, dahin einzuwirken, daß sie bei ihren Forderungen auf Aufwertung des Erbbauzinses nicht über das nötige Maß hinausgehen. Es muß vermieden werden, dem Erbbauberechtigten im Wege der Aufwertung Lasten aufzubürden, die er auf die Dauer nicht tragen kann und die mit dem Ertrage des Grundstücks nicht im Einklang stehen.

Früher ist für den Erbbauzins ein Höchstsatz von 2—3 v. H. des Grundstückswertes üblich gewesen. Dieser Satz wird auch heute im allgemeinen als angemessen bezeichnet werden können. Dabei wird auch der Grundstückswert nicht zu hoch anzusetzen sein. Wenn im Hinblick auf die heutige allgemeine Zinssteigerung oft wesentlich höhere Zinsbeträge verlangt werden, so halte ich das nicht für richtig, weil ein Sinken des Zinsfußes eine Herabsetzung des Erbbauzinses nicht nach sich ziehen würde. Erbbaurechtsverträge haben eine lange Gültigkeitsdauer und müssen von Konjunkturschwankungen unabhängig sein.

Sollten dort Fälle bekannt werden, in denen die Aufwertung eines Erbbauzinses zum gerichtlichen Austrag gebracht ist, ersuche ich, mir zu berichten."

Bei der Beratung der Z. 5 wurde die Frage aufgeworfen, ob der Kanon des Meckl. Landesrechts dem Erbbauzins gleichzustellen, oder ob die Regelung der Kanonaufwertung dem Landesrecht zu überlassen sei. Schließlich ist mit Zustimmung der Reichsregierung der Antrag der Kompromißparteien angenommen worden, die die Aufwertung für den Kanon der Landesgesetzgebung vorbehalten wollten. In Abs. 5 ist daher den einzelnen Ländern die Ermächtigung für eine derartige Aufwertung erteilt worden.

[6] **Fabrik- und Werksparkassen, Betriebs-Pensionskassen.** Für Guthaben bei jenen Sparkassen ist auch eine höhere Aufwertung als 25% zugelassen worden, weil sie fast überall dazu gedient haben, in den gewerblichen Betrieben als Kapital zu arbeiten oder Sachwerte zu beschaffen. Als bevorzugte Ausnahmen sind auch die Ansprüche an Betriebs-Pensionskassen aufgenommen worden. Es ist aber darauf hingewiesen worden, daß diese Kassen häufig nicht aus ersparten Mitteln der Arbeiter, sondern zu reinen Wohltätigkeitszwecken aus freiwilligen Zuwendungen des Arbeitgebers unterhalten wurden, und daß in vielen Fällen besondere Vermögensanlagen als Pensionsfonds sichergestellt seien. In solchen Fällen kann der Arbeitgeber nicht ohne weiteres zu einer vollen Aufwertung angehalten werden, zumal wenn der Kassenfonds durch die Geldentwertung völlig vernichtet ist. Es ist daher

unterschieden worden: Soweit die Mittel der Kasse aus freiwilligen Zuwendungen des Arbeitgebers herrühren, oder sofern das Vermögen der Kasse gesondert vom Betriebsvermögen des Arbeitgebers zu verwalten oder anzulegen ist und verwaltet oder angelegt wird, gilt die Ausnahme von Abs. 1 nicht, d. h. die Aufwertung findet nicht über 25% statt. Zuständig für die Aufwertung derartiger Guthaben und Ansprüche ist die Aufwertungsstelle, §§ 64, 70 Z. 5. Die Reichsregierung ist in § 64 ermächtigt worden, nähere Bestimmungen in dieser Hinsicht, auch über die Zusammensetzung und das Verfahren der Aufwertungsstelle zu erlassen.

7 **Ansprüche aus gegenseitigen Verträgen** gelten ebenfalls nicht als Vermögensanlagen im Sinne des Abs. 1, können daher nach allgemeinen Vorschriften auch über 25% aufgewertet werden, so auch die nicht dinglich gesicherten Kaufgeldforderungen (Becker, JW. 1925, S. 2543). Bei der Versicherung zum Zwecke der Versorgung von Arbeitern oder Angestellten sind, wie der Ausschußbericht (S. 24) hervorhebt, folgende Fälle möglich: Der Arbeitgeber hat es als Teil seiner Vertragsleistung übernommen, seine Angestellten gegen Invalidität zu versichern, und hat ihnen zu diesem Zwecke einen Versicherungsschein irgendeiner Gesellschaft ausgehändigt und die Prämien laufend für sie bezahlt. Nach den Parteiabsichten kann dann durch die Aushändigung der Police die übernommene Verpflichtung zur Altersfürsorge erledigt sein (Versicherungsschein an Erfüllung statt). In diesem Falle nimmt der Empfänger des Versicherungsscheins nur an der Teilungsmasse der Versicherungsunternehmung teil. Es kann aber auch die Versicherungspflicht als Vertragspflicht dahin gehen, daß der Angestellte ganz allgemein einen Anspruch auf Altersversorgung habe, daß der Arbeitgeber die Versicherung für ihn nur deshalb genommen habe, um dieser Verpflichtung zu genügen, und daß der Versicherungsschein den Beweis hierfür erbringen solle (Versicherungsschein erfüllungshalber). Welche Art der Versicherung im einzelnen Falle in Frage kommt, muß im Streitfall das Prozeßgericht entscheiden; es handelt sich dann nicht bloß um die Höhe der Aufwertung, sondern auch um das Recht selbst. Abs. 3 stellt nun eine widerlegbare Vermutung dahin auf: Ist der Arbeiter oder Angestellte bei seinem Arbeitgeber selbst versichert, so spricht im Zweifel alles dafür, daß es sich um eine Versicherung erfüllungshalber (also um den zuletzt erwähnten Fall) handelt. Der Arbeitnehmer behält dann neben den Ansprüchen aus der Police gegen die Versicherungsunternehmung weitere Ansprüche gegen den Arbeitgeber selbst.

8 Bei der Aufwertung von Vermögensanlagen (Abs. 1) und der in Abs. 2 unter Z. 1—4 aufgeführten Ansprüchen kann das Gericht — d. h. in der Regel (Ausnahme: § 71) das Prozeßgericht — über die Fälligkeit und die Verzinsung nach billigem Ermessen entscheiden. Zuungunsten des Gläubigers darf indes die Fälligkeit nicht weiter hinausgeschoben werden, als §§ 25, 26 dies gestatten, d. h. der Aufwertungsbetrag ist regelmäßig spätestens am 1. 1. 1932, in dem Ausnahmefall des § 26 (Härteklausel für den Schuldner) spätestens am 1. 1. 1938

fällig. Als Zinsen ferner sind mindestens festzusetzen vom 1. 1. 1925 1,2%, vom 1. 7. 1925 2½%, vom 1. 1. 1926 3%, vom 1. 1. 1928 5%; bei einer Stundung über den 1. 1. 1932 hinaus — § 26 — erhöht sich der Zinssatz, § 28. Nur wenn der Gläubiger zustimmt, kann Stundung und Zinsermäßigung ungünstiger für ihn bestimmt werden. Anderseits kann das Gericht auch abweichend von den §§ 25, 26, 28 eine frühere Fälligkeit und eine höhere Verzinsung anordnen.

9 Übergang von dem ursprünglichen Gläubiger auf einen anderen hat auf die Aufwertung der in § 63 genannten Ansprüche keinen Einfluß; § 11 gilt hierfür nicht.

10 Wann beginnt die Verjährung des Aufwertungsanspruches? Zu vgl. RGZ. 111, S. 147.

11 Die Regelung der Aufwertung der unter §§ 62, 63 fallenden Ansprüche durch das AwG. verstößt nicht gegen Vorschriften der Reichsverfassung (RG. 4. 11. 1925, RGZ. 111, S. 320, zu vgl. auch § 88 A. 4).

12 Ansprüche, deren dingliche Sicherheit bereits vor dem Beginn des Währungsverfalls fortgefallen ist — der Währungsverfall hat erst im Laufe des Weltkrieges eingesetzt —, und die als ungesicherte von dem Währungsverfall betroffen worden sind, kommen für die Aufwertung nur als ungesicherte Ansprüche in Betracht. Stellt sich eine Forderung als eine solche aus einer Vermögensanlage dar, so bleibt dieser Charakter durch den Ausfall der dafür bestellten Hypothek unberührt (RGZ. 111, S. 320 ff., insbesondere 331, 332).

III. Aufwertung von Guthaben bei Fabrik- und Werksparkassen sowie von Ansprüchen an Betriebs-Pensionskassen.

§ 64.

Über die Höhe der Aufwertung der Guthaben bei Fabrik- und Werksparkassen sowie der Ansprüche an Betriebs-Pensionskassen entscheidet im Streitfall die Aufwertungsstelle. Die Reichsregierung wird ermächtigt, nähere Bestimmungen über die Abgrenzung des Begriffs der Fabrik- und Werksparkasse und der Betriebs-Pensionskasse, der freiwilligen Zuwendungen und der gesonderten Verwaltung und Anlegung, über den Ausgleich der Guthaben durch geleistete Zahlungen sowie über Zeit und Art der Auszahlung der Guthaben, ferner über die Zusammensetzung und das Verfahren der Aufwertungsstelle zu treffen.

1 Zuständig für die Aufwertung ist die Aufwertungsstelle, § 70 Z. 5.

2 Im übrigen zu vgl. § 63 A. 6.

IV. Aufwertung von Kontokorrentforderungen und Bankguthaben.

1. Aufwertung von Kontokorrentforderungen.

§ 65.

Ansprüche aus einem Kontokorrent oder einer anderen laufenden Rechnung, einschließlich der Ansprüche aus dem Postscheckverkehr, werden ohne Rücksicht darauf, ob sie durch Hypothek gesichert sind, unbeschadet anderweitiger Vereinbarungen nicht aufgewertet, es sei denn, daß es sich um eine Einlage des Arbeitnehmers bei seinem Arbeitgeber oder um Ansprüche der im § 63 Abs. 2 bezeichneten Art handelt.

[1] In §§ 65 und 66 sind Ansprüche aufgeführt, die überhaupt nicht aufgewertet werden, auch nicht, wenn sie durch Hypothek gesichert sind. Nämlich:

a) — § 65 — Ansprüche aus einem Kontokorrent oder einer anderen laufenden Rechnung und aus dem Postscheckverkehr,

b) — § 66 — Bankguthaben.

[2] Eine Sonderreglung war für die Einlagen der Arbeitnehmer bei ihren Arbeitgebern erforderlich. Wenn auch diese Einlagen nicht den Werksparkassenguthaben (§§ 63 Z. 6, 64) gleichgestellt werden können, verdienen sie doch eine bevorzugte Behandlung vor den in laufender Rechnung geführten Guthaben. Bereits der Regierungsentwurf sah für sie eine Ausnahmestellung vor, beschränkte dies indes dadurch, daß die Einlage auf Veranlassung des Arbeitgebers gemacht sein müsse. Diese Einschränkung ist dann bei der Beratung des Gesetzes gestrichen worden. Derartige Einlagen der Arbeitnehmer werden nun, soweit sie Vermögensanlagen sind (§ 63 Abs. 1) mit 25%, soweit es sich um Ansprüche der im § 63 Abs. 2 bezeichneten Art handelt, unbeschränkt aufgewertet.

[3] Für solche Ansprüche, die an sich nach dem Aufwertungsgesetz der Aufwertung entzogen sind, kann durch Vereinbarung der Beteiligten eine Aufwertung bestimmt worden sein oder werden. Derartige Vereinbarungen behalten ihre Rechtsbeständigkeit, auch soweit sie vor dem Aufwertungsgesetze getroffen worden sind.

2. Aufwertung von Bankguthaben.

§ 66.

(1) Ansprüche aus einem Darlehen oder einem Verwahrungsvertrage der im § 700 des Bürgerlichen Gesetzbuchs bezeichneten

Art werden ohne Rücksicht darauf, ob sie durch Hypothek gesichert sind, unbeschadet anderweitiger Vereinbarungen, nicht aufgewertet, wenn sie sich gegen ein Unternehmen richten, dessen Geschäftsbetrieb der Anschaffung und Darleihung von Geld dient und nicht der Schuldner das Geld vereinbarungsgemäß in wertbeständigen oder aufgewerteten Vermögensgegenständen anzulegen hat.

(2) Die Vorschrift des Abs. 1 gilt nicht, wenn es sich um eine Einlage des Arbeitnehmers bei seinem Arbeitgeber oder um Ansprüche der im § 63 Abs. 2 bezeichneten Art handelt.

(3) Darlehnsansprüche der im Abs. 1 bezeichneten Art sind wie Vermögensanlagen aufzuwerten, wenn sie aus einer ehemaligen Geschäftsbeteiligung entstanden sind und als solche mehr als 5 Jahre bestanden haben.

1 Bankguthaben (Depositengelder) sind von einer Aufwertung ausgeschlossen, auch wenn sie durch Hypothek gesichert sind. Vereinbarungen über eine Aufwertung behalten indes auch hier ihre Rechtsbeständigkeit (§ 65 A. 3). Aufwertbar sind die Ansprüche dann, wenn der Schuldner (die Bank) das Geld vereinbarungsgemäß in wertbeständigen oder aufgewerteten Vermögensgegenständen anzulegen hat. Der weitergehende Antrag (Dr. Best), die Aufwertung auch dann zuzulassen, wenn der Schuldner eine solche Anlegung ohne besondere Vereinbarung tatsächlich bewirkt hat oder dazu wegen der von dem Gläubiger gewährten Rückzahlungsfristen in der Lage war, fand keine Zustimmung. Gegen diesen Antrag wurde vorgebracht, daß es für den Gläubiger unmöglich wäre, festzustellen, wo seine Vermögensanlage geblieben wäre, daß daher jeder annehmen würde, von seinem Gelde wären Sachwerte beschafft, und daß eine Flut von Prozessen gegen die Banken die Folge sein würde.

2 Einlagen des Arbeitnehmers bei seinem Arbeitgeber (zu vgl. § 65 A. 2) sind dagegen aufwertbar, desgleichen Ansprüche der im § 63 Abs. 2 bezeichneten Art.

3 Abs. 3 bezieht sich insbesondere auf die Beteiligungen, die bei Umgründungen und Geschäftsübertragungen vielfach in Darlehen umgewandelt worden sind. Der Wille, das Beteiligungsverhältnis fortzusetzen, findet darin seinen Ausdruck, daß das Darlehn mehrere Jahre lang nicht zurückgefordert worden ist. Diese Bestimmung verdankt einem Antrage des Abgeordneten Dr. Schetter ihre Aufnahme; ursprünglich sah dieser Antrag vor, daß derartige Ansprüche mehr als 10 Jahre bestanden haben mußten. Bei der Beratung des Gesetzes wurde dann dieses Erfordernis auf 5 Jahre beschränkt.

Zehnter Abschnitt.

Vergleiche und andere Vereinbarungen über die Aufwertung — Gerichtliche Entscheidungen.

I. Vergleiche und andere Vereinbarungen.

§ 67.

(1) Vergleiche über Ansprüche der in den §§ 4 bis 61 und im § 63 Abs. 1 bezeichneten Art, die den Zweck hatten, den Streit oder die Ungewißheit über die Höhe des infolge der Geldentwertung zu zahlenden Betrags zu beseitigen, bleiben mit der aus Abs. 2 sich ergebenden Ausnahme unberührt. Soweit der vereinbarte Aufwertungsbetrag 25 vom Hundert des Goldmarkbetrags übersteigt, gilt die Vereinbarung als Begründung eines neuen Schuldverhältnisses. Betrifft der Vergleich eine Hypothek, Grundschuld, Rentenschuld oder Reallast oder ein Schiffs- oder Bahnpfandrecht, so findet die Vorschrift des § 6 bis zur Höhe von 25 vom Hundert des Goldmarkbetrags Anwendung.

(2) Der Aufwertung nach den Vorschriften dieses Gesetzes steht ein Vergleich nicht entgegen, wenn er in der Zeit vom 15. Juni 1922 bis zum 14. Februar 1924 geschlossen ist. Dies gilt nicht, wenn der Gläubiger Kaufmann war und den Vergleich im Betriebe seines Handelsgewerbes geschlossen hat; soweit die Aufwertung zugunsten einer Teilungsmasse (Aufwertungsstock) erfolgt (§§ 48, 51 Abs. 3, §§ 56, 60), bewendet es bei der Vorschrift des Satzes 1.

(3) Vereinbarungen über die Aufwertung können auch in Zukunft getroffen werden. Die Vorschriften des Abs. 1 Satz 2, 3 finden Anwendung.

1 Die 3. StNVO. hatte im § 13 bestimmt, daß „Vereinbarungen" über die Aufwertung der Vermögensanlagen unberührt bleiben sollten und auch in Zukunft getroffen werden können. § 67 ersetzt den Begriff der Vereinbarung durch „Vergleiche, die den Zweck hatten, den Streit oder die Ungewißheit über die Höhe des infolge der Geldentwertung zu zahlenden Betrags zu beseitigen". Dadurch wird klargestellt, daß nicht etwa schon die Zahlung eines Aufgeldes den Aufwertungsanspruch ausschließt.

[2] Die im § 67 Abs. 1 erwähnten Vergleiche beziehen sich nur auf Ansprüche der in §§ 4—61 und im § 63 Abs. 1 bezeichneten Art. Für Ansprüche der §§ 65, 66 ist bereits bestimmt, daß in der Regel anderweitige Vereinbarungen über die Aufwertung bestehen bleiben, zu vgl. § 65 A. 3, § 66 A. 1. Vergleiche über Ansprüche der im § 63 Abs. 2 und 3 genannten Art sind im § 67 Abs. 1 nicht erwähnt. Hieraus kann indes m. E. nicht gefolgert werden, daß derartige Vergleiche nun in jedem Falle hinfällig geworden seien; sonst hätte das Gesetz diese wichtige Bestimmung ausdrücklich aufnehmen müssen. Es verbleibt vielmehr bei der Regelung durch § 779 BGB.

[3] Zu unterscheiden sind Vergleiche, die abgeschlossen worden sind in der Zeit:

a) vor dem 15. Juni 1922,

b) vom 15. Juni 1922 bis 14. Februar 1924,

c) nach dem 14. Februar 1924.

Die Vergleiche zu a und c bleiben unberührt. Haben daher die Beteiligten z. B. am 15. 2. 1924 über die Aufwertung einer Hypothek einen Vergleich dahin geschlossen, daß der Schuldner die (dingliche und persönliche) Forderung auf 20% aufwerten oder sonst eine bestimmte Geldsumme zahlen sollte, so behält es hierbei sein Bewenden; der Gläubiger kann jetzt nicht auf Grund des Aufwertungsgesetzes eine Aufwertung bis zu 25% (oder eine etwa noch höhere Aufwertung) verlangen. Die Leistung, von der § 78 spricht, bezieht sich nicht auf eine Leistung, die auf Grund eines nach dem 14. 2. 1924 geschlossenen Vergleiches erfolgt ist. Durch den Vergleich ist vielmehr das Aufwertungsrecht erloschen. An die Stelle der gesetzlichen Aufwertung tritt die durch den Vergleich festgesetzte Aufwertung. Der im Vergleich bestimmte Aufwertungsbetrag nimmt die Stelle des früheren Anspruchs ein; alle Sicherungen für diesen (z. B. Bürgschaft, Pfand) gelten auch für die im Vergleich begründete Forderung. Nach der ausdrücklichen Vorschrift des Abs. 1 ist dies aber nur dann der Fall, wennn der vereinbarte Aufwertungsbetrag 25% des Goldmarkbetrages nicht übersteigt. Nur in diesem Rahmen findet die Vorschrift des § 6 über den Rang des aufgewerteten Anspruchs auch auf den im Vergleich festgesetzten Betrag Anwendung. Übersteigt die vereinbarte Aufwertungssumme 25% des Goldmarkbetrages, so gilt insoweit die Vereinbarung als Begründung eines neuen Schuldverhältnisses. Eine etwaige Bürgschaft für das alte Recht bezieht sich daher nicht ohne weiteres auch auf diesen weiteren Anspruch. Unberührt bleiben indes etwaige Vereinbarungen über eine von den gesetzlichen Bestimmungen abweichende Rückzahlung, Verzinsung und Tilgung, soweit nur die vereinbarte Aufwertungssumme nicht 25% des Goldmarkbetrages übersteigt. Ist der Vergleich nach § 779 BGB. unwirksam, so behält es dabei sein Bewenden; an dieser Bestimmung ändert das AwG. nichts.

Eine andere Behandlung erfahren die Vergleiche zu b. Sie beziehen sich auf alle, nicht bloß auf die in Abs. 1 genannten Ansprüche. Die Vorschriften über die Rückwirkung (§§ 15 ff.) sind bewußt auch auf diese Vergleiche ausgebaut worden. Die Regierungsvorlage hatte als Stichtag den 15. 12. 1922 auch für derartige Vergleiche vorgesehen (§§ 13, 11 Abs. 2) und ferner die Rückwirkung nur dann zugelassen, wenn „eine Abfindung in barem Gelde vereinbart" war. Der Stichtag ist dann auch hier im Interesse der Gläubiger zurückverlegt worden auf den 15. 6. 1922. Bei der Beratung des Gesetzes wurde ferner darauf hingewiesen, daß eine Abfindung in Sachwerten, wie sie gerade in der Zeit der größten Geldentwertung massenhaft stattgefunden hat (insbesondere durch landwirtschaftliche Erzeugnisse), nicht anders behandelt werden dürfe, als eine Geldabfindung. Diesen berechtigten Einwendungen ist dann Rechnung getragen worden. Die Rechtslage ist jetzt folgende: Alle Vergleiche (mit einer noch zu erwähnenden Ausnahme) aus der Zeit vom 15. 6. 1922 bis 14. 2. 1924 stehen der Aufwertung nach dem Aufwertungsgesetz nicht mehr entgegen. Es gilt daher für die Aufwertung so, als ob die Beteiligten den Vergleich überhaupt nicht geschlossen hätten. Soweit der Schuldner Zahlungen geleistet hat, werden sie in Höhe ihres Goldmarkbetrages auf den gesetzlichen Aufwertungsbetrag angerechnet. Der Schuldner hat dann den Unterschied nachzuzahlen. Derartige Ansprüche hat der Gläubiger nach § 16 bei der Aufwertungsstelle anzumelden. Ergibt sich nun, daß der Schuldner ein aufwertbares Recht bestreitet, etwa weil er behauptet, daß dieses durch den Vergleich erloschen sei, so entscheidet das Prozeßgericht über diese Streitfrage. Ist nur die Höhe des Aufwertungsbetrages streitig, so entscheidet im Falle der §§ 69, 64 ausschließlich die Aufwertungsstelle. Diese bestimmt dann auch, zu welchem Betrage eine Sachleistung anzurechnen ist, z. B. ein geliefertes Schwein. Zu vgl. auch Df.V.O. vom 29. 11. 1925, Art. 18—20, 23.

Die vorhin erwähnte Ausnahme ist für Vergleiche getroffen, die ein Gläubiger, welcher Kaufmann ist, im Betriebe seines Handelsgewerbes geschlossen hat. Derartige Vergleiche sind rechtswirksam und stehen einer Aufwertung entgegen. Aber auch sie kommen dann nicht weiter in Frage, wenn die Aufwertung erfolgt ist zugunsten einer Teilungssumme (§ 48 bei Pfandbriefen, § 51 Abs. 3 bei Schuldverschreibungen öffentlich-rechtlicher Kreditanstalten, § 56 bei Sparkassenguthaben, § 60 bei Versicherungsansprüchen).

4 Zu beachten ist, daß sich der Abs. 2 auf eine „Aufwertung" bezieht, also auf solche Fälle, in denen der Gläubiger noch Aufwertungsansprüche erheben zu können glaubt. Hat der Gläubiger dagegen durch den Vergleich mehr erhalten, als ihm sonst nach dem AwG. zustände, so kann nicht etwa der Schuldner den Vergleich auf Grund des Abs. 2 für unwirksam erklären; der Vergleich bleibt vielmehr bestehen, falls nicht sonstige Vorschriften — außerhalb des AwG. — gegen seine Gültigkeit sprechen (a. A. Schweitzer, Grundeigentum 1926 S. 4 zu III.).

5 Ein Vergleich des Schuldners mit seinem Gläubiger berührt nicht die Aufwertungsansprüche eines früheren Gläubigers nach § 17 (Abraham § 17 III. S. 178; a. A. Schlegelberger-Harmening § 67 A. 9, Quassowski § 67 IV. S. 395, Lehmann-Boesebeck, § 17 A. 13, Blumenhein JW. 1925 S. 1740, Goldschmidt, JW. 1925, S. 2577). Mit voller Schärfe muß daran festgehalten werden, daß der Aufwertungsanspruch

des früheren Gläubigers nach § 17 ein für diesen begründetes selbständiges, von dem Recht eines späteren Gläubigers völlig unabhängiges Recht ist. Der spätere Gläubiger kann einen Vergleich nur insoweit schließen, als die ihm selbst zustehenden Rechte hierdurch betroffen werden. Der frühere Gläubiger darf in seinen Aufwertungsansprüchen nicht dadurch verkürzt werden, daß sein Rechtsnachfolger mit dem Schuldner irgendwelche Vereinbarungen trifft. Unter dem Aufwertungsbetrage für den gegenwärtigen Gläubiger nach § 18 Abs. 2, den sich der frühere Gläubiger anrechnen lassen muß, ist der nach dem AwG. zu berechnende Aufwertungsbetrag zu verstehen, nicht etwa die Vergleichssumme, die der Schuldner dem gegenwärtigen Gläubiger zugebilligt hat (a. A. Abraham, a. a. O. S. 179, nicht folgerichtig mit seiner vorher geäußerten Rechtsansicht). Der Schuldner wird zu prüfen haben, ob für den Vergleich mit dem gegenwärtigen Gläubiger die Voraussetzungen des § 779 BGB. gegeben sind. In der Regel wird er sich darauf berufen können, daß er den — für ihn ungünstigen — Vergleich nur deshalb geschlossen hat, weil er mit einem Aufwertungsanspruche des früheren Gläubigers nicht gerechnet hat, vielleicht sogar nicht rechnen konnte.

6 Auch in Zukunft können Vereinbarungen über die Aufwertung getroffen werden. Dann gelten auch für derartige Vergleiche die Vorschriften des Abs. 1 Satz 2, 3, daß der Aufwertungsbetrag nur in Höhe von 25% des Goldmarkbetrages an die Stelle des früheren Rechts tritt, ein Aufwertungsbetrag über diese 25% hinaus indes als Begründung eines neuen Schuldverhältnisses angesehen wird. § 67 Abs. 1 Satz 2 ist trotz des mißverständlichen Ausdrucks „Schuldverhältnisse" auf die Hypotheken und die ihnen gleichstehenden Rechte mit zu beziehen. Soweit eine Hypothek eingetragen werden soll über den die gesetzliche Aufwertung übersteigenden Überschuß, ist sie unter neuer Eintragungsnummer an bereiter Stelle der Abt. III einzutragen; an der alten Stelle ist lediglich der gesetzliche Aufwertungsbetrag einzutragen. Die einzelnen Teilbeträge sind im Antrage ziffernmäßig anzugeben. Zur übersichtlichen Gestaltung des Grundbuches wird sich dann, wenn dem Aufwertungsbetrage nachstehende Rechte dritter Personen nicht in Frage kommen, die Löschung der Papiermark-Hypothek und die Eintragung einer neuen Hypothek über den gesamten vereinbarten Aufwertungsbetrag empfehlen (K.G. 12. 11. 1925, 1 X. 651. 25, JMBl. S. 430, zu vgl. KG. 12. 11. 1925, 1 X. 632. 25, D.Not.V. 1926, S. 44).

7 § 67 Abs. 2 verstößt nicht gegen die Reichsverfassung (RGZ. 111, S. 320).

II. Gerichtliche Entscheidungen.

§ 68.

(1) Ist die Aufwertung von Ansprüchen der in den §§ 4 bis 61 und im § 63 Abs. 1 bezeichneten Art durch eine rechtskräftige gerichtliche Entscheidung geregelt, so behält es dabei mit den aus Abs. 2 sich ergebenden Maßnahmen sein Bewenden.

(2) Der Anwendung der §§ 15 bis 24 über die Aufwertung kraft Rückwirkung steht eine rechtskräftige gerichtliche Entscheidung nicht entgegen.

1 Unter den rechtskräftigen gerichtlichen Entscheidungen sind diejenigen des Prozeßgerichts zu verstehen, nicht etwa die Entscheidungen der Aufwertungsstelle (so auch Mügel[4] § 68 A. 2, Vorbemerkung zu § 69; a. A. Schlegelberger-Harmening § 68 A. 1, Quassowski § 68 II. B. S. 402, Abraham § 68 A. 2g). Hat daher die Aufwertungsstelle den Aufwertungsbetrag nach den früheren gesetzlichen Bestimmungen rechtskräftig festgesetzt, so kann doch der Gläubiger eine höhere Aufwertung nach Maßgabe dieses Aufwertungsgesetzes noch verlangen.

2 Die rechtskräftigen Entscheidungen stehen einer Aufwertung nach diesem Gesetz nicht entgegen, soweit infolge der Vorschriften über die Rückwirkung (§§ 15—24) eine Aufwertung verlangt werden kann. Derjenige, dessen Widerstand gegen die Annahme einer Papiermarkzahlung erst durch eine gerichtliche Entscheidung gebrochen werden mußte, darf nicht schlechter behandelt werden als derjenige, der es überhaupt nicht für nötig gehalten hat, bei der Annahme der Zahlung einen Vorbehalt zu machen.

3 Die Vorschrift des § 68 bezieht sich nicht auf Ansprüche der im § 62, § 63 Abs. 2, 3 bezeichneten Art. Bei rechtskräftigen Entscheidungen über derartige Ansprüche ist zu beachten, daß sich die Rechtskraft des Urteils nur erstreckt auf den Betrag, über den entschieden ist (RGZ. 109, 195; 111, 363). Der klagende Gläubiger kann daher in der Regel Aufwertung der auf Zahlung von Papiermark lautenden Urteilssumme verlangen. Andrerseits liegt in der Verurteilung des Schuldners zur Zahlung einer Papiermarksumme nicht ohne weiteres die Feststellung, daß er diesen Betrag bereits zu dem früheren Zeitpunkte verschuldete, daher unter Zugrundelegung dieses Zeitpunktes aufzuwerten hat. Der Beklagte kann sich gegen eine Verurteilung zur Zahlung des verlangten Papiermark-Betrages deshalb nicht gewehrt haben, weil diese Summe mit Rücksicht auf die Geldentwertung so gering war, daß er auf eine weitere Verteidigung keinen Wert legte.

4 Die Fassung des Abs. 2 ist, worauf Mügel (4. Aufl. § 68 A. 4) mit Recht hinweist, nicht glücklich. § 68 meint offenbar folgendes: Ein bis zum 15. 6. 1922 rechtskräftig gewordenes Urteil steht an sich der Aufwertung entgegen. Hat indes der Gläubiger die Leistung in der Zeit vom 15. 6. 1922 bis 14. 2. 1924 angenommen, so findet eine Aufwertung nach Maßgabe der §§ 15—24 statt. Ein in der Zeit vom 15. 6. 1922 bis 14. 2. 1924 rechtskräftig gewordenes Urteil schließt die Aufwertung nach §§ 15—24 nicht aus, gleichviel, ob der Gläubiger eine Leistung angenommen hat oder nicht.

5 Daltrop (JW. 1925, S. 1714) hält die im § 68 Abs. 2 vorgeschriebene Ausdehnung der Rückwirkung (§§ 15—24) gegenüber rechtskräftigen gerichtlichen Entscheidungen mit Art. 105 Satz 2 RV. für unvereinbar. Hiergegen wendet sich mit Recht das R.G. (RGZ. 111, 320).

Elfter Abschnitt.

Aufwertungsverfahren.

I. Zuständigkeit der Aufwertungsstelle.

1. Gesetzliche Zuständigkeit.

§ 69.

Besteht Streit darüber, in welcher Höhe Ansprüche der in §§ 4 bis 54 bezeichneten Art aufgewertet sind, so entscheidet hierüber ausschließlich die Aufwertungsstelle. Dies gilt auch für den Fall, daß die Höhe der Aufwertung der durch Hypothek gesicherten Forderung sich nach allgemeinen Vorschriften bestimmt (§ 10).

[1] **Sachliche Zuständigkeit.** Sie ist nur gegeben:

I. Für Ansprüche der in §§ 4—54 und 64 bezeichneten Art, also für:

1. Hypotheken (§§ 4—30),
   α) dingliche Forderungen,
   β) persönliche Forderungen;
2. a) Grundschulden (§§ 31, 4—8, 14—30),
   b) Rentenschulden } §§ 31, 4—8, 14—24)
   c) Reallasten }
   (zu a—c: nur dingliche Forderungen),
   d) Schiffs- und Bahnpfandrechte (§§ 32, 4—6, 8—30),
   α) dingliche Forderungen,
   β) persönliche Forderungen;
3. Industrieobligationen (§§ 33—46),
4. Pfandbriefe (§§ 47—54),
5. Guthaben bei Fabrik- und Werksparkassen, } (§ 64)
6. Ansprüche an Betriebs-Pensionskassen. }

Nicht in Betracht kommen Sparkassenguthaben (§§ 55—58), Versicherungsansprüche (§§ 59—61) — das Aufwertungsverfahren ist besonders geregelt oder wird noch nach Maßgabe der reichsgesetzlichen oder der landesrechtlichen Durchführungsbestimmungen geregelt werden —, andere Ansprüche (§§ 62, 63 — Ausnahme: Abs. 2 Z. 6 —, 65, 66) — hier entscheidet das Prozeßgericht.

II. Für die Fälle des § 70:

1. Ermittlung des Wehrbeitragswertes (§ 7 Abs. 2).
2. Härteklauseln zugunsten des Schuldners (§§ 8, 9, 15, 16, 31, 32, 34, 52).
3. Aufteilung einer Gesamthypothek im Falle des § 23 (§§ 31, 32).
4. Härteklauseln zugunsten des Schuldners nach § 26 (§ 31 Grundschulden, § 32), zugunsten des Gläubigers nach § 27 (§ 31 Grundschulden, § 32), auch, trotzdem in § 69 nicht besonders erwähnt, § 29 (§ 31 Grundschulden, § 32).

Die Z. 5 des § 70 ist unter I 5 und 6 aufgenommen.

III. Bei vereinbarter Zuständigkeit, § 71. Eine stillschweigende Vereinbarung im Sinne des § 39 ZPO. ist hierbei nicht anzunehmen (RG. v. 20. 10. 24, 9. Aw. 19, 24; 5. 2. 25; 9. Aw. 87. 24; 19. 2. 25, 9. Aw. 78. 25; JW. 1924, S. 2004, DNotV. 1925 S. 125), zu vgl. § 71 A. 1.

2 **Streit über die Höhe der Aufwertung.** Soweit es sich um die Aufwertung der Ansprüche zu I in A. 1 handelt, ist die Aufwertungsstelle nur zuständig, wenn Streit darüber besteht, in welcher Höhe die Ansprüche aufgewertet sind. Hieraus folgt zweierlei:

a) sind sich die Beteiligten über die Höhe einig, so ist für die Entscheidung der Aufwertungsstelle kein Raum. Insbesondere kann die Aufwertungsstelle nicht nur aus dem Grunde angerufen werden, weil etwa der Grundbuchrichter wegen der Eintragung des aufgewerteten Betrages Schwierigkeiten macht. Einigen sich die Parteien im Laufe des Aufwertungsverfahrens, so wird es meist zu einem Vergleich kommen, der dann auch für den Grundbuchrichter und sonstwie maßgebend ist. Handelt es sich um eine dingliche Forderung, über deren Aufwertungshöhe kein Streit besteht, so wird es sich empfehlen, daß die angerufene Aufwertungsstelle den Antragsteller auf ihre Unzuständigkeit hinweist und ihn fragt, ob sie den Antrag an das Grundbuchamt weiterleiten soll. Die Kosten bei der Aufwertungsstelle können nach § 10 PrGKG. außer Ansatz gelassen werden. Es wird überhaupt m. E. das Bestreben der Aufwertungsstelle sein müssen, den Beteiligten nach Möglichkeit Kosten zu ersparen. Nicht mit Unrecht ist von vielen Seiten darauf hingewiesen worden, daß auch der Staat für die Geldentwertung immerhin mit verantwortlich ist,

b) bestreitet der Schuldner, daß dem Gläubiger überhaupt ein Anspruch oder ein Anspruch in der geltend gemachten Höhe zustehe — Streit über das aufzuwertende Recht —, so ist nicht die Aufwertungsstelle, sondern das Prozeßgericht zur Entscheidung der Streitfrage zuständig. Der Streit über den aufzuwertenden Anspruch hat nicht nur nebensächliche Bedeutung (RG. 5. 3. 25, 9. Aw. 131, 25). Ein solcher Streit besteht z. B. dann, wenn der Anspruch nach der Behauptung des Schuldners durch vorbehaltlose Annahme der Leistung erloschen oder durch Aufrechnung getilgt sein soll. Nicht die Aufwertungsstelle, sondern das Prozeßgericht hat dann, gegebenenfalls nach Beweiserhebung, darüber zu entscheiden, ob der aufzuwertende Anspruch dem Gläubiger noch zusteht (ständige Rechtsprechung des RG. DNotV. 1925 S. 126, JW. 1925 S. 267, DJZ. 1925 S. 192). Behauptet der Antragsgegner, daß er auf die Restkaufgeldforderung von 20000 Mark, deren Aufwertung der Antragsteller verlangt, einen Teilbetrag von 6000 Mark bereits gezahlt habe, so kann sich hieraus ergeben, daß er die Schuld in Höhe dieser 6000 Mark bestreitet. Die Aufwertungsstelle kann daher vorläufig nur über die Aufwertung von 14000 Mark befinden. Wegen der 6000 Mark ist zunächst das Prozeßgericht anzurufen; dieses entscheidet darüber, ob der Anspruch von 6000 Mark noch besteht (RG. 23. 3. 25, 9. Aw. 94, 25). In solchen Fällen, wenn der Anspruch selbst streitig ist, kann die Aufwertungsstelle den Beteiligten, insbesondere dem Gläubiger, eine Frist bestimmen zur Beibringung der rechtskräftigen Entscheidung des Prozeßgerichts und das Aufwertungsverfahren so lange aussetzen. Die sofortige Abweisung des Aufwertungsantrages wird nicht ohne weiteres geboten sein, schon zur Vermeidung unnötiger Kosten. Außerdem kann der Aufwertungsantrag gestellt worden sein zur Wahrung irgendwelcher Fristen (z. B. § 12). Ergibt sich aus dem Beschluß der Aufwertungsstelle, daß sich diese über die Befugnis zur Aussetzung des Verfahrens nicht klar gewesen ist, so kann dieser Mangel für das Beschwerdegericht (§ 74) den Anlaß zur Aufhebung der Entscheidung geben. Besteht der aufzuwertende Anspruch offensichtlich nicht mehr, so wird freilich die sofortige Abweisung des Antrages geboten sein. Es ist nicht die Aufgabe einer Behörde, zwecklose Prozesse zu veranlassen. Die Abweisung erfolgt dann aber nur wegen der Unzuständigkeit der Aufwertungsstelle. Über den Aufwertungsanspruch selbst hat sich die Aufwertungsstelle nicht auszusprechen. Materielle Rechtskraft erlangt die Entscheidung nur, soweit sie sich auf die Unzuständigkeit der Aufwertungsstelle bezieht. Diese Grundsätze hat das KG. bisher ständig befolgt (JW. 1925 S. 267, DJZ. 1925 S. 192, DNotV. 1925 S. 126 A. 1; JR. 1925, Rechtspr. Nr. 95). Die Zuständigkeit der Aufwertungsstelle kann indes auch bei einem Streit über das aufzuwertende Recht vereinbart werden (§ 71); dann hat die Aufwertungsstelle auch hierüber zu entscheiden. Auch hier gilt indes die Vorschrift des § 39 ZPO. über eine stillschweigende Vereinbarung der Zuständigkeit nicht ohne weiteres.

3 **Herabsetzung der Aufwertung.** Ein Streit über die Höhe der Aufwertung besteht auch dann, wenn der Schuldner die Herabsetzung der Aufwertung verlangt. Auch in diesem Falle ist daher die Zuständigkeit der Aufwertungsstelle gegeben, wie dies auch aus § 8 folgt. Näheres hierüber und über die Anfechtbarkeit derartiger Entscheidungen zu vgl. § 8 A. 3—7.

4 Wenn in dem Aufwertungsverfahren der Schuldner zwar nicht mit einer Aufwertung in der von dem Gläubiger verlangten Höhe, wohl aber mit einer höheren als der gesetzlichen Aufwertung einverstanden ist, so hat die Aufwertungsstelle den Gläubiger zu fragen, ob er, wenn ein höherer Aufwertungsbetrag nach den gesetzlichen Vorschriften nicht festgesetzt werden kann, wenigstens mit dem von dem Schuldner angebotenen Betrage einverstanden ist. Bejahendenfalls hat dann die Aufwertungsstelle den Aufwertungsbetrag in der von dem Schuldner angebotenen Höhe zu bestimmen (KG. 5. 2. 25, 9. Aw. 70, 25). Wenn die Aufwertungsstelle seinen Erklärungen entsprechend den Aufwertungsbetrag festsetzt, kann sich der Schuldner hierüber in der Regel nicht beschwert fühlen, so daß er eine solche Entscheidung späterhin nicht bloß aus dem Grunde anfechten kann, daß die Aufwertungsstelle den Aufwertungsbetrag höher als nach dem gesetzlichen Regelfalle bestimmt habe.

5 **Örtlich zuständig** ist gemäß Art. 118 DurchfVO. vom 29. 11. 1925 bei der Aufwertung dinglicher Rechte und der durch Hypothek, Schiffs-

oder Bahnpfandrecht gesicherten persönlichen Forderungen (§§ 69 A. 1, I 1 und 2) die Aufwertungsstelle desjenigen Amtsgerichts, in dessen Bezirk das Grundbuch, Schiffsregister oder Bahngrundbuch geführt wird. Bei einer Gesamtbelastung ist dasjenige Gericht zuständig, welches zuerst angerufen wird; es entscheidet dann auch über die Aufwertung hinsichtlich der mitbelasteten Grundstücke, Schiffe oder Bahneinheiten. In allen anderen Fällen ist das Amtsgericht zuständig, bei welchem der Schuldner seinen allgemeinen Gerichtsstand hat. Dies gilt auch dann, wenn das Grundbuch, Schiffsregister oder Bahngrundbuch im Inlande nicht geführt wird, für die Aufwertung der durch Hypothek, Schiffs- oder Bahnpfandrecht gesicherten persönlichen Forderung. Hat der Schuldner im Inland keinen allgemeinen Gerichtsstand, so ist das Gericht zuständig, in dessen Bezirk sich sein Vermögen ganz oder zum Teil befindet oder in dessen Bezirke der Gläubiger seinen Wohnsitz (Sitz) hat. Für mehrere Schuldner bestimmt nötigenfalls das gemeinschaftliche obere Gericht, gegebenenfalls das OLG., das zuständige Gericht. Näheres zu Art. 118 Df.V.O. vom 29. 11. 1925, A. 2. Nach § 24 der 3. Df.V.O. vom 15. 8. 1924 war für die Pfandbriefe und die im § 2 a. a. O. bezeichneten Werte diejenige Aufwertungsstelle zuständig, in deren Bezirk die Bank ihren Sitz hat. Das KG. hat sich dahin ausgesprochen, daß die Zuständigkeit des § 24 a. a. O. eine ausschließliche ist (22. 1. 25, 9. Aw. 110, 24, 19. 2. 25. 9. Aw. 114, 25). Für die im § 2 der VO. v. 15. 11. 1924 (GS. S. 743) bezeichneten Werte war die Aufwertungsstelle dasjenige Amtsgericht, in dessen Bezirk die oberste Verwaltungsdirektion der Kreditanstalt ihren Sitz hat (§ 18 Abs. 2 a. a. O.). Dieser Sitz bestimmte auch die Zuständigkeit des nach § 18 Abs. 1 a a. O. zur Entscheidung berufenen Oberpräsidenten (Regierungspräsidenten). Jetzt ist maßgebend die V.O. vom 10. 12. 1925 (GS. S. 169), zu vgl. zu §§ 47—50, A. 6.

6 **Ausschließliche Zuständigkeit.** Liegt die Aufwertung nach § 69 der Aufwertungsstelle ob, so ist ihre Zuständigkeit eine ausschließliche. Das Prozeßgericht hat daher in solchen Fällen den Aufwertungsbetrag nicht festzusetzen. Gelangt eine derartige Sache an das Prozeßgericht, weil die Beteiligten über den aufzuwertenden Anspruch streiten, so hat sich das Prozeßgericht nur über diese Frage auszulassen. Die Bestimmung der Höhe des Aufwertungsbetrages muß es der Aufwertungsstelle überlassen.

§ 70.

Die Aufwertungsstelle ist, soweit es sich um Ansprüche der in den §§ 4 bis 54 und im § 64 bezeichneten Art handelt, weiter zuständig:

1. für die Ermittlung des Wehrbeitragswerts im Falle des § 7 Abs. 2;
2. für die Entscheidung über die Härtevorschriften der §§ 8, 15, 16, 34, 52;

3. für die Aufteilung einer Gesamthypothek im Falle des § 23;
4. für die Anordnung einer Teil- oder Vorleistung im Falle der §§ 26, 27;
5. für die Entscheidung über die Höhe der Aufwertung der Guthaben bei Fabrik- und Werksparkassen und der Ansprüche an Betriebs-Pensionskassen gemäß § 64.

Hier kann auf die Bemerkungen zu den entsprechenden Paragraphen Bezug genommen werden. Die Aufwertungsstelle ist auch im Falle des § 29 zuständig. Ermittlung des Wehrbeitragswertes durch den Gerichtsschreiber, zu vgl. AV. vom 8. 12. 1925 (JMBl. S. 426).

2. Vereinbarte Zuständigkeit.

§ 71.

Die Zuständigkeit der Aufwertungsstelle kann für die Entscheidung der Frage, ob ein nach den Vorschriften dieses Gesetzes aufgewerteter Anspruch besteht, sowie auch für andere mit der Aufwertung zusammenhängende Ansprüche vereinbart werden, auf die sich die Vorschriften der §§ 1 bis 54 und des § 64 nicht erstrecken.

1 Die Zuständigkeit der Aufwertungsstelle kann durch Vereinbarung erweitert werden. Nach § 39 ZPO. ist eine stillschweigende Vereinbarung der Parteien über die Zuständigkeit eines an sich unzuständigen Gerichts I. Instanz dann anzunehmen, wenn der Beklagte, ohne die Unzuständigkeit geltend zu machen, zur Hauptsache mündlich verhandelt hat. Eine derartige stillschweigende Vereinbarung ist für eine erweiterte Zuständigkeit der Aufwertungsstelle im Sinne des § 71 nicht anzunehmen, § 69 A. 1.

2 Die Aufwertungsstelle kann von den Beteiligten insbesondere zur Entscheidung auch darüber angerufen werden, ob ein aufzuwertender Anspruch noch besteht; in diesem Falle entscheidet sie auch eine solche Streitfrage, die sonst dem Prozeßgericht vorbehalten ist (§ 69 A. 2).

3 Bei vereinbarter Zuständigkeit der Aufwertungsstelle ist diese an die Schranke gebunden, die das Gesetz für die Aufwertung der betreffenden Ansprüche aufgestellt hat, z. B. im Falle des § 63 Abs. 1.

4 Für das Verfahren und für die Rechtsmittel gegen die Entscheidung der Aufwertungsstelle im Falle des § 71 gelten ebenfalls die Vorschriften der §§ 73—76.

II. Einrichtung der Aufwertungsstelle.

§ 72.

Die Aufwertungsstelle wird von der Reichsregierung nach Anhörung des Reichsrats bestimmt. Die Reichsregierung kann mit Zustimmung des Reichsrats die obersten Landesbehörden zur Bezeichnung von Aufwertungsstellen ermächtigen.

[1] Der Abgeordnete Dr. Best beantragte, dem § 72 folgende Fassung zu geben: „Aufwertungsstelle ist das Amtsgericht. Die näheren Bestimmungen über die Aufwertungsstelle trifft die Reichsregierung mit Zustimmung des Reichsrats." Er begründete seinen Antrag damit, daß nur bei grundsätzlicher Anerkennung der Zuständigkeit der ordentlichen Gerichte die richterliche Unabhängigkeit verbürgt wäre. Das Reichsjustizministerium entgegnete hierauf, selbstverständlich würden in erster Linie die Amtsgerichte zu Aufwertungsstellen ernannt werden; für die Aufwertung der Sparguthaben, Pfandbriefe, Lebensversicherungen müßten indes die Reichs- und Landesbehörden Bewegungsfreiheit haben, andere Stellen zu bestimmen. Der Antrag Dr. Best wurde daraufhin abgelehnt.

[2] Nach Art. 117 Df.V.O. vom 29. 11. 1925 ist Aufwertungsstelle das Amtsgericht; die obersten Landesbehörden können indes bestimmen, daß an Stelle der Amtsgerichte andere Landesbehörden zuständig sind, oder daß die Amtsgerichte einzelne Verrichtungen den Notaren übertragen können, oder daß für mehrere Amtsgerichtsbezirke eine gemeinsame Aufwertungsstelle errichtet wird. Für Preußen galt folgendes: Nach der VO. v. 24. 6. 1924 (JMBl. 338 — MBl. i. V. 699, zu vgl. zu §§ 55—58, A. 10) waren für die Entgegennahme der Anmeldung von Sparkassenguthaben die Sparkassen an Stelle der Amtsgerichte zuständig; nach § 18 Abs. 1 VO. v. 15. 11. 1924 (GS. S. 743) war der Oberpräsident, für die Westpreußischen Landschaften der Regierungspräsident des Regierungsbezirks Westpreußen die Aufwertungsstelle (zu vgl. §§ 47—50, A. 6). Für Preußen jetzt zu vergleichen wegen der Sparkassen 1. V.O. vom 24. 10. 1925 (GS. S. 151) § 3 Abs. 2 (Regierungspräsident), Abs. 3 (Min. d. J.), wegen der landschaftlichen Kreditanstalten usw. 1. V.O. vom 10. 12. 1925 (GS. S. 169), §§ 20, 23, 27 (Oberpräsident bzw. Regierungspräsident). Näheres oben zu §§ 47 bis 50, A. 6. Zu vgl. ferner Df.V.O. vom 29. 11. 1925, Art. 117, A. 2.

III. Verfahren vor der Aufwertungsstelle.

1. Allgemeine Vorschriften.

§ 73.

(1) Soweit nicht in diesem Abschnitt oder auf Grund des § 64 etwas anderes bestimmt ist, finden auf das Verfahren die Vorschriften des Reichsgesetzes über die Angelegenheiten der freiwilligen Gerichtsbarkeit sinngemäß Anwendung; die Reichsregierung kann mit Zustimmung des Reichsrats die Bestimmungen treffen, die sie zum Zwecke der Anpassung an die besonderen Bedürfnisse des Aufwertungsverfahrens für nötig erachtet.

(2) Die Aufwertungsstelle hat den Versuch einer gütlichen Einigung zu machen, sofern nicht die Erfolglosigkeit des Sühneverfahrens mit Bestimmtheit vorherzusehen ist.

1 Falls nicht im 11. Abschnitt (§§ 69—77) oder auf Grund des § 64 (für Fabrik- und Werksparkassen, Betriebs-Pensionskassen) etwas anderes bestimmt ist, finden auf das Verfahren vor der Aufwertungsstelle die Vorschriften des FGG. sinngemäß Anwendung. Hier ist zunächst folgendes zu bemerken.

2 Die Aufwertungsstelle wird nur auf Antrag tätig (z. B. KG. 9. 10. 24, 9. Aw. 3. 24). Nur im Rahmen der gestellten Anträge hat sie zu entscheiden. Ist daher nur die Aufwertung des dinglichen Rechts beantragt, so hat sie sich nur hierüber auszusprechen, nicht auch über die persönliche Forderung (KG. 8. 1. 25, 9. Aw. 104, 25, 19. 2. 25, 9. Aw. 147, 25). Der Antragsteller unterscheidet oft zwischen der dinglichen und der persönlichen Forderung nicht scharf. Beantragt er die Aufwertung einer Hypothek, so meint er hierunter oft auch die Aufwertung der der Hypothek zugrunde liegenden Forderung oder will bisweilen überhaupt nur diese persönliche Forderung aufgewertet wissen. Bestehen in dieser Hinsicht Zweifel darüber, welcher Anspruch aufgewertet werden soll, so hat die Aufwertungsstelle dies aufzuklären (Ausübung des Fragerechts), den Antragsteller daher — schriftlich oder mündlich — zu fragen, welche Anträge er stellen will (KG. 30. 12. 24, 9. Aw. 53, 24, DJZ. 1925 S. 347).

3 **Klarer Aufwertungsantrag.** Es ist überhaupt die Pflicht der Aufwertungsstelle, die Parteien zur Stellung klarer Anträge zu veranlassen, wenn überhaupt keine Anträge gestellt sind, oder der Inhalt des Antrags nicht deutlich erhellt (KG. 22. 1. 25, 9. Aw. 91, 24, DJZ. 1925 S. 516). Wenn z. B. beantragt wird „die besondere Aufwertung der Hypothek von 6000 Mark", so ergibt sich hieraus nicht, ob nur das dingliche Recht oder nur die persönliche Forderung oder ob beide Arten von Forderungen aufgewertet werden sollen, ob ferner eine Aufwertung nur über den normalen Höchstsatz von 25% hinaus beantragt werden soll, so daß ein Ausspruch der Aufwertungsstelle über die Aufwertung bis zu 25% nicht verlangt wird (KG. 30. 12. 24, 9. Aw. 53, 24, DJZ. 1925 S. 347, 22. 1. 25, 9. Aw. 91, 24, DJZ. 1925 S. 516). In ähnlicher Weise ist bei einem Antrage „auf höhere Aufwertung" aufzuklären, was der Antragsteller hiermit bezweckt (KG. 5. 3. 25, 9. Aw. 123, 25).

4 **Nicht erforderlich** ist indes, daß ein ziffernmäßig bestimmter Antrag gestellt wird (KG. 8. 1. 25, 9. Aw. 10, 24, DJZ. 1925 S. 438). § 253 Z. 2 ZPO. findet in dem Aufwertungsverfahren keine Anwendung. Weder das Aufwertungsgesetz, noch das gemäß § 73 sinngemäß anzuwendende FGG. schreiben vor, daß ein zahlenmäßig bestimmter Antrag gestellt werden müsse. Es genügt vielmehr, daß bei der Aufwertungsstelle die Aufwertung einer dem Grunde nach nicht streitigen Forderung beantragt wird. Die Aufwertungsstelle hat daraufhin das in § 73 vorgeschriebene Verfahren einzuleiten und

demnächst den Aufwertungsbetrag festzusetzen (KG. 5. 2. 25, 9. Aw. 61, 25). So muß ein Antrag auf „gerechte Aufwertung" für genügend angesehen werden, wenn kein Zweifel darüber besteht, welche Art der Forderung — dingliche oder persönliche oder beide Arten — aufgewertet werden soll. Hat der Antragsteller den Aufwertungsbetrag nach der Ansicht der Aufwertungsstelle unrichtig zu hoch berechnet, so darf diese doch hieraus keinen Grund herleiten, den Aufwertungsantrag in vollem Umfange zurückzuweisen. Das Aufwertungsgesetz will klare Verhältnisse schaffen. Dem Gläubiger und dem Schuldner soll in dem Aufwertungsbeschluß bekanntgegeben werden, was er noch zu fordern oder zu zahlen hat (KG. 8. 1. 25, 9. Aw. 80, 24, DJZ. 1925, S. 438). An der unrichtigen Berechnung des Aufwertungsbetrages darf daher das ganze Aufwertungsverfahren nicht scheitern. Die Aufwertungsstelle hat vielmehr den Aufwertungsbetrag, den sie für angemessen hält, in ihrer Entscheidung zu bestimmen und ist dann allerdings nicht gehindert, weitergehende Anträge abzuweisen.

5 **Keine Aufwertung über den beantragten Betrag hinaus.** Der Antrag des Antragstellers ist auch insofern maßgebend, als die Aufwertungsstelle einen höheren Aufwertungsbetrag als den beantragten nicht festsetzen darf.

6 Die Rücknahme des Aufwertungsantrages ist jederzeit zulässig (KG. 9. 4. 25, 9. Aw. 247, 25). In diesem Falle werden die Kosten des Aufwertungsverfahrens in der Regel den Antragsteller treffen; dies entspricht der Billigkeit (§ 76).

7 **Antragsrecht.** Die Aufwertungsstelle hat zu prüfen, ob der Antragsteller berechtigt ist, den Aufwertungsantrag zu stellen (Aktivlegitimation). Der Pfändungsgläubiger ist auf Grund des Überweisungsbeschlusses berechtigt, in Höhe seiner Forderung das aufgewertete Recht, nicht nur den Papiermark-Anspruch, einzuziehen. Die Einziehung setzt in der Regel die Feststellung des Aufwertungsbetrages durch die Aufwertungsstelle voraus. Der Pfändungsgläubiger ist deshalb neben dem Schuldner, dem Drittschuldner und etwaigen sonstigen Antragsberechtigten befugt, den Aufwertungsantrag zu stellen. Aus der Pfändung und Überweisung des Anspruchs folgt also ohne weiteres das Recht, bei der Aufwertungsstelle die Aufwertung überhaupt, ferner auch abweichend von dem Normalsatze zu beantragen (KG. 29. 6. 25, 9. Aw. 376, 25). Eine Ehefrau ist zur Geltendmachung der zum eingebrachten Gut gehörenden Rechte in der Regel nur mit Zustimmung des Mannes befugt (§ 1400 Abs. 2 BGB., Gaupp-Stein ZPO. § 52 A. V. A. 1 S. 158 ff., RGRKomm. § 1400 A. 4). Die Zustimmung kann formlos erteilt werden; sie ist unwiderruflich. Die Aufwertungsstelle hat daher regelmäßig diese Zustimmung festzustellen, und zwar von Amts wegen (§ 12 FGG.); fehlt die Zustimmung, d. h. ist sie nicht erteilt oder wird sie nicht noch erteilt, so muß der Aufwertungsantrag der Ehefrau abgewiesen werden, weil sie zur Stellung eines solchen Antrages nicht befugt ist. Dies gilt auch, wenn sich der Aufwertungsantrag zunächst nur gegen eine Ehefrau

richtet, diese aber in demselben Verfahren einen Antrag auf höhere Aufwertung stellt; soweit der Antrag auf höhere Aufwertung in Frage kommt, muß auch die Zustimmung des Ehemanns festgestellt werden. Dagegen ist der Ehemann in diesen Fällen befugt, für seine Ehefrau die Aufwertung zu beantragen. Hinsichtlich der zum Gesamtgut gehörenden Rechte ist die Ehefrau sowohl bei der allgemeinen Gütergemeinschaft als auch bei der Errungenschafts- oder Fahrnisgemeinschaft regelmäßig nicht aktiv legitimiert; diese Rechte sind vielmehr von dem Manne geltend zu machen (Gaupp-Stein § 52 A. V. A. 2, KG. 25. 5. 25, 9. Aw. 316, 25). Stimmt der Ehemann dem Aufwertungsantrage der Ehefrau zu, so ist der Aufwertungsbeschluß, der über diesen Antrag entscheidet, dem Ehemanne gegenüber in Ansehung des eingebrachten Gutes wirksam; der Mann muß die Rechtskraft des Beschlusses gegen sich gelten lassen (RGZ. 56, 76, RGRKomm. § 1400 A. 3). Ein Vorerbe kann die Aufwertung einer zur Erbschaft gehörenden Forderung beantragen (§ 2114 BGB., KG. 13. 11. 24, 9. Aw. 30, 24, DJZ. 1925 S. 438). Auch wenn eine Erbauseinandersetzung noch nicht stattgefunden hat, kann ein einzelner Miterbe die Aufwertung einer zum ungeteilten Nachlaß gehörenden Forderung beantragen. Die Entscheidung der Aufwertungsstelle über den Aufwertungsbetrag ist dann nur gegenüber dem einzelnen Erben und dem Antragsgegner wirksam, nicht aber auch gegenüber den anderen Miterben. Freilich kann die von einem einzelnen Erben beantragte Aufwertung von Forderungen, die einer Erbengemeinschaft zustehen, nicht anders ausfallen, als wenn die Gesamtheit der Gläubiger die Aufwertung beantragt hätte (§ 10 A. 1). In der Regel wird es sich daher empfehlen, den übrigen Miterben Gelegenheit zur Beteiligung an dem Verfahren zu geben und sie ihnen nahezulegen. Ein Zwang kann nach dieser Richtung von der Aufwertungsstelle freilich nicht ausgeübt werden. Dagegen hat der Antragsgegner die Möglichkeit, einen Antrag auf Festsetzung des Aufwertungsbetrages gegenüber der Erbengesamtheit zu stellen (KG. 17. 6. 25, V. B.. 14, 25, zu vgl. auch BayObLG. vom 17. 9. 1925, DJZ. 1925 S. 1663). Antragsrecht des Treuhänders für Versicherungsansprüche, Art. 103, Df.V.O. vom 29. 11. 1925, A. 1.

8 So wie die Aktivlegitimation ist auch die Passivlegitimation von Amts wegen festzustellen. Richtet sich der Aufwertungsantrag gegen den richtigen Antragsgegner? Wird der Antrag gegen eine Ehefrau gestellt, so bedarf diese einer besonderen Zustimmung des Ehemanns nicht, ist also passiv legitimiert (Gaupp-Stein, § 52 A. V. B. 1 und 2). Soll der Aufwertungsbeschluß indes auch gegenüber dem Ehemanne voll wirksam sein, so wird es sich empfehlen, auch den Ehemann als Beteiligten hinzuzuziehen. Bei Aufwertung einer dinglich gesicherten Forderung ist der Eigentümer des Pfandgegenstandes (des belasteten Grundstücks usw.) passiv legitimiert. Bei der Aufwertung der persönlichen Forderung ist zu prüfen, ob der Antragsgegner der persönliche Schuldner ist (Schuldübernahme § 9 A. 5). Bestreitet der Antragsgegner, persönlicher

Schuldner zu sein, so bestreitet er hiermit den aufzuwertenden Anspruch. In der Regel (Ausnahme: § 71) muß daher erst das Prozeßgericht diese Streitfrage entscheiden. Besteht unter den Beteiligten kein Streit, daß der Antragsgegner der persönliche Schuldner ist (auch bei einer Schuldübernahme), so ist diese Auffassung der Beteiligten auch für die Aufwertungsstelle maßgebend, so daß sie weitere Feststellungen in dieser Hinsicht nicht zu treffen hat.

9 **Vom Reichsgesetz über die Angelegenheiten der freiwilligen Gerichtsbarkeit** kommen insbesondere folgende Vorschriften zur Anwendung:

§ 2. Rechtshilfe.

§ 5. Bestimmung des örtlich zuständigen Gerichts.

§ 6. Ausschließung eines Richters. Die Ablehnung eines Richters ist ausgeschlossen. Zulässig ist dagegen ein Antrag, daß sich ein kraft Gesetzes ausgeschlossener Richter der Amtsausübung enthalte; gegen die ablehnende Entscheidung findet die Beschwerde statt, § 19 FGG.

§§ 8, 9. Gerichtssprache, Sitzungspolizei, Beratung und Abstimmung.

§ 11. Anträge und Erklärungen zum Protokoll des Gerichtsschreibers des zuständigen Gerichts oder des Gerichtsschreibers eines Amtsgerichts. Die sofortige Beschwerde kann nach § 21 nur zum Protokoll des Gerichtsschreibers desjenigen Gerichts eingelegt werden, dessen Verfügung angefochten wird, oder des Gerichtsschreibers des Beschwerdegerichts. Nach § 6 V.O. vom 21. 7. 1925 (RGBl. S. 154) jetzt Art. 124 Df.V.O. vom 29. 11. 1925 ist für das Verfahren vor den Aufwertungsstellen diese Formvorschrift erleichtert. Hiernach ist auch die Erklärung zum Protokoll des Gerichtsschreibers eines Amtsgerichts (also nicht bloß der Aufwertungsstelle) zulässig.

§ 12. Ermittlung von Amts wegen, eine auch für das Aufwertungsverfahren sehr wichtige Vorschrift. Hierin gehören die bereits erörterten Fälle, daß die Aufwertungsstelle die Beteiligten zur Stellung klarer Anträge zu veranlassen hat (A. 2—4), die Prüfung der Aktiv- und Passivlegitimation (A. 7, 8), ferner die Ausübung des Fragerechts. Den Parteien muß genügend Gehör geschenkt werden (KG. 5. 2. 25, 9. Aw. 68, 25). Fordert die Aufwertungsstelle ein Gutachten ein, und teilt sie es den Parteien mit, so hat sie auch die Pflicht, den Parteien Gelegenheit zu geben, zu diesem Gutachten Stellung zu nehmen (KG. 18. 6. 25., 9. Aw. 388, 25). Die Aufwertungsstelle hat von Amts wegen diejenigen Tatsachen festzustellen, die bei einem billigen Ausgleich der Interessen beider Teile erheblich sein können. Es kommt nicht auf Vermutungen an, sondern auf die Feststellung von Tatsachen (KG. 8. 1. 1925, 9. Aw. 47, 24, DJZ. 1925 S. 348).

§ 13. Bevollmächtigte und Beistände — wegen der Zustellung zu vgl. § 16 FGG. und die Bemerkungen dort —. Die Vollmacht im Aufwertungsverfahren ist stempelfrei. Die Befreiungsvorschrift des Abs. 7a der Tarifstelle 19 des Preuß. Stempelsteuergesetzes vom 27. 10. 1924 (GS. S. 627) ist auf Vollmachten zur Vertretung vor den Aufwertungsstellen sinngemäß anzuwenden. Erlaß des Preuß.Fin.Min. vom 3. 11. 1925, II C. 2793 (FMBl. 1925, S. 397).

§ 14. Armenrecht. Durch die Bewilligung des Armenrechts erlangt die arme Partei das Recht, daß ihr zur vorläufig unentgeltlichen Wahrnehmung ihrer Rechte ein Rechtsanwalt beigeordnet werde, insoweit eine Vertretung durch Anwälte geboten ist. Dieser Fall ist in Aufwertungssachen regelmäßig nicht gegeben. Abgesehen von dem Falle der gebotenen Vertretung kann die Beiordnung eines Rechtsanwalts nach § 34 RAO. erfolgen, insbesondere dann, wenn die Partei nicht imstande ist, mündlich oder schriftlich ihre Rechte geltend zu machen (KG. 25. 5. 1925, 9. Aw. 369, 25). Bei Verweigerung der Beiordnung des Rechtsanwalts ist die einfache Beschwerde nach § 35 RAO. gegeben, Näheres zu § 74. Wegen der Erstattung der Kosten des Armenanwalts aus der Staatskasse zu vgl. § 76, wegen der Berechnung der Anwaltskosten nach der Landesgebührenordnung ebenfalls § 76.

§ 15. Beweisaufnahme und Glaubhaftmachung.

§ 16. Bekanntmachung der Verfügungen. Einem Anwesenden kann die Verfügung zu Protokoll bekanntgemacht werden. Es ist daher an sich zwar rechtlich zulässig, daß der Aufwertungsbeschluß den Beteiligten durch Vorlesen bekanntgegeben wird; zu dem Beschluß gehören aber auch die Gründe. Die Niederschrift hat dann, wie zur Vermeidung von Zweifeln wird erfordert werden müssen, zu ergeben, daß der vollständige Beschluß (d. h. einschließlich der Gründe) mitgeteilt worden ist (Nadler, DJZ. 1925 S. 161). Bei der Wichtigkeit, die ein solcher Beschluß für die Beteiligten regelmäßig haben wird, empfiehlt sich jedoch auch in diesem Falle noch die Zustellung des vollständigen Beschlusses, wenn die Beteiligten hierauf nicht etwa verzichten (DJZ. 1925 S. 426, DNotV. 1925 S. 135). Eine Verkündung des Beschlusses in einem hierzu bestimmten Verkündungstermine, in dem niemand erscheint, ist keine Bekanntmachung im Sinne des § 16 (Nadler, DRZ. 1925 S. 234). Regelmäßig werden indes die Gründe des Aufwertungsbeschlusses schriftlich wohl noch nicht abgesetzt sein, wenn die Aufwertungsstelle in dem Verhandlungstermine nach Verhandlung mit den Beteiligten die Entscheidung erläßt. Dann muß der Aufwertungsbeschluß ihnen zugestellt werden. Für diese Zustellung gelten die Vorschriften der ZPO. für die Zustellung von Amts wegen, §§ 208ff., 166ff. ZPO., insbesondere auch § 174 (Benennung eines Zustellungsbevollmächtigten), § 175 (KG. 22. 1. 1925, 9. Aw. 116, 24), § 176. Für die Angelegenheiten der freiwilligen Gerichtsbarkeit ist es streitig, ob § 176 ZPO. anwendbar ist. Die Frage verneint z. B. KGJ. 34 A. 6; Bay. OLG. v. 2. 1. 1904, Recht 1904, 141 Nr. 661, ZBl. FG. 4, 843; Josef, Rausnitz, Schlegelberger (zu § 16 FGG.). Man hat folgendes ausgeführt. Die Stellung des Bevollmächtigten im Verfahren der freiwilligen Gerichtsbarkeit sei grundsätzlich verschieden von derjenigen eines Prozeßbevollmächtigten. Jeder Anhalt fehle für die Annahme, daß der Beteiligte, der sich durch einen Bevollmächtigten in diesem Verfahren vertreten lasse, den Willen gehabt habe, sich von der eigenen Betätigung bei Wahrnehmung seiner Interessen mit der Wirkung auszuschließen, daß eine Bekanntmachung an ihn selbst wirksam nicht erfolgen könne. Dagegen halten den § 176 auch für das Verfahren der freiwilligen Gerichtsbarkeit für anwendbar, z. B. KGJ. 22 A. 198, Güthe-Triebel, GBO. § 1 A. 48, Marcus, Fuchs und die Kommentare von Dorner, Weißler, Wellstein. Für das Aufwertungsverfahren treffen jedenfalls die Gründe nicht zu, die dafür sprechen mögen, daß für die Angelegenheiten der freiwilligen Gerichtsbarkeit nach dem FGG. der § 176 ZPO. nicht anwendbar sei. Es handelt sich in dem Aufwertungsverfahren um ganz ähnliche Verhältnisse wie im Zivilprozeßverfahren; die Beteiligten stehen sich als Gegner gegenüber. Die Aufwertungsbestimmungen sind ferner durchaus nicht immer leicht verständlich, die Geltendmachung von Ansprüchen und die Einlegung der Rechtsmittel ist verschiedentlich von Fristen abhängig. Den Beteiligten, sowohl auf der Gläubiger- wie auch auf der Schuldnerseite, vielfach rechtsunkundigen und ungewandten Leuten, kann eine Beherrschung der schon für einen Juristen schwierigen Bestimmungen nicht immer zugemutet werden. Wer daher im Aufwertungsverfahren einen Bevollmächtigten, namentlich einen Rechtsanwalt, bestellt und gegenüber den Behörden und den beteiligten Privatpersonen durch eine Vollmacht ausweist, will, wie wenigstens in den meisten Fällen angenommen werden darf, davor geschützt sein, den Verlauf der Angelegenheit, insbesondere die einzuhaltenden Fristen, selbst überwachen und auf Formvorschriften selbst achten zu müssen, will vielmehr die gesamte Verantwortung dem Bevollmächtigten übertragen. Dieselben Gründe, die im Zivilprozeßverfahren zur Vorschrift des § 176 geführt haben, treffen somit auch für das Aufwertungsverfahren zu. Das KG. hält daher § 176 ZPO. auch für das Aufwertungsverfahren für anwendbar (KG. 23. 3. 1925, 9. Aw. 188, 25; a. A. Schlegelberger-Harmening, § 74 A. 4. Die Vorschrift des § 176 ZPO. ist zwingend, die Zustellungen „müssen" an den Prozeßbevollmächtigten erfolgen. Die Zustellung an die Partei selbst, die einen Bevollmächtigten bestellt hat, ist vorschriftswidrig und, wie überhaupt jede vorschriftswidrige Zustellung, z. B. wenn § 181 ZPO. nicht beachtet ist (KG. 23. 3. 1925, 9. Aw. 220, 25), nicht geeignet, die Rechtsmittelfrist in Lauf zu setzen. Die Zustellung der Beschlußformel genügt nicht, eine entsprechende Anwendung des § 317 Abs. 2 ZPO. ist nicht statthaft (KG. 9. 4. 1925, 9. Aw. 249, 25). Gehört zu den Beteiligten des Aufwertungsverfahrens eine Ehefrau, so kann — von der Ersatzzustellung des § 181 ZPO. abgesehen — die Zustellung des Beschlusses mit Wirksamkeit für sie nicht an ihren Ehemann erfolgen (KG. 25. 5. 1925, 9. Aw. 316, 25).

§ 17. Berechnung der Fristen.

§ 18. Änderung erlassener Verfügungen. Unterliegt die Verfügung nicht der sofortigen Beschwerde, so kann sie die Aufwertungsstelle jederzeit abändern, bei Zurückweisung eines Antrags in einem Antragsverfahren nur auf Antrag. Der Beschluß der Aufwertungsstelle III. Instanz auf die weitere Beschwerde wird mit der Zustellung rechtswirksam. Ist gegen die Verfügung das Rechtsmittel der sofortigen Beschwerde gegeben, so ist folgendes zu unterscheiden. Ist die Verfügung den Beteiligten oder einem von ihnen nach § 16 FGG. bekanntgemacht, insbesondere zugestellt, so ist die Aufwertungsstelle zu einer Änderung nicht mehr befugt (KG. 5. 2. 1925, 9. Aw. 121, 24). Solange dagegen diese Bekanntmachung nicht erfolgt ist, bleibt die Verfügung, und dies gilt auch für das Verfahren der Aufwertungsstelle III. Instanz, ein Internum der Aufwertungsstelle; sie kann daher noch abgeändert werden. Die Aufwertungsstelle ist unter Umständen sogar zu einer Änderung verpflichtet, wenn nachträglich neue An- oder Ausführungen gemacht werden oder die Gesetzgebung geändert wird (Näheres zu § 74).

§ 19. Beschwerden. Einfache Beschwerden; es muß sich um sachliche Entschließungen handeln, Näheres zu § 74. Einfache Beschwerde ist z. B. gegeben bei Festsetzung des Streitwertes, Verweigerung des Armenrechts, Ablehnung der Beiordnung eines Rechtsanwalts für die arme Partei, gegen Beschlüsse auf Erinnerung gegen den Kostenansatz, Aussetzung des Verfahrens, auch bei Ablehnung eines Aussetzungsantrages (§ 252 ZPO. — sofortige Beschwerde — findet keine Anwendung).

§ 20. Beschwerdebefugnis. Näheres zu § 74. Das Beschwerdegericht hat, wie in Rechtslehre und Rechtsprechung anerkannt ist, seiner Entscheidung diejenigen Verhältnisse zugrunde zu legen, welche zur Zeit der von ihm zu treffenden Entscheidung vorliegen (KGJ. 51, 59; KG. 27. 11. 1919, 1. X. 293, 19). Die Beschwerde kann auf neue Tatsachen gestützt werden, neue Beweismittel können geltend gemacht werden (§ 23 FGG.). Auch wenn die Entscheidung der I. Instanz nach der damaligen Sachlage gerechtfertigt war, hat das Beschwerdegericht sie abzuändern, wenn die Entscheidung des Beschwerdegerichts auf den mit der Beschwerde beigebrachten neuen Tatsachen oder Beweismitteln beruht (KG. v. 19. 2. 1920, 1. X. 24, 20, KGJ. 52 S. 120).

§ 21. Form der Einlegung. Die einfache Beschwerde kann auch durch eine von dem Beschwerdeführer selbst unterzeichnete Beschwerdefrist (handschriftliche Unterzeichnung: RGZ. 46, 375, KGJ. 26 A. 172, 43, 1, KG. v. 29. 6. 1925, 9. Aw. 376, 25) eingelegt werden, ferner durch Erklärung zum Protokoll des Gerichtsschreibers derjenigen Aufwertungsstelle, deren Verfügung angefochten wird, oder des Gerichtsschreibers der Beschwerdeinstanz. Auch zu Protokoll des Gerichtsschreibers irgendeines Amtsgerichts oder zu Protokoll des Richters (RGZ. 110 S. 311) kann die Einlegung der Beschwerde erfolgen, wenn der Beschwerdeführer das Protokoll unterzeichnet hat, das Protokoll also die Beschwerdeschrift darstellt.

§ 22. Sofortige Beschwerde, Wiedereinsetzung. Abs. 1. Die Frist für die sofortige Beschwerde beträgt 2 Wochen von dem Zeitpunkt, wo die Verfügung dem Beschwerdeführer bekanntgemacht worden ist. Wegen Berechnung der Frist ist § 17 zu vergleichen. Nach § 6 VO. vom 21. 7. 1925 (RGBl. S. 154), jetzt Art. 124 Df.V.O. vom 29. 11. 1925, erfolgt im Aufwertungsverfahren die Einlegung entweder:

a) durch Einreichung einer Beschwerdeschrift, die auch von dem Beschwerdeführer selbst unterschrieben sein kann — Zuziehung eines Rechtsanwalts ist nicht erforderlich —,

oder b) durch Erklärung zum Protokoll des Gerichtsschreibers des zuständigen Gerichts (d. h. der Aufwertungsstelle oder des Landgerichts) oder eines Amtsgerichts.

Erklärung zum Protokoll des Richters genügt für die sofortige Beschwerde nicht (RGZ. 110 S. 311).

Abs. 2. Über den Antrag auf Wiedereinsetzung entscheidet nicht die Aufwertungsstelle, deren Entscheidung angefochten werden soll, sondern diejenige Instanz, die zur Nachprüfung dieser Entscheidung berufen ist (KG. 11. 5. 1925, 9. Aw. 315, 25). Eine Wiedereinsetzung gegen die Versäumung der Frist des § 22 Abs. 2 (2 Wochen nach der Beseitigung des Hindernisses) ist nicht zulässig (KG. 4. 6. 1925, 9. Aw. 203, 25). Innerhalb einer angemessenen Frist nach Erlaß der Entscheidung muß der Beschwerdeführer, der mit dieser Entscheidung nicht einverstanden ist, die sofortige Beschwerde erheben. Wartet er ungebührlich lange (z. B. länger als drei Monate) mit der Einlegung des Rechtsmittels, so wird die Versäumung der Frist in der Regel eine verschuldete, der Wiedereinsetzungsantrag daher abzulehnen sein (KG. 11. 5. 1925, 9. Aw. 315, 25; 25. 5. 25, 9. Aw. 363, 25). Ein Verschulden des Vertreters wird dem Beschwerdeführer zugerechnet. Entspricht die sofortige Beschwerde nicht den Formvorschriften, fehlt z. B. die handschriftliche Unterzeichnung, ist aber noch Zeit zu ihrer formgültigen Einlegung, so hat das Gericht den Beschwerdeführer aufzuklären. Dieser hat dann noch Zeit, das Versäumte nachzuholen. Unterläßt das Gericht eine derartige Belehrung, und verstreicht so die Beschwerdefrist, so wird dem Beschwerdeführer in der Regel die Wiedereinsetzung zuzubilligen sein (KG. 18. 6. 1925, 9. Aw. 263, 25).

§ 23. Neue Tatsachen, zu vgl. zu § 20.

§ 24. Aussetzung der Vollziehung. Wenn z. B. gegen den Beschluß, der auf die Erinnerung gegen den Kostenansatz ergangen ist, Beschwerde eingelegt wird, kann die Aufwertungsstelle anordnen, daß von der Einziehung der Kosten vorläufig abzusehen ist. Diese Befugnis hat auch das Beschwerdegericht.

§ 25. **Begründung.** Auch die Aufwertungsstelle hat nach § 5 VO. v. 21. 7. 1925 (RGBl. S. 154), jetzt Art. 123 Df.V.O. vom 29. 11. 1925, ihre Entscheidung zu begründen. Was darunter zu verstehen ist, hat das KG. in ständiger Rechtsprechung festgestellt (KGJ. 48, 1; 50, 93; KG. vom 22. 1. 1925, 9. Aw. 3, 25; 67, 24). Die Darstellung des Sachverhalts ist danach erforderlich. Man wird freilich in dieser Beziehung nicht zu hohe Anforderungen stellen dürfen, namentlich wenn sich Schriftsätze bei den Akten befinden, aus denen sich der Standpunkt der Parteien und ihre Anträge ergeben. Bei der Fülle von Aufwertungsanträgen wird es ohne Vergrößerung des Beamtenkörpers kaum möglich sein, die Beschlüsse bis ins einzelne abzufassen und zu begründen. Die Begründung des Aufwertungsbeschlusses muß indes, selbst wenn man noch so geringe Ansprüche hieran stellt, eine Nachprüfung der Entscheidung ermöglichen (KG. 9. 4. 1925, 9. Aw.

160, 25; 261, 25). Wenn die Aufwertungsstelle von dem regelmäßigen Höchstsatze abweicht, muß sie diese Abweichung begründen (KG. 27. 4. 1925, 9. Aw. 251, 25). Die Entscheidung muß erkennen lassen, wie hoch und gegen welchen Schuldner die Forderung, gegebenenfalls die dingliche, die persönliche Forderung, aufgewertet ist, bei einer Mehrheit von Schuldnern, in welchem Verhältnis diese zueinander stehen (KG. 30. 12. 1924, 9. Aw. 53, 24, DJZ. 1925 S. 347), welcher Erwerbstag für die dingliche, für die persönliche Forderung in Frage kommt, gegebenenfalls warum ein anderer Erwerbstag nicht zugrunde gelegt worden ist. Der Aufwertungsbeschluß muß ferner deutlich ergeben, wer die Beteiligten sind, wer also der Antragsteller, der Antragsgegner oder der Gläubiger, der Schuldner ist. Die Aufwertungsstelle wird die kleine Mühe nicht scheuen dürfen, die Beteiligten einzeln mit Namen aufzuführen. Vielfach beginnen die Beschlüsse mit den Worten: „In Sachen pp."; die Aufwertungsstelle überläßt es dann dem Gerichtsschreiber, die Beteiligten herauszusuchen. Bei der Wichtigkeit des Aufwertungsbeschlusses ist dieses Verfahren jedenfalls dann durchaus nicht zu empfehlen, wenn sich die Namen der Beteiligten nicht bereits aus den vorbereitenden Schriftsätzen oder aus der Niederschrift deutlich ergeben. Die namentliche Aufführung der Beteiligten hat auch den Vorzug, daß sich die Aufwertungsstelle selbst darüber Rechenschaft ablegt, für wen und gegen wen sie den Aufwertungsbetrag festsetzt. Der Name der Prozeßbevollmächtigten ist ebenfalls anzugeben, da die Erteilung der Prozeßvollmacht für die Zustellung von Bedeutung ist (zu vgl. zu § 16 FGG. Zustellungen). Zweckmäßig sind die Beteiligten in dem Beschluß darüber zu belehren, welches Rechtsmittel gegen die Entscheidung gegeben ist, und in welcher Form es einzulegen ist. Endlich muß sich aus der Entscheidung ergeben, daß gerade die Aufwertungsstelle, also z. B. nicht etwa das Grundbuchamt, sie getroffen hat. Das Verfahren vor der Aufwertungsstelle ist anders geregelt als dasjenige vor dem Grundbuchamt. Auch für die Rechtsmittel sind abweichende Vorschriften erlassen.

§ 27. Weitere Beschwerde. Das Gericht der weiteren Beschwerde, in Preußen das KG., hat zu prüfen, ob die angefochtene Entscheidung auf einer Verletzung des Gesetzes beruht. Die tatsächliche Feststellung des Beschwerdegerichts ist daher für die III. Instanz maßgebend. Sie ist für diese indes dann nicht bindend, wenn sie unter Verletzung des Gesetzes getroffen ist. Allgemeine Erfahrungssätze hat das mit der Rechtsbeschwerde befaßte Beschwerdegericht ebenso wie das Revisionsgericht nachzuprüfen (RGZ. 76 S. 176). Es handelt sich ferner nicht um eine tatsächliche Feststellung, sondern um eine Gesetzesanwendung, wenn für die Auslegung zu beachtende Rechtsgrundsätze in Frage kommen. Die sofortige weitere Beschwerde kann in Aufwertungssachen nach § 6 Abs. 2 VO. vom 21. 7. 1925 (RGBl. S. 154), jetzt Art. 124 Df.V.O. vom 29. 11. 1925, eingelegt werden bei der Aufwertungsstelle, dem Landgericht oder dem Oberlandesgericht. Die Einlegung erfolgt

a) durch Einreichung einer von einem Rechtsanwalt unterzeichneten Beschwerdeschrift

oder b) durch Erklärung zum Protokoll des Gerichtsschreibers des zuständigen Gerichts (d. h. der Aufwertungsstelle, des Land- oder des Oberlandesgerichts) oder eines Amtsgerichts. Dadurch, daß der Gerichtsschreiber eines jeden Amtsgerichts für zuständig erklärt worden ist zur Aufnahme der sofortigen weiteren Beschwerde, kommt das Gesetz einem vielfach geäußerten Wunsche entgegen (DJZ. 1925 S. 426). Auch für die sofortige weitere Beschwerde genügt es indes nicht, wenn sie zu Protokoll des Richters erklärt wird (RGZ. 110 S. 311). Der Zuziehung eines Rechtsanwalts bedarf es nicht, wenn die Beschwerde von einer Behörde oder von einem Notar eingelegt wird, der in der Angelegenheit für den Beschwerdeführer einen Antrag bei der Aufwertungsstelle gestellt hat.

§ 31. Zeugnisse über die Rechtskraft. Der Gerichtsschreiber wird hierbei insbesondere zu prüfen haben, ob die getroffene Entscheidung gehörig bekanntgemacht ist (§ 16), ob also gegebenenfalls die Zustellung in Ordnung ist. Ist ein Prozeßbevollmächtigter bestellt, so muß die Zustellung an ihn erfolgt sein. Nach § 6 Abs. 5 VO. vom 21. 7. 1925, jetzt Art. 124 Abs. 5 Df.V.O. vom 29. 11. 1925, darf der Gerichtsschreiber der Aufwertungsstelle Zeugnisse über die Rechtskraft erst eine Woche nach Ablauf der Beschwerdefrist erteilen.

§ 34 Akteneinsicht. Bei Verweigerung ist die einfache Beschwerde gegeben.

10. Die Reichsregierung ist ermächtigt, mit Zustimmung des Reichsrats Bestimmungen zu treffen, die sie zum Zwecke der Anpassung an die besonderen Bedürfnisse des Aufwertungsverfahrens für nötig erachtet. Zu vgl. jetzt Df.V.O. vom 29. 11. 1925.

11 **Der Versuch einer gütlichen Einigung** ist zwingende Vorschrift; nur dann, wenn mit Bestimmtheit die Erfolglosigkeit des Sühneverfahrens vorher zu sehen ist, kann von diesem Versuch Abstand genommen werden. Ein Verstoß gegen diese Vorschrift führt nach der ständigen Rechtsprechung des KG. im Regelfalle zur Aufhebung der angefochtenen Entscheidung (DJZ. 1925, S. 160, DNotV. 1925, S. 128). Der Gesetzgeber geht davon aus, daß die Härten, die bei jeder Aufwertung für den einen oder den anderen Teil oder für beide Teile entstehen, wesentlich gemildert werden können, wenn unter dem Vorsitz des unparteiischen Richters den Beteiligten Gelegenheit gegeben wird, ihre widerstreitenden Ansichten vorzutragen, und wenn dann der Richter zwischen ihnen vermitteln kann. Ein geschickter Richter wird hier viel ausgleichen und dadurch wesentlich zur Herbeiführung eines sozialen Friedens beitragen. Die Aufwertungsfrage ist nicht nur eine juristische, sondern auch eine wirtschaftspolitische, vor allem aber eine sittliche Frage. Der Richter wird dies nie aus den Augen lassen dürfen. Wenn er so sein gewichtiges Wort in die Wagschale legt, werden sich die Beteiligten diesem um so leichter fügen, je größer ihr Vertrauen zur Unparteilichkeit des Richters ist. Der Einigungstermin ist, wie das KG. ständig hervorgehoben hat, hiernach von sehr großer Bedeutung. In der Regel wird eine mündliche Verhandlung mit den Beteiligten stattzufinden haben. Zweckmäßig sind die Beteiligten zu diesem Termine durch Zustellungsurkunde zu laden (KG. 13. 11. 24,

DJZ. 1925, S. 438, DNotV. 1925, S. 129). In der Niederschrift über diese Verhandlung ist der Versuch der gütlichen Einigung aktenkundig zu machen, schon um einer etwa späteren Anfechtung wegen Verletzung des § 73 Abs. 2 den Boden zu entziehen (KG. 9. 10. 24, 9. Aw. 13. 24, DNotV. 1925, S. 129). Ausnahmsweise kann der Einigungsversuch schriftlich vorgenommen werden, namentlich dann, wenn die Beteiligten oder einzelne von ihnen in weiter Entfernung von dem Sitze der Aufwertungsstelle wohnen (KG. 9. 4. 25, 9. Aw. 195, 25) oder durch Krankheit oder Gebrechen verhindert sind, persönlich zu erscheinen. Die Aufwertungsstelle wird dann das Angebot der einen Partei der anderen Partei schriftlich mitteilen müssen, kann auch um deren Vernehmung das nach Abs. 1 und § 2 FGG. zur Rechtshilfe verpflichtete zuständige Amtsgericht ersuchen. Der Einzelfall entscheidet, wie oft die Beteiligten in dieser Weise zu hören sind. Jedenfalls muß ihnen stets genügend Gehör geschenkt werden (KG. 5. 2. 25, 9. Aw. 68, 25). Ein Sühneversuch ist auch bei solchen Aufwertungsanträgen, die nach der Ansicht der Aufwertungsstelle unbegründet sind, vorzunehmen, wenn auch nur schriftlich (KG. 27. 4. 25, 9. Aw. 141, 25). Ist allerdings die Aufwertungsstelle unzuständig für die beantragte Aufwertung, so braucht sie auch einen Einigungstermin nicht anzusetzen (KG. 5. 3. 25, 9. Aw. 175, 25). Ein Gleiches ist anzunehmen, wenn von vornherein feststeht, daß ein solcher Termin ganz zwecklos wäre (KG. 9. 4. 25, 9. Aw. 208, 25), wenn z. B. die Beteiligten lediglich die Entscheidung der Aufwertungsstelle über eine für die Höhe des Aufwertungsbetrages in Betracht kommende Rechtsfrage — etwa über den Tag des Erwerbes der Forderung — anrufen, oder wenn die Beteiligten mit voller Bestimmtheit jeden Sühneversuch als ganz aussichtslos abgelehnt haben. Aber auch in solchen Fällen ist die Aufwertungsstelle nicht gehindert, einen Einigungstermin zu bestimmen. Auch wenn die Beteiligten oder einzelne von ihnen nicht mündlich, sondern schriftlich gehört werden, müssen sie doch regelmäßig von dem Verhandlungstermine in Kenntnis gesetzt werden, damit sie immer die Möglichkeit haben, zu dem Termine zu erscheinen oder sich dort vertreten zu lassen.

2. Rechtsmittel.

§ 74.

(1) Gegen die Entscheidung der Aufwertungsstelle findet die sofortige Beschwerde statt. Über die sofortige Beschwerde entscheidet das Landgericht. Gegen die Entscheidung des Beschwerdegerichts ist die sofortige weitere Beschwerde an das Oberlandesgericht zulässig, wenn die Entscheidung auf einer Verletzung des Gesetzes beruht. Die Frage, ob im einzelnen Falle die Vorschriften der §§ 8 Abs. 1, 15, 34, 52 richtig angewendet sind, unterliegt nicht der Nachprüfung durch das Oberlandesgericht.

Die Vorschriften des § 28 Abs. 2, 3 und des § 199 des Reichsgesetzes über die Angelegenheiten der freiwilligen Gerichtsbarkeit finden entsprechende Anwendung.

(2) Gegen die Entscheidung der Aufwertungsstelle kann unter Übergehung der Beschwerdeinstanz unmittelbar die sofortige weitere Beschwerde eingelegt werden, wenn der Gegner einwilligt. Die schriftliche Erklärung der Einwilligung ist bei der Einlegung der sofortigen weiteren Beschwerde einzureichen.

1 Gegen die Entscheidung der Aufwertungsstelle findet die sofortige Beschwerde statt. Als Entscheidung im Sinne des § 74 ist die Sachentscheidung in der Aufwertungsfrage anzusehen (KG. 11. 5. 25, 9. Aw. 340, 25; DRZ. 1925, S. 235). Gegen Zwischenverfügungen und prozeßleitende Anordnungen ist ein Rechtsmittel nicht gegeben (KG. 20. 10. 24, 9. Aw. 26, 24). Lehnt z. B. die Aufwertungsstelle den Antrag, den Aufwertungsantrag an eine andere angeblich zuständige Aufwertungsstelle abzugeben, ab, so ist ein Rechtsmittel hiergegen nicht gegeben, weil diese Entscheidung keine Sachentscheidung darstellt, sondern eine nicht anfechtbare Zwischenverfügung oder eine Meinungsäußerung der Aufwertungsstelle über ihre künftige Stellungnahme (KG. 9. 4. 25, 9. Aw. 185, 25). Die Kostenentscheidung kann, wenn in der Sache selbst entschieden ist, nicht selbständig, sondern nur gleichzeitig mit der Sachentscheidung angefochten werden (KGJ. 52 A. 1, KG. 20. 10. 24, 9. Aw. 7, 24; 13. 11. 24, 9. Aw. 45, 24; 5. 2. 25, 9. Aw. 72, 25 u. a.; JW. 1925 S. 492 Nr. 2, JR. 1925, Rechtspr. Nr. 164, DJZ. 1925 S. 262, S. 671). Ist die Hauptsache erledigt und eine Sachentscheidung nicht ergangen, und ist nur über die Kosten erkannt, z. B. bei Zurücknahme des Aufwertungsantrages, so ist gegen die Kostenentscheidung die sofortige Beschwerde zulässig (KG. 18. 6. 25, 9. Aw. 384, 25).

2 Im übrigen gilt auch hier die Vorschrift des § 19, wonach gegen Verfügungen der Aufwertungsstelle die einfache Beschwerde gegeben ist. Auch bei diesen Verfügungen muß es sich um sachliche Entschließungen handeln. So ist nach der ständigen Rechtsprechung des KG. die einfache Beschwerde das zulässige Rechtsmittel gegen Beschlüsse über die Festsetzung des Streitwerts (z. B. v. 30. 12. 24, 9. Aw. 82, 24), über die Verweigerung des Armenrechts (KG. 30. 12. 24, 9. Aw. 97, 24, DJZ. 1925, S. 263, JR. 1925, Rechtspr. Nr. 212), über die Ablehnung der Beiordnung eines Rechtsanwalts für die arme Partei (§ 14 FGG.; § 35 RAO., KG. 25. 5. 1925, 9. Aw. 369, 25), über Erinnerung gegen den Kostenansatz.

3 Gegen den Kostenfestsetzungsbeschluß ist in Preußen nach Art. 11 PrFG. die sofortige Beschwerde gegeben (KG. 5. 2. 25, 9. Aw. 117, 24, DJZ. 1925, S. 517, JR. 1925, Rechtspr. Nr. 273; v. 27. 4. 25, 9. Aw. 319, 25). Wegen des Beschwerdeverfahrens zu vgl. Art. 135 Df.-V.O. vom 29. 11. 1925 A. 2.

4 Für die einfache Beschwerde sind besondere Form- und Fristvorschriften nicht gegeben, wohl aber für die sofortige weitere Beschwerde,

zu vgl. § 73 A. 9. Ist der Beschwerdeführer ein Rechtsanwalt, so ist der Formvorschrift des § 6 Abs. 2 VO. 21. 7. 1925, jetzt Art. 124 Abs. 2 Df.V.O. vom 29. 11. 1925, genügt, wenn er selbst die sofortige weitere Beschwerde unterzeichnet (KG. 30 12. 1924, 9. Aw. 66, 24; 22. 1. 25, 9. Aw. 43, 24). Die telegraphische Einlegung der Beschwerde ist zulässig (Schlegelberger FGG. § 29 A. 3, § 21 A. 2, § 11 A. 25; Güthe-Triebel, GBO. § 73 A. 3; KG. 5. 2. 25, 9. Aw. 85, 25).

5 **Beschwerderecht.** Die Beschwerde (die sofortige und die einfache) steht jedem zu, dessen Recht durch die Entscheidung beeinträchtigt wird, also dem Antragsteller, wenn seinem Antrage nicht oder nicht in vollem Umfange stattgegeben ist, dem Antragsgegner, wenn er durch die Entscheidung beschwert wird. Ist ein Aufwertungsantrag zurückgewiesen worden, so steht ein Rechtsmittel hiergegen nur dem Antragsteller zu (§ 20 Abs. 2 FGG.). Im übrigen kann die Beschwerde auch von einem Dritten eingelegt werden, der durch die Entscheidung in seinem Recht beeinträchtigt wird, z. B. von dem Bürgen, dem Pfandgläubiger, dem nachstehenden dinglich Berechtigten (Mügel § 9 A. 4), der Staatskasse gegen den Beschluß über eine angeblich zu niedrige Festsetzung des Streitwertes (KG. 13. 11. 24, 9. Aw. 31, 24), gegen die Verfügung der Aufwertungsstelle: „Kosten nach § 10 PrGKG. außer Ansatz" (KG. 25. 5. 25, 9. Aw. 360, 25). Für die Ehefrau ist in der Regel auch der Ehemann beschwerdeberechtigt (§ 1380 BGB.; KG. 5. 3. 1925, 9. Aw. 103, 25). Die rechtzeitige Einlegung der Beschwerde durch einen Teil der Erben bei ungeteilter Erbengemeinschaft hemmt auch für die Miterben, die die Beschwerdefrist versäumt haben, die Rechtskraft der angefochtenen Entscheidung. Über die Aufwertung einer Forderung kann bei ungeteilter Erbengemeinschaft nur einheitlich entschieden werden; eine Verwerfung der Beschwerden einzelner Miterben wegen Verspätung kann daher nicht in Frage kommen (Schlegelberger FGG. S. 229, A. 29; KG. 23. 3. 25, 9. Aw. 167, 25). Unter dem Recht, das beeinträchtigt sein muß, ist auch das Recht auf gesetzmäßige und sachentsprechende Behandlung der Angelegenheit zu verstehen (KGJ. 50, S. 3, KG. v. 19. 2. 25, 9. Aw. 38, 25). Eine Beeinträchtigung dieses Rechts kann auch in Verstößen gegen die Vorschriften über das Verfahren gefunden werden. Jeder an einem Aufwertungsverfahren Beteiligte hat den Anspruch darauf, daß hierbei die zur Wahrung seiner Interessen dienenden gesetzlichen Vorschriften beobachtet werden. So hat das KG. (19. 2. 25, 9. Aw. 38, 25) das Beschwerderecht des Antragsgegners bejaht, als die Aufwertungsstelle auf den Antrag des Antragstellers (noch vor dem Gesetze v. 17. 2. 25) beschlossen hatte, das Verfahren solle so lange ruhen, bis der Antragsteller den Fortgang beantrage. Denn: auf den Aufwertungsantrag des Antragstellers hat auch der Antragsgegner ein Recht darauf, daß die Aufwertungsstelle diesen Antrag sachgemäß erledigt. Verzögert sie durch ihre Sachentscheidung ohne Grund diese Erledigung, so wird das Recht des Antragsgegners hierdurch beeinträchtigt.

Vorgeordnete Behörden haben eine Beschwerdebefugnis in Angelegenheiten der ihrer Aufsicht unterstellten Behörden und öffentlich-rechtlichen Verbände auf Grund des Aufsichtsrechts nicht (KGJ. 20 A. 10; 31 A. 225; 39 A. 33; 40, 18; 42, 185).

Für die Frage, ob die Beschwerdebefugnis gegeben ist, genügt die Behauptung der Beeinträchtigung des Rechts; ob sich diese Behauptung als gerechtfertigt erweist, kommt hierfür nicht in Betracht. Das Beschwerdeverfahren ist gerade zu einer Nachprüfung der vom Beschwerdeführer behaupteten Beeinträchtigung seines Rechts bestimmt. Es muß also für die Herbeiführung einer sachlichen Prüfung und Entscheidung des Beschwerdegerichts und somit zur Begründung der Beschwerdebefugnis genügen, daß der Beschwerdeführer die Beeinträchtigung eines Rechts behauptet, die, wenn sie sich als begründet erweist, Anlaß zur Aufhebung oder Abänderung der angefochtenen Entscheidung bietet (RG. 17. 11. 1919, IV. B 2 1919). Das „Recht" muß beeinträchtigt sein; ein bloßes Interesse reicht zur Anwendung des § 20 FGG., § 74 Aw.-Ges. nicht aus (KGJ. 49, 84; KG. 20. 11. 1919, 1. X. 281, 19). Hat die Aufwertungsstelle dem Antrage eines Beteiligten entsprochen, so steht diesem regelmäßig eine Beschwerde nicht zu. Hat daher z. B. die Aufwertungsstelle den Aufwertungsbetrag so hoch festgesetzt, wie der Beteiligte beantragt hatte, so kann dieser die Entscheidung nicht deshalb anfechten, weil ihm die Aufwertung jetzt nicht mehr genüge, er vielmehr eine höhere Aufwertung verlange, oder (KG. 9. 4. 25, 9. Aw. 64, 25) weil die in den Gründen vorgenommene Errechnung des Aufwertungsbetrages, der im übrigen nach dem Antrage des Beschwerdeführers festgesetzt ist, unrichtig sei.

6 **Eine bedingte Beschwerde** ist an sich nicht unzulässig (KG. 5. 2. 25, 9. Aw. 72, 25). Die sog. Eventualbeschwerde wird in der Regel (zu vgl. aber A. 3) für unzulässig zu erklären sein (Schlegelberger FGG. § 10 A. 14; KG. 25. 9. 1919, 1. X. 230, 1919). Eine Beschwerde gegen einen Vergleich ist unzulässig (KG. 5. 3. 25, 9. Aw. 148, 25).

7 Die sofortige Beschwerde kann auch v o r F r i s t b e g i n n eingelegt werden, wenn eine Entscheidung getroffen ist, zu deren Änderung die Aufwertungsstelle nicht mehr befugt ist (ständige Rechtsprechung des KG. z. B. 22. 1. 25, 9. Aw. 21, 25; 9. Aw. 107, 24), z. B. wenn der Beschluß dem Gegner des Beschwerdeführers bereits zugestellt ist (KG. 5. 2. 25, 9. Aw. 121, 24). Die einfache Beschwerde ist an eine besondere Form oder eine Frist nicht gebunden.

8 Ist der Beschwerdeführer nicht befugt, die Beschwerde einzulegen, so ist die Beschwerde darum doch nicht unzulässig, also zu verwerfen, sondern nur nicht begründet und deshalb zurückzuweisen (KGJ. 46, 114; 50, 46; KG. 25. 9. 1919, 1. X. 188, 19).

9 **Sofortige weitere Beschwerde.** Sie kann nur auf eine Verletzung des Gesetzes gestützt werden. Neue Behauptungen können daher in dem Verfahren der sofortigen weiteren Beschwerde nicht berücksichtigt werden. Zu § 5 (A. 2) ist bereits darauf hingewiesen worden, daß die Vermutung, wann die dingliche Forderung erworben worden ist, zwar widerlegt werden kann, daß die betreffende Partei indes ihre dahingehenden Behauptungen in erster oder zweiter Instanz geltend

machen muß; andernfalls kann sie hiermit in der dritten Instanz nicht gehört werden. Neues tatsächliches Vorbringen in der dritten Instanz ist daher an sich rechtlich bedeutungslos. Wenn indes auf die sofortige weitere Beschwerde die Vorentscheidung aufgehoben ist und die Sache zur weiteren Erörterung und Entscheidung an die Vorinstanz zurückverwiesen ist, muß nunmehr auch das neue tatsächliche Vorbringen berücksichtigt werden. Die Aufwertungsstelle und das Beschwerdegericht haben die Anführungen zu beachten, die bis zu dem Zeitpunkte vorgebracht werden, wo die betreffende Entscheidung nach § 16 FGG. bekanntgemacht wird, insbesondere also wo der Gerichtsschreiber für die Bewirkung der Zustellung der Entscheidung durch Aushändigung des zu übergebenden Schriftstückes an die Post Sorge trägt. Denn erst mit der Bekanntmachung der Entscheidung (§ 16 FGG.) wird diese wirksam (KGJ. 46, 1; KG. 25. 11. 1920, 1. X. 362, 20). Erfolgt die Bekanntmachung durch Zustellung, so kann die Entscheidung noch immer abgeändert werden, solange der Gerichtsschreiber das zuzustellende Schriftstück nicht an die Post übergeben hat. Hat er es indes an die Post zur Zustellung bereits übergeben, so ist allerdings eine Abänderung nicht mehr zulässig; denn inzwischen muß mit der durch die Post bewirkten Zustellung gerechnet werden. So darf auf das eingelegte Rechtsmittel eine sachliche Entscheidung nicht erfolgen, wenn es zurückgenommen wird, bevor die sachliche Entscheidung zur Zustellung an die Post übergeben worden ist. Das Gericht hat in diesem Falle die etwa schon erlassene Entscheidung wieder aufzuheben; den Beteiligten selbst ist weder von der ersten Entscheidung, noch von deren Aufhebung Kenntnis zu geben. Dies ist ein innerer Vorgang, der lediglich für das Gericht von Bedeutung ist und in den Gerichtsakten verbleibt. Es wird sich daher empfehlen, daß die getroffene Entscheidung möglichst bald den Beteiligten zugestellt wird, damit in der Zwischenzeit zwischen der Entscheidung und ihrer Zustellung nicht neue Anführungen gemacht werden können, die unter Umständen eine andere Entscheidung erfordern. Was von dem neuen tatsächlichen Vorbringen gesagt ist, das noch bis zur Zustellung der Entscheidung zu beachten ist, gilt auch von etwaigen neuen in der Zwischenzeit in Kraft getretenen Gesetzen. Das KG. hat daher eine Entscheidung der Aufwertungsstelle aufheben müssen, die vor dem Inkrafttreten des Gesetzes vom 17. 2. 1925 (über die Aussetzung des Verfahrens mit Rücksicht auf das in Aussicht stehende neue Aufwertungsgesetz) erlassen war und damals dem Aussetzungsantrage — mit Recht — nicht stattgegeben hatte, die aber erst in einem Zeitpunkte zugestellt worden ist, wo jenes Gesetz bereits galt (KG. v. 18. 6. 25, 9. Aw. 263, 25).

10 Der sofortigen weiteren Beschwerde ist entzogen die Entscheidung der Vorinstanzen über den Antrag des Eigentümers auf **Herabsetzung der Aufwertung** der dinglichen Forderung. Dies wird auch dann zu gelten haben, wenn die persönliche Forderung nach § 9 auf Antrag des Schuldners nach den entsprechenden Vorschriften des § 8 herabgesetzt wird. Hierbei ist indes zu beachten, daß die sofortige weitere Beschwerde über den Herabsetzungsantrag dann zulässig ist,

wenn sie auf eine Verletzung anderer Vorschriften als des § 8 gestützt wird, insbesondere auf eine Verletzung verfahrensrechtlicher Vorschriften, z. B. auf die Verletzung des § 73, weil der erforderliche Sühneversuch nicht gemacht ist, weil dem Beschwerdeführer nicht genügend Gehör geschenkt ist (KG. 27. 4. 25, 9. Aw. 291, 25), oder auf die Verletzung des § 5 VO. vom 21. 7. 1925, jetzt Art. 123 Df.V.O. vom 29. 11. 1925 (keine genügende Begründung der Entscheidung). Die sofortige weitere Beschwerde ist also nur dann unzulässig, wenn lediglich die Frage zu prüfen ist, ob im einzelnen Falle die Vorschrift des § 8 Abs. 1 richtig angewendet ist. Über diese Frage entscheidet die zweite Instanz (oder die erste Instanz bei der Sprungbeschwerde nach § 74 Abs. 2) endgültig; in diesem Falle ist sowohl dem Schuldner, dessen Antrag auf Herabsetzung abgelehnt ist, als auch dem Gläubiger, wenn die Herabsetzung vorgenommen ist, die Möglichkeit einer weiteren Anfechtung der Entscheidung der Aufwertungsstelle entzogen (ständige Rechtsprechung des KG. z. B. v. 13. 11. 1924, 9. Aw. 27, 24; 27. 4. 1925, 9. Aw. 306, 25; Nadler in DJZ. 1925 S. 158, 160/161 zu § 9 Abs. 4). In gleicher Weise ist ein Beschluß über die Vorschrift der §§ 15 (Ausschluß der Rückwirkung), 34 und 52 (Herabsetzung der Aufwertung bei Industrieobligationen und bei Schuldverschreibungen öffentlich-rechtlicher Körperschaften) der Nachprüfung durch das Oberlandesgericht entzogen.

11 **Gericht der sofortigen weiteren Beschwerde.** Über die sofortige weitere Beschwerde entscheidet das dem Landgericht übergeordnete Oberlandesgericht. Gemäß § 199 FGG. war für Preußen das KG. zuständig (Ges. v. 4. 8. 1924, GS. 593). Nach der VO. v. 27. 8. 1925 (GS. S. 109) ist im Geltungsbereich des § 74 für die Entscheidung über das Rechtsmittel der sofortigen weiteren Beschwerde das KG. zuständig.

Das Gesetz über die Abänderung von Gerichtsgemeinschaftsverträgen v. 21. 3. 1925 (GS. 37) genehmigt die Staatsverträge zwischen Preußen und

1. Anhalt (v. 23./24. 12. 24),
2. Lippe (v. 12./19. 12. 24),
3. Schaumburg-Lippe (v. 12./17. 12. 24),
4. Thüringen (v. 12./29. 12. 24).

Für die Entscheidung über die sofortige Beschwerde (dies wird dahin zu verstehen sein: Über die sofortige weitere und über die weitere Beschwerde) gegen Entscheidungen der Aufwertungsstellen tritt das KG. in Berlin an die Stelle des OLG.

zu 1 und 4: Naumburg,

zu 2 und 3: Celle.

Die Zuständigkeit des KG. erstreckt sich jedoch nicht auf solche Beschwerden, die bereits vor dem 1. 4. 1925 bei dem OLG. Celle oder Naumburg eingegangen sind. Die beteiligten Regierungen haben die Frage geprüft, ob infolge des § 74 eine Änderung der Staatsverträge erforderlich geworden sei. Sie sind übereinstimmend der Auffassung, daß eine solche Änderung nicht erforderlich sei, weil die Staatsverträge den auch in der Begründung zu dem preuß. Gesetzentwurf (Landtagsdrucksache Nr. 171) deutlich zum Ausdruck gebrachten Zweck verfolgen, zur Erzielung größtmöglicher Einheitlichkeit die höchstrichterliche Entscheidung in Aufwertungssachen von dem OLG. auf das RG. zu übertragen, und es daher ohne Belang ist, ob die höchstrichterliche Entscheidung in 2. oder in 3. Instanz ergeht. — Gemeinsames Schreiben des preuß. Staatsministeriums und des anhaltischen, thüringischen Staatsministeriums, lippischen Landespräsidiums und der schaumburg-lippischen Landesregierung vom 20. 8., 31. 8., 31. 8., 26. 8., 24. 8. 1925, JM. I. 7525

12 Es gehört zur Aufgabe des über eine Rechtsbeschwerde entscheidenden Gerichts im Falle der Zurückverweisung der Sache in die Vorinstanz, dieser die nach der gegebenen Sachlage maßgebenden rechtlichen Gesichtspunkte mitzuteilen, von denen bei der erneuten Prüfung und Entscheidung auszugehen ist. Inwieweit im einzelnen Falle Anlaß zu einer derartigen Stellungnahme des Beschwerdegerichts gegeben ist, hängt von den Umständen ab und unterliegt dem pflichtmäßigen Ermessen des Beschwerdegerichts. Wird die Sache unter Aufhebung des angefochtenen Beschlusses zur weiteren Erörterung und Entscheidung nach Maßgabe bestimmter von dem Beschwerdegericht aufgestellter rechtlicher Gesichtspunkte in die Vorinstanz zurückverwiesen, so ist die der unteren Instanz mitgeteilte Rechtsauffassung des Beschwerdegerichts bindend (RG. 17. 6. 25, V. B. 14. 25).

13 **Sprungbeschwerde.** Das Gesetz läßt die Ausschaltung der zweiten Instanz zu, wenn der Beschwerdeführer dies beantragt und der Gegner schriftlich seine Einwilligung gegeben hat; die schriftliche Erklärung des Gegners ist bei Einlegung der sofortigen weiteren Beschwerde einzureichen. Die nachträgliche Einreichung der schriftlichen Einwilligungserklärung innerhalb der Beschwerdefrist wird für zulässig zu halten sein (Schlegelberger-Harmening § 74 A. 12). Man wird dies wohlwollend auch dann annehmen können, wenn die Nichteinreichung nur versehentlich unterblieben und die Beschwerdefrist bei der nachträglichen Einreichung bereits verstrichen ist. Denn wenn die Beteiligten selbst die Ausschaltung der 2. Instanz wünschen und dies vor Ablauf der Beschwerdefrist schriftlich vereinbart haben, soll ihrem Verlangen nach Möglichkeit entsprochen werden. Die Vorschrift des Abs. 2 ist dem § 566a Abs. 1, 2 ZPO. nachgebildet. Sie wird dann praktisch werden, wenn es sich lediglich um die Entscheidung einer Rechtsfrage handelt. Ob viel Gebrauch hiervon gemacht werden wird, muß die Zukunft entscheiden. Da die schriftliche Einwilligung des Gegners des Beschwerdeführers erforderlich ist, ist nicht zu besorgen, daß dieser in seinen Rechten verkürzt werde.

Nicht aufgenommen ist eine dem § 566a Abs. 3 ZPO. entsprechende Vorschrift, wonach die sofortige weitere Beschwerde nicht auf Mängel des Verfahrens gestützt werden kann.

Das Gericht der sofortigen weiteren Beschwerde hat auch bei der von den Beteiligten vereinbarten Übergehung der zweiten Instanz (Sprungbeschwerde) nur zu prüfen, ob die Entscheidung der Aufwertungsstelle auf einer Verletzung des Gesetzes beruht. Die tat-

Zeitschrift für öffentliches Recht

Fortsetzung des Inhaltsverzeichnisses des Oktoberheftes:

Für die nächsten Hefte sind als Mitarbeiter vorgesehen:

Privatdozent Dr. **Ludwig Adamovich**-Wien,
Geheimrat Prof. Dr. **Gerhard Anschütz**-Heidelberg,
Dr. **Karl Braunias**-Wien,
Ministerialrat Dr. **Georg Froehlich**-Wien,
Privatdozent Dr. **Karl Henrich**-Wien,
Ministerialrat **Häntzschel**-Berlin-Lichterfelde,
Professor Dr. **Franz Jerusalem**-Jena,
Dr. **Julius Kraft**-Frankfurt a. M.,
Professor Dr. **Herbert Kraus**-Königsberg,
Dr. jur. u. rer. pol. **Josef Kunz**-Wien,
Ministerialrat Dr. **Egbert Mannlicher**-Wien,
Professor Dr. **Adolf Merkl**-Wien,
Professor Dr. **L. Mises**-Wien,
Professor Dr. **Leonidas Pitamic**-Ljubljana (Laibach),
Professor Dr. **Karl Rothenbücher**-München,
Professor Dr. **George Scelle**-Dijon,
Senator Professor Dr. **Ludwig Spiegel**-Prag,
Professor Dr. **Leo Strisower**-Wien,
Privatdozent Dr. **Karl Strupp**-Frankfurt a. M.,
Professor Dr. **Gjorgje Tasic**-Ljubljana (Laibach),
Dr. **Erich Voegelin**-New York.

sächlichen Feststellungen der Vorinstanz sind daher auch in diesem Falle für das Gericht der sofortigen weiteren Beschwerde bindend.

14 **Zuständigkeit des RG.** Soweit die weitere Beschwerde in Frage kommt, gilt die Vorschrift des § 28 FGG. Abs. 2, 3. Danach hat das OLG. in bestimmten Fällen nicht selbst zu entscheiden, sondern die Entscheidung dem RG. zu überlassen. Voraussetzung ist:

a) es muß sich um die Auslegung einer reichsgesetzlichen Vorschrift handeln. Landesrechtliche Bestimmungen kommen also nicht in Betracht.

b) Das OLG. will abweichen von einer Entscheidung, die über diese reichsgesetzliche Vorschrift ergangen ist von einem anderen OLG. auf eine weitere Beschwerde, also als Gericht der weiteren Beschwerde, oder von dem RG. Das RG. kann seine entgegenstehende Ansicht nicht bloß in einem Aufwertungsverfahren oder einem Verfahren der freiwilligen Gerichtsbarkeit geäußert haben, sondern auch an anderer Stelle, insbesondere in einem bürgerlichen Rechtsstreit nach den Vorschriften der ZPO., also als Revisionsgericht.

Das OLG. hat dann seine abweichende Rechtsauffassung in einem Beschluß zu begründen, diesen dem Beschwerdeführer bekannt zu machen, insbesondere durch Zustellung, und die Akten dem RG. zur Entscheidung zu übersenden. Entscheidet nunmehr das RG. die streitige Frage, so ist die Entscheidung für alle OLG. in Aufwertungsfragen derart bindend, daß sie eine abweichende Entscheidung nicht mehr selbst treffen können, sondern gegebenfalls wiederum das RG. anrufen müssen. Auf diese Weise ist für eine gewisse Einheit der Rechtsprechung gesorgt.

15 § 74 bestimmt zwar das für die sofortige weitere Beschwerde zuständige Gericht, nicht aber auch das Gericht für die weitere Beschwerde. Sofern hier nicht noch die Durchführungsbestimmungen eine Regelung treffen, wird folgendes zu gelten haben. Soweit die einfache weitere Beschwerde zulässig ist, wird hierüber auch dasjenige Gericht zu entscheiden haben, das für die sofortige weitere Beschwerde zuständig ist, in Preußen also das KG. Maßgebend sind auch hier die Gründe, die das KG. seinerzeit für seine Zuständigkeit bei der Beschwerde gegen den das Armenrechtsgesuch zurückweisenden Beschluß angeführt hat. Die Absicht des Gesetzgebers ist es, auch die weitere Beschwerde nur dem einen OLG. zuzuleiten, das auch über die sofortige weitere Beschwerde zu entscheiden hat. Die Einheitlichkeit der Rechtsprechung soll angestrebt werden, die besser gewährleistet ist, wenn in dem Bundesstaat nur e i n Gericht über das Rechtsmittel zu entscheiden hat, als wenn die verschiedenen OLG. angerufen werden können (zu vgl. KG. 30. 12. 1924, 9. Aw. 97, 24; DJZ. 1925 S. 263; JR. 1925; Rechtsprechung Nr. 212, auch KG. v. 5. 2. 1925, 9. Aw. 117, 24; 9. 4. 25, 9. Aw. 294, 25; 11. 5. 25, 9. Aw. 340, 25; 7. 12. 25, 9. Aw. 477. 25.

16 Ist die erste Beschwerde an das Landgericht unzulässig, so fehlt die Vorbedingung für die sachliche Entscheidung der dritten Instanz. Es wird dann der landgerichtliche Beschluß, der in der Sache selbst ent-

schieden hat, aufzuheben, die Beschwerde als unzulässig zu verwerfen sein; die Kosten der Beschwerde werden dem Beschwerdeführer aufzuerlegen sein, die Kosten der weiteren Beschwerde außer Ansatz zu bleiben haben (KGJ. 37 A. 218; 51, 279, KG. 2. 10. 1919, 1. X. 227, 19).

3. Rechtskraft und Vollstreckbarkeit.

§ 75.

Die rechtskräftige Entscheidung der Aufwertungsstelle ist für die Gerichte und Verwaltungsbehörden bindend. Aus der rechtskräftigen Entscheidung der Aufwertungsstelle über die Kosten sowie aus einem vor der Aufwertungsstelle abgeschlossenen Vergleich findet die Zwangsvollstreckung nach den Vorschriften der Zivilprozeßordnung statt; das gleiche gilt für rechtskräftige Entscheidungen, für die die Zuständigkeit der Aufwertungsstelle vereinbart ist.

1 **Bindende Kraft der Entscheidung der Aufwertungsstelle.** Hat die Aufwertungsstelle eine Aufwertungsfrage rechtskräftig entschieden, so bindet ihre Entscheidung die Gerichte und Verwaltungsbehörden, auch wenn diese sachlich unrichtig ist, z. B. wenn die Aufwertungsstelle die dingliche Forderung auf mehr als 25% oder die persönliche Forderung entgegen dem § 10 Abs. 3 über 100% aufgewertet oder wenn sie nicht den richtigen Erwerbstag der — dinglichen oder persönlichen — Forderung zugrunde gelegt, oder wenn sie die Verzinsung unrichtig geregelt hat. Die sachliche Richtigkeit ist nicht nachzuprüfen, wohl aber festzustellen, ob die Entscheidung innerhalb der Zuständigkeit der Aufwertungsstelle ergangen ist. Wenn daher die Aufwertungsstelle nicht zuständig war, den Aufwertungsantrag aber nicht wegen ihrer Unzuständigkeit, sondern sachlich als unbegründet abgewiesen hat, so steht dieser Beschluß einer späteren Entscheidung der zuständigen Behörde über den gleichen Aufwertungsanspruch nicht entgegen. Z. B. die Aufwertung eines Anspruchs wird verlangt, der Antragsgegner bestreitet das aufzuwertende Recht selbst. Wenn dann der Antragsteller etwa auf einer Entscheidung über seinen Aufwertungsanspruch besteht, mit einer Aussetzung des Verfahrens bis zur rechtskräftigen Entscheidung des Prozeßgerichts nicht einverstanden ist, hat die Aufwertungsstelle den Antrag lediglich deshalb abzuweisen, weil sie — zur Zeit — nicht zuständig ist. Hat nun die Aufwertungsstelle den Antrag auch oder lediglich deshalb abgewiesen, weil er sachlich unbegründet sei, so steht diese Entscheidung nicht entgegen, wenn später, nach rechtskräftiger Feststellung des Prozeßgerichts, der Antragsteller nochmals seinen Aufwertungsantrag stellt.

2 **Vollstreckbarkeit.** Die 3. StNVO. hatte in § 9 Abs. 5 noch die Bestimmung, daß die rechtskräftige Entscheidung der Aufwertungsstelle vollstreckbar ist. Der Regierungsentwurf und die Fassung des Reichs-

rats hatten sich dem angeschlossen. Das Gesetz hat diese Vorschrift aber nicht übernommen. Vollstreckbar sind nach dem Gesetz nur:

I. Die rechtskräftigen Kostenentscheidungen (A. 3—6),

II. die vor der Aufwertungsstelle abgeschlossenen Vergleiche (A. 7),

III. rechtskräftige Entscheidungen, für die die Zuständigkeit vereinbart ist (A. 8).

[3] I. **Kostenentscheidung.** Gemeint ist die Kostenentscheidung des § 76. Dort sind auseinandergehalten: Gebühr und Kosten. Unter Gebühr sind die Gerichtsgebühren, die Gerichtskosten zu verstehen. Der Ausdruck „Kosten" in § 76 umfaßt sowohl die gerichtlichen als auch die außergerichtlichen Kosten (KG. 5. 2. 25, 9. Aw. 117, 24; 21. 9. 25, 9. Aw. 457, 25). Wenn daher die Aufwertungsstelle über die Kosten des Aufwertungsverfahrens entschieden hat, so sind hierunter, falls sich aus den Gründen nichts Entgegenstehendes ergibt, sowohl die gerichtlichen als auch die außergerichtlichen Kosten zu verstehen. Zu den außergerichtlichen Kosten können insbesondere die Kosten der von den Beteiligten zugezogenen Rechtsanwälte gehören. Hierbei ist indes folgendes zu beachten. Eine dem § 91 Abs. 2 ZPO. entsprechende Bestimmung, wonach die Gebühren und Auslagen des Rechtsanwalts der obsiegenden Partei in allen Prozessen zu erstatten sind, enthält weder das AwGes. noch das FGG. Für Preußen kommt gemäß § 200 FGG. das preußische FG. zur Anwendung. Nach Art. 9 Abs. 2 PrFG. sind die Gebühren und Auslagen eines Rechtsanwalts nur insoweit zu erstatten, als die Zuziehung nach dem Ermessen des Gerichts zur zweckentsprechenden Rechtsverfolgung oder Rechtsverteidigung notwendig war. Diese Frage ist daher in jedem Falle von der Aufwertungsstelle (Gerichtsschreiber, A.V. vom 8. 12. 1925, JMBl. 1925 S. 426) zu prüfen (KG. 25. 5. 25, 9. Aw. 355, 25).

[4] Für die **Gebühren und Auslagen des Rechtsanwalts**, die im Einzelfall als erstattungspflichtig erachtet werden, findet in Preußen die RAGebO. keine Anwendung; zu den in den §§ 1, 91 RA.-GebO., Art. 2 LandGebO. für RA. und Gerichtsvollzieher v. 28. 10. 1922 bezeichneten Verfahren gehört das Verfahren vor der Aufwertungsstelle nicht. Die Vergütung für die Berufstätigkeit des Rechtsanwalts im Aufwertungsverfahren bestimmt sich vielmehr gemäß Art. 1 der LandGebO. für RA. und GV. nach den Vorschriften dieses Gesetzes, zu vgl. dort insbesondere Art. 8 ff. (KG. 5. 2. 25, 9. Aw. 117, 24).

[5] Bisher erfolgte die gerichtliche **Festsetzung des Betrages der Kosten** in Preußen durch die Aufwertungsstelle, nicht durch den Gerichtsschreiber, § 200 FGG. Art. 10 PrFG. (KG. 5. 2. 25, 9. Aw. 117, 24; 27. 4. 25, 9. Aw. 319, 25). Durch die AV. vom 8. 12. 1925 (JMBl. S. 426) sind in Preußen die Gerichtsschreiber mit der selbständigen Erledigung der Kostenfestsetzung beauftragt worden. Aus den rechtskräftigen Kostenfestsetzungsbeschlüssen wird man die Zwangsvollstreckung unbedenklich ebenfalls zulassen müssen. Das Gesuch des Armenanwalts um Festsetzung des zu erstattenden Betrages aus der Staatskasse ist nach § 3 des Gesetzes vom 6. 2. 1923 (RGBl. S. 103) bei dem Gerichts-

schreiber des Gerichts der Instanz anzubringen, d. h. derjenigen Instanz, für die der Rechtsanwalt der armen Partei bestellt worden ist. Die Festsetzung dieses Betrages erfolgt schon auf Grund dieses Gesetzes durch den Gerichtsschreiber, also nicht durch die Aufwertungsstelle. Die zur Rechtfertigung der einzelnen Ansätze dienenden Belege sind dem Gesuch beizufügen. Die Erinnerung steht auch dem Rechtsanwalte zu.

6 Ist der Partei, der das Armenrecht bewilligt ist, ein Rechtsanwalt beigeordnet worden, so ist dieser berechtigt, die Erstattung seiner Gebühren aus der Staatskasse zu fordern. Nach § 14 FGG. § 73 AwGes. finden die Vorschriften der ZPO. über das Armenrecht entsprechende Anwendung. Das Gesetz v. 6. 2. 23 (RGBl. S. 103) ist zwar als ein selbständiges Gesetz erlassen, stellt sich aber, abgesehen von dem das Privatklageverfahren betreffenden § 2, seinem ganzen Inhalte nach als eine Ergänzung der Vorschriften der ZPO. über das Armenrecht und in diesem Sinne als einen Teil der ZPO. dar, ist somit auch im Verfahren vor der Aufwertungsstelle anzuwenden (RG. 27. 4. 25, 9. Aw. 319, 25). Das Gesetz vom 6. 2. 23 ist beschränkt worden durch das Gesetz vom 14. 7. 25 (RGBl. S. 136).

7 II. **Vor der Aufwertungsstelle abgeschlossene Vergleiche.** Diese Vorschrift lehnt sich an § 794 Z. 1 ZPO. an.

8 III. **Entscheidungen bei vereinbarter Zuständigkeit der Aufwertungsstelle.** Man fragt sich vergeblich, warum bei vereinbarter Zuständigkeit die Sachentscheidungen dadurch vor den Sachentscheidungen der an und für sich schon zuständigen Aufwertungsstellen einen Vorzug erhalten haben, daß jene vollstreckbar sind, während für diese erst das Prozeßgericht die Vollstreckbarkeit aussprechen muß. Jetzt hat die Sachentscheidung der Aufwertungsstelle, falls deren Zuständigkeit nicht vereinbart worden ist, nur den Wert einer rechtskräftigen Feststellung. Der Gläubiger muß später, wenn der Aufwertungsbetrag oder die Zinsen fällig sind, und der Schuldner nicht freiwillig zahlt, die Hilfe der ordentlichen Gerichte in Anspruch nehmen — ein umständliches Verfahren.

4. Kosten.

§ 76.

(1) Die Aufwertungsstelle erhebt nach Maßgabe der Durchführungsbestimmungen eine Gebühr und verteilt die Kosten auf die Beteiligten nach billigem Ermessen.

(2) Die Reichsregierung wird ermächtigt, weitere Vorschriften über die in Aufwertungssachen erwachsenden Gebühren und Kosten zu erlassen.

1 Für das Aufwertungsverfahren werden Gebühren nach dem Werte des Streitgegenstandes erhoben, § 7 VO. vom 21. 7. 1925, jetzt Art. 129 Df.V.O. vom 29. 11. 1925. Den Wert des Streitgegenstandes hat die Aufwertungsstelle unter Berücksichtigung der gestellten Anträge nach freiem Ermessen festzusetzen; das freie Er-

messen ist also nur insoweit beschränkt, als eine Berücksichtigung der Anträge stattfinden soll. Die Anträge sind indes nicht, wie im Zivilprozeß, unbedingt maßgebend (KG. 13. 11. 1924, 9. Aw. 31, 24). In der Regel ist der Aufwertungsbetrag vor dem 1. 1. 1932 (§ 25) nicht fällig, wird auch nur gering verzinst, stellt daher zur Zeit einen geringeren Wert dar, als nach seinem ziffernmäßigen Betrage anzunehmen wäre. Ein Streitwert in Höhe von zwei Drittel des Aufwertungsbetrages wird daher in der Regel ausreichen (KG. 23. 3. 1925, 9. Aw. 150, 25; 27. 4. 25, 9. Aw. 198, 25). Ist eine Aufwertung allgemein „über 25% hinaus" verlangt, so ist doch nicht etwa ein Streitwert in Höhe von 75% (nämlich 100%—25%) angemessen. Ein Streitwert von etwa 20% des Nennbetrages (Goldmarkbetrages) dürfte genügen (KG. 22. 1. 25, 9. Aw. 24, 25; 5. 3. 25, 9. Aw. 172, 25, 182, 25, DJZ. 1925 S. 517, JW. 1925 S. 799, DNotV. 1925 S. 135). Wünscht der Antragsteller die Aufwertung seiner Forderung auf einen bestimmten Teil des Grundstückswertes, z. B. auf ein Drittel hiervon, so muß zunächst der Grundstückswert festgestellt werden. Wird dieser z. B. auf 270 000 Reichsmark ermittelt, so verlangt der Antragsteller die Aufwertung auf 90 000 Reichsmark. Wenn der Streitwert dann auf zwei Drittel, also auf etwa 60 000 Reichsmark, festgesetzt wird, so wird dies ausreichen (KG. 23. 3. 25, 9. Aw. 233, 25). Ist beantragt, festzusetzen, daß sich kein Aufwertungsbetrag ergibt, und hat der Antragsgegner keinen Antrag zur Sache gestellt, so wird der Streitwert nach der niedrigsten Stufe (1—50 Reichsmark) zu bemessen sein (KG. 9. 4. 25, 9. Aw. 259, 25). Die Festsetzung des Streitwertes erfolgt gebührenfrei durch Beschluß des Gerichts (§ 23 PrGKG. v. 28. 10. 1922).

[2] **Gegen den Streitwertbeschluß** der Aufwertungsstelle ist die e i n f a c h e B e s c h w e r d e gegeben, wie das KG. in ständiger Rechtsprechung angenommen hat (z. B. KG. 30. 12. 24, 9. Aw. 82, 24; 23. 3. 25, 9. Aw. 191, 25; 210, 25). Über die Beschwerde entscheidet jetzt das übergeordnete Landgericht. Dieses kann den Streitwertbeschluß auch von Amts wegen ändern, wenn es für die von ihm zu treffende Entscheidung (z. B. auf Beschwerde gegen den Beschluß der Aufwertungsstelle über eine Erinnerung des Kostenschuldners) auch mit der Frage befaßt wird, ob der Streitwert richtig berechnet ist, § 25 PrGKG.

[3] In Preußen werden die Gebühren nach der VO. v. 28. 7. 1925 (GS. S. 103, abgedruckt Anhang) berechnet, die der VO. v. 24. 6. 1924 fast wörtlich entspricht. Im Sinne der VO. v. 28. 7. 1925 ist volle Gebühr die Gebühr des § 32 des PrGKG. v. 28. 10. 1922 (GS. S. 363), der durch die VO. v. 18. 12. 1923 (GS. 556) eine andere Fassung erhalten hat (zu vgl. der Abdruck im Anhang). Als Mindestbetrag einer Gebühr sind 2 Reichsmark zu berechnen. Nach § 3 a. a. O. ist Schuldner der Gebühren und Auslagen derjenige, dem durch eine Entscheidung der Aufwertungsstelle oder des Beschwerdegerichts die Kosten des Verfahrens auferlegt worden sind. In Ermangelung einer solchen Entscheidung kommen die Vorschriften der §§ 1, 2, 4 und 5 des PrGKG. (abgedr. Anhang) entsprechend zur Anwendung. Bereits für die Entgegennahme des Antrages auf Einleitung eines Aufwertungs-

verfahrens wird eine Gebühr erhoben ($^2/_{10}$ der vollen Gebühr), die bei Eingang des Antrages fällig ist und auf die Gebühr für das Verfahren angerechnet wird. Diese Gebühr für das Verfahren vor der Aufwertungsstelle einschließlich der Anordnung und Vornahme von Beweisverhandlungen und der Beurkundung eines Vergleichs beträgt $^5/_{10}$ der vollen Gebühr. Weitere $^5/_{10}$ der vollen Gebühr werden erhoben, wenn eine das Verfahren abschließende Entscheidung der Aufwertungsstelle getroffen wird. Ein Vorschuß von $^3/_{10}$ der vollen Gebühr kann bei Einleitung des Verfahrens erhoben werden. Bei diesen Gebühren handelt es sich stets um einen Antrag auf Einleitung eines Aufwertungsverfahrens. Eine bloße Anmeldung von Aufwertungsansprüchen, die früher vielfach für ausreichend gehalten ist, um die Frist des § 7 Z. 3 der 1. DfVO. und die Rechte auf eine höhere als die regelmäßige Aufwertung zu wahren, begründet diese Gebühr nicht. Ergibt sich daher aus dem Schreiben des Gesuchstellers nicht klar, ob er die Einleitung eines Aufwertungsverfahrens beantragen oder nur etwaige Aufwertungsansprüche anmelden will, so muß ihn die Aufwertungsstelle fragen, wie sein Schreiben aufgefaßt werden soll. Für die Entgegennahme der in § 16 Abs. 1 Satz 1 vorgeschriebenen Anmeldung ist in Preußen eine Gebühr nicht zu berechnen (AV. v. 30. 9. 1925, JMBl. 1925 S. 363).

Beantragt der Antragsteller Herabsetzung des normalen Höchstsatzes um 10%, der Antragsgegner in demselben Verfahren eine höhere als 25%ige Aufwertung nach allgemeinen Vorschriften, so ergibt sich die Kostenpflicht des Antragstellers ohne weiteres aus den §§ 6, 7 Abs. 3 der VO. v. 28. 7. 1925. Dagegen ist die Kostenpflicht des Antragsgegners nach diesen Vorschriften zu verneinen. Der Antrag auf Herabsetzung des Aufwertungsbetrages ist ein Antrag auf Einleitung eines Verfahrens gemäß §§ 8, 9 AwGes. In diesem daraufhin eingeleiteten Verfahren ist ein zweiter Antrag (nämlich des Antragsgegners) auf Einleitung desselben Verfahrens nicht denkbar. Der Antrag des Antragsgegners kann daher nicht auch als ein Antrag auf Einleitung eines Aufwertungsverfahrens angesehen werden. Die Voraussetzungen für die Erhebung der Gebühr aus § 6 und des Vorschusses aus § 7 Abs. 3 VO. v. 28. 7. 1925, der „bei Einleitung des Verfahrens" erfordert werden kann, sind demgemäß bei dem Antragsgegner nicht gegeben. Von diesem sind daher zunächst keine Kosten zu erfordern. Für den Streitwert in diesem Falle ist lediglich der Inhalt des von dem Antragsteller gestellten Antrages maßgebend; man berechnet die 10%, deren Herabsetzung verlangt ist, und nimmt hiervon etwa zwei Drittel. Durch den Antrag des Antragsgegners tritt allerdings eine Erhöhung des Streitwertes ein, der nunmehr gleichkommt dem Unterschiede zwischen den von beiden Seiten gestellten Anträgen. Dieser höhere Streitwert bleibt indes bei der Erhebung der Gebühr aus §§ 6, 7 Abs. 3 VO. v. 28. 7. 1925 außer Betracht. Dagegen ist er später den auf Grund des § 7 Abs. 1 und 2 a. a. O. zu berechnenden Gebühren zugrunde zu legen.

Beantragt der Antragsteller Aufwertung der dinglichen und persönlichen Forderung auf 25%, der Antragsgegner eine höhere Aufwertung der persönlichen Forderung, gegebenenfalls bis zur vollen Höhe, so dürfen aus dem gleichen Grunde die Gebühren und der Vorschuß aus §§ 6, 7 Abs. 3 a. a. O. nur von dem Antragsteller erfordert werden. Für den Streitwert, der für die Gebühren des Antragstellers zunächst maßgebend ist, kann nicht der Normalsatz von 25% zugrunde gelegt werden. Denn darüber, daß die Forderung mindestens auf 25% aufzuwerten ist, besteht zwischen den Parteien kein Streit. Ein solcher liegt nur hinsichtlich des die 25% übersteigenden Aufwertungsbetrages vor. Der Antrag des Antragstellers bezweckt im wesentlichen die Feststellung, daß der Antragsgegner keinen Anspruch auf eine höhere Aufwertung als 25% hat. Man kann daher den Streitwert auf etwa 10% des Nennbetrages oder des Goldmarkbetrages, je nach dem Erwerbstag der Forderung, festsetzen (KG. 29. 6. 25, 9. Aw. 374, 25; 403, 25; 396, 25; 401, 25).

4 Für die *Erhebung der Auslagen* gelten nach § 10 a. a. O. die Vorschriften der §§ 109—112 und 114 PrGKG. v. 28. 10. 22 (abgedruckt Anhang). Schreibgebühren werden in der Regel nicht zu erheben sein (KG. 23. 3. 25, 9. Aw. 224 und 225, 25). Insbesondere kommen Schreibgebühren lediglich für die Bestätigung des Eingangs des Aufwertungsantrages nicht in Ansatz (KG. 11. 5. 25, 9. Aw. 184, 25). Sollte es sich ausnahmsweise um Ausfertigungen oder Abschriften der im § 109 PrGKG. genannten Art handeln, so sind an Schreibgebühren für eine Seite 0,20 Mark zu erheben (VO. 28. 6. 24, GS. S. 573). Das Porto für die Zusendung der Kostenrechnung hat der Kostenschuldner zu tragen; er hat keinen Anspruch auf kostenfreie Übermittlung dieser Rechnung (zu vgl. Verf. des JustMin. v. 4. 12. 1923, I. 8188 zu III und V). Die Portoauslagen sind daher ebenfalls in die Kostenrechnung einzusetzen (KG. 11. 5. 25, 9. Aw. 184, 25). Eine Erhebung von Stempeln findet in Preußen nicht statt; Urkunden, von denen im Verfahren Gebrauch gemacht wird, sind nur insoweit einem Stempel unterworfen, als sie es ohne diesen Gebrauch sein würden, § 10 Abs. 2 a. a. O.

5 Gegen den Ansatz von Gebühren und Auslagen, also gegen die Kostenrechnung, steht dem Zahlungspflichtigen die *Erinnerung* zu. Wegen der Erinnerung durch den Rechtsanwalt nach dem Gesetze vom 6. 2. 1923 zu vgl. § 75 A. 5. Über die Erinnerung entscheidet die Aufwertungsstelle gebührenfrei. Der Ansatz der Gebühren und Auslagen kann auch im Verwaltungswege berichtigt werden, solange nicht über die Erinnerung des Zahlungspflichtigen eine Entscheidung der Aufwertungsstelle getroffen ist (§ 24 PrGKG.). Gegen die Entscheidung der Aufwertungsstelle auf die Erinnerung gegen die Kostenrechnung findet die einfache Beschwerde statt. Gegen die Entscheidung des Beschwerdegerichts ist die weitere Beschwerde gegeben, falls die Entscheidung auf einer Verletzung des Gesetzes beruht. Zuständiges Gericht für diese weitere Beschwerde ist in Preußen das KG., § 74, A. 15. Über Beschwerden, welche den Ansatz von Stempeln betreffen, wird im Aufsichtswege entschieden, d. h.

die Beschwerde geht an den LGPräs., §§ 29, 115 PrGKG. vom 28. 10. 1922, zu vgl. auch AV. v. 28. 7. 1910, JMBl. S. 299, §§ 9 Z. 1a Abs. 2, Z. 1b Abs. 2, vom 1. 2. 1926 ab G.V. d. J.M. u. d. F.M. vom 19. 1. 1926, § 9 Z. 1a Abs. 2, Z. 1b Abs. 2 (JMBl. 1926, S. 17).

6 Die Aufwertungsstelle hat die Kosten auf die Beteiligten nach billigem Ermessen zu verteilen. Sie hat also freien Spielraum und kann alle irgendwie in Betracht kommenden Umstände berücksichtigen. Sie ist nicht gezwungen, die Kosten je nach Erfolg oder Mißerfolg der gestellten Anträge zu verteilen, wenngleich dieser Gesichtspunkt stets einen erheblichen Einfluß auf die Kostenentscheidung ausüben wird. Der Wortlaut des § 76 Abs. 1 deutet darauf hin, daß regelmäßig die Kosten zu verteilen sind, d. h. jeder Teil wird einen Teil der Kosten zu tragen haben.

Unter den Kosten sind, wie zu A. 3 § 75 bereits bemerkt ist, sowohl die gerichtlichen als auch die außergerichtlichen zu verstehen. Die Kosten eines Rechtsanwalts sind nur insoweit zu erstatten, als dessen Zuziehung zur zweckentsprechenden Rechtsverfolgung oder Rechtsverteidigung notwendig war, § 75, A. 3.

Ist eine Sachentscheidung ergangen, so ist die Kostenentscheidung allein nicht anfechtbar, § 74, A. 1.

7 Diejenigen Beträge, die der Staat dem Armenanwalt erstattet hat, sind nicht selbst Gerichtskosten im Sinne der §§ 74 ff. GKG. v. 21. 12. 1922 (RGBl. 1923 S. 12). Sie sind insbesondere nicht gleichgestellt den im § 77 genannten Gebühren und Auslagen, die derjenige schuldet, der das Verfahren der Instanz beantragt hat, insoweit daher auch nicht den Auslagen nach § 72 Z. 6. Nur soweit dem Armenanwalt wegen seiner Gebühren und Auslagen ein Anspruch gegen die von ihm vertretene Partei oder einen ersatzpflichtigen Gegner zusteht, geht der Anspruch mit der Erstattung auf die Staatskasse über. Haftet der Gegner sonst für diese Kosten nicht (durch Vergleich oder infolge einer Kostenentscheidung), so kann die Staatskasse derartige Beträge von ihm nicht einfordern (KG. 7. 7. 1924, 9. U. 13944, 22, 17. 11. 1924, 17. W. 4593, 24, JW. 25 S. 68, KG. 27. 10. 1924, 3 W. 4619, 24, JW. 25, S. 2151). Wegen der Festsetzung dieser Beträge durch den Gerichtsschreiber (nicht die Aufwertungsstelle) zu vgl. § 75 A. 5, § 74 A. 3.

8 Die Reichsregierung ist ermächtigt worden (Abs. 2), weitere Vorschriften über die Gebühren und Kosten zu erlassen. Im § 7 Abs. 2 VO. vom 21. 7. 1925, jetzt Art. 129 Abs. 2 Df.V.O. vom 29. 11. 1925, sind die obersten Landesbehörden ermächtigt worden, die näheren Bestimmungen über die Bemessung der Gebühr zu treffen.

IV. Aussetzung des Verfahrens vor dem Prozeßgericht.

§ 77.

In bürgerlichen Rechtsstreitigkeiten ist das Verfahren auf Antrag auszusetzen, soweit die Entscheidung von der Höhe der Aufwertung eines der in den §§ 4 bis 61, § 64 bezeichneten Ansprüche abhängt. Der Antrag auf Aussetzung kann vor dem Gerichtsschreiber zu Protokoll erklärt werden.

Über die Höhe der Aufwertung der zur Zuständigkeit der Aufwertungsstelle gehörenden Ansprüche entscheidet ausschließlich die Aufwertungsstelle (§ 69 A. 2, 6). Das Prozeßgericht ist also zu einer Entscheidung hierüber nicht berufen. § 77 ordnet daher an, daß in einem bürgerlichen Rechtsstreit das Verfahren auf Antrag (des Klägers oder des Beklagten) auszusetzen ist, soweit die Entscheidung von der Höhe der Aufwertung abhängt. Die Aussetzung ist nicht in das freie Ermessen des Gerichts gestellt (§ 148 ZPO.). Ob vorherige mündliche Verhandlung erforderlich ist, da eine dem Abs. 2 des § 248 ZPO. entsprechende Vorschrift fehlt, ist streitig (Mügel § 10 A. 2). Ich möchte diese Frage verneinen (so auch Schlegelberger-Harmening, § 77 A. 5, a. A. Mügel[4] § 77 A. 4); das AwG. will für den Zivilprozeß offenbar nicht schärfere Bestimmungen erlassen, als dies die ZPO. getan hat; wenn dort die mündliche Verhandlung nicht erforderlich ist, ist sie es m. E. auch nicht im Falle des Antrages nach § 77. Dagegen wird der Gegner über den Antrag zu hören sein. Die Aussetzung findet auf Antrag auch dann statt, wenn Ansprüche der in den §§ 55—61 bezeichneten Art (Sparkassenguthaben, Versicherungsansprüche) in Frage stehen, und es sich darum handelt, wie hoch diese aufzuwerten sind. Dem Verfahren ist weiterer Fortgang erst dann zu geben, wenn die Höhe dieser Ansprüche von der zuständigen Stelle rechtskräftig festgestellt ist.

Zwölfter Abschnitt.

Schluß- und Übergangsbestimmungen.

I. Leistungen aus der Zeit vor dem Inkrafttreten des Gesetzes.

§ 78.

Eine Aufwertung nach den Vorschriften dieses Gesetzes findet auch dann statt, wenn der Gläubiger nach dem 13. Februar 1924 eine Leistung angenommen hat. Dies gilt auch dann, wenn die Leistung auf Grund einer gerichtlichen Entscheidung bewirkt ist. Die Leistung ist in Höhe des Goldmarkbetrages (§§ 2, 3) auf den Aufwertungsbetrag anzurechnen. Die Vorschriften der §§ 16, 18 bis 24 finden entsprechende Anwendung.

[1] Diese Vorschrift bezieht sich nicht auf Vergleiche, die nach dem 13. 2. 1924 geschlossen sind (§ 67 A. 3). Denn durch einen derartigen

Vergleich erlischt regelmäßig das Aufwertungsrecht. Ein solcher Vergleich ist nur nach Maßgabe des § 779 BGB. unwirksam.

2 In anderen Fällen findet dagegen eine Aufwertung statt, wenn der Gläubiger nach dem 13. 2. 24 eine Leistung angenommen hat. Dies gilt auch, wenn eine gerichtliche Entscheidung (aus früherer Zeit) vorliegt. Der Gläubiger muß dann gemäß § 16 seinen Aufwertungsanspruch bis zum 1. 1. 1926 bei der Aufwertungsstelle anmelden. In dieser Hinsicht kann auf die Bemerkungen zu §§ 16, 18—24 Bezug genommen werden. Zu vgl. aber auch Simonson, JW. 1925, S. 2541.

3 Der Druckfehler im Satz 2 des amtlichen Gesetzestextes — Geldmarkbetrags statt Goldmarkbetrags — ist RGBl. 160 berichtigt worden.

4 Wegen der Anmeldung der Aufwertungsansprüche für Reallastenablösungsrenten zu vgl. A.V.J.M. 7. 11. 1925 (JMBl. 1925, S. 397), oben zu § 16 A. 15, § 31 A. 4.

§ 79.

(1) Dem Verwalter eines fremden Vermögens fällt ein zum Schadenersatze verpflichtendes Verschulden nicht zur Last, wenn er im Vertrauen auf den Stand der Gesetzgebung oder der Rechtsprechung bei der Annahme von Leistungen oder den sonstigen Verfügungen über Ansprüche, die der Aufwertung nach den Vorschriften dieses Gesetzes unterliegen, mit einer Aufwertung nicht gerechnet hat.

(2) Die Vorschrift des Abs. 1 findet entsprechende Anwendung auf Personen, die bei der Erteilung von Rat oder Auskunft mit einer Aufwertung nicht gerechnet haben.

Dieser Paragraph stellt klar, daß der Verwalter eines fremden Vermögens (z. B. Vormund, Testamentsvollstrecker, Ehemann, Vater, auch der Vormundschaftsrichter), der im Vertrauen auf die Gesetzgebung und Rechtsprechung mit einer Aufwertung nicht gerechnet hat, nicht für einen Schaden verantwortlich gemacht werden kann, der mit einer späteren Änderung der Rechtsauffassung zusammenhängt. Ein Gleiches gilt für diejenigen, die bei der Erteilung von Rat oder Auskunft (z. B. Rechtsanwälte, Notare, eine Bank) mit einer Aufwertung nicht gerechnet haben.

II. Bilanzvorschriften.

§ 80.

Ist vor dem Inkrafttreten dieses Gesetzes eine Bilanz nach Maßgabe der bisherigen Vorschriften über die Aufwertung aufgestellt worden, so hat es hierbei sein Bewenden. Eine auf die Vorschriften dieses Gesetzes gegründete Beanstandung der Bilanz durch die Beteiligten wird, soweit eine hierfür bestimmte Frist beim Inkrafttreten dieses Gesetzes noch nicht abgelaufen ist, hierdurch nicht ausgeschlossen.

Nach § 7 Abs. 4 der 1. DfVO. v. 1. 5. 24 sind die durch Hypothek, Schiffspfandrecht oder Bahnpfandrecht gesicherten Forderungen mit Beträgen, die unter Zugrundelegung des Aufwertungssatzes von 15% des Goldmarkbetrages errechnet werden, in die Bilanzen als Aktiven und Passiven einzustellen, solange nicht durch abweichende Vereinbarung oder durch rechtskräftige Entscheidung der Aufwertungsstelle eine höhere oder geringere Aufwertung bestimmt ist. Ist nun vor dem Inkrafttreten des Aufwertungsgesetzes (für die spätere Zeit: § 13) bei der Aufstellung einer Bilanz nach jener Vorschrift, gleichviel ob sie zu Recht erlassen ist oder nicht, verfahren worden, so soll es hierbei sein Bewenden haben, ohne Rücksicht also auf die Erhöhung des normalen Höchstsatzes durch das AwGes. Soweit jedoch bei dem Inkrafttreten dieses Gesetzes, d. h. (§ 88) am 15. 7. 1925, die Frist für eine Beanstandung der Bilanz noch nicht abgelaufen ist, kann die Bilanz mit der Begründung beanstandet werden, daß der erhöhte Aufwertungssatz dieses Gesetzes der bilanzmäßigen Berechnung zugrunde zu legen sei.

§ 81.

(1) Hat eine Aktiengesellschaft einen der Aufwertung unterliegenden Anspruch als Passivum in die Bilanz eingestellt und ergibt sich auf Grund der Vorschriften dieses Gesetzes für den Anspruch eine höhere Aufwertung als bisher, so ist die Aktiengesellschaft berechtigt, den Unterschied zwischen dem nach den bisherigen Vorschriften maßgebenden Aufwertungsbetrag und dem höheren Betrage, der sich auf Grund der neuen Vorschriften ergibt, als Aufwertungsausgleichsposten in die Aktiva der Bilanz einzustellen. Entsprechendes gilt, wenn ein in der Bilanz nicht berücksichtigter Anspruch erst durch dieses Gesetz aufgewertet ist.

(2) Macht die Gesellschaft von dieser Befugnis Gebrauch, so ist sie verpflichtet,

1. in der Bilanz den Bestand an den durch dieses Gesetz erhöht oder neu aufgewerteten Schulden gesondert anzugeben und sie gesondert von anderen Schulden zu bewerten;
2. das Aufwertungsausgleichskonto durch jährliche Abschreibungen nach den Grundsätzen kaufmännischer Geschäftsgebarung zu tilgen. Die Länder können allgemein oder für den einzelnen Fall den Mindestbetrag der Abschreibungen festsetzen.

(3) Diese Vorschriften finden auf eingetragene Genossenschaften, auf Unternehmungen anderer Art, für deren Bilanzen kraft Gesetzes oder auf Grund der Satzung die für Aktiengesellschaften geltenden bilanzrechtlichen Bestimmungen des Handelsgesetzbuchs maßgebend sind, sowie auf Gesellschaften mit beschränkter Haftung entsprechende Anwendung.

(4) Der Reichsminister der Justiz wird ermächtigt, Unternehmungen, die den Verpflichtungen gemäß Abs. 2, 3, zuwiderhandeln, die im Abs. 1 gewährte Befugnis zu entziehen.

Dieser Paragraph ermächtigt Aktiengesellschaften, ferner eingetragene Genossenschaften und Unternehmungen anderer Art, für die die aktienrechtlichen Bilanzvorschriften maßgebend sind, sowie Gesellschaften mit beschränkter Haftung, den Unterschied zwischen dem nach den bisherigen Vorschriften maßgebenden Aufwertungsbetrage und dem höheren Betrage, der sich auf Grund des AwGes. ergibt, als Aufwertungsausgleichsposten in die Aktiva der Bilanz einzusetzen, sofern eine frühere Bilanz bereits unter Zugrundelegung der früheren Aufwertungsvorschriften aufgestellt worden ist. Wie die Begründung der Regierungsvorlage zu dem entsprechenden Art. III hervorhebt, gibt diese Regelung, die sich im einzelnen an die Vorschriften des Gesetzes über die Bilanzierung wertbeständiger Schulden v. 17. 12. 1923 (RGBl. S. 1233) anlehnt, den genannten Gesellschaften die Möglichkeit, die durch die Erhöhung der Aufwertung verursachten bilanzmäßigen Nachteile auf einen längeren Zeitraum zu verteilen.

Wird von dieser Ermächtigung Gebrauch gemacht, so sind bestimmte Vorschriften in Abs. 2 für die Bilanzaufstellung und die Tilgung des Aufwertungsausgleichskontos zu beachten; andernfalls kann der Reichsjustizminister der Unternehmung die Befugnis des Abs. 1 entziehen.

III. Anhängige Rechtsstreitigkeiten.

1. Erledigung.

§ 82.

Findet infolge der Vorschriften dieses Gesetzes ein anhängiger Rechtsstreit seine Erledigung, so trägt jede Partei die ihr entstandenen außergerichtlichen Kosten. Die Gerichtskosten werden niedergeschlagen.

[1] Ein Rechtsstreit im Sinne des § 82 ist auch ein Streit vor der Aufwertungsstelle. Man könnte freilich aus § 83 folgern, daß mit dem „anhängigen Rechtsstreit" nur ein vor dem Prozeßgericht anhängiger Rechtsstreit gemeint ist; denn dort wird unterschieden zwischen
einem anhängigen Rechtsstreit und
dem Verfahren vor der Aufwertungsstelle.

Andrerseits gebraucht der Gesetzgeber für die Rechtsstreitigkeiten vor dem Prozeßgericht den Ausdruck „bürgerliche Rechtsstreitigkeiten", zu vergl. § 77. Die Überschrift zum § 82 lautet ferner:

„III. Anhängige Rechtsstreitigkeiten."

Diese Überschrift umfaßt, wie sich aus § 83 unzweideutig ergibt, auch das Verfahren vor der Aufwertungsstelle, wie denn auch nicht zu bestreiten ist, daß ein anhängiges Aufwertungsverfahren ein „anhängiger Rechtsstreit" ist. Es wäre ungerecht, wenn die Beteiligten, die mit Rücksicht auf das neue AwG. von einer besonderen Aufwertung durch die Aufwertungsstelle Abstand nehmen, wenn derjenige, der unter der Herrschaft der 3. StNVO. einen Antrag auf Herabsetzung des Aufwertungsbetrages unter 15% gestellt hat, diesen Antrag aber mit Rücksicht auf §§ 8, 9 AwG. nicht weiter verfolgt, nun noch Gerichtskosten zahlen müßten. § 6 GKG., § 10 PrGKG. geben keine ausreichende Handhabe für Niederschlagung der Kosten oder Gewährung der Gebührenfreiheit. Meine Auffassung steht im Einklang mit der Entschließung, die der Reichstag gleichzeitig mit dem AwG. angenommen hat, zu vgl. § 88 A. 2b. Soweit also ein anhängiger Rechtsstreit infolge der Vorschriften des AwG. seine Erledigung findet, werden die Gerichtskosten niedergeschlagen, jede Partei trägt ihre eigenen außergerichtlichen Kosten. Hierhin gehören z. B. alle noch schwebenden Herabsetzungsanträge, zu vgl. § 8 A. 1, sofern nicht etwa der Antragsteller den Herabsetzungsantrag in 1. oder 2. Instanz dahin abändert, daß er Herabsetzung unter den normalen Höchstsatz jetzt von 25% verlangt. Meine — bekämpfte — Ansicht wird auch von dem Preuß.Just.Min. geteilt. In der A.V. vom 17. 11. 1925 (JMBl. S. 404) heißt es: Die Vorschrift in § 82 bezieht sich, wie ich im Einvernehmen mit dem Reichsminister der Justiz annehme, auch auf die Aufwertungsstellen, sofern vor diesen ein Streit geschwebt hat. Bereits gezahlte Gerichtskostenbeträge sind zu erstatten.

² Eine Erledigung des Rechtsstreits im Sinne des § 82 liegt dann nicht vor, wenn der Kläger, dessen Recht im AwG. geregelt ist, trotzdem seinen abweichenden Standpunkt durch Fortführung des Rechtsstreits durchzusetzen sucht. Daher sind ihm auf Grund der Abweisung seiner Klage die Kosten des Rechtsstreits aufzuerlegen, RG. 5. 12. 1925, I. 79. 25. Entsprechendes gilt für das Aufwertungsverfahren.

2. Fortbetrieb.

§ 83.

Hat in einem anhängigen Rechtsstreit auf Grund des Gesetzes, betreffend Aussetzung des Verfahrens vor Gerichten und Aufwertungsstellen, vom 17. Februar 1925 (Reichsgesetzbl. I S. 15) eine Aussetzung der Verhandlung stattgefunden, so hat das Gericht auf Antrag einer Partei die Anordnung der Aussetzung wieder aufzuheben; entsprechendes gilt für das Verfahren vor der Aufwertungsstelle. Dies gilt nicht für das Rechtsmittelverfahren vor den Finanzgerichten und dem Reichsfinanzhof, soweit es sich um Ansprüche auf Grund der Vorschriften der Dritten Steuernotverordnung über den Geldentwertungsausgleich bei Schuldverschreibungen und der zu ihrer Durchführung erlassenen Bestimmungen handelt.

Das Gesetz vom 17. 2. 25 (RGBl. S. 15) hatte bestimmt, daß auf Antrag einer Partei in den Rechtsstreitigkeiten über die Aufwertung von Vermögensanlagen im Sinne der 3. StNVO. (Art. I §§ 1 ff.), sowie von Ansprüchen der im § 12 Abs. 3, im § 16 (Art. II) der 3. StN.-VO. bezeichneten Art die Verhandlung einstweilen auszusetzen ist, und daß diese Vorschrift auf das Verfahren vor der Aufwertungsstelle entsprechende Anwendung findet. Das Gesetz sollte spätestens am 30. 4. 1925 außer Kraft treten. Diese Frist ist dann durch das Gesetz vom 27. 3. 1925 (RGBl. S. 29) bis zum 30. 6. 1925, durch das Gesetz vom 28. 6. 1925 (RGBl. S. 92) bis zum 15. 7. 1925 verlängert worden. Am 15. 7. 1925 sind Art. I und II (§§ 1—16) der 3. StNVO. außer Kraft getreten, Ges. v. 27. 3./28. 6. 1925, dafür gilt das neue AwGes. Eine Aussetzung, die früher mit Rücksicht auf das in Vorbereitung befindliche AwGes. zugelassen worden ist, ist jetzt nicht mehr erforderlich. § 83 bestimmt daher, daß, soweit auf Grund des Gesetzes v. 17. 2. 25 (und der dieses ergänzenden Gesetze v. 27. 3. und 28. 6. 1925) eine Aussetzung des Verfahrens stattgefunden hat, das Gericht und die Aufwertungsstelle auf Antrag einer Partei die Aussetzung wieder aufzuheben haben. Erforderlich ist also ein Antrag eines Beteiligten.

Für das Rechtsmittelverfahren vor dem Finanzgericht und dem Reichsfinanzhof bleibt indes, soweit es sich um Ansprüche auf Grund der 3. StNVO. über den Geldentwertungsausgleich bei Schuldverschreibungen (3. StNVO. Art. III §§ 17 ff.) und der hierzu erlassenen Durchführungsbestimmungen handelt, die Aussetzung auch weiterhin bestehen.

IV. Aufwertungsansprüche Hilfsbedürftiger.

§ 84.

Bei der Festsetzung einer Unterstützung öffentlich-rechtlicher Art bleibt das Einkommen des Hilfsbedürftigen aus Ansprüchen, die der Aufwertung nach diesem Gesetz unterliegen, außer Ansatz, soweit es den Betrag von 270 Reichsmark für das Jahr nicht übersteigt. Erhält der Hilfsbedürftige zugleich eine Vorzugsrente nach Maßgabe §§ 18 bis 26, 37 des Gesetzes über die Ablösung öffentlicher Anleihen, so bleiben die im Satz 1 bezeichneten Einnahmen und die Vorzugsrente bis zum Gesamtbetrage von 270 Reichsmark für das Jahr außer Ansatz.

§ 85.

Soweit die öffentliche Fürsorge ihre Hilfe davon abhängig machen darf, daß die Rückzahlung der für den Hilfsbedürftigen aufgewendeten Kosten sichergestellt wird (§ 9 der Reichsgrundsätze über Voraussetzung, Art und Maß der öffentlichen Fürsorge vom 4. Dezember 1924, Reichsgesetzbl. I S. 765), dürfen Ansprüche des Hilfsbedürftigen, die der Aufwertung nach diesem Gesetz unterliegen, nur nach Maßgabe von Vorschriften herangezogen werden, die die Reichsregierung mit Zustimmung des Reichsrats hierüber erläßt.

Das Gesetz über die Ablösung öffentlicher Anleihen v. 16. 7. 1925 (RGBl. S. 137) ist gleichzeitig mit dem AwGes. in Kraft getreten, d. h. am 15. 7. 1925. Durch die §§ 84, 85 sollen die Aufwertungsansprüche der Gläubiger des AwGes. und des Anleiheablösungsgesetzes mit dem Fürsorgerecht in Einklang gebracht werden.

V. Fremdenrecht.

§ 86.

(1) Soweit Reichsangehörige in einem fremden Staate hinsichtlich der Aufwertung ungünstiger behandelt werden als dessen eigene Angehörige, wird die Reichsregierung ermächtigt, eine entsprechende unterschiedliche Behandlung der Angehörigen dieses Staates anzuordnen.

(2) Sofern nach der Gesetzgebung eines fremden Staates dieser Staat oder seine Angehörigen nicht verpflichtet sind, Reichsangehörigen einen höheren Betrag zu zahlen, als den, der ihnen im Deutschen Reiche unter den gleichen Bedingungen auf Grund der deutschen Aufwertungsbestimmungen zufallen würde, wird die Reichsregierung ermächtigt, einem solchen Staate gegenüber eine entsprechende Regelung zu treffen.

(3) Die Reichsregierung wird ermächtigt, die Aufwertung der im § 1 bezeichneten Ansprüche zugunsten der Angehörigen solcher Staaten auszuschließen, nach deren Recht diese Ansprüche einer Aufwertung nicht unterliegen.

Es sind hier drei Fälle unterschieden:

I. In dem fremden Staat werden die Reichsangehörigen hinsichtlich der Aufwertung ungünstiger behandelt als die eigenen Angehörigen des Staates. Z. B. der Staat X erhebt von dem Aufwertungsbetrage, den ein Deutscher dort erhält, eine Steuer oder gestattet ihm nur, hiervon einen Teilbetrag aus dem Staate X nach Deutschland oder sonstwohin mitzunehmen.

II. Nach der Gesetzgebung des fremden Staates sind dieser oder seine Angehörigen nicht verpflichtet, an Reichsangehörige einen höheren Aufwertungsbetrag zu zahlen als den, der diesen auf Grund der deutschen Aufwertungsbestimmungen zufallen würde z. B. im Staate X gilt eine gesetzliche Aufwertung von 50% für seine eigenen Angehörigen. Er hat aber in seinen Gesetzen bestimmt, daß an Fremde nur diejenige Aufwertung gezahlt zu werden braucht, die diese in ihrem Heimatlande selbst auf Grund der Aufwertungsbestimmungen ihres Heimatlandes erhalten würden.

III. In dem fremden Staate findet überhaupt keine Aufwertung statt oder einzelne Ansprüche sind von einer Aufwertung ausgeschlossen.

In allen diesen Fällen darf die Reichsregierung eine entsprechende Regelung gegenüber den Angehörigen des fremden Staates oder diesem gegenüber treffen.

VI. Internationale Vereinbarungen.

§ 87.

Rechte, Ansprüche und Befugnisse, die auf internationalen Vereinbarungen oder den zu ihrer Durchführung erlassenen Gesetzen beruhen, oder die zur Erfüllung von Verpflichtungen aus solchen Vereinbarungen begründet sind, bleiben unberührt.

Zu diesen Vereinbarungen und Gesetzen gehören z. B.:

a) der Versailler Vertrag v. 28. 6. 1919 (insbesondere Art. 296, Ausgleichsverfahren),

b) die Abkommen mit der Schweiz über Goldhypotheken. Als Goldhypotheken im Sinne dieser Abkommen gelten Hypotheken nur dann, wenn sie am 31. 7. 1914 einem Gläubiger schweizerischer Nationalität, der damals in der Schweiz einen Wohnsitz hatte, oder einer juristischen Person zugestanden haben, die in diesem Zeitpunkt ihren Hauptsitz in der Schweiz hatte; dabei ist es gleichgültig, wer ursprünglicher Gläubiger der Hypothek gewesen ist, und ob der Eigentümer des belasteten Grundstücks zugleich persönlicher Schuldner der Hypothekenforderung ist oder nicht. Das Gesetz vom 9. 12. 1920 (RGBl. S. 2023) stimmt dem Abkommen v. 6. 12. 1920 zu, das Gesetz v. 23. 6. 1923 über das Zusatzabkommen zum Abkommen v. 6. 12. 1920 (RGBl. S. $\frac{284)}{286)}$ stimmt dem Abkommen vom 25. 3. 1923 zu. In Betracht kommen für diese Goldhypotheken ferner Ausführungsbestimmungen vom 25. 6. 1923 (RGBl. S. 291), v. 9. 11. 1923 (RGBl. S. 410), $\frac{\text{RJM. v. 29. 1. 1924}}{\text{JM. v. 5. 2. 1924}}$ (JMBl. S. 59), Ausführungsbestimmungen v. 9. 2. 1924 (RGBl. S. 40), Durchführungsbestimmungen v. 30. 6. 1924 (RGBl. S. 145), 5. Df.-VO. v. 21. 1. 1925 (RGBl. S. 16).

Das Aufwertungsgesetz greift in diese Bestimmungen nicht ein.

VII. Inkrafttreten und Durchführung des Gesetzes.

§ 88.

(1) Dieses Gesetz tritt mit Wirkung vom 15. Juli 1925 in Kraft.

(2) Die Reichsregierung wird ermächtigt, die zur Durchführung dieses Gesetzes, insbesondere auch zur Erleichterung des Grundbuchverkehrs, erforderlichen Rechtsverordnungen und allgemeinen Verwaltungsvorschriften zu erlassen; sie kann die Erteilung eines Hypotheken- oder Grundschuldbriefs für Rechte, deren Aufwertungsbeträge ein gewisses Maß nicht übersteigen, nachträglich ausschließen. Die Reichsregierung oder die von ihr bestimmte Stelle kann ferner besondere Vorschriften über den Ausgleich von Ansprüchen und Gegenansprüchen zwischen denselben Parteien und über die Zulässigkeit und Anrechnung von Sachleistungen sowie die Berücksichtigung eines mit Rücksicht auf eine vorzeitige Zahlung angemessenen Zwischenzinses erlassen.

[1] Die 3. StNVO. v. 14. 2. 1924 begegnete alsbald nach ihrem Erlaß überall den schärfsten Mißbilligungen; bald nahm sich auch der Reichstag der II. Wahlperiode 1924 dieses Gegenstandes an. Der Reichstag und der von ihm eingesetzte Sonderausschuß für Aufwertungsfragen forderten wiederholt, aber ohne Erfolg von der Reichsregierung eine Gesetzesvorlage zur Neuregelung des Aufwertungsrechts der 3. StN.-VO. Nach dem Zusammentritt des neuen Reichstages (5. 1. 1925) wurde dieses Verlangen immer dringender, auch von seiten des am 9. 1. 1925 wieder ins Leben gerufenen Aufwertungsausschusses. Der Reichskanzler stellte in der Regierungserklärung v. 19. 1. 1925 zur Aufwertungsfrage gesetzgeberische Vorschläge in Aussicht, die endgültiges Recht schaffen sollten. Der Reichsjustizminister gab in der Plenarsitzung des Reichstages v. 5. 2. 1925 die Erklärung ab, daß die Reichsregierung den Entwurf eines Aufwertungsgesetzes binnen drei Wochen den gesetzgebenden Körperschaften zuleiten würde. Diese Frist wurde nicht eingehalten. In der Sitzung vom 20. 3. 1925 wurde ein Antrag der sozialdemokratischen Partei angenommen, daß die Art. I und II (§§ 1 bis 16) der 3. StNVO., sowie der § 64, soweit er sich auf jene Bestimmungen bezieht oder die Regierung ermächtigt, allgemeine Anordnungen ergänzenden oder abweichenden Inhalts zu treffen, mit der gesetzlichen Neuregelung der Aufwertung, spätestens jedoch am 30. 6. 1925 außer Kraft treten sollten (zu vgl. Ges. v. 27. 3. 1925, RGBl. S. 29). Die Entwürfe zum Aufwertungsgesetz und zum Gesetz über die Ablösung der öffentlichen Anleihen wurden dann am 25. 3. 1925 dem Reichsrat und vorläufigen Reichswirtschaftsrat zur Beratung zugeleitet und kamen am 25. 4. 1925 an den Reichstag. In der Reichstags-

sitzung vom 30. 4. 1925 machte der Reichsjustizminister einige grundsätzliche Ausführungen zu dem Aufwertungsentwurf. In der Sitzung vom 8. 5. 1925 überwies der Reichstag den Entwurf dem Aufwertungsausschuß. Der Ausschuß hat in der Zeit v. 15. 5. bis 7. 7. 1925 in 20 Sitzungen den Entwurf in drei Lesungen durchberaten. Inzwischen war durch das Gesetz v. 28. 6. 1925 (RGBl. S. 92) der im Ges. v. 27. 3. 1925 auf den 30. 6. 1925 bestimmte Termin auf den 15. 7. 1925 verlegt worden. Der Reichstag hat alsdann in den Sitzungen v. 10., 11., 13., 14. und 15. Juli 1925 das Aufwertungsgesetz beraten. Das Gesetz ist am 15. 7. 1925 mit 228 gegen 197 Stimmen angenommen worden, also mit einfacher Mehrheit. Der Antrag der Abgeordneten Best und Gen., die Verkündung des AwGes. auf Grund des Art. 72 der Reichsverfassung um 2 Monate auszusetzen, wurde mit 248 gegen 167 Stimmen abgelehnt, der Antrag der Abgeordneten Hergt und Gen., das AwGes. für dringlich zu erklären, wurde mit Stimmenmehrheit angenommen. Der Reichsrat hat dem Gesetz zugestimmt. Am 16. 7. 1925 hat der Reichspräsident von seinem verfassungsmäßigen Recht (Art. 72 Reichsverfassung) Gebrauch gemacht und das Gesetz ausgefertigt. Es ist in dem RGBl. Nr. 31, ausgegeben am 17. 7. 1925 (S. 117), verkündet worden. Druckfehlerberichtigung RGBl. S. 160.

[2] Gleichzeitig mit dem AwGes. nahm der Reichstag folgende Entschließungen an:

a) die Reichsregierung zu ersuchen, im Benehmen mit den Ländern Anordnungen zu treffen, um alle Rechtsvorgänge auf Grund des Aw.-Ges. zum Zweck der Beurteilung der wirtschaftlichen Tragweite des Gesetzes statistisch zu erfassen,

b) die Reichsregierung zu ersuchen, darauf hinzuwirken, daß die Länder die Kosten niederschlagen, die vor dem Inkrafttreten des Aw.-Ges. durch vorsorgliche nicht erforderliche oder ungerechtfertigte Anträge oder Anmeldungen bei den Gerichten und Aufwertungsstellen oder durch eine unrichtige Behandlung von Aufwertungsangelegenheiten durch Richter und andere Gerichtsbehörden entstanden sind. Dabei ist auf die Vermögenslage solcher Kostenschuldner, die nicht mehr im Erwerbsleben stehen, weitgehend Rücksicht zu nehmen. Von der Beibringung eines Zeugnisses über die Vermögenslage ist tunlichst Abstand zu nehmen.

[3] Abs. 2 ermächtigt die Reichsregierung, Durchführungsbestimmungen zu erlassen. Die Reichsregierung hat erlassen:

a) VO. über die Einrichtung und das Verfahren der Aufwertungsstellen v. 21. 7. 1925 (RGBl. S. 154),

b) VO. über die Anmeldung, den Nachweis und den Ausschluß von Rechten aus aufgewerteten Industrieobligationen und verwandten Schuldverschreibungen v. 10. 8. 1925 (RGBl. S. 187),

c) VO. über die Aufforderung zur Anmeldung des Altbesitzes von Industrieobligationen v. 29. 8. 1925 (RGBl. S. 384),

d) VO. über die Verlegung der zur Durchführung der Aufwertung von Industrieobligationen und verwandten Schuldverschreibungen bestimmten Termine v. 29. 9. 1925 (RGBl. S. 383),

e) VO. über die Eintragung der Aufwertungsbeträge von Hypotheken und anderen dinglichen Rechten v. 9. 10. 1925 (RGBl. S. 385),

f) VO. zur Änderung der VO. über die Errichtung und das Verfahren der Aufwertungsstellen v. 27. 11. 1925 (RGBl. S. 392),

g) Df.V.O. zum Aufwertungsgesetze v. 29. 11. 1925 (RGBl. S. 392). Die Verordnungen zu a), b), d), e), f) sind in der umfangreichen Df.V.O. v. 29. 11. 1925 aufgegangen; neben dieser Df.V.O. hat daher nur noch die VO. zu c) selbständige Bedeutung behalten. Es fehlen noch Durchführungsbestimmungen für die Aufwertung der Guthaben bei Fabrik- und Werksparkassen, sowie von Ansprüchen an Betriebs-Pensionskassen (§ 64) und für die Aufwertung aus den in § 59 Abs. 2 genannten Versicherungsverträgen anderer Art (Sachversicherungsverträgen).

Preußen hat auf dem ihm zugewiesenen Rechtsgebiete noch nicht sämtliche Ausführungsbestimmungen erlassen. Wenigstens darf angenommen werden, daß der „ersten" VO. zur Durchführung der Aufwertung der Spargutaben v. 24. 10. 1925 und der „ersten" VO. über die Aufwertung der Ansprüche aus Pfandbriefen usw. v. 10. 12. 1925 noch weitere Vorschriften folgen werden. Die preußischen Ausführungsbestimmungen, zu denen auch die allgemeinen Verfügungen insbesondere des Justizministers zu rechnen sind, werden, soweit sie allgemeine Bedeutung haben, im Anhang abgedruckt.

4 In der eingehenden Entscheidung v. 4. 11. 1925 (RGZ. 111, S. 320, auszugsweise abgedruckt in DJZ. 1925 S. 1805) führt das RG. — mit Recht — aus: Die im AwG. vorgenommene Regelung der Aufwertung von Hypotheken und der unter die §§ 62, 63 fallenden Ansprüche verstößt weder im Ganzen noch hinsichtlich der vom RG. erörterten Einzelbestimmungen gegen Vorschriften der Reichsverfassung. Das RG. bejaht in dieser Entscheidung auch das Recht und die Pflicht der Gerichte, die Rechtsgültigkeit eines an sich ordnungsmäßig verkündeten Reichsgesetzes nachzuprüfen.

Auch Mügel (DJZ. 1926 S. 11) spricht sich für die Rechtsgültigkeit des AwG. aus.

Zusammenstellung veröffentlichter Entscheidungen des Kammergerichts, die für Aufwertungsfragen von Bedeutung sind.

Tag des Beschlusses	Aktenzeichen	J. W. 1925	D. J. Z. 1925	J. R. Rechtspr. Nr.
2. 10. 24	1 X 429. 24			98
8. 10. 24	9 Aw. 9. 24	492		
9. 10. 24	9 Aw. 5. 24			27
9. 10. 24	6. 24		438	322
9. 10. 24	12. 24		115	
9. 10. 24	14. 24		115	
9. 10. 24	21. 24		264	
16. 10. 24	1 X 420. 24			28
16. 10. 24	1 X 448. 24			29
20. 10. 24	9 Aw. 4. 24			27a
20. 10. 24	7. 24	492	671	164
20. 10. 24	22. 24		263	
20. 10. 24	24. 24		116	272
27. 10. 24	3 W. 4619 24	2151		
13. 11. 24	1 X 512. 24			97
13. 11. 24	9 Aw. 18. 24	267		270
13. 11. 24	30. 24		438	
13. 11. 24	32. 24	118		
17. 11. 24	17 W. 4593. 24	68		
24. 11. 24	9 Aw. 33. 24		116	26
24. 11. 24	43. 24		438	
11. 12. 24	1. X 549 24			165
11. 12. 24	9 Aw. 50. 24		262	
11. 12. 24	52. 24		191	
11. 12. 24	56. 24	267		
11. 12. 24	62. 24		192	
11. 12. 24	63. 24			95
30. 12. 24	53. 24	798	347	217
30. 12. 24	79. 24	267		
30. 12. 24	82. 24	799	348	397
30. 12. 24	97. 24	798	263	212
8. 1. 25	1 X 603 24			265
8. 1. 25	9 Aw. 10. 24			93
8. 1. 25	47. 24		348	
8. 1. 25	48. 24		262	
8. 1. 25	80. 24		438	163
8. 1. 25	90. 24		438	218
8. 1. 25	104. 24			96
8. 1. 25	109. 24		263	
8. 1. 25	8. 25		517	216
22. 1. 25	67. 24	798	439	271
22. 1. 25	91. 24	2333	516	269, 324
22. 1. 25	93. 24		439	219
22. 1. 25	3. 25			162
22. 1. 25	24. 25	799	517	325
5. 2. 25	117. 24	1410	517	273

Tag des Beschlusses	Aktenzeichen	J. W. 1925	D. J. Z. 1925	J. R. Rechtspr. Nr.
5. 2. 25	19. 25	630		
5. 2. 25	73. 25			323
19. 2. 25	1 X 79. 25			394
19. 2. 25	9 Aw. 54. 24		745	393
19. 2. 25	78. 25	798		395
19. 2. 25	118. 25	1411	672	398
19. 2. 25	120. 25	1411	672	399
19. 2. 25	122. 24	798		
5. 3. 25	113. 24	1125	744	507
5. 3. 25	104. 25			514
5. 3. 25	108. 25	1125	745	510
5. 2. 25	116. 25			799
5. 3. 25	166. 25		588	392
5. 3. 25	175. 25	1125	744	511
9. 4. 25	9 Aw. 185. 25	1125	824	803
9. 4. 25	195. 25	1125	823	802
9. 4. 25	211. 25	1125	823	806b
9. 4. 25	222. 25	1124	823	805
9. 4. 25	249. 25	1125		
9. 4. 25	254. 25	1126	823	806a
9. 4. 25	282. 25	1126	823	806a
27. 4. 25	242. 25	1521	971	
27. 4. 25	262. 25	2616	896	
27. 4. 25	286. 25	1410	971	
27. 4. 25	319. 25	1521	896	
11. 5. 25	295. 25		1126	
11. 5. 25	340. 25	1521	972	
25. 5. 25	363. 25		1041	
25. 5. 25	365. 25		1127	
1. 10. 25	20. 24	2253	1745/46	1441
15. 10. 25	1 X 613. 25	2617		
22. 10. 25	1 X 665. 25	2616		
29. 10. 25	1 X 677. 25	2617		
		J. W. 1926		
26. 11. 25	1 X 732. 25	63		
			D. J. Z. 1926	
7. 12. 25	9. Aw. 469. 25		176	

Durchführungsverordnung zum Aufwertungsgesetze.

Vom 29. November 1925. (Reichsgesetzblatt S. 392).

Auf Grund des § 2 Abs. 2, des § 7 Abs. 4, der §§ 31, 32, des § 35 Abs. 3, des § 36, des § 48 Abs. 2, des § 49 Abs. 3, der §§ 50, 61, 72, des § 73 Abs. 1, des § 76 Abs. 2, des § 88 Abs. 2 des Aufwertungsgesetzes vom 16. Juli 1925 (Reichsgesetzbl. I S. 117) sowie des Artikels II der Verordnung zur Änderung der Verordnung über die Einrichtung und das Verfahren der Aufwertungsstellen vom 27. November 1925 (Reichsgesetzbl. I S. 392) wird hiermit verordnet, und zwar nach Zustimmung des Reichsrats zu den Artikeln 2 (27), 25 Satz 1, 3, 4, 117 bis 129, 130 Satz 1:

Die in Bezug genommenen §§ bedeuten, wo nichts weiter gesagt ist, die §§ des Aw.G.

Erster Abschnitt.

Aufwertung von Hypotheken.

I. Eintragung des Aufwertungsbetrags.

Artikel 1.

(1) Die Höhe der Geldsumme, die auf Grund einer aufgewerteten Hypothek oder der durch sie gesicherten persönlichen Forderung zu zahlen ist, wird in der Weise bestimmt, daß eine Goldmark des Aufwertungsbetrags dem jeweiligen Preise von $^1/_{2790}$ kg Feingold gleichgesetzt wird. Maßgebend ist der für den Tag der Fälligkeit amtlich festgestellte Preis; § 2 der Verordnung zur Durchführung des Gesetzes über wertbeständige Hypotheken vom 29. Juni 1923 (Reichsgesetzbl. I S. 482) findet Anwendung.

(2) Bei der Eintragung der Aufwertung im Grundbuch ist der Aufwertungsbetrag vorbehaltlich der Vorschrift des Artikels 33 Abs. 2 in Goldmark einzutragen; eine Goldmark ist die Bezeichnung für den amtlich festgestellten Preis von $^1/_{2790}$ kg Feingold.

1 **zu vgl. § 4 A. 6, § 6 A. 5.**

2 § 2 VO. vom 29. 6. 1923 (RGBl. S. 482) lautet: **Als amtlich festgestellter Preis für Feingold gilt nur der von dem Reichswirtschaftsminister oder der von ihm bestimmten Stelle im Reichsanzeiger bekanntgegebene Londoner Goldpreis. Die Umrechnung in die deutsche Währung erfolgt nach dem Mittelkurse der Berliner Börse auf Grund der letzten amtlichen Notierung vor dem Tage, der für die Berechnung der Kapital-, Tilgungs- und Zinsbeträge sowie der sonstigen Nebenleistungen maßgebend ist; ist ein Durchschnittspreis maßgebend, so erfolgt die Umrechnung nach dem Durchschnittskurse desselben Zeitraums.**

3 **Bei abweichender Eintragung: Berichtigung von Amts wegen Art. 25, 27.**

4 **Das Grundbuchamt hat in der Regel Anträge auf Eintragung der Aufwertung auch bei Vorlegung einer Bewilligung des Eigentümers gleichzeitig vom Gesichtspunkte des Unrichtigkeitsnachweises zu prüfen (K.G. 23. 12. 25, 1 X. 776. 25).**

Artikel 2.

Der Nachweis des Erwerbstags und des Erwerbspreises bedarf für die Eintragung der Aufwertung im Grundbuch nicht der im § 29 der Grundbuchordnung vorgeschriebenen Form.

Zu vgl. § 5 A. 2, § 2 A. 3.

Artikel 3.

Bei der Eintragung der Aufwertung im Grundbuch wird vermutet, daß nur die von dem Gläubiger angegebenen Zahlungen, und zwar zu den von ihm angegebenen Zeiten, angenommen sind.

Zu vgl. § 18 A. 5. Unbeglaubigte Erklärung des Gläubigers genügt (K.G. 23. 12. 25, 1 X. 776. 25).

Artikel 4.

Bei der Eintragung im Grundbuch wird auch in den Fällen des § 1155 des Bürgerlichen Gesetzbuchs vermutet, daß ein dem aufgewerteten Rechte im Range gleichstehendes oder nachgehendes Recht demjenigen zusteht, für den es eingetragen ist.

1 **Ergibt sich das Gläubigerrecht des Besitzers des Hypothekenbriefes aus einer zusammenhängenden, auf einen eingetragenen Gläubiger zurückführenden Reihe von öffentlich beglaubigten Abtretungserklärungen, so finden die Vorschriften der §§ 891—899 BGB. in gleicher Weise Anwendung, wie wenn der Besitzer des Briefes als Gläubiger im Grundbuch eingetragen wäre. Einer öffentlich beglaubigten Abtretungserklärung steht gleich ein gerichtlicher Überweisungsbeschluß und das öffentlich beglaubigte Anerkenntnis einer kraft Gesetzes erfolgten Übertragung der Forderung, § 1155 BGB.**

2 **Die Vorschrift des Art. 4 war mit Rücksicht auf den öffentlichen Glauben des Grundbuches erforderlich (zu vgl. K.G. 9. 10. 1924, JW. 1924 S. 2046), wenn nicht der gesamte Grundbuchverkehr erschwert oder gar lahmgelegt werden sollte. Jetzt hat der Grundbuchrichter bei der Eintragung im Grundbuch (Eintragung der Aufwertung oder — Art. 8 — Wiedereintragung eines gelöschten oder abgetretenen Rechtes, §§ 20, 21) nur die Rechtslage zu berücksichtigen, die sich aus dem Grundbuch selbst ergibt.**

Artikel 5.

Der Eintragung der Aufwertung im Grundbuch steht es nicht entgegen, daß ein Antrag auf Herabsetzung der Aufwertung (§ 8 des Gesetzes) gestellt oder daß die Frist für den Antrag auf Herabsetzung noch nicht abgelaufen ist.

Zu vgl. § 6 A. 3.

Artikel 6.

(1) Die Erteilung eines Hypothekenbriefs gilt als nachträglich ausgeschlossen, wenn der Aufwertungsbetrag der Hypothek 500 Goldmark nicht übersteigt. Die Ausschließung ist im Grundbuch zu vermerken.

Das Grundbuchamt hat den Hypothekenbrief unbrauchbar zu machen und zu diesem Zwecke den Besitzer des Briefes zur Vorlegung anzuhalten.

(2) Die Befugnis aus § 1116 Abs. 3 des Bürgerlichen Gesetzbuchs bleibt unberührt.

1 Im § 88 war die Reichsregierung ermächtigt worden, die Erteilung eines Hypothekenbriefes nachträglich auszuschließen. Nach Art. 6 „gilt" die Erteilung als nachträglich ausgeschlossen. Einer besonderen Grundbucheintragung bedarf es hierzu also nicht. Satz 2 verlangt lediglich den „Vermerk" im Grundbuch; dieser Vermerk ist aber keine Voraussetzung für die Ausschließung.

2 Nach § 1116 Abs. 3 BGB. kann die Ausschließung der Erteilung des Briefes aufgehoben werden. Gläubiger und Eigentümer müssen sich dann über die Erteilung des Briefes einig sein; der Antrag muß an das Grundbuchamt gestellt werden. In solchem Falle kann daher ein Hypothekenbrief auch über eine Hypothek bis zu 500 Goldmark erteilt werden.

3 Ähnlich wie § 62 G.B.O. bestimmt auch Abs. 1 S. 3, daß das Grundbuchamt den Besitzer des Briefes zur Vorlegung anzuhalten hat. In Preußen kommen zur Durchführung dieser gerichtlichen Aufforderung Art. 15—17 Pr.F.G.G. in Betracht (Ordnungsstrafe, gewaltsame Wegnahme, zu vgl. K.G. 1 X. 603, 24, J.R. 1925 Nr. 265; 1 X. 411, 25; 17. 12. 25, 1 X. 759. 25).

4 Die Unbrauchbarmachung genügt, nur diesem Zwecke dient die Vorlegung des Briefes. Einer besonderen Eintragung auf dem Brief, daß die Erteilung eines Briefes nach Art. 6 als ausgeschlossen gilt, bedarf es nicht. Die Zeit für eine derartige nutzlose Eintragung kann also gespart werden.

5 Ist ein Hypothekenbrief bereits auf den Aufwertungsbetrag umgeschrieben oder über den Aufwertungsbetrag erteilt, so braucht eine Änderung nicht zu erfolgen, Art. 26.

Artikel 7.

Die Eintragung des Verzichts auf das aufgewertete Recht und einer Vorrangseinräumung vor diesem Rechte ist auch dann zulässig, wenn der Aufwertungsbetrag noch nicht eingetragen ist. Zur Eintragung bedarf es nicht des Nachweises, daß das Recht aufgewertet ist.

1 Zu vgl. § 14 A. 3.

2 Die Eintragung der Vorrangseinräumung ist hierdurch erleichtert worden. Eines Nachweises, daß das Recht aufgewertet oder überhaupt aufwertbar ist, bedarf es nicht. Die Eintragung erfolgt auf die Bewilligung des Gläubigers und den Antrag des Eigentümers.

Artikel 8.

Die Vorschriften der Artikel 1 bis 7 gelten auch für den Fall der Wiedereintragung gemäß §§ 20, 21 des Gesetzes.

Zu vgl. § 20 A. 6, § 21 A. 1.

II. Eintragung des Rangvorbehalts für den Eigentümer.

Artikel 9.

Hypotheken und Grundschulden, die der Eigentümer auf Grund der ihm im § 7 des Gesetzes eingeräumten Befugnis an den ihm vorbehaltenen Rangstellen eintragen läßt, sind in Goldmark einzutragen; eine Goldmark ist die Bezeichnung für den amtlich festgestellten Preis von $^1/_{2790}$ kg Feingold.

Artikel 10.

(1) Für die Eintragung der Befugnis des Eigentümers, an der ihm vorbehaltenen Rangstelle eine Hypothek oder Grundschuld eintragen zu lassen, sowie für die Eintragung dieser Rechte bedarf es nicht der Vorlegung des über eine im Range vor- oder nachgehende Hypothek, Grundschuld oder Rentenschuld gebildeten Briefes.

(2) Ist bei der Eintragung des Rechtes der Brief über eine gleichstehende oder nachgehende Hypothek, Grundschuld oder Rentenschuld nicht vorgelegt, so hat das Grundbuchamt den Besitzer des Briefes zur Vorlegung anzuhalten, um nachträglich die Eintragung auf dem Briefe zu vermerken; dies gilt nicht, wenn der Brief unbrauchbar gemacht ist.

Artikel 11.

(1) Die Befugnis des Eigentümers, an der ihm vorbehaltenen Rangstelle eine Hypothek oder Grundschuld eintragen zu lassen, ist unter Beifügung der Worte „mit dem üblichen Zinsfuß" einzutragen. Der Eintragung bei den im Range nachgehenden Rechten bedarf es nicht.

2) üblicher Zinsfuß ist bis auf weiteres ein Zinsfuß von 11 vom Hundert. Jede Änderung dieses Zinsfußes wird vom Reichswirtschaftsminister im Reichsgesetzblatte veröffentlicht; sie tritt mit Ablauf des zweiten Tages nach der Veröffentlichung in Kraft. Änderungen des Zinsfußes, die nach Eingang des Eintragungsantrages bei dem Grundbuchamt in Kraft treten, stehen der Eintragung nach dem Antrag nicht entgegen.

Artikel 12.

Zur Berechnung des Goldmarkwerts im Sinne des § 7 Abs. 4 Satz 3 des Gesetzes werden folgende Umrechnungssätze festgesetzt:

1 Reichsmark	=	1,00 Goldmark,
1 nordamerikanischer Dollar	=	4,20 "
1 englisches Pfund	=	20,416 "
100 Schweizer Franken	=	81,56 "
100 holländische Gulden	=	168,37 "
1 Tonne Roggen	=	225,00 "
1 Tonne Weizen	=	264,00 "
1 Tonne Fettförderkohle des Rheinisch-westfälischen Kohlensyndikats	=	15,00 "
1 Tonne gewaschene Fettnuß IV des Rheinisch-westfälischen Kohlensyndikats	=	17,50 "
1 Tonne oberschlesische Flammstückkohle	=	16,75 "
1 Tonne niederschlesische Stückkohle	=	22,30 "
1 Tonne niederschlesische gewaschene Nußkohle I	=	22,30 "
1 Doppelzentner Kalidüngesalz 40 v. Hundert	=	7,67 "

Zu Art. 9—12: Zu vgl. § 7 A. 1, 6.

Zwangsmittel zur Vorlegung des Briefes: § 62 G.B.O., Art. 15 bis 17 Pr.F.G.G.

Zu Art. 9: Berichtigung von Amts wegen, Art. 25.

Zu Art. 11: Für die Befugnis braucht ein fester Zinssatz nicht eingetragen zu werden; keine Rangänderung für den 5% übersteigenden Betrag — also Abweichung von §§ 1115, 1119 BGB. Die Kredithypothek selbst ist mit dem vereinbarten Zinsfuß einzutragen. Auf diesen hat eine spätere Änderung des Zinsfußes durch den Reichswirtschaftsminister keinen Einfluß.

Artikel 13.

(1) Ist der Eigentümer nach § 7 Abs. 1 des Gesetzes befugt, an der ihm vorbehaltenen Rangstelle eine Hypothek oder Grundschuld im Range nach einer Rentenschuld oder einer Reallast eintragen zu lassen, so wird für die Berechnung des Goldmarkbetrags der Rentenschuld die Ablösungssumme zugrunde gelegt. Das gleiche gilt für eine Reallast, wenn für sie eine Ablösungssumme bestimmt ist; ist eine Ablösungssumme nicht bestimmt, so ist der Wert nach den Vorschriften des § 9 der Zivilprozeßordnung zu berechnen.

(2) Diese Vorschrift findet entsprechende Anwendung für die Berechnung des Goldmarkwerts einer Rentenschuld oder Reallast im Falle des § 7 Abs. 4 Satz 3 des Gesetzes.

§ 9 Z.P.O. lautet: „Der Wert des Rechts auf wiederkehrende Nutzungen oder Leistungen wird nach dem Werte des einjährigen Bezugs berechnet, und zwar:

auf den 12½fachen Betrag, wenn der künftige Wegfall des Bezugsrechts gewiß, die Zeit des Wegfalls aber ungewiß ist; auf den 25fachen Betrag bei unbeschränkter oder bestimmter Dauer des Bezugsrechts. Bei bestimmter Dauer des Bezugsrechts ist der Gesamtbetrag der künftigen Bezüge maßgebend, wenn er der geringere ist."

Ist für die Reallast eine Ablösungssumme nicht bestimmt, so wird der Wert des einjährigen Bezuges mit 12½ oder 25 multipliziert, je nachdem der künftige Wegfall der Reallast gewiß, die Zeit des Wegfalls aber ungewiß ist, oder die Reallast von unbeschränkter oder bestimmter Dauer ist. Gegebenenfalls ist maßgebend der Gesamtbetrag der künftigen Bezüge (nämlich wenn er geringer ist als der 25fache Betrag).

Nach § 31 sind

für das Jahr 1925	**40% = 40,**
für die Jahre 1926/27 je	**60% = 120,**
vom Jahre 1928 ab je 100%,	
d. h. für die fehlenden 9½ Jahre	**= 950**
	Summa: 1110

zu bewirken.

Der Durchschnittsprozentsatz für 1 Jahr beträgt also

$$1110 : 12\tfrac{1}{2} = 88{,}8\,\%.$$

Man berechnet daher von dem vollen Jahresbetrag (100%) der Reallast 88,8% und multipliziert den Betrag mit 12½. Ist x daher der 100%ige Betrag der Reallast, so erhält man für eine vom 1. 1. 1925 zu leistende Reallast als Wert nach Art. 13

$$\frac{x \cdot 88{,}8 \cdot 12{,}5}{100}.$$

Das Beispiel von Schlegelberger-Harmening in Art. 13 ist unrichtig. $9^1/_2 \cdot 1250$ ist nicht 11850, sondern 11875. Setzt man in meine Formel nach jenem Beispiel den Wert von $x = 1250$ ein, so erhält man

$$\frac{1250 \cdot 88{,}8 \cdot 12{,}5}{100} = 13\,875.$$

Wird die Reallast vom 1. 1. 1925 ab nur auf 8 Jahre geschuldet, so ist der Durchschnittsprozentsatz in ähnlicher Weise zu berechnen:

$$\begin{array}{r} 1925\colon\ 40\%, \\ 1926/1927\colon\ 120\%, \\ \text{von 1928 für 5 Jahre}\colon\ \underline{500\%} \\ 660\colon 8 = 82{,}5\%. \end{array}$$

Der Wert nach Art. 13 ist dann $\frac{x \cdot 82{,}5 \cdot 8}{100}$.

Artikel 14.

(1) Der Verzicht auf die Befugnis, an der vorbehaltenen Rangstelle eine Hypothek oder Grundschuld eintragen zu lassen (§ 7 Abs. 5 des Gesetzes), kann einheitlich bezüglich aller in Betracht kommenden Rangstellen eingetragen werden.

(2) Die Eintragung des Verzichts ist auch dann zulässig, wenn der Aufwertungsbetrag noch nicht eingetragen ist; dies gilt auch für den Fall der Wiedereintragung gemäß §§ 20, 21 des Gesetzes.

(3) Die Vorschriften des Abs. 2 finden entsprechende Anwendung, wenn der Eigentümer mit der Befugnis hinter ein einzelnes Recht zurücktritt.

§ 7 A. 7.

III. Aufwertung bei Vorbehalt der Rechte — Rückwirkung.

Artikel 15.

Zur Wiedereintragung des aufgewerteten Rechtes nach § 16 Abs. 2 des Gesetzes bedarf es des Ablaufs der Einspruchsfrist gegen den persönlichen Schuldner nicht. Findet die Wiedereintragung vor Ablauf der Einspruchsfrist gegen den persönlichen Schuldner statt, so ist auf Antrag des Eigentümers ein Widerspruch einzutragen. Der Widerspruch ist von Amts wegen zu löschen, wenn auch die Einspruchsfrist gegen den persönlichen Schuldner abgelaufen ist, ohne daß dieser Einspruch eingelegt hat, oder nachdem durch rechtskräftige Entscheidung festgestellt ist, daß ein wirksamer Vorbehalt der Rechte vorliegt oder eine Rückwirkung stattfindet.

§ 16 A. 2.

IV. Gemeinsame Vorschriften.

Artikel 16.

Die Vorschriften des § 41 der Grundbuchordnung finden entsprechende Anwendung, wenn der Aufwertungsbetrag, der Verzicht auf das aufgewertete Recht, die Einräumung des Vorranges vor diesem Rechte, ein Widerspruch gemäß § 8, § 16 Abs. 2, 3 des Gesetzes oder

Artikel 15 dieser Verordnung, die Befugnis des Eigentümers, an der ihm vorbehaltenen Rangstelle eine Hypothek oder Grundschuld eintragen zu lassen, der Verzicht auf diese Befugnis oder ein Rangrücktritt mit dieser Befugnis in das Grundbuch eingetragen werden soll.

1 § 41 G.B.O. lautet: „Ist derjenige, dessen Recht durch eine Eintragung betroffen wird, Erbe des eingetragenen Berechtigten, so findet die Vorschrift des § 40 Abs. 1 keine Anwendung, wenn die Übertragung oder die Aufhebung des Rechtes eingetragen werden soll, oder wenn der Eintragungsantrag durch die Bewilligung des Erblassers oder eines Nachlaßpflegers oder durch einen gegen den Erblasser oder den Nachlaßpfleger vollstreckbaren Titel begründet wird.

Das gleiche gilt für Eintragung auf Grund der Bewilligung eines Testamentsvollstreckers oder auf Grund eines gegen diesen vollstreckbaren Titels, sofern die Bewilligung oder der Titel gegen den Erben wirksam ist."

2 Für die in Art. 16 bezeichneten Eintragungen ist es also nicht erforderlich, daß derjenige, dessen Recht durch die Eintragung betroffen wird, sei es der Gläubiger, sei es der Eigentümer, als der Berechtigte in das Grundbuch eingetragen ist, sofern er der Erbe des eingetragenen Berechtigten ist. Z. B.: Für den Gläubiger A. ist oder war eine Hypothek eingetragen; seine noch nicht eingetragenen Erben verlangen die Eintragung des Aufwertungsbetrages. Dann brauchen sie sich vorher nicht eintragen zu lassen, der Aufwertungsbetrag kann sofort auf sie umgeschrieben werden; oder: Der Eigentümer B. ist verstorben; seine noch nicht eingetragenen Erben verlangen die Eintragung eines Widerspruches aus § 8, der Befugnis aus § 7. Auch hier bedarf es nicht der vorherigen Eintragung der Erben als Eigentümer.

Artikel 17.

(1) Die Vorlegung des Hypothekenbriefs ist nicht erforderlich:

1. für die Eintragung der Aufwertung der Hypothek, wenn der Antrag auf Eintragung in den Fällen der §§ 14, 15, 78 des Gesetzes von dem Gläubiger und im Falle des § 17 des Gesetzes von dem früheren Gläubiger gestellt wird;
2. für die Eintragung eines Widerspruchs in den Fällen des § 8 Abs. 2 und des § 16 Abs. 3 des Gesetzes sowie des Artikel 15 dieser Verordnung.

(2) Ist in den Fällen des Abs. 1 sowie im Falle des § 6 Abs. 1 des Gesetzes der Brief nicht vorgelegt, so hat das Grundbuchamt den Besitzer des Briefes zur Vorlegung anzuhalten, um nachträglich die Eintragung auf dem Briefe zu vermerken; dies gilt nicht, wenn der Brief unbrauchbar gemacht ist.

1 § 15 A. 2, § 17 A. 11, § 16 A. 7, § 8 A. 8.

Wegen der Zwangsmittel zur Vorlegung des Briefes zu vgl.: Art. 6 A. 3.

2 Der Fall des § 16 Abs. 2 Satz 2 ist in Art. 17 nicht besonders erwähnt. Daraus indes, daß nach Art. 17 Abs. 1 Z. 1 die Vorlegung des Briefes nicht notwendig ist für die Eintragung der Aufwertung der Hypothek selbst, wenn der Antrag auf Eintragung in den Fällen §§ 14, 15, 78 von dem Gläubiger und im Falle des § 17 von dem

früheren Gläubiger gestellt wird, ist zu entnehmen, daß es der Vorlegung erst recht nicht bedarf, wenn es sich nur um die Eintragung eines Widerspruchs in den entsprechenden Fällen handelt. Der Abs. 2 bezieht sich daher auch auf den Fall des § 16 Abs. 2 Satz 2; auch hier ist das Grundbuchamt berechtigt und verpflichtet, den Besitzer des Briefes zur Vorlegung anzuhalten, wenn der Brief noch vorhanden ist (K.G. 17. 12. 1925, 1 X. 759. 25).

V. Rückzahlung, Verzinsung, Tilgung.

1. Anrechnung von Sachleistungen.

Artikel 18.

(1) Sind zur Erfüllung statt barer Zahlung ganz oder teilweise Anleihen, Pfandbriefe oder sonstige Schuldverschreibungen, die auf den Inhaber lauten oder durch Indossament übertragbar sind, hingegeben worden, so werden diese in Höhe ihres Nennbetrags auf den Nennbetrag des Rechtes angerechnet. Haben die Beteiligten einen geringeren Anrechnungswert vereinbart, so behält es dabei sein Bewenden.

(2) Ist im Falle des Abs. 1 die Leistung in der Zeit vom 15. Juni 1922 bis zum 13. Februar 1924 oder unter Vorbehalt der Rechte angenommen (§§ 14, 15 des Gesetzes), so ist der Goldmarkwert der hingegebenen Anleihe, des Pfandbriefs oder der sonstigen Schuldverschreibung auf den Goldmarkwert des aufgewerteten Rechtes anzurechnen. Sind in der Zeit vom 15. Juni 1922 bis zum 13. Februar 1924 oder unter Vorbehalt der Rechte Markanleihen des Reichs oder andere Anleihen im Sinne des Gesetzes über die Ablösung öffentlicher Anleihen angenommen, so hat die Aufwertungsstelle über die Anrechnung der Leistung nach freiem Ermessen unter Berücksichtigung der Interessen beider Teile zu entscheiden; sie hat dabei insbesondere zu berücksichtigen, welchen Wert die hingegebene Anleihe gegenwärtig für den Eigentümer oder Schuldner haben würde. Über die Frage, ob der Eigentümer oder Schuldner Altbesitzer im Sinne des Gesetzes über die Ablösung öffentlicher Anleihen sein würde, wenn die Anleihe ihm noch gehören würde, entscheidet auf Ersuchen der Aufwertungsstelle endgültig die Reichsschuldenverwaltung.

(3) Über die Höhe der Anrechnung von anderen Sachleistungen entscheidet die Aufwertungsstelle nach freiem Ermessen unter Berücksichtigung der Interessen beider Teile. Sind Aktien anzurechnen, so ist vor der Entscheidung die Spruchstelle (Vierte Verordnung zur Durchführung der Verordnung über Goldbilanzen vom 28. August 1924, Reichsgesetzbl. I S. 697) zu hören.

1 Zu unterscheiden sind:

I. Anleihen und sonstige Schuldverschreibungen — Abs. 1 —.

II. Andere Sachleistungen, insbesondere Aktien.

I. 1. Annahme der Leistung vor oder nach der Rückwirkungszeit, d. h. vor dem 15. 6. 1922 oder nach dem 13. 2. 1924, und ohne Vorbehalt: Anrechnung in Höhe des Nennbetrages auf den Nennbetrag des Rechtes. Ist indes ein geringerer Anrechnungswert vereinbart,

so wird nur dieser auf den Nennbetrag des Rechtes angerechnet. Z. B. Friedenshypothek von 100000 ℳ. Der Gläubiger nimmt am 1. 5. 1922 von dem Schuldner Pfandbriefe über einen Nennbetrag von 20000 ℳ als Teilzahlung auf die Hypothek an. Die Hypothek gilt dann in Höhe von 20000 ℳ als getilgt, ist daher nur in Höhe von 80000 ℳ aufzuwerten, und zwar mit 20000 Goldmark.

Haben Gläubiger und Schuldner aber vereinbart, daß die 20000 ℳ Pfandbriefe nur in Höhe von 16000 ℳ auf die Hypothek anzurechnen seien, so besteht die Hypothek noch in Höhe von 84000 ℳ, ist daher auf 21000 Goldmark aufzuwerten.

2. Annahme der Leistung wie zu 1, aber mit Vorbehalt, und

3. Annahme der Leistung in der Rückwirkungszeit:

a) Bei Markanleihen des Reichs und anderen Anleihen im Sinne des Anleiheablösungsgesetzes: Entscheidung der Aufwertungsstelle nach freiem Ermessen. Sie hat insbesondere zu berücksichtigen: Würde der Schuldner, der mit derartigen Anleihen gezahlt hat, noch Altbesitzer im Sinne des Anleiheablösungsgesetzes sein? Ist diese Frage streitig, so richtet die Aufwertungsstelle das Ersuchen an die Reichsschuldenverwaltung zur Entscheidung des Altbesitzes. Die Reichsschuldenverwaltung entscheidet diese Frage endgültig. Stellt sie für den Fall, daß dem Schuldner die Anleihe noch gehören würde, den Altbesitz fest, so wird die Aufwertungsstelle diesen unverdienten Vermögensverlust zu verteilen suchen. Die „leistungsfähigen Schultern" (§ 10 Abs. 1) werden eine Rolle spielen, die beiderseitigen Vermögens- und Einkommensverhältnisse sind gegeneinander abzuwägen, ein billiger Ausgleich ist zu suchen. Auf die Bemerkungen zu § 10 Abs. 1 kann im übrigen Bezug genommen werden. Von Bedeutung wird auch sein, ob die Zahlung etwa auf Ersuchen des Gläubigers (nach Kündigung?) erfolgt ist, und in welcher Weise der Gläubiger die Anleihen verwertet hat. Liegt Altbesitz nicht vor, so kann der Erwerbspreis, den der Schuldner für die Stücke gezahlt hat, von Bedeutung werden. Auch in diesem Falle ist ein billiger Ausgleich der widerstreitenden Interessen anzustreben.

b) Bei anderen Schuldverschreibungen ist deren Goldmarkwert auf den Goldmarkwert des aufgewerteten Rechts anzurechnen. Die Anrechnung erfolgt also nicht, wie im Falle des § 18 auf den Aufwertungsbetrag des Rechts. Für die Berechnung des Goldmarkwertes der Schuldverschreibungen kommt § 2 Abs. 2 in Betracht.

II. Andere Sachleistungen.

1. Aktien: Vor der Entscheidung ist die Spruchstelle zu hören. Ihr Ausspruch ist indes für die Aufwertungsstelle nicht bindend (wie dies im Falle des Abs. 2, letzter Satz, für die Reichsschuldenverwaltung bestimmt ist).

2. Andere Sachleistungen: Entscheidung der Aufwertungsstelle nach freiem Ermessen. Sie wird insbesondere den Wert abwägen, den die Sachleistung hatte

für den Gläubiger — wieviel hätte er sonst im freien Verkehr für diese Sachleistung zahlen müssen? Insbesondere bei landwirtschaftlichen Erzeugnissen: Gebrauchte er sie dringend, so daß damit gerechnet werden kann, daß er sich ähnliche Erzeugnisse damals sonst anderweit beschafft hätte? Hat er die Sache weiterverkauft und einen Gewinn erzielt? —

und für den Schuldner — wie teuer kam ihm selbst die Sache? Zu welchem Preis hätte er sie sonst verkaufen können? —

2 Als Rückwirkungszeit ist hier die Zeit vom 15. 6. 1922 bis zum 13. 2. 1924 bestimmt; § 15 rechnet sie bis zum 14. 2. 1924. Diese Unstimmigkeit ist wohl dadurch auszugleichen, daß Art. 18 den 13. 2. 1924 einschließlich, § 15 den 14. 2. 1924 ausschließlich meint. Konnte diese verschiedene Zeitbestimmung nicht vermieden werden?

3 Über die Frage, wann eine Leistung als angenommen gilt, wann ein Vorbehalt erklärt ist, zu vgl. die Bemerkungen zu § 14.

4 Auch im Falle des Abs. 2 findet § 16 Anwendung, d. h. regelmäßig ist die Anmeldung bei der Aufwertungsstelle erforderlich, wenn der Gläubiger noch einen Aufwertungsanspruch zu haben glaubt. Am 2. 1. 1926 läuft die Anmeldefrist ab. Das RGBl. Nr. 51 mit der Df.V.O. ist am 5. 12. 1925 ausgegeben. § 88 hatte die Reichsregierung ermächtigt, über die Zulässigkeit und Anrechnung von Sachleistungen besondere Vorschriften zu erlassen. Der Gläubiger durfte daher bis zum Erlaß dieser Vorschriften warten, ehe er sich schlüssig machte, ob er noch einen Aufwertungsanspruch verfolgen wollte. Die Anmeldungsfrist ist daher gerade für die Sachleistungen in Art. 18 unglaublich kurz und hätte „nach Treu und Glauben" wirklich verlängert werden sollen. Ist der Aufwertungsanspruch durch einen Vergleich ausgeräumt (§ 67), so behält es dabei sein Bewenden.

2. Aufrechnung.

Artikel 19.

(1) Hat der Eigentümer oder der persönliche Schuldner gegen die Forderung des Aufwertungsgläubigers eine zur Aufrechnung geeignete Gegenforderung, die er oder in den Fällen des § 3 Abs. 1 Ziffer 2 bis 11 des Gesetzes sein Rechtsvorgänger vor dem 15. Juni 1922 erworben hat, und ist oder wird eine Aufrechnung erklärt, so gilt das aufgewertete Recht zum Nennbetrag in Höhe des Nennbetrags der Gegenforderung als erloschen. Ist die Gegenforderung nach dem 14. Juni 1922 erworben, so tritt für beide Forderungen an die Stelle des Nennbetrags der sich auf Grund einer gesetzlichen Vorschrift über die Aufwertung ergebende Betrag.

(2) Ist die Gegenforderung gegen eine öffentliche oder unter Staatsaufsicht stehende Sparkasse gerichtet, so findet die Vorschrift des Abs. 1 nur insoweit Anwendung, als die Gegenforderung aus Einzahlungen herrührt, die nach Maßgabe einer unter den Beteiligten getroffenen Vereinbarung zur Abtragung einer Hypothek oder Grundschuld zu dienen bestimmt sind. Unbeschadet dieser Vorschrift findet die Vorschrift des Abs. 1 keine Anwendung, wenn die Gegenforderung aus einer Teilungsmasse (Aufwertungsstock) zu befriedigen ist.

(3) Die Vorschriften des Artikel 18 bleiben unberührt.

1 Art. 19 beruht auf der Ermächtigung des § 88, wonach die Reichsregierung oder die von ihr bestimmte Stelle besondere Vorschriften über den Ausgleich von Ansprüchen und Gegenansprüchen zwischen denselben Parteien erlassen kann. Die allgemeinen Voraussetzungen der §§ 387 ff. BGB. müssen gegeben sein. Bestreitet der Gläubiger die Gegenforderung oder die Rechtswirksamkeit der Aufrechnung, so ist zur Entscheidung dieser Frage das Prozeßgericht zuständig (§ 69 Abs. 2 b). Die Zuständigkeit der Aufwertungsstelle

kann indes nach § 71 vereinbart werden (zu vgl. die Bemerkungen zu § 71).

[2] Zu unterscheiden ist, ob die Gegenforderung vor dem 15. 6. 1922 oder nach dem 14. 6. 1922 erworben ist:

a) Hat sie der Schuldner (oder sein Rechtsvorgänger nach § 3 Ziff. 2—11) vor dem 15. 6. 1922 erworben, so gilt durch die Aufrechnungserklärung das aufgewertete oder aufzuwertende Recht zum Nennbetrage in Höhe des Nennbetrages der Gegenforderung als erloschen, gleich als ob früher bereits der Schuldner in Höhe der Gegenforderung Zahlung an den Gläubiger geleistet hätte (§ 18 Abs. 1 S. 2). Der Zeitpunkt des Erlöschens ist also weiter zurückverlegt als nach § 389 BGB., der das Erlöschen feststellt für den Zeitpunkt, in welchem sich die beiden Forderungen als zur Aufrechnung geeignet gegenübertreten. Z. B. auf dem Grundstück des A. ruht eine Restkaufgeldhypothek aus dem Jahre 1913 in Höhe von 100 000 ℳ für B. A. erwirbt vor dem 15. 6. 1922 — etwa am 1. 5. 1922 — eine fällige Darlehnsforderung gegen B. in Höhe von 60 000 ℳ. Dann gilt die Restkaufgeldhypothek nur noch in Höhe von 40 000 ℳ und ist aufzuwerten, als ob sie von Anfang an nur in dieser Höhe bestanden hätte. Darauf, ob B. etwa einen Vorbehalt erklärt hat, kommt es nicht an. Der Gläubiger ist insofern also schlechter gestellt als im Falle des § 18. Hat A. eine fällige Forderung nicht bloß von 60 000 ℳ, sondern von 100 000 ℳ in der genannten Zeit gegen B. erworben, so kann er jetzt bereits die Löschung der Hypothek von 100 000 ℳ verlangen. Eine vorherige Kündigung (wie Schlegelberger-Harmening zu Art. 19 Abs. 2 meinen) ist nicht erforderlich; es steht jetzt bereits fest, daß die Hypothek ebenso wie die zugrunde liegende persönliche Forderung erloschen ist. Ist die Restkaufgeldhypothek von 100 000 ℳ in der Zeit vom 1. 1. 1922 bis zum 14. 6. 1922 begründet worden (Aufwertung der persönlichen Forderung über 100% zulässig, § 10 Abs. 3), und hat der persönliche Schuldner vor dem 15. 6. 1922 eine fällige Forderung von 100 000 ℳ gegen den Hypothekengläubiger erworben, so werden diese 100 000 ℳ im Falle einer Aufrechnungserklärung auf den Aufwertungsbetrag der persönlichen Forderung angerechnet. Da diese über 100% aufgewertet werden kann, ist nicht ausgeschlossen, daß die persönliche Forderung in Höhe des die 100% übersteigenden Betrages noch besteht.

Ob im übrigen die Gegenforderung später oder früher als die Forderung erworben ist, bleibt sich gleich. Die im Art. 19 angeordnete Aufrechnung kann daher auch zuungunsten des einen Schuldners ausschlagen. Z. B. A. hat gegen B. eine Darlehnsforderung von 100 000 ℳ aus dem Jahre 1914, die am 1. 6. 1922 fällig gewesen ist. Für B. ist auf dem Grundstück des A. in der Zeit vom 1.—10. 2. 1922 eine Hypothek von 100 000 ℳ eingetragen worden. Wird die Aufrechnung durch B. erklärt, so erlöschen beide Forderungen, trotzdem die Hypothek des B. einen Wert von nur 2300 Goldmark hatte. Solche Fälle werden freilich selten sein.

b) Ist die Gegenforderung nach dem 14. 6. 1922 erworben, so muß für beide Forderungen nach den für sie jeweils maßgebenden gesetzlichen Vorschriften der Aufwertungsbetrag ermittelt werden. Der Aufwertungsbetrag wird festgesetzt von derjenigen Behörde, die für die Aufwertung der betreffenden Forderung an sich zuständig ist. Gegebenenfalls setzt die für die Aufwertung nur der einen Forderung zuständige Aufwertungsstelle das Aufwertungsverfahren aus, bis durch die Entscheidung des etwa zuständigen Prozeßgerichts festgestellt ist, wie hoch die andere Forderung aufzuwerten ist.

3 Abs. 2 schränkt die Aufrechnung gegenüber den öffentlichen oder unter Staatsaufsicht stehenden Sparkassen ein. Nur soweit die Gegenforderung aus Einzahlungen herrührt, die zur Abzahlung der für die Sparkasse eingetragenen Hypothek oder Grundschuld bestimmt sind, ist eine Aufrechnung zulässig. Es kann also nicht folgender Fall eintreten, der auch schon die Öffentlichkeit beschäftigt hat:

Für die öffentliche Sparkasse in A. ist eine Hypothek von 10000 ℳ auf dem Grundstück des B. eingetragen. B. hat bei derselben Sparkasse Spareinlagen von 10000 ℳ gemacht. Mit diesen Spareinlagen kann B., wenigstens nach Maßgabe des Abs. 1, gegen die Hypothek der Sparkasse nicht aufrechnen.

4 Auch im Falle der Aufrechnung gelten die Vorschriften des Art. 18, wenn sie für die eine oder die andere Forderung in Betracht kommen.

3. Vergleich.

Artikel 20.

Sind durch einen Vergleich, der nach § 67 Abs. 2 des Gesetzes der Aufwertung nicht entgegensteht, Forderungen und Gegenforderungen gegeneinander ganz oder teilweise ausgeglichen, so sind für die Feststellung, ob und in welcher Höhe dem Aufwertungsgläubiger ein Guthaben zusteht, die Vorschriften des Artikel 19 entsprechend anzuwenden.

Es handelt sich um Vergleiche, die in der Zeit vom 15. 6. 1922 bis 14. 2. 1924 geschlossen sind. Von diesen stehen einer Aufwertung nur entgegen diejenigen, die der Gläubiger in seiner Eigenschaft als Kaufmann und im Betriebe seines Handelsgewerbes geschlossen hat, soweit nicht die Aufwertung zugunsten einer Teilungsmasse zu erfolgen hat; zu vgl. § 67 A. 3. Alle übrigen Vergleiche aus jener Zeit sind rechtlich bedeutungslos, gleich als ob sie überhaupt nicht geschlossen wären; für diese gelten dann die Vorschriften des Art. 19, gegebenenfalls auch des Art. 18.

Diese Regelung folgt schon aus § 67 Abs. 2. so daß der Art. 20 nicht unbedingt notwendig gewesen wäre.

4. Zwischenzins bei vorzeitiger Zahlung.

Artikel 21.

(1) Zahlt der Eigentümer oder der Schuldner den Aufwertungsbetrag vor Eintritt der gesetzlichen oder vertraglichen Fälligkeit zurück, so ist der Barwert des Aufwertungsbetrags und der nach § 28 des Gesetzes zu zahlenden Zinsen unter Berücksichtigung eines Zwischenzinses zu entrichten, für dessen Berechnung bis zur anderweiten Regelung durch die Reichsregierung ein Zinsfuß von 9 vom Hundert jährlich zugrunde zu legen ist. Als frühester Fälligkeitstag gilt der 1. Januar 1932. Eine auf Grund des § 26 Abs. 1 des Gesetzes erfolgte Hinausschiebung des Fälligkeitstags über den 1. Januar 1932 hinaus bleibt für die Berechnung des Zwischenzinses außer Betracht. Für die

am 1. Januar 1932 fällig werdenden Ansprüche ist der sich hiernach ergebende Barwert in der Anlage I festgestellt.

(2) Über die Höhe des nach Abs. 1 zu entrichtenden Betrags entscheidet auf Antrag die Aufwertungsstelle.

(3) Auf Tilgungsbeträge (§ 29 des Gesetzes) finden die Vorschriften der Abs. 1, 2 keine Anwendung.

1 **Man muß wohl annehmen, daß die Reichsregierung auf Grund des § 88 ermächtigt ist, auch für den Fall des § 25 Abs. 2, die Berücksichtigung von Zwischenzinsen vorzuschreiben, trotzdem § 25 selbst über solche Zwischenzinsen nichts erwähnt — zu vgl. § 25 A. 5 —. Dadurch, daß Art. 21 einen jährlichen Zinsfuß von 9% vorläufig als angemessen festsetzt, wird der Aufwertungsbetrag selbst nicht unerheblich herabgedrückt; der Gesetzgeber kommt daher den Aufwertungsschuldnern in weitem Maße entgegen.**

2 **Soll ein am 1. 1. 1932 fälliger Aufwertungsbetrag von 100 000 Goldmark, der am 1. 4. und 1. 10. jedes Jahres zu verzinsen ist, bereits am 1. 1. 1928 zurückgezahlt werden, so hat der Schuldner nach Anlage I zur Df.V.O. zu zahlen 86,61%, außerdem die Zinsen für die Zeit vom 1. 10. 1927 bis 31. 12. 1927 mit 3·0,25 = 0,75, zusammen also 87,36%, somit für 100 000 Goldmark 87 360 Goldmark.**

3 **In der Anlage I. ist die letzte Ziffer in der letzten Spalte nicht 99,77, sondern 99,67, RGBl. 1926, S. 88.**

Artikel 22.

Eine Berücksichtigung des Zwischenzinses nach Maßgabe des Artikel 21 Abs. 1 findet auch im Konkursverfahren und im Zwangsversteigerungsverfahren statt.

Im Konkurs- und im Zwangsversteigerungsverfahren wäre ohne die Vorschrift des Art. 22 ein Abzug wegen der Zinsen nur bei unverzinslichen Forderungen zulässig; § 65 Abs. 2 K.O., § 111 Zw.G.

5. Gemeinsame Vorschrift.

Artikel 23.

Ergibt die Anwendung der Vorschriften der Artikel 18 bis 20, 21 Abs. 1, daß der Eigentümer oder der Schuldner bereits mehr geleistet hat, als er nach den Vorschriften des Gesetzes und dieser Verordnung zu leisten verpflichtet war, so behält es dabei sein Bewenden.

VI. Erteilung einer vollstreckbaren Ausfertigung der Schuldurkunde über den Aufwertungsbetrag.

Artikel 24.

(1) Hat sich der Eigentümer in einer Urkunde im Sinne des § 794 Abs. 1 Nr. 5 der Zivilprozeßordnung der sofortigen Zwangsvollstreckung wegen eines Anspruchs aus einer Hypothek unterworfen, deren Betrag in früherer Reichswährung bestimmt ist, so kann eine vollstreckbare Ausfertigung über den Aufwertungsbetrag erteilt werden, wenn seit der Eintragung der Aufwertung in das Grundbuch ein Monat verstrichen ist.

(2) Die Erteilung der vollstreckbaren Ausfertigung ist unzulässig,

solange wegen der Höhe der Aufwertung ein Verfahren bei der Aufwertungsstelle oder einem Beschwerdegericht anhängig ist.

(3) Die vollstreckbare Ausfertigung über den Aufwertungsbetrag ist auch dann zu erteilen, wenn eine vollstreckbare Ausfertigung hinsichtlich des in der Urkunde in früherer Reichswährung bestimmten Betrags bereits erteilt war.

(4) Über Einwendungen des Schuldners gegen die Erteilung der vollstreckbaren Ausfertigung entscheidet das im § 797 Abs. 3 der Zivilprozeßordnung bezeichnete Gericht. Ist ein Verfahren vor der Aufwertungsstelle noch nicht anhängig, so hat das Gericht auf Antrag unter Bestimmung einer Frist, innerhalb deren die Einleitung des Verfahrens vor der Aufwertungsstelle nachzuweisen ist, eine einstweilige Anordnung dahin zu erlassen, daß die Zwangsvollstreckung gegen oder ohne Sicherheitsleistung einstweilen einzustellen oder nur gegen Sicherheitsleistung fortzusetzen sei.

1 § 794 Abs. 1, Nr. 5 Z.P.O. betrifft Urkunden, welche von einem deutschen Gericht oder einem deutschen Notar innerhalb der Grenzen seiner Amtsbefugnisse in der vorgeschriebenen Form aufgenommen sind, sofern die Urkunde über einen Anspruch errichtet ist, welcher die Zahlung einer bestimmten Geldsumme oder die Leistung einer bestimmten Quantität anderer vertretbarer Sachen oder Wertpapiere zum Gegenstande hat, und der Schuldner sich in der Urkunde der sofortigen Zwangsvollstreckung unterworfen hat. Als ein Anspruch, welcher die Zahlung einer Geldsumme zum Gegenstande hat, gilt auch der Anspruch aus einer Hypothek, einer Grundschuld oder einer Rentenschuld.

2 Für die Erteilung der vollstreckbaren Ausfertigung über den Aufwertungsbetrag wird vorausgesetzt:

a) die Aufwertung ist in das Grundbuch eingetragen,

b) seit der Eintragung der Aufwertung in das Grundbuch ist 1 Monat verstrichen,

c) ein Aufwertungsverfahren (bei der Aufwertungsstelle oder einem Beschwerdegericht) darf nicht anhängig sein.

Es wird also nicht erfordert, daß die Aufwertung rechtskräftig bereits festgesetzt ist, oder daß ein Aufwertungsverfahren überhaupt nicht mehr zu erwarten ist. Die Möglichkeit, daß der Schuldner später noch ein Aufwertungsverfahren beantragen kann (z. B. wegen Herabsetzung der Aufwertung nach §§ 8, 9), schließt die Erteilung der vollstreckbaren Ausfertigung nicht aus.

3 War eine vollstreckbare Ausfertigung über den in der Urkunde in früherer Reichswährung bestimmten Betrag bereits erteilt, so kann eine vollstreckbare Ausfertigung über den Aufwertungsbetrag doch noch erteilt werden, ohne daß hierüber das Gericht noch besonders zu entscheiden hätte, wie dies sonst für die Erteilung einer weiteren vollstreckbaren Ausfertigung vorgeschrieben ist (§ 797 Abs. 3 Z.P.O.).

4 Die vollstreckbare Ausfertigung einer gerichtlichen Urkunde erteilt der Gerichtsschreiber des Gerichts, welches die Urkunde verwahrt, einer notariellen Urkunde der Notar, der die Urkunde verwahrt. Ist die notarielle Urkunde in der Verwahrung einer Behörde, so hat diese die vollstreckbare Ausfertigung zu erteilen, § 797 Abs. 1, 2 Z.P.O.

5 Über die Einwendungen des Schuldners gegen die Erteilung der vollstreckbaren Ausfertigung entscheidet:

a) bei gerichtlichen Urkunden das Gericht, welches die Urkunde verwahrt,

b) bei notariellen Urkunden das Amtsgericht, in dessen Bezirke der Notar oder die betreffende Behörde den Amtssitz hat, § 797 Abs. 3 Z.P.O.

6 Rechtsmittel: Verweigert der Gerichtsschreiber die Erteilung der vollstreckbaren Ausfertigung, so kann der Gläubiger nach § 576 Z.P.O. die Entscheidung des Prozeßgerichts nachsuchen, d. h. desjenigen Gerichts, dem der Gerichtsschreiber angehört. Gegen dessen Entscheidung ist die einfache Beschwerde, gegebenenfalls (§ 567 Abs. 2, § 568 Abs. 2 Z.P.O.) die weitere Beschwerde zulässig. Verweigert der Notar die Erteilung, so entscheidet in Preußen auf Antrag des Gläubigers die Zivilkammer des Landgerichts, in dessen Bezirke der Notar seinen Amtssitz hat; gegen diese Entscheidung ist die Beschwerde an das übergeordnete Oberlandesgericht gegeben, Art. 51 Abs. 2 Pr.F.G.G. (Das K.G. ist nur als O.L.G. zuständig, nicht etwa als Gericht im Sinne des Art. 7 Pr.F.G.G.) Hat das Gericht über die Einwendungen des Schuldners gegen die Erteilung der vollstreckbaren Ausfertigung entschieden, so findet die sofortige Beschwerde statt, §§ 793, 577 Z.P.O., gegebenenfalls die sofortige weitere Beschwerde.

VII. Übergangsvorschriften.

Artikel 25.

Ist eine Aufwertung bereits abweichend von den Vorschriften des Gesetzes oder dieser Verordnung in das Grundbuch eingetragen, so ist die Eintragung zu berichtigen. Weicht die Eintragung von den Vorschriften der Artikel 1 oder 9 dieser Verordnung ab, so erfolgt die Berichtigung von Amts wegen. Bei Abweichungen anderer Art erfolgt die Berichtigung auf Antrag; der Antrag bedarf keiner Form. Die Berichtigungen sind gebührenfrei.

Diese Vorschrift entspricht den Verordnungen vom 21. 7. 1925 (§ 11 Abs. 3) und vom 9. 10. 1925 (§ 3). Sie soll dazu dienen, das Grundbuch möglichst bald mit der neuen Rechtslage in Übereinstimmung zu bringen.

Artikel 26.

Ist in den Fällen des Artikel 6 Abs. 1 Satz 1 ein Hypothekenbrief bereits auf den Aufwertungsbetrag umgeschrieben oder über den Aufwertungsbetrag neu erteilt, so behält es dabei sein Bewenden.

Zu vgl. Art. 6 A. 5.

Zweiter Abschnitt.

Aufwertung von Grundschulden, Rentenschulden, Reallasten, Schiffs- und Bahnpfandrechten.

Artikel 27.

Auf Grundschulden, Rentenschulden, Reallasten, Schiffs- und Bahnpfandrechte finden die Vorschriften der Artikel 1 bis 8, 16 bis 26 entsprechende Anwendung. Bei der entsprechenden Anwendung des Artikel 2 tritt für Schiffspfandrechte an die Stelle des § 29 der Grundbuchordnung der § 107 Abs. 2 des Reichsgesetzes über die Angelegenheiten der freiwilligen Gerichtsbarkeit.

§ 107 Abs. 2 Pr.F.G.G. verlangt Nachweis durch öffentliche Urkunden. Dieser Nachweis ist also für Schiffspfandrechte im Falle des Art. 2 nicht erforderlich.

Artikel 28.

Findet auf Grund des Vorbehalts der Rechte oder kraft Rückwirkung die Aufwertung einer abgelösten Reallast oder Rentenschuld statt, so ist der Goldmarkbetrag der Ablösungssumme auf die zunächst fällig werdenden Jahresleistungen anzurechnen.

1 **Die zunächst fälligen Jahresleistungen sind die ersten Jahresleistungen, die nach dem Inkrafttreten des Art. 28, d. h. — Art. 135 — nach dem 10. 12. 1925, fällig werden.**

2 **Z. B.: Eine dinglich gesicherte Reallast aus der Zeit vor dem 1. 1. 1918 in Höhe von jährlich 1000 ℳ ist am 1. 4. jedes Jahres zu zahlen. Aufwertungsbetrag nach §§ 31, 4: 250 Goldmark,**

jedoch im Jahre 1925	**(40%)**	**nur in Höhe von**	**100 Goldmark,**
„ „ 1926	**(60%)**	**„ „ „ „**	**150 „**
„ „ 1927	**(60%)**	**„ „ „ „**	**150 „**
vom 1. 1. 1928 ab	**(100%)**	**„**	**250 „**

In der Rückwirkungszeit (§ 15), und zwar am 1. 6. 1923, hat der Grundstückseigentümer zur Ablösung der Reallast 5 Millionen Papiermark bezahlt. Der Gläubiger hat diese Zahlung an demselben Tage angenommen. Die Leistung hatte nach der Umrechnungstabelle einen Wert von 323,50 Goldmark. Zunächst fällig im Sinne des Art. 28 ist die am 1. 4. 1926 fällige Jahresleistung mit 75 Goldmark (3/4 Jahr von 1925) und 37,50 Goldmark (1/4 Jahr von 1926) = 112,50 Goldmark. Auf diesen Betrag sind die 323,50 Goldmark anzurechnen, so daß am 1. 4. 1926 nichts mehr zu zahlen ist. Der Rest (323,50 — 112,50 =) 211 Goldmark wird angerechnet auf die am 1. 4. 1927 fällige Leistung, d. h. auf 112,50 Goldmark (3/4 Jahr von 1926) und 37,50 Goldmark (1/4 Jahr von 1927) = 150 Goldmark. Auch am 1. 4. 1927 ist somit nichts zu zahlen. Der Rest (211 — 150 =) 61 Goldmark wird angerechnet auf die am 1. 4. 1928 fällige Leistung, d. h. auf 112,50 Goldmark (3/4 Jahr von 1927) und 62,50 Goldmark (1/4 Jahr von 1928) = 175 Goldmark, so daß am 1. 4. 1928 nur noch 114 Goldmark zu zahlen sind. Bei den Reallastberechtigten handelt es sich oft um ältere bedürftige Leute. Es wird daher oft vorkommen, daß sie durch die Regelung des Art. 28 die ihnen bei Begründung der Reallast zugedachte Wohltat nicht mehr erleben. Die Vorschrift des Art. 28 ist in hohem Maße unsozial. Ebenso wie das Gesetz im § 31 Abs. 2 dem Schuldner dadurch entgegenkommt, daß er zunächst nur abgestufte Jahresleistungen zu bewirken hat, wäre ein gleiches Maß von Wohlwollen auch dem Gläubiger gegenüber angebracht gewesen. Die Anrechnung hätte sich dann auf mehrere Jahre verteilen lassen, der Gläubiger wäre aber wenigstens — vielleicht für den Rest seines Lebens — im Genuß einer bescheidenen Jahreszahlung geblieben.

3 **Sofern die Beteiligten schon vor dem in Art. 28 bestimmten**

Zeitpunkte eine Anrechnung der aufgewerteten Ablösungssumme auf die Jahresleistungen, sei es in voller Höhe, sei es teilweise, vorgenommen haben, verkürzt sich entsprechend die Anrechnung auf die späteren Jahresleistungen.

Dritter Abschnitt.

Aufwertung von Industrieobligationen und verwandten Schuldverschreibungen.

Artikel 29.

Für die Aufwertung von Schuldverschreibungen der im § 33 des Gesetzes bezeichneten Art gelten die Vorschriften der Artikel 30 bis 56.

I. Ausgabetag.

Artikel 30.

(1) Schuldverschreibungen, auf denen ein vor dem 1. Januar 1918 liegender Tag als Ausstellungstag angegeben ist, gelten als am Ausstellungstag ausgegeben.

(2) Ist der Gegenwert von Schuldverschreibungen, auf denen ein vor dem 1. Januar 1918 liegender Tag als Ausstellungstag angegeben ist, ganz oder zum Teil dem Schuldner erst zu einem nach dem 31. Dezember 1917 liegenden Tage zur Verfügung gestellt worden, so kann der Schuldner die gemäß der Vierten Verordnung zur Durchführung der Verordnung über Goldbilanzen vom 28. August 1924 (Reichsgesetzbl. I S. 697) gebildete Spruchstelle zum Zwecke anderweitiger Feststellung des Ausgabetags anrufen. Die Anrufung ist nur bis zum 31. Januar 1926 zulässig.

(3) Die Spruchstelle hat den Ausgabetag unter entsprechender Anwendung der Vorschriften des Artikel 31 festzustellen. Sie kann, wenn der Gegenwert von Schuldverschreibungen teils vor dem 1. Januar 1918, teils später dem Schuldner zur Verfügung gestellt worden ist, verschiedene Ausgabetage feststellen; die Feststellung kann für jede der beiden Gruppen der Schuldverschreibungen nur einheitlich erfolgen. Der Schuldner hat die Feststellung der Spruchstelle binnen einer von ihr zu bestimmenden Frist im Deutschen Reichsanzeiger und in den Gesellschaftsblättern bekanntzumachen. Nach fruchtlosem Ablauf der Frist hat die Spruchstelle die Bekanntmachung auf Kosten des Schuldners zu bewirken.

1 **Nach § 2 Abs. 2, soll die Reichsregierung die näheren Bestimmungen über die Feststellung des Ausgabetages treffen. Dies ist durch Art. 30—32 geschehen.**

2 **Zu unterscheiden sind Schuldverschreibungen mit einem**
a) vor,
b) nach
dem 1. 1. 1918 angegebenen Ausstellungstage. Der Fall zu a) ist in Art. 30, zu b) in Art. 31 geregelt.

3 **Für alle Schuldverschreibungen, die einen vor dem 1. 1. 1918 liegenden Tag als Ausstellungstag angeben, gilt dieser Aus-**

stellungstag regelmäßig als Ausgabetag. Wenn jedoch dem Schuldner der Gegenwert ganz oder zum Teil erst nach dem 31. 12. 1917 zur Verfügung gestellt ist — es kommt also nicht darauf an, wann der Gläubiger den Gegenwert gezahlt hat, sondern darauf, wann der Schuldner ihn erhalten hat oder doch über ihn verfügen durfte —, so kann der Schuldner einen anderen Ausgabetag durch die Spruchstelle (zu vgl. Anmerkung zu Art. 54) feststellen lassen. Die Anrufung der Spruchstelle ist befristet — bis zum 31. 1. 1926 —, d. h., da der 31. 1. 1926 ein Sonntag ist, bis zum 1. 2. 1926 einschließlich. Zuständig ist die bei dem K.G. gebildete Spruchstelle (Art. 55 Abs. 3). Die Anrufung der Spruchstelle ist öffentlich bekannt zu machen. Jeder Gläubiger kann sich der Anrufung anschließen, Art. 56. Die Spruchstelle kann

a) einen einheitlichen Ausgabetag für die gesamten Schuldverschreibungen feststellen. Die Vorschriften des Art. 31 über die Durchschnittsberechnung sind gegebenenfalls maßgebend;

b) für diejenigen Schuldverschreibungen, deren Gegenwert dem Schuldner schon vor dem 1. 1. 1918 zur Verfügung gestellt ist, den Ausstellungstag als Ausgabetag (also einen vor dem 1. 1. 1918 liegenden Tag) und für die übrigen Schuldverschreibungen einen einheitlichen Ausgabetag, auch hier gegebenenfalls nach Maßgabe der Durchschnittsberechnung des Art. 31, feststellen. Mehr als 2 Ausgabetage können also nicht festgesetzt werden. Die Festsetzung von 2 Ausgabetagen wird sich dann empfehlen, wenn der Schuldner über den Gegenwert zu einem erheblichen Teil schon vor dem 1. 1. 1918 verfügen konnte. Die Feststellung der Spruchstelle ist öffentlich bekannt zu machen, entweder von dem Schuldner oder, falls er die ihm hierzu gesetzte Frist verstreichen läßt, von der Spruchstelle auf Kosten des Schuldners.

Artikel 31.

(1) Für Schuldverschreibungen, auf denen ein nach dem 31. Dezember 1917 liegender Tag als Ausstellungstag angegeben ist, hat der Schuldner den Ausgabetag festzustellen.

(2) Als Ausgabetag ist festzustellen:

1. falls die Schuldverschreibungen von einer Bank oder einem Bankenkonsortium für eigene Rechnung übernommen worden sind und der gesamte Gegenwert dem Schuldner zu demselben Tage einmalig zur Verfügung gestellt worden ist, dieser Tag,
2. falls die Schuldverschreibungen zur allgemeinen Zeichnung unter Festsetzung einer Zeichnungsfrist aufgelegt und sämtlich innerhalb dieser Frist abgesetzt worden sind, der letzte Tag der Zeichnungsfrist,
3. falls die Schuldverschreibungen
   a) von einer Bank oder einem Bankenkonsortium für eigene Rechnung übernommen worden sind und der Gegenwert dem Schuldner zu verschiedenen Tagen zur Verfügung gestellt worden ist,
   b) durch eine Bank oder ein Bankenkonsortium für Rechnung des Schuldners abgesetzt worden sind,

c) zur allgemeinen Zeichnung unter Festsetzung einer Zeichnungsfrist aufgelegt und zum Teil nach Ablauf der Zeichnungsfrist abgesetzt worden sind,

d) zur allgemeinen Zeichnung unter Festsetzung verschiedener Zeichnungsfristen aufgelegt worden sind,

e) ohne Vermittlung von Banken und ohne Festsetzung einer Zeichnungsfrist zur Zeichnung aufgelegt worden sind,

der früheste Tag, für den der Goldmarkwert der Schuldverschreibungen, der sich bei durchschnittlicher Berechnung ergibt, in der Anlage zum Gesetz als Umrechnungsverhältnis bestimmt ist. Ist der ermittelte Goldmarkwert als Umrechnungsverhältnis in der Anlage zum Gesetze nicht vorgesehen, so ist das ihm am nächsten kommende Umrechnungsverhältnis, bei zwei gleich nahestehenden das für die Gläubiger günstigere Umrechnungsverhältnis, maßgebend. Der durchschnittliche Goldmarkwert der Schuldverschreibungen wird in der Weise berechnet, daß die dem Schuldner zur Verfügung gestellten Beträge in Goldmark umgerechnet und der Gesamtbetrag durch die Zahl der ausgegebenen Schuldverschreibungen geteilt wird; die Umrechnung erfolgt nach Maßgabe des Umrechnungsverhältnisses, das in der Anlage zum Gesetze für den Tag bestimmt ist, zu dem der Betrag dem Schuldner zur Verfügung gestellt ist, oder, falls ein Umrechnungsverhältnis für diesen Tag nicht bestimmt ist, nach Maßgabe des letzten vorhergehenden Umrechnungsverhältnisses; bei der Teilung des so errechneten Gesamtbetrags durch die Zahl der ausgegebenen Schuldverschreibungen ist eine Schuldverschreibung, die auf ein Vielfaches des Betrags der auf den niedrigsten Betrag ausgestellten Schuldverschreibung lautet, mit dem entsprechend Vielfachen anzusetzen.

(3) In andern als den im Abs. 2 bezeichneten Fällen ist der Ausgabetag unter entsprechender Anwendung der Grundsätze des Abs. 2 festzustellen.

(4) Der Schuldner hat den festgestellten Ausgabetag unter Angabe der seiner Berechnung zugrunde liegenden Tatsachen bis zum 28. Februar 1926 im Deutschen Reichsanzeiger und in den Gesellschaftsblättern bekanntzumachen. Die Bekanntmachung hat eine Angabe über den gesamten Marknennbetrag der zur Zeit der Veröffentlichung im Umlauf befindlichen Schuldverschreibungen zu enthalten; als im Umlauf befindlich gelten auch ausgeloste oder gekündigte Schuldverschreibungen, sofern bei ihnen die Voraussetzungen vorliegen, unter denen eine Aufwertung nach § 35 des Gesetzes stattfindet.

(5) Bis zum Ablauf von drei Monaten seit der Bekanntmachung im Deutschen Reichsanzeiger können Gläubiger, die mindestens 5 vom Hundert des gesamten Marknennbetrags der im Umlauf befindlichen Schuldverschreibungen besitzen, die Spruchstelle (Artikel 30) zum Zwecke anderweitiger Feststellung des Ausgabetags anrufen. Erfolgt die Bekanntmachung des Ausgabetags nicht rechtzeitig oder unterläßt der Schuldner die nach Abs. 4 erforderlichen Angaben, so kann jeder Gläu-

biger die Spruchstelle anrufen. Die Anrufung ist nur bis zum 30. April 1926 zulässig. Die Spruchstelle hat den Ausgabetag nach Maßgabe der Abs. 2, 3 festzustellen. Die Vorschriften des Artikel 30 Abs. 3 Satz 3, 4 finden entsprechende Anwendung.

1 **Hier handelt es sich um Schuldverschreibungen, die einen nach dem 31. 12. 1917 liegenden Tag als Ausstellungstag angeben. Die Feststellung des Ausgabetages erfolgt zunächst durch den Schuldner. Abs. 2 enthält die näheren Bestimmungen. Für die Ziffer 3 ist eine Durchschnittsberechnung vorgeschrieben. Z. B.:**

1 Million Schuldverschreibungen werden ausgelegt, und zwar:

100 Stück zu je 1000 ℳ,
200 „ „ „ 2000 ℳ,
100 „ „ „ 5000 ℳ.

Der Schuldner kann über den Gegenwert verfügen:

	in der Zeit vom	über	Goldmarkwert
a)	1.—10. 3. 1921	100 000 ℳ	7 010
b)	1.—10. 5. 1921	400 000 ℳ	27 080
c)	1.—10. 7. 1921	500 000 ℳ	31 700
		1 000 000 ℳ	65 790

Der Gesamtbetrag von 65 790 Goldmark wird geteilt durch die Zahl der ausgegebenen Schuldverschreibungen, und zwar sind die Schuldverschreibungen über 2000 ℳ mit dem doppelten, diejenigen über 5000 ℳ mit dem 5fachen Betrage der Stücke anzusetzen. Man erhält dann (100 + 400 + 500 =) 1000 Stück. Für ein Stück — 1000 ℳ — ergibt sich daher ein Wert von 65,790 Goldmark, für 100 ℳ also ein Wert von 6,579 Goldmark. Die nächste Umrechnungszahl ist 6,61 für die Zeit vom. 1.—10. 6. 1921. Der 1. 6. 1921 ist daher als Ausgabetag festzustellen.

2 **Der Schuldner hat den festgestellten Ausgabetag bis zum 28. 2. 1926, d. h., da der 28. 2. 1926 ein Sonntag ist, bis zum 1. 3. 1926 öffentlich bekanntzumachen; er muß hierbei auch die Tatsachen angeben, die seiner Berechnung zugrunde liegen, so daß sich eine Nachprüfung des Ausgabetages ermöglicht. Ist die Bekanntmachung ordnungsmäßig erfolgt, so kann die Spruchstelle (Art. 30) nur angerufen werden:**

a) von Gläubigern, die mindestens 5% des gesamten Marknennbetrages der im Umlauf befindlichen Schuldverschreibungen besitzen. Wenn daher in dem zu 1. angegebenen Beispiel sämtliche Schuldverschreibungen im Umlauf sind, ist ein Betrag von 5% von 1 Million = 50 000 ℳ erforderlich;

b) bis zum Ablauf von 3 Monaten seit der Bekanntmachung im Deutschen Reichsanzeiger.

Ist die Bekanntmachung nicht in Ordnung oder nicht rechtzeitig (d. h. auch überhaupt nicht) erfolgt, so kann jeder Gläubiger die Spruchstelle anrufen, aber nur bis zum 30. 4. 1926.

Wegen der Bekanntmachung der Anrufung, wegen der Anschließung jedes Gläubigers und des Schuldners zu vgl. Art. 56.

3 **Hat die Spruchstelle den Ausgabetag festzustellen, so sind hierfür die Vorschriften von Abs. 2 und 3 maßgebend. Die Feststellung ist, wie in Art. 30, öffentlich bekanntzumachen.**

Artikel 32.

(1) Hat der Gläubiger oder in den Fällen des § 3 Abs. 1 Ziffer 2 bis 11 des Gesetzes sein Rechtsvorgänger die Schuldverschreibung auf Grund eines Umtauschangebots des Schuldners Zug um Zug in Umtausch gegen eine andere Schuldverschreibung (§ 33 des Gesetzes) desselben Schuldners erhalten, so gilt, sofern dies für den Gläubiger günstiger ist, für die vom Gläubiger in Umtausch erhaltene Schuldverschreibung der Ausgabetag der von ihm in Umtausch gegebenen Schuldverschreibung; dabei ist der Berechnung des Goldmarkbetrags der Nennbetrag der vom Gläubiger in Umtausch gegebenen Schuldverschreibung zugrunde zu legen.

(2) Darüber, ob die Voraussetzungen des Abs. 1 vorliegen, entscheidet im Streitfall die Aufwertungsstelle.

1 **Sind Schuldverschreibungen Zug um Zug gegen andere Schuldverschreibungen desselben Schuldners umgetauscht worden, und zwar auf Wunsch („Umtauschangebot") des Schuldners, so gilt als Ausgabetag für die von dem Schuldner in Tausch gegebenen Schuldverschreibungen der Ausgabetag der von dem Gläubiger hingegebenen Schuldverschreibungen, wenn dies für den Gläubiger günstiger ist. Bei einem Streit darüber, ob die Voraussetzungen des Abs. 1 vorliegen, entscheidet die Aufwertungsstelle hierüber. Die Aufwertungsstelle wird daher insbesondere zu entscheiden haben:**

a) wenn der Schuldner bestreitet, daß ein Fall des § 3 Ziff. 2—11 gegeben sei;

b) wenn der Schuldner das Umtauschangebot bestreitet; so kann er geltend machen, daß die Bank, die zum Umtausch aufgefordert hat, zu seiner Vertretung nicht berechtigt gewesen sei.

Die Aufwertungsstelle hat dies dann aufzuklären;

c) wenn der Schuldner bestreitet, daß der Ausgabetag der früheren Schuldverschreibungen günstiger sei. Der Aufwertungsstelle liegt daher in diesem Falle auch die Feststellung des Ausgabetages ob, wenn die Spruchstelle nicht mehr angerufen werden kann (Art. 30, 31). Ist dagegen die Zuständigkeit der Spruchstelle noch gegeben, so wird die Aufwertungsstelle den Beteiligten aufzugeben haben, deren Entscheidung einzuholen, und bis zur Entscheidung der Spruchstelle das vor der Aufwertungsstelle schwebende Verfahren aussetzen.

2 **Die Vorschriften über das Genußrecht, §§ 37 ff., werden durch Art. 32 nicht berührt.**

II. Bestimmung des Nennbetrags der aufgewerteten Schuldverschreibung

Artikel 33.

(1) Die Höhe der Geldsumme, die auf Grund eines aufgewerteten Anspruchs aus einer Schuldverschreibung zu zahlen ist, wird in der Weise bestimmt, daß eine Goldmark des Aufwertungsbetrags einer Reichsmark gleichgesetzt wird.

(2) Entsprechendes gilt für eine nach den §§ 4 bis 30 des Gesetzes aufgewertete Hypothek sowie für ein nach § 32 aufgewertetes Schiffspfandrecht, wenn die Hypothek oder das Schiffspfandrecht für den Anspruch aus einer solchen Schuldverschreibung bestellt ist. Bei der Ein-

tragung der Aufwertung im Grundbuch, Schiffsregister oder Bahngrundbuch ist der Aufwertungsbetrag in Reichsmark einzutragen; Artikel 25 findet Anwendung. Die Vorschrift des Artikel 9 bleibt unberührt.

Abweichend von Art. 1 ist der Aufwertungsbetrag in den Fällen des Art. 33 nicht in Goldmark, sondern in Reichsmark zu bestimmen, auch bei Hypotheken und Schiffspfandrechten, die für den Anspruch aus einer Schuldverschreibung bestellt sind. Eintragungen in das Grundbuch und — obgleich nicht besonders noch in bezug genommen — auch in das Schiffsregister (gemäß Art. 27) sind gegebenenfalls nach Maßgabe des Art. 25 zu berichtigen. Dagegen ist die Befugnis aus § 7 stets in Goldmark einzutragen (Art 9).

Artikel 34.

(1) Der Schuldner hat den dem Aufwertungsbetrag entsprechenden Reichsmarkbetrag als Nennbetrag auf den Urkunden durch Stempelaufdruck zu vermerken oder neue Urkunden über den Nennbetrag auszustellen.

(2) Um neue Urkunden nach Abs. 1 in den Verkehr zu bringen, bedarf es nicht der staatlichen Genehmigung.

1 **Der Schuldner hat die Wahl, ob er**

a) **die alten Schuldverschreibungen auf den Aufwertungsbetrag in Reichsmark abstempeln oder**

b) **für die alten Schuldverschreibungen neue ausgeben will, die dann über den Aufwertungsbetrag in Reichsmark lauten. Für diese neuen Schuldverschreibungen gilt die staatliche Genehmigung des § 795 BGB. ein für allemal als erteilt. Wegen der Befreiung von der Wertpapiersteuer zu vgl. Art. 131.**

2 **Der Nennbetrag für derartige umgestempelten oder neuen Schuldverschreibungen ist nunmehr der in Reichsmark ausgedrückte Aufwertungsbetrag.**

III. Rückzahlung, Verzinsung, Tilgung.

1. Rückzahlung.

Artikel 35.

Ergibt sich als Nennbetrag einer Schuldverschreibung ein nicht auf zehn Reichsmark oder ein Vielfaches von fünf oder zehn Reichsmark lautender Betrag, so ist der Schuldner berechtigt, den Nennbetrag entsprechend zu erhöhen oder den Spitzenbetrag in bar zum Nennbetrag abzulösen. Die Erhöhung oder Ablösung kann nur einheitlich mit Wirkung für alle Gläubiger erfolgen.

1 **Die Vorschriften über Rückzahlung: Art. 35—37, Verzinsung: Art. 38—39 und über Tilgung: Art. 40, beruhen auf der Ermächtigung, die im § 36 der Reichsregierung erteilt ist.**

2 **Erreicht der Aufwertungsbetrag — der neue Nennbetrag — der Schuldverschreibung nicht die Höhe von mindestens 10 Reichsmark oder ist er in einem sonstigen Falle nicht durch 5 teilbar, so hat der Schuldner die Wahl, ob er:**

a) den Nennbetrag der Schuldverschreibung auf 10 Reichsmark oder in dem anderen Falle auf ein Vielfaches von fünf erhöhen will; oder

b) den 10 Reichsmark nicht erreichenden Nennbetrag oder — in dem anderen Falle — den überschießenden Betrag bar ablösen will. Z. B.: Die Schuldverschreibung lautet nur noch über 7 Reichsmark. Entweder erhöht der Schuldner sie auf 10 Reichsmark oder er zahlt die 7 Reichsmark bar zurück. Die Schuldverschreibung lautet auf 26,50 Reichsmark. Entweder erhöht der Schuldner sie auf 30 Reichsmark oder er zahlt 1,50 Reichsmark bar zurück.

Die Erhöhung oder Ablösung muß gegenüber allen Gläubigern derselben Emission einheitlich erfolgen.

3 Im übrigen gelten die Vorschriften des § 25.

Artikel 36.

(1) Findet nach den Ausgabebedingungen von Zeit zu Zeit eine Rückzahlung von Teilbeträgen der Anleihe statt, insbesondere auf Grund einer Auslosung, so kann die Feststellung der zurückzuzahlenden Schuldverschreibungen, soweit sie bis zum 31. Dezember 1931 zu erfolgen hat, einheitlich, und zwar im Laufe des Jahres 1931, erfolgen.

(2) Einer Auslosung bedarf es nicht, wenn die Auslosungen nach dem Auslosungsplane sämtlich vor dem 1. Januar 1932 zu erfolgen haben.

1 Grundsätzlich ist der Aufwertungsbetrag — der neue Nennbetrag — vor dem 1. 1. 1932 nicht fällig, § 25. Müßten daher nach den Ausgabebedingungen schon vorher Schuldverschreibungen ausgelost werden, so können diese Auslosungen erst im Laufe des Jahres 1931 stattfinden, soweit sie bis zum 31. 12. 1931 sonst zu erfolgen hätten. Z. B.: Im Jahre 1914 sind Schuldverschreibungen in Höhe von 1 Million Mark ausgegeben worden. Vom 2. 1. 1915 ab sollen nach den Ausgabebedingungen jährlich 50 000 ℳ ausgelost werden. Die Auslosungen sind regelmäßig erfolgt, die letzte Auslosung hat stattgefunden am 2. 1. 1922. Dann sind — bei 8 Auslosungen — 400 000 ℳ ausgelost, 600 000 ℳ noch nicht. Bis zum 31. 12. 1931 sollten weitere 9 Auslosungen erfolgen; diese können dann im Laufe des Jahres 1931 stattfinden, und zwar über je 15% von 50 000 ℳ = 7500 Reichsmark, insgesamt (9·7500 =) 67 500 Reichsmark. Die letzten 3 Auslosungen erfolgen am 2. Januar der Jahre 1932, 1933 und 1934.

2 Müßten die Auslosungen nach dem Auslosungsplane schon vor dem 1. 1. 1932 erfolgen, so bedarf es einer Auslosung nicht mehr, da dann die ganze Emission zum 1. 1. 1932 ohnehin fällig ist.

Artikel 37.

(1) Der Schuldner kann die Spruchstelle (Artikel 30) mit dem Antrag anrufen, ihm die Barablösung der Anleihe unter Einhaltung einer dreimonatigen Kündigungsfrist zu gestatten. Die Spruchstelle hat als Ablösungsbetrag den Barwert des Aufwertungsbetrags und der nach Artikel 38 zu zahlenden Zinsen zu bestimmen. Bei der Berechnung des Barwerts wird als Zinsfuß bis zur anderweiten Regelung durch die Reichsregierung der Satz von 9 vom Hundert zugrunde gelegt. Als

Fälligkeitstag des Aufwertungsbetrags gilt bei der Berechnung der 1. Januar 1932; endet die Tilgung der Schuldverschreibungen nach den Ausgabebedingungen erst nach dem 1. Januar 1932 oder ist der Schuldner nach den Ausgabebedingungen berechtigt, die Schuldverschreibungen erstmalig an einem nach dem 1. Januar 1932 liegenden Tage zur Rückzahlung zu bringen, so wird der der Berechnung des Barwerts zugrunde zu legende Tag von der Spruchstelle festgesetzt. Für die am 1. Januar 1932 fällig werdenden Ansprüche ist der sich hiernach ergebende Barwert in der Anlage II festgestellt.

(2) Durch die Barablösung wird das Genußrecht nicht berührt.

(3) Die Vorschriften der §§ 26, 27 des Gesetzes finden keine Anwendung.

1 Der Schuldner, der die Anleihe vor dem 1. 1. 1932 zurückzahlen will, kann

a) nach § 25 Abs. 2 verfahren. Er kann nach dreimonatiger Kündigung den vollen Aufwertungsbetrag — den jetzigen Nennwert — nebst den aufgelaufenen Zinsen zahlen. Den Vorteil der Zwischenzinsen, wie dies für Hypotheken und gleichartige Rechte im Art. 21 bestimmt ist, hat er dann nicht; oder

b) die Spruchstelle gemäß Art. 37 anrufen mit dem Antrage, ihm die Barablösung der Anleihe unter Bestimmung des Barwertes zu gestatten. Eine dreimonatige Kündigungsfrist ist auch hier vorgeschrieben. Die Spruchstelle setzt den Barwert unter Berücksichtigung der Zwischenzinsen gemäß Anlage II fest. Da in Art. 38 Abs. 2 die Zinsen anders geregelt sind, weicht die Anlage II von Anlage I ab.

2 Die Zwischenzinsen hat nach Art. 37 also die Spruchstelle (nach Art. 21 für Hypotheken und gleichartige Rechte die Aufwertungsstelle) zu berechnen.

2. Verzinsung.

Artikel 38.

(1) Der Anspruch aus der Schuldverschreibung ist bis zum 1. Januar 1925 unverzinslich. Rückständige Zinsen gelten als erlassen. Der Zinssatz beträgt vom 1. Januar 1925 ab 2 vom Hundert, vom 1. Januar 1926 ab 3 vom Hundert und vom 1. Januar 1928 ab 5 vom Hundert.

(2) Die Zinsen für das Jahr 1925 sind am 2. Januar 1926, die Zinsen für die späteren Jahre am 1. Juli für das laufende Kalenderjahr zu zahlen, jedoch braucht die Zahlung nicht vor Ablauf eines Monats, nachdem die Feststellung des Ausgabetags endgültig geworden ist, zu erfolgen. Sind Zinsscheine mit andern Fälligkeitsterminen ausgegeben, so bedarf es einer Ausgabe neuer Zinsscheine an ihrer Stelle nicht; die Zahlung der Zinsen erfolgt in diesem Falle auf die für den letzten Teil des Kalenderjahrs fälligen Zinsscheine.

(3) Die Vorschriften des § 28 Abs. 1 Satz 3, 4 Abs. 2 des Gesetzes finden keine Anwendung.

Die Zinspflicht ist abweichend von § 28 geregelt. Die Zinsen brauchen erst einen Monat nach der Feststellung des Ausgabetages, die im Falle des Art. 30 nicht vor dem 31. 1. 1926 erfolgen wird,

gezahlt zu werden. Die dann — nach Abs. 1 — rückständigen Zinsen sind nachzuzahlen. Die Zinspflicht beginnt daher nicht erst mit der Feststellung des Ausgabetages.

Artikel 39.

Beträgt der Nennbetrag einer Schuldverschreibung weniger als zwanzig Reichsmark, so sind die Zinsen zuzüglich Zinseszinsen erst bei Fälligkeit des Kapitals zu zahlen; als Zinsfuß für die Berechnung der Zinseszinsen wird der jeweilige Reichsbankdiskontsatz zugrunde gelegt. Gläubiger, welche Schuldverschreibungen dieser Art im Gesamtnennbetrage von zwanzig Reichsmark und darüber besitzen, können die Zahlung laufender Zinsen verlangen, wenn und solange sie ihre Schuldverschreibungen beim Schuldner oder der von ihm bezeichneten Stelle hinterlegen.

Zwergbeträge von Zinsen sind zur Ersparung von Arbeit und Kosten erst bei Fälligkeit des Kapitals zu zahlen. Durch Zukauf von Schuldverschreibungen können sich jene Gläubiger die Zahlung laufender Zinsen verschaffen, wenn sie dann Schuldverschreibungen von mindestens 20 Reichsmark besitzen.

3. Tilgung.

Artikel 40.

Die Rückzahlung von Teilbeträgen einer Anleihe auf Grund einer Auslosung gilt als Tilgung im Sinne des § 29 des Gesetzes.

Die Auslosung ist der Tilgung im Sinne des § 29 nicht gleichgestellt. Während nach § 29 Tilgungsbeträge bis zum 1. 1. 1926 überhaupt nicht gezahlt zu werden brauchen, sind die bis zum 1. 1. 1926 auszulosenden, noch nicht gezahlten Beträge doch noch zu bezahlen, wenn auch gemäß Art. 36 nicht früher als am 1. 1. 1932. Nach § 29 kann ferner die Aufwertungsstelle den vereinbarten Tilgungssatz erhöhen. Eine verstärkte Auslosung kann dagegen nicht verlangt werden.

IV. Aufwertung ausgeloster oder gekündigter Schuldverschreibungen, die sich im Besitz einer Bank befinden.

Artikel 41.

Ansprüche auf Herausgabe von ausgelosten oder gekündigten Schuldverschreibungen im Sinne des § 33 des Gesetzes, die darauf gestützt werden, daß die Schuldverschreibungen bei einer Bank zur Einlösung eingereicht sind und daß sie sich noch im Besitze der Bank befinden (§ 35 Abs. 3 des Gesetzes), sind bei der Stelle, bei der sie eingereicht sind, anzumelden. Einer Anmeldung bedarf es nicht, wenn der Anspruch auf Herausgabe bereits anerkannt ist.

Artikel 42.

In der Verordnung vom 10. August 1925 in der Fassung der Verordnung vom 29. September 1925 (Reichsgesetzbl. I S. 187, 383) ist für die Anmeldung eine Frist bis zum 30. November 1925 bestimmt worden. Hat der Gläubiger seinen Wohnsitz oder gewöhnlichen Aufenthalt außerhalb Europas, so kann die Anmeldung bis zum 28. Februar 1926 erfolgen.

Artikel 43.

Die Anmeldung soll die erforderlichen Angaben, insbesondere Namen, Wohnort und Wohnung des Einreichenden, den Zeitpunkt der Einreichung, die Bezeichnung der Schuldverschreibungen nach Zahl der Stücke, Nennwert, Schuldner, Ausgabejahr, Zinssatz, Serie und Nummer, und wenn der Anmeldende nicht der Einreichende gewesen ist, auch Angaben über die Berechtigung des Anmeldenden zur Geltendmachung des Anspruchs enthalten. Die erforderlichen Beweisstücke (Quittungen, Nummernverzeichnisse usw.) sollen beigefügt oder bezeichnet werden.

Artikel 44.

War die Stelle, bei der die Einreichung stattgefunden hat, nicht eine vom Schuldner bezeichnete Einlösungsstelle und hatte sie die Schuldverschreibung unmittelbar oder mittelbar zur Einlösung weitergereicht, so hat sie die Anmeldung unverzüglich an die Einlösungsstelle weiterzugeben. Die gleiche Verpflichtung liegt den etwa sonst noch an der Vermittlung der Einlösung beteiligten Stellen ob.

Artikel 45.

(1) Die Bank hat die angemeldeten Ansprüche auf Grund der eineingereichten und der sonst bei ihr vorhandenen Unterlagen zu prüfen und im Falle ihrer Anerkennung die Schuldverschreibungen an den Anmeldenden gegen Vergütung des Goldwerts (§ 2 des Gesetzes) eines etwa ausgezahlten Einlösungsbetrags herauszugeben. Liegen die Schuldverschreibungen im Depot des Schuldners, so ist die Herausgabe nur mit seiner Zustimmung zulässig. Ist die Schuldverschreibung vor dem 1. Juni 1925 an den Schuldner abgeliefert worden oder erscheint der Anspruch aus einem anderen Grunde nicht begründet, so ist dies dem Anmeldenden unverzüglich mitzuteilen; diesem bleibt es überlassen, seine Rechte im Klagewege geltend zu machen.

(2) Bereits entwertete Schuldverschreibungen sind vor der Herausgabe durch den Schuldner oder einen Beauftragten des Schuldners mit einem mit Unterschrift versehenen Vermerke des Inhalts zu versehen, daß die Rechte aus der Schuldverschreibung trotz der Entwertung nach Maßgabe des Gesetzes ausgeübt werden können; die Unterschrift kann im Wege der mechanischen Vervielfältigung hergestellt werden. Der Schuldner ist berechtigt, an Stelle der mit dem Vermerke zu versehenden Stücke Ersatzstücke zu liefern.

Artikel 46.

Hat die Bank die Schuldverschreibung seit dem 1. Juni 1925 an den Schuldner abgeliefert, so ist sie vom Schuldner unverzüglich an die Bank zurückzugeben; vor der Rückgabe ist sie im Falle der Entwertung mit dem im Artikel 45 Abs. 2 bezeichneten Vermerke zu versehen. Für vernichtete Schuldverschreibungen sind Ersatzstücke zu liefern.

Artikel 47.

(1) Schuldverschreibungen, aus denen Ansprüche gemäß Artikel 41 nicht bis zum 30. November 1925 angemeldet sind, dürfen an den Anmeldenden nicht herausgegeben werden. Das gleiche gilt für Schuldverschreibungen, aus denen solche Ansprüche zwar rechtzeitig angemeldet, aber von der Bank nicht anerkannt worden sind und auf deren Anerkennung oder Herausgabe auch nicht bis zum 31. Januar 1926 Klage erhoben worden ist; hat der Gläubiger seinen Wohnsitz oder gewöhnlichen Aufenthalt außerhalb Europas, so kann die Klageerhebung bis zum 30 April 1926 erfolgen.

(2) In den Fällen des Abs. 1 sind die Schuldverschreibungen unverzüglich nach dem 31. Januar 1926 an den Schuldner zur Vernichtung abzuliefern.

Artikel 48.

Den Banken stehen im Sinne der Artikel 41 bis 47 Bankiers und andere Unternehmungen, die die Aufbewahrung und Verwaltung fremder Wertpapiere gewerbs- oder geschäftsmäßig betreiben, gleich.

Zu Art. 41—48:

1 **Art. 41 ff. entsprechen im wesentlichen der V.O. vom 10. 8. und 29. 9. 1925 (RGBl. S. 187, 383).**

2 **Den Anspruch auf Herausgabe von ausgelosten oder gekündigten Schuldverschreibungen, die bei einer Bank zur Einlösung eingereicht sind, sich aber noch im Besitz der Bank befinden, dem Schuldner daher nicht ausgehändigt worden sind, wahrt der Gläubiger nur dadurch, daß er ihn bei dieser Bank bis zum 30. 11. 1925, gegebenenfalls (insbesondere bei ausländischem Wohnsitz) bis zum 28. 2. 1926 anmeldet. Die Anmeldung ist nicht erforderlich, wenn der Herausgabeanspruch bereits anerkannt ist. Über die Form der Anmeldung bestimmt Näheres Art. 43, der indes nur eine Sollvorschrift ist. Auch wenn die Anmeldung daher nicht völlig dem Art. 43 entspricht, ist sie deshalb noch nicht unwirksam. Freilich muß sich feststellen lassen, auf welche Schuldverschreibungen sich der Herausgabeanspruch bezieht.**

3 **Ist die erforderliche Anmeldung nicht rechtzeitig erfolgt, so verliert der Gläubiger jeglichen Anspruch aus der Schuldverschreibung.**

4 **Ist die Anmeldung rechtzeitig erfolgt, erkennt indes die Bank den Anspruch nicht an, so muß der Gläubiger bis zum 31. 1. 1926, gegebenenfalls (insbesondere bei ausländischem Wohnsitz) bis zum 30. 4. 1926 die Klage erheben. Erfolgt die Klageerhebung nicht rechtzeitig, so verliert der Gläubiger ebenfalls jeglichen Anspruch aus der Schuldverschreibung.**

5 **Zu Art. 45 zu vgl. § 35 A. 4. Erkennt die Bank den Herausgabeanspruch zwar an, liefert indes die Stücke dem Gläubiger nicht — z. B. weil sich dieser zu einer Zahlung des Einlösungsbetrages (Art. 45) nicht für verpflichtet hält, oder weil sie keine Ersatzstücke erlangen kann —, so bleibt dem Gläubiger nur der Klageweg offen. Eine Ausschlußfrist für diese Klage ist indes nicht gesetzt. Art. 47 bezieht sich auf eine solche Klage nicht, da dort vorausgesetzt wird, daß die Bank die Ansprüche nicht anerkennt.**

V. Genußrecht.

Artikel 49.

Der Gläubiger kann behufs Glaubhaftmachung des Altbesitzes Versicherungen an Eides Statt vor einem Gericht oder vor einem Notar abgeben.

Ob die eidesstattliche Versicherung ausreicht, muß zunächst der Schuldner entscheiden. Hält er sie nicht für genügend, so kann der Gläubiger den Klageweg beschreiten. Das Gericht entscheidet dann, ob der Altbesitz des Gläubigers genügend dargetan ist.

Artikel 50.

(1) Sind Ansprüche gemäß Artikel 41 angemeldet worden, so tritt ein Verlust des Anspruchs auf Genußrechte unerachtet des Ablaufs der im § 39 Abs. 1 des Gesetzes vorgesehenen Fristen frühestens einen Monat nach Herausgabe der Schuldverschreibungen an den Anmeldenden und im Falle der Klageerhebung nach Artikel 45 Abs. 1, Artikel 47 frühestens einen Monat nach Rechtskraft der Entscheidung über den Klageanspruch ein.

(2) Hat der Gläubiger seinen Wohnsitz oder gewöhnlichen Aufenthalt außerhalb Europas, so tritt an die Stelle der im § 39 Abs. 1 Satz 1 des Gesetzes bezeichneten Frist von einem Monat eine solche von 4 Monaten.

Handelt es sich um Herausgabe der in Art. 41 genannten und rechtzeitig angemeldeten Schuldverschreibungen, so erlischt das Genußrecht, selbst wenn die Frist des § 39 Abs. 1, bereits verstrichen ist, frühestens einen Monat nach der Herausgabe, im Falle der Klageerhebung frühestens einen Monat nach der Rechtskraft der Entscheidung.

Artikel 51.

Der Nennwert des Genußrechts (§ 37 Abs. 1 Satz 2 des Gesetzes) ist auf Reichsmark zu stellen; dabei ist eine Goldmark einer Reichsmark gleichzusetzen.

Zu vgl. auch Art. 33.

Artikel 52.

Werden über die Nennbeträge der Schuldverschreibungen neue Urkunden ausgestellt (Artikel 34 Abs. 1), so bedarf es, falls über sie besondere Genußscheine ausgegeben sind oder gleichzeitig ausgegeben werden, weder eines Vermerkes über die Anerkennung als Altbesitz noch eines solchen über die Ausgabe der Genußscheine.

Artikel 53.

Auf Gewinnanteilscheine von Genußscheinen finden die Vorschriften des § 803 des Bürgerlichen Gesetzbuchs entsprechende Anwendung. Der Schuldner ist berechtigt, für Gewinnanteilscheine eines Geschäftsjahrs, für das der Gewinnbezug der Genußrechtsinhaber noch nicht festgestellt ist, einen unter Zugrundelegung des ursprünglichen Zinssatzes, höchstens jedoch eines Zinssatzes von 5 vom Hundert, berechneten Betrag zurückzubehalten. Der Inhaber des Gewinnanteilscheins kann jederzeit gegen Vorlegung des Gewinnanteilscheins die Zahlung des auf diesen in Abzug gebrachten Betrages verlangen.

§ 803 **BGB. legt den auf den Inhaber lautenden Zinsscheinen einer Schuldverschreibung regelmäßig eine selbständige Bedeutung bei, berechtigt dafür den Aussteller, bei Einlösung der Hauptschuldverschreibung für die nicht zurückgegebenen Zinsscheine einen Betrag zurückzubehalten. Ein Gleiches gilt nach Art. 53 für die Gewinnanteilscheine von Genußscheinen, gleichviel, ob sie auf den Inhaber oder an Order lauten (§ 43 Ziff. 1). Der Zinssatz ist dem § 40 Abs. 2 angepaßt.**

VI. Zuständigkeit, Zusammensetzung und Verfahren der Spruchstelle.

Artikel 54.

Für die nach § 41, § 43 Ziffer 2 des Gesetzes sowie nach den Artikeln 30, 31, 37 dieser Verordnung zuständige Spruchstelle gelten die Vorschriften der §§ 1 bis 7, 10 bis 14 der Vierten Verordnung zur Durchführung der Verordnung über Goldbilanzen vom 28. August 1924 (Reichsgesetzbl. I S. 697) unbeschadet der nachfolgenden Vorschriften entsprechend.

1 Der hauptsächliche Inhalt der in Bezug genommenen Vorschriften ist folgender: Die Spruchstellen werden in der Regel bei den Oberlandesgerichten gebildet, entscheiden in der Besetzung mit einem Richter als Vorsitzenden und 2 sachverständigen Beisitzern, die unter Berücksichtigung der nach den besonderen Umständen des Falles erforderlichen Sachkunde nach einer regelmäßig von dem Ob.L.G.-Präsidenten festgestellten Liste einberufen werden. Die Beisitzer führen ihr Amt als Ehrenamt und sind zur Geheimhaltung verpflichtet. Auf die Ausschließung eines Beisitzers vom Amt findet § 6 Abs. 1 F.G.G. entsprechende Anwendung. Sie sind auch dann von der Ausübung des Amtes ausgeschlossen, wenn sie zu den Beamten oder Arbeitnehmern eines Beteiligten oder zu den Mitgliedern des Aufsichtsrates einer beteiligten Gesellschaft gehören. Wegen Befangenheit können sie sich der Ausübung des Amtes enthalten, können auch wegen Besorgnis der Befangenheit abgelehnt werden. Über das Ablehnungsgesuch entscheidet die Spruchstelle unter Ausschluß der Beisitzer endgültig. Auf das Verfahren finden die Vorschriften des F.G.G. entsprechende Anwendung. Die Entscheidung der Spruchstelle ist mit Gründen zu versehen und den Beteiligten von Amts wegen zuzustellen. Eine Anfechtung der Entscheidung der Spruchstelle findet nicht statt, Schreibfehler und dergleichen (§ 319 Z.P.O.) sind jederzeit von Amts wegen zu berichtigen. Den Wert des Streitgegenstandes setzt die Spruchstelle nach freiem Ermessen fest.

2 Zuständige Spruchstelle in Preußen, zu vgl. AV. vom 9. 1. 1926 (JMBl. 1926, S. 12, abgedr. Anhang).

Artikel 55.

(1) Sind mehrere Anleihen eines Schuldners zum Handel an mehreren staatlich anerkannten Börsen zugelassen, so ist, wenn der Schuldner im Ortsgebiet einer dieser Börsen seinen Sitz hat, für sämtliche

Anleihen die Spruchstelle zuständig, in deren Bezirk diese Börse sich befindet. Andernfalls wird die zuständige Spruchstelle, und zwar einheitlich für sämtliche Anleihen, von der obersten Landesbehörde oder der von ihr bestimmten Stelle oder, wenn die Börsen verschiedener Länder in Betracht kommen, von dem Reichswirtschaftsminister bestimmt. Für die Abgrenzung des Ortsgebiets der Börsen sind die §§ 146, 147 der Ausführungsbestimmungen zum Kapitalverkehrsteuergesetze vom 27. November 1922 (Zentralblatt für das Deutsche Reich S. 1043) und die auf Grund dieser Vorschriften erlassenen Bestimmungen maßgebend.

(²) Die Vorschrift des Abs. 1 findet entsprechende Anwendung, wenn von mehreren Anleihen eines Schuldners nicht sämtliche zum Handel an einer staatlich anerkannten Börse zugelassen sind.

(³) Im Falle des Artikel 30 Abs. 2 ist die bei dem Kammergerichte gebildete Spruchstelle zuständig. Bei der Aufstellung der Liste (§ 4 der Vierten Verordnung zur Durchführung der Verordnung über Goldbilanzen) für das Kammergericht sind neben den Mitgliedern der Zulassungsstelle der Berliner Börse die Mitglieder der Zulassungsstellen der außerhalb Preußens gelegenen Börsen besonders zu berücksichtigen.

Zuständige Spruchstelle, zu vgl. für Preußen AV. vom 9. 1. 1926 (Art. 54 A. 2).

Artikel 56.

(¹) Die Anrufung der Spruchstelle ist von dieser einmal im Deutschen Reichsanzeiger öffentlich bekanntzumachen. Die Spruchstelle kann anordnen, daß die Bekanntmachung auch in anderen Blättern und zu mehreren Malen erfolge. Die Kosten der Bekanntmachung gelten als Kosten des Verfahrens.

(²) Im Falle der Anrufung der Spruchstelle gemäß Artikel 30 Abs. 2 kann sich jeder Gläubiger, im Falle der Anrufung gemäß Artikel 31 jeder Gläubiger sowie der Schuldner der Anrufung anschließen. Hat der Schuldner sich innerhalb der für die Anrufung vorgesehenen Frist der Anrufung angeschlossen, so wird er so angesehen, als habe er selbst die Spruchstelle angerufen.

Vierter Abschnitt.

Aufwertung von Pfandbriefen und verwandten Schuldverschreibungen.

1 Der vierte Abschnitt regelt die Aufwertung von Schuldverschreibungen (Pfandbriefen und anderen Schuldverschreibungen)

I. der Hypothekenbanken, Art. 57—92,

II. anderer privatrechtlicher Anstalten, Art. 93,

III. der öffentlich-rechtlichen Grundkredit- und Ablösungsanstalten, Art. 94.

Die Aufwertung zu I und II ist abschließend geregelt worden, zu III nur insoweit, als es sich um die im § 49 vorgesehenen Bestimmungen handelt. Die näheren Vorschriften im Sinne des § 50 hat die Reichsregierung, soweit die genannten öffentlich-rechtlichen Anstalten in Frage kommen, den obersten Landesbehörden über-

tragen. Preußen hat in dieser Hinsicht die erste V.O. vom 10.12 1925 (G.S. S. 169) erlassen.

2 Es handelt sich auch für den vierten Abschnitt nur um die Aufwertung von Ansprüchen auf Zahlung einer bestimmten in Mark oder einer anderen nicht mehr geltenden inländischen Währung ausgedrückten Geldsumme, § 1. Die Rechte der Gläubiger von wertbeständigen Schuldverschreibungen (insbesondere auf Zahlung einer bestimmten Menge von Roggen, Weizen oder Feingold) werden von ihm nicht betroffen, Gesetz über die Ausgabe wertbeständiger Schuldverschreibungen auf den Inhaber vom 23. 6. 1923 (RGBl. S. 407), über wertbeständige Hypotheken vom 23. 6. 1923 (RGBl. S. 407, insbesondere §§ 1, 2, 9).

3 Die Art. 57 ff. stimmen zum Teil überein mit der 3. Df.V.O. vom 15. 8. 1924 (RGBl. S. 682), hier bezeichnet mit 3. a. Df.V.O. Nicht aufgenommen ist die Vorschrift des § 24 3. a. Df.V.O. (ausschließliche Zuständigkeit, § 69, A. 5). Das Aufwertungsverfahren für die zur Teilungsmasse gehörigen Hypotheken findet daher bei den Aufwertungsstellen der belasteten Grundstücke statt.

I. Schuldverschreibungen der Hypothekenbanken.

Artikel 57.

Für die Aufwertung von Ansprüchen aus Pfandbriefen und andern Schuldverschreibungen der im § 47 des Gesetzes bezeichneten Art gelten, wenn sie von Hypothekenbanken im Sinne des Hypothekenbankgesetzes ausgegeben sind, die Vorschriften der Artikel 58 bis 92.

1 Nach dem Hypothekenbankgesetz vom 13. 7. 1899 (RGBl. S. 375), § 1, sind Hypothekenbanken Aktiengesellschaften und Kommanditgesellschaften auf Aktien, bei welchen der Gegenstand des Unternehmens in der hypothekarischen Beleihung von Grundstücken und der Ausgabe von Schuldverschreibungen auf Grund der erworbenen Hypotheken besteht. Das Hypothekenbankgesetz kennt drei Arten von Hypothekenbanken:

a) die gewöhnlichen, deren Betrieb im § 5 a. a. O. angegeben ist,

b) die gemischten, deren Betrieb am 1. 5. 1898 über den § 5 hinausging, § 46 a. a. O.,

c) die privilegierten des § 48 a. a. O.

Art. 57 bezieht sich auf Schuldverschreibungen aller dieser drei Arten.

1. Allgemeine Bestimmungen.

Artikel 58.

In die Teilungsmasse (§ 48 des Gesetzes) fließen

a) die Erträge aus den im § 48 Abs. 1 des Gesetzes bezeichneten Werten,

b) sämtliche zur Tilgung der Anlagen (§ 48 Abs. 1 Nr. 1, 2 des Gesetzes) eingehenden Leistungen,

c) die durch die Anlegung der Teilungsmasse gewonnenen Erträge.

Zur Teilungsmasse des § 48 gehören nach Art. 58 auch die Erträge, welche die Teilungsmasse abwirft, so auch § 3 der bis zum 15. 7. 1925 gültigen 3. a. Df.V.O.

Artikel 59.

(1) Die Teilungsmasse ist von der Hypothekenbank gesondert von ihrem sonstigen Vermögen zu verwalten. Geldbeträge sind bis zu ihrer Ausschüttung verzinslich anzulegen. Die Aufsichtsbehörde (§ 3 des Hypothekenbankgesetzes) kann eine anderweite Anlegung der Teilungsmasse gestatten.

(2) Während der Dauer des Verteilungsverfahrens finden die Vorschriften der §§ 6, 22, 23, 30, 31 und des § 37 Abs. 2 des Hypothekenbankgesetzes in Ansehung der aufgewerteten Pfandbriefe und anderen Schuldverschreibungen sowie der Teilungsmasse keine Anwendung.

(3) Während der Dauer des Verteilungsverfahrens finden Arreste und Zwangsvollstreckungen in die Teilungsmasse nicht statt. Ist über das Vermögen der Hypothekenbank Konkurs eröffnet, so findet in Ansehung der Befriedigung aus der Teilungsmasse § 35 Abs. 1 des Hypothekenbankgesetzes entsprechende Anwendung.

1 Zu vgl. § 4 der 3. a. Df.V.O.; Abs. 2 schließt auch § 23 Hypothekenbankgesetz aus.

2 Die Teilungsmasse bleibt im Vermögen und in der Verwaltung der Bank. Während der Dauer des Verteilungsverfahrens ist sie vor Arresten und Zwangsvollstreckungen geschützt. Ein Konkurs über das Vermögen der Bank ergreift auch die Teilungsmasse, es besteht indes für die Schuldverschreibungsgläubiger ein Konkursvorrecht an der Teilungsmasse, wie dies im § 35 Hypothekenbankgesetz für die Pfandbriefgläubiger bestimmt ist.

Artikel 60.

(1) Innerhalb des zweiten Monats eines jeden Kalenderhalbjahrs, erstmalig bis zum 30. April 1926, hat die Hypothekenbank den Gesamtgoldmarkbetrag der Pfandbriefe und anderen Schuldverschreibungen, welche nach dem Stande vom letzten Tage des vergangenen Kalenderhalbjahrs an der Verteilung teilnehmen, und den am letzten Tage des vergangenen Kalenderhalbjahrs vorhandenen Gesamtbestand der Teilungsmasse im Deutschen Reichsanzeiger und in den für die Veröffentlichung der Hypothekenbank bestimmten Blättern bekanntzumachen.

(2) Hypotheken, Grundschulden und Reallasten sind, soweit nicht ein anderer Aufwertungsbetrag durch Gesetz, rechtskräftige Entscheidung oder durch Vereinbarung festgesetzt ist, mit 25 vom Hundert des Goldmarkbetrags anzusetzen.

1 Diese Vorschrift will eine sichere Unterlage für die Bewertung der Pfandbriefe schaffen. In der Veröffentlichung ist anzugeben:
a) der Gesamtgoldmarkbetrag der Schuldverschreibungen, welche an der Verteilung teilnehmen;
b) der Gesamtbestand der Teilungsmasse.

Zu a) Aufzuführen sind die Schuldverschreibungen nach dem Stande vom letzten Tage des vergangenen Kalenderhalbjahres, bei der ersten Veröffentlichung vom 30. 4. 1926 also vom 31. 12. 1925, bei der zweiten Veröffentlichung im August 1926 vom 30. 6. 1926 u.s.f. Sind mehrere Teilungsmassen gebildet, so muß der Gesamtgoldmarkbetrag der an jeder Teilungsmasse teilnehmenden Schuldverschreibungen gesondert angegeben werden.

Zu b) Die Teilungsmasse ist zweckmäßig nach der Einteilung des § 48 und den Erträgen des Art. 58 näher zu bezeichnen. Der Stichtag für den Bestand ist derselbe wie zu a).

2 Die Banken werden sich vorhalten müssen, daß je klarer sie die im Art. 60 vorgeschriebenen Veröffentlichungen bewirken, um so größeres Vertrauen zu ihren Schuldverschreibungen herrschen wird, das sich im Geldverkehr schließlich auch zu ihren Gunsten äußern wird.

3 Zunächst sind die in Abs. 2 angegebenen Rechte auf 25% des Goldmarkbetrages anzusetzen. Wird der Aufwertungsbetrag inzwischen oder später rechtskräftig herabgesetzt (z. B. nach § 8), so ist dieser Betrag später maßgebend.

Artikel 61.

(1) Ansprüche auf Herausgabe von ausgelosten oder gekündigten Schuldverschreibungen im Sinne des § 47 des Gesetzes, die darauf gestützt werden, daß die Schuldverschreibungen bei einer Bank zur Einlösung eingereicht sind, und daß sie sich noch im Besitze der Bank befinden (§ 49 Abs. 3 des Gesetzes), sind bei der Stelle, bei der sie eingereicht sind, anzumelden. Einer Anmeldung bedarf es nicht, wenn der Anspruch auf Herausgabe bereits anerkannt ist.

(2) Die Anmeldung hat bis zum 30. April 1926 zu erfolgen; sie soll die erforderlichen Angaben, insbesondere Namen, Wohnort und Wohnung des Einreichenden, den Zeitpunkt der Einreichung, die Bezeichnung der Schuldverschreibungen nach Zahl der Stücke, Nennwert, Schuldner, Ausgabejahr, Zinssatz, Serie und Nummer, und wenn der Anmeldende nicht der Einreichende gewesen ist, auch Angaben über die Berechtigung des Anmeldenden zur Geltendmachung des Anspruchs enthalten. Die erforderlichen Beweisstücke (Quittungen, Nummernverzeichnisse usw.) sollen beigefügt oder bezeichnet werden.

(3) War die Stelle, bei der die Einreichung stattgefunden hat, nicht eine vom Schuldner bezeichnete Einlösungsstelle und hatte sie die Schuldverschreibung unmittelbar oder mittelbar zur Einlösung weitergereicht, so hat sie die Anmeldung unverzüglich an die Einlösungsstelle weiterzugeben. Die gleiche Verpflichtung liegt den etwa sonst noch an der Vermittlung der Einlösung beteiligten Stellen ob.

Artikel 62.

(1) Die Bank hat die angemeldeten Ansprüche auf Grund der eingereichten und der sonst bei ihr vorhandenen Unterlagen zu prüfen und im Falle ihrer Anerkennung die Schuldverschreibungen an den Anmeldenden gegen Vergütung des Goldwerts (§ 2 des Gesetzes) eines etwa ausgezahlten Einlösungsbetrags herauszugeben. Liegen die Schuldverschreibungen im Depot des Schuldners, so ist die Herausgabe nur mit seiner Zustimmung zulässig. Ist die Schuldverschreibung vor dem 1. Juni 1925 an den Schuldner abgeliefert worden oder erscheint der Anspruch aus einem andern Grunde nicht begründet, so ist dies dem Anmeldenden unverzüglich mitzuteilen; diesem bleibt es überlassen, seine Rechte im Klagewege geltend zu machen.

(2) Bereits entwertete Schuldverschreibungen sind vor der Herausgabe durch den Schuldner oder einen Beauftragten des Schuldners mit einem mit Unterschrift versehenen Vermerke des Inhalts zu versehen, daß die Rechte aus der Schuldverschreibung trotz der Entwertung nach Maßgabe des Gesetzes ausgeübt werden können; die Unterschrift kann im Wege der mechanischen Vervielfältigung hergestellt werden. Der Schuldner ist berechtigt, an Stelle der mit dem Vermerke zu versehenden Stücke Ersatzstücke zu liefern.

Artikel 63.

Hat die Bank die Schuldverschreibung seit dem 1. Juni 1925 an den Schuldner abgeliefert, so ist sie vom Schuldner unverzüglich an die Bank zurückzugeben; vor der Rückgabe ist sie im Falle der Entwertung mit dem im Artikel 62 Abs. 2 bezeichneten Vermerke zu versehen. Für vernichtete Schuldverschreibungen sind Ersatzstücke zu liefern.

Artikel 64.

(1) Schuldverschreibungen, aus denen Ansprüche gemäß Artikel 61 nicht bis zum 30. April 1926 angemeldet sind, dürfen an den Anmeldenden nicht herausgegeben werden; das gleiche gilt für Schuldverschreibungen, aus denen solche Ansprüche zwar rechtzeitig angemeldet, aber von der Bank nicht anerkannt worden sind und auf deren Anerkennung oder Herausgabe auch nicht bis zum 30. Juni 1926 Klage erhoben worden ist.

(2) In den Fällen des Abs. 1 sind die Schuldverschreibungen unverzüglich nach dem 30. Juni 1926 an den Schuldner zur Vernichtung abzuliefern.

Artikel 65.

Hat der Gläubiger seinen Wohnsitz oder gewöhnlichen Aufenthalt außerhalb Europas, so kann die Anmeldung bis zum 31. Juli 1926 und die Klageerhebung (Artikel 62 Abs. 1, Artikel 64) bis zum 30. September 1926 erfolgen.

Artikel 66.

Den Banken stehen im Sinne der Artikel 61 bis 65 Bankiers und andere Unternehmungen, die die Aufbewahrung und Verwaltung fremder Wertpapiere gewerbs- oder geschäftsmäßig betreiben, gleich.

Zu Artikel 61—66.

Diese Artikel sind den Artikeln 41, 43—47, 50 Abs. 2, 48 nachgebildet. Anmeldungsfrist bis zum 30. 4. 1926, Frist zur Erhebung der Klage bis zum 30. 6. 1926.

2. Pfandbriefe.

Artikel 67.

Soweit Tilgungshypotheken zur Teilungsmasse gehören, gelten die besonderen Vorschriften der Artikel 68 bis 70.

Für Tilgungshypotheken — zu vergleichen § 29 —, die gerade bei den Hypothekenbanken oft vorkommen, gelten die Vorschriften der Art. 67—70.

Artikel 68.

(1) Für die Berechnung des Aufwertungsbetrags bleiben die nach dem 31. Dezember 1922 angenommenen planmäßigen Tilgungsbeträge außer Betracht.

(2) Die in der Zeit vom 15. Juni 1922 bis zum 31. Dezember 1922 angenommenen planmäßigen Tilgungsbeträge werden in Höhe ihres Goldmarkbetrags auf den Aufwertungsbetrag angerechnet, auch wenn die im § 16 des Gesetzes vorgeschriebene Anmeldung nicht erfolgt ist.

1 **Art. 68 bezieht sich nur auf planmäßige Tilgungsbeträge. Soweit außerplanmäßige Tilgungen vorgekommen sind, gelten die sonstigen Vorschriften.**

2 **Zur Erleichterung der Abwicklung bleiben die nach dem 31. 12. 1922 angenommenen planmäßigen Tilgungsbeträge, deren Goldmarkwert ja nur verschwindend klein sein wird, außer Betracht; so schon § 63 a. Df.V.O.**

3 **Abs. 2 will die Banken von einer zeitraubenden, den Aufwertungsstellen unnötige Arbeit verursachenden Anmeldung nach § 16 befreien. Diese Vorschrift kommt freilich reichlich spät.**

Artikel 69.

(1) Auf Antrag der Hypothekenbank kann die Aufwertungsstelle, falls nicht die wirtschaftliche Lage des Eigentümers des belasteten Grundstücks oder des persönlichen Schuldners es untunlich erscheinen lassen, bestimmen,

a) daß die Tilgungshypothek unter Aufhebung des Tilgungsplans in eine durch bestimmte Zahlungen zu tilgende Hypothek umgewandelt wird,

b) daß die Tilgungshypothek in eine am 1. Januar 1932 fällige Hypothek umgewandelt wird, wenn der zu tilgende Restbetrag 500 Goldmark nicht übersteigt oder gegenüber der ursprünglichen Schuld verhältnismäßig geringfügig ist.

(2) Die Änderungen des Inhalts der Hypothek nach Maßgabe der Entscheidung der Aufwertungsstelle sind auf Antrag der Hypothekenbank oder des Eigentümers auf Kosten der Hypothekenbank in das Grundbuch einzutragen.

Artikel 70.

(1) Die Hypothekenbank ist nicht verpflichtet, vor dem 1. Januar 1928 Tilgungsbeträge einzufordern.

(2) Zugleich mit der ersten Tilgungsrate ist auf Verlangen der Hypothekenbank der Teil des Aufwertungsbetrags zu zahlen, der die letzten vollen 100 Goldmark des Aufwertungsbetrags übersteigt.

(3) In jedem Falle kann die Rückzahlung einer Tilgungshypothek unter Einhaltung einer Kündigungsfrist von einem Jahre spätestens zum 1. Januar 1938 verlangt werden. Auf Antrag der Hypothekenbank oder des Eigentümers ist die entsprechende Änderung des Inhalts der Hypothek auf Kosten der Hypothekenbank in das Grundbuch einzutragen.

Zu Artikel 69, 70:

1 **Bei der Tilgungshypothek werden die ein für allemal bestimmten festen Zahlungen angerechnet auf die Zinsen und, soweit**

dann noch ein Überschuß besteht, auf das Kapital. Bei einer Abzahlungshypothek werden die jährlichen Zahlungen auf das Kapital verrechnet, außer diesen Zahlungen hat der Schuldner die Zinsen des noch nicht getilgten Kapitals zu zahlen. In der Regel sind bei den Abzahlungshypotheken die jährlichen Zahlungen höher als die Tilgungsbeträge der Tilgungshypotheken, die noch auf das Kapital verrechnet werden, so daß eine Abzahlungshypothek gewöhnlich früher getilgt wird als eine Tilgungshypothek.

2 § 29 sieht zwar vor, daß bei Tilgungshypotheken ein höherer Tilgungssatz festgesetzt wird. Immerhin würde, soweit Tilgungshypotheken zur Teilungsmasse gehören, die Befriedigung der Pfandbriefgläubiger unter Umständen auf lange Zeit hinausgeschoben werden, wenn nicht Art. 69 und 70 eine zweckmäßigere Regelung bestimmt hätten. Danach kann in jedem Falle die Bank nach einjähriger Kündigung (die nach § 19 Abs. 1 Hypothekenbankgesetz sonst ausgeschlossen ist) die Rückzahlung der Tilgungshypothek spätestens zum 1. 1. 1938 verlangen. Außerdem kann die Bank bei der Aufwertungsstelle beantragen:

a) Erhöhung des Tilgungssatzes nach § 29,

b) Umwandlung der Tilgungshypothek in eine Abzahlungshypothek.

c) Umwandlung der Tilgungshypothek in eine am 1. 1. 1932 fällige Hypothek, wenn der zu tilgende Restbetrag 500 Goldmark nicht übersteigt oder gegenüber der ursprünglichen Schuld verhältnismäßig geringfügig ist.

3 Gegenüber den Anträgen der Bank aus Art. 69 (vorige Anmerkung zu b) und c)) kann der Eigentümer oder der persönliche Schuldner geltend machen, seine wirtschaftliche Lage lasse die beantragte Umwandlung untunlich erscheinen. Er hat dann die entsprechenden Angaben hierfür zu machen, die Aufwertungsstelle hat sie, gegebenenfalls nach § 12 F.G.G., nachzuprüfen. Die Beweispflicht trifft daher nicht die Bank. Natürlich kann sie das Vorbringen des Eigentümers (oder Schuldners) nicht nur bestreiten, sondern auch selbst Angaben dafür machen, daß die beantragte Umwandlung keine besonderen Härten für den Antragsgegner mit sich bringe.

4 Beträgt der letzte im Jahre 1935 fällige Tilgungsbetrag z. B. 135 Goldmark, so kann die Bank die Zahlung der 35 Goldmark, welche diese letzten 100 Goldmark übersteigen, schon mit dem ersten Tilgungsbetrage verlangen.

5 Nach § 28 wird der Aufwertungsbetrag zu 5% erst vom 1. 1. 1928 verzinst, bis dahin schwankt der Zinssatz. Zur Erleichterung der Aufstellung eines einheitlichen Tilgungsplanes dient die Vorschrift des Art. 70 Abs. 1, wonach die Bank nicht verpflichtet ist, vor dem 1. 1. 1928 Tilgungsbeträge einzufordern.

6 Für das Verfahren vor der Aufwertungsstelle finden nach Art. 91 die Vorschriften der §§ 72—76 Anwendung. Zu vergleichen die Bemerkungen zu diesen §§.

Artikel 71.

Auf Grundschulden und Reallasten finden die Vorschriften der Artikel 68 bis 70 entsprechende Anwendung.

Artikel 72.

Vereinbarungen über die Aufwertung der im § 48 Abs. 1 des Gesetzes bezeichneten Werte bedürfen der Zustimmung der Aufsichtsbehörde. Ist die Zustimmung erteilt, so steht den Gläubigern wegen solcher Vereinbarungen gegen die Hypothekenbank ein Schadensersatzanspruch nicht zu.

Diese Vorschrift entspricht dem § 8 der 3. a. Df.V.O. Da die Aufsichtsbehörde (oder nach Art. 90 die von ihr bestimmte Stelle) die Zustimmung erteilen muß, ist nicht zu befürchten, daß die Rechte der Pfandbriefgläubiger beeinträchtigt werden.

Artikel 73.

Der Schuldner ist berechtigt, den Aufwertungsbetrag in bar zu leisten, auch wenn er nach dem Vertrage verpflichtet ist, das Kapital der Hypothek oder Grundschuld in Pfandbriefen zurückzuzahlen.

Vorherige Kündigung nach § 25 Abs. 2 ist erforderlich.

Artikel 74.

(1) Der Schuldner kann vom 1. Januar 1927 ab das Kapital der Hypothek oder Grundschuld, soweit sie zur Teilungsmasse gehört, in Pfandbriefen zurückzahlen, wenn er Pfandbriefe in der Menge leistet, die von der Hypothekenbank mit Zustimmung der Aufsichtsbehörde auf Grund des Verhältnisses des Gesamtbestandes der Teilungsmasse und des Goldmarkbetrags des Pfandbriefumlaufs öffentlich bekanntgemacht ist.

(2) Vor dem 1. Januar 1927 kann der Schuldner das Kapital der Hypothek oder Grundschuld nur in bar zurückzahlen, auch wenn er nach dem Vertrage zur Rückzahlung in Pfandbriefen berechtigt oder verpflichtet ist.

1 Vor dem 1. 1. 1927 ist nur Barzahlung gestattet. Vom 1. 1. 1927 ab kann der Schuldner das Kapital auch in Pfandbriefen zurückzahlen. Er muß dann Pfandbriefe in dem Verhältnis leisten, in dem die Teilungsmasse zum Gesamtgoldmarkbetrage der Pfandbriefe steht. Von den Aufwertungsbeträgen der Hypotheken und dgl. sind dabei 8% Verwaltungskostenbeitrag (Art. 77) abzuziehen. Steht die Teilungsmasse zum Gesamtgoldmarkbetrage der Pfandbriefe daher im Verhältnis von 1:6, so können eine Million Goldmark-Hypotheken mit 6 Millionen Goldmark Pfandbriefen zurückgezahlt werden. Auch hier ist durch die erforderliche Zustimmung der Aufsichtsbehörde dafür gesorgt, daß die übrigen Pfandbriefgläubiger nicht zu kurz kommen. Bis zum 1. 1. 1927 wird sich überblicken lassen, wie hoch der Aufwertungsbetrag der Hypotheken und dgl. ist, wieviel Hypotheken insbesondere nur mit einem geringeren Betrage als 25% anzusetzen sind. Sollte dies in dem einzelnen Falle noch nicht möglich sein, so liegt es in der Hand der Aufsichtsbehörde, die Zustimmung nur dann zu erteilen, wenn dieser noch ungewisse Zustand bei der Berechnung der Teilungsmasse genügend berücksichtigt, die Teilungsmasse daher nicht zu hoch veranschlagt wird. Es sind dann entsprechend mehr Pfandbriefe zu leisten, so daß einerseits der Schuldner zu überlegen haben wird, ob für ihn diese Zahlungsart noch von Vorteil ist, andererseits die Rechte der

übrigen Pfandbriefgläubiger doch wohl ausreichend gewahrt werden. Das von Dr. Schwartz (Berliner Lokal-Anzeiger vom 23. 11. 1925, Beilage zu Nr. 554) befürchtete Ergebnis, daß die übrigen Pfandbriefgläubiger erheblich geschädigt werden, wird daher jedenfalls dann nicht eintreten, wenn die Aufsichtsbehörde die Verhältnisse der betreffenden Bank in jedem Falle eingehend genug prüft. Seine Ansicht, daß die Rückzahlung in Pfandbriefen wohlerworbene Rechte der übrigen Pfandbriefgläubiger verletze und aus dem Rahmen des § 50 falle, kann ich jedenfalls für die in Art. 74 getroffene Regelung nicht teilen.

2 Die eingezahlten Pfandbriefe nehmen an der Verteilung nicht teil, Art. 82.

3 Bei der Ausgabe von Goldpfandbriefen kann die Bank die Annahme von Pfandbriefen zur Schuldtilgung ablehnen, Art. 84 Abs. 6.

Artikel 75.

(1) Auf Verlangen der Hypothekenbank sind die gemäß § 28 des Gesetzes geschuldeten Zinsen, solange der Zinssatz weniger als 4 vom Hundert beträgt, jährlich, und zwar am 1. Juli eines jeden Jahres für das laufende Kalenderjahr, zu entrichten.

(2) Die Vorschrift des Abs. 1 findet auf Reallasten entsprechende Anwendung, solange der gemäß § 31 Abs. 2 des Gesetzes zu entrichtende Betrag der Jahresleistung 200 Goldmark nicht übersteigt.

Diese Vorschrift dient zur Vereinfachung der Zinsberechnung und entspricht für Abs. 1 dem § 10 der 3. a. Df.V.O.

Artikel 76.

Die Hypothekenbank hat zu der Teilungsmasse aus ihrem sonstigen Vermögen einen Beitrag zu leisten, wenn es die wirtschaftlichen Verhältnisse der Hypothekenbank angemessen erscheinen lassen. Der Beitrag wird von der Aufsichtsbehörde festgesetzt.

So auch früher § 11 der 3. a. Df.V.O. Die Aufsichtsbehörde entscheidet, ob die wirtschaftlichen Verhältnisse der Bank es angemessen erscheinen lassen, daß und in welcher Höhe der Beitrag zu leisten ist.

Artikel 77.

(1) Die Hypothekenbank ist berechtigt, von allen in die Teilungsmasse fließenden Eingängen vorweg 8 vom Hundert als Verwaltungskostenbeitrag in Anspruch zu nehmen.

(2) Hat die Hypothekenbank den ihr nach den bisherigen Vorschriften zustehenden Anspruch auf einen Verwaltungskostenbeitrag in die Aktiva der Bilanz aufgenommen und erweist sich der eingestellte Betrag mit Rücksicht auf die Herabsetzung des Verwaltungskostenbeitrags als zu hoch, so ist die Hypothekenbank, wenn sie aus diesem Grunde einen niedrigeren Betrag in die Bilanz einstellt, berechtigt, den Unterschied zwischen dem bisher und dem neu eingestellten Betrag als Ausgleichsposten in die Aktiva der Bilanz aufzunehmen. Macht die Hypothekenbank von dieser Befugnis Gebrauch, so ist sie verpflichtet, den Ausgleichsposten als solchen in der Bilanz kenntlich zu machen und durch

jährliche Abschreibungen nach den Grundsätzen kaufmännischer Geschäftsgebarung zu tilgen. Die Aufsichtsbehörde kann den Mindestbetrag der Abschreibungen festsetzen. Sie kann einer Hypothekenbank, die diesen Verpflichtungen zuwiderhandelt, die im Satz 1 gewährte Befugnis entziehen.

Nach § 48 Abs. 2 darf der Verwaltungskostenbeitrag 10% der Teilungsmasse nicht überschreiten. Zu vergleichen hierzu A. 3 zu §§ 47—50. Bisher betrug jener Beitrag 20%, § 12 (§ 30). 3. a. Df.B.O. Hierauf bezieht sich Abs. 2, der Ausgleichsposten.

Artikel 78.

Zinsscheine der Pfandbriefe werden nicht eingelöst. Neue Zinsscheine werden nicht ausgegeben.

So auch § 14 3. a. Df.B.O.

Artikel 79.

(1) Für die Berechnung des Goldmarkbetrags gilt als Ausgabetag jeder Pfandbriefserie oder jeden Pfandbriefjahrganges der Tag, an dem der Treuhänder zuerst Pfandbriefe dieser Serie oder dieses Jahrganges mit der durch § 30 Abs. 3 des Hypothekenbankgesetzes vorgeschriebenen Bescheinigung versehen hat. Interimsscheine können auf Antrag der Hypothekenbank mit Zustimmung der Aufsichtsbehörde hinsichtlich des Ausgabetags den Pfandbriefen gleichgestellt werden.

(2) Verteilt sich die Ausgabe einer Serie oder eines Jahrganges auf verschiedene Zeitpunkte, die ganz oder teilweise nach dem 31. Dezember 1917 liegen, so kann die Aufsichtsbehörde auf Antrag der Hypothekenbank nach einer von dieser auf Grund der verschiedenen Ausgabetage aufzustellenden Berechnung das Umrechnungsverhältnis festsetzen, nach welchem die Umrechnung des Nennbetrags dieser Pfandbriefe in den Goldmarkbetrag zu erfolgen hat.

1 Sowohl für Pfandbriefe, die vor dem 1. 1. 1918 ausgegeben sind, als auch für später ausgegebene Pfandbriefe wird der Goldmarkbetrag nach dem Ausgabetag berechnet, § 2 Abs. 2. Liegt der Ausgabetag vor dem 1. 1. 1918, so gilt der Nennbetrag als Goldmarkbetrag. Bei später ausgegebenen Pfandbriefen findet die Umrechnung nach der Umrechnungstabelle des AwG. statt. Nach § 30 Abs. 3 Hypothekenbankgesetz hat der Treuhänder die Hypothekenpfandbriefe vor der Ausgabe mit einer Bescheinigung über das Vorhandensein der vorschriftsmäßigen Deckung und über die Eintragung in das Hypothekenregister zu versehen. Dieser Tag, und zwar der erste Tag, an dem der Treuhänder jene Bescheinigung erteilt hat, gilt für jede Pfandbriefserie oder jeden Pfandbriefjahrgang als Ausgabetag, gleichviel, ob der einzelne Pfandbrief bereits früher ausgestellt oder später verkauft ist oder der Treuhänder noch an einem späteren Tage für dieselbe Serie oder denselben Jahrgang die Bescheinigung erteilt hat. Der Ausgabetag ist somit einheitlich für jede Serie, jeden Jahrgang. Da hierbei Härten vorkommen können, wenn sich die tatsächliche Ausgabe einer Serie oder eines Jahrganges auf verschiedene Zeitpunkte nach dem 31. 12. 1917 verteilt, kann nach

Abs. 2 die Aufsichtsbehörde eine Durchschnittsberechnung festsetzen. Inwieweit sie hierbei den Art. 31 zum Vorbild nimmt, bleibt ihr überlassen.

2 Nach § 47 ist die Teilungsmasse gleichmäßig unter die Pfandbriefgläubiger zu verteilen. Es kommt nicht darauf an, wann der einzelne Gläubiger den Pfandbrief erworben hat. Der für diesen Pfandbrief festgestellte Ausgabetag und damit der hiernach berechnete Goldmarkbetrag ist maßgebend auch für denjenigen Gläubiger, der den Pfandbrief erst viel später erworben hat.

Artikel 80.

(1) Hat der Gläubiger oder in den Fällen des § 3 Abs. 1 Ziffer 2 bis 11 des Gesetzes sein Rechtsvorgänger die Pfandbriefe auf Grund eines Umtauschangebots der Hypothekenbank Zug um Zug in Umtausch gegen andere Pfandbriefe erhalten, so kann er verlangen, daß bei der Aufwertung seiner Pfandbriefe der Goldmarkbetrag der von ihm in Umtausch gegebenen Pfandbriefe berücksichtigt wird. Das Verlangen ist, wenn dies nicht bereits auf Grund der bisher geltenden Vorschriften geschehen ist, bis zum 30. Juni 1926 bei der Hypothekenbank zu stellen, widrigenfalls eine Berücksichtigung des Goldmarkbetrags der in Umtausch gegebenen Pfandbriefe nicht stattfindet.

(2) Sind die gegeneinander umgetauschten Pfandbriefe von verschiedenen Hypothekenbanken ausgegeben, so kann die Aufsichtsbehörde einen Ausgleich zwischen den Teilungsmassen der Hypothekenbanken anordnen. Diese Vorschrift findet entsprechende Anwendung, wenn die Pfandbriefe bei verschiedenen Teilungsmassen (Artikel 89) zu berücksichtigen sind. Sind mehrere Aufsichtsbehörden zuständig, so entscheiden sie im gegenseitigen Einvernehmen.

Ähnlich wie im Art. 32 soll bei einem Umtauschangebot der Bank der Goldmarkbetrag älterer Pfandbriefe, die gegen junge Pfandbriefe eingetauscht worden sind, bei der Aufwertung dieser jungen Pfandbriefe berücksichtigt werden. Der Antrag muß dann aber bis zum 30. 6. 1926 bei der Hypothekenbank gestellt werden. Unerheblich ist es, ob der Gläubiger bei dem Umtausch einen Vorbehalt erklärt hat. Das Gesetz spricht von „berücksichtigen“, Abs. 1, S. 1. Das soll wohl soviel heißen, daß der Goldmarkbetrag der älteren Pfandbriefe bei rechtzeitigem Antrage maßgebend ist.

2 An den Fall, daß sich die verschiedenen Aufsichtsbehörden nicht einigen, ist im Abs. 2 nicht gedacht.

Artikel 81.

Die von der Hypothekenbank mit verfügbaren Mitteln angekauften Pfandbriefe nehmen an der Verteilung teil.

Artikel 82.

Mit Pfandbriefen, die im Wege des Umtausches gegen andere Pfandbriefe oder im Wege der Einlösung in den Besitz der Hypothekenbank gelangt sind, nimmt die Hypothekenbank an der Verteilung nicht teil. Dasselbe gilt für Pfandbriefe, die die Hypothekenbank bei der Rückzahlung von Hypotheken erhalten hat; jedoch nimmt sie mit solchen Pfandbriefen an der Verteilung teil, die sie gemäß Artikel 77 Abs. 1 als Verwaltungskostenbeitrag für sich in Anspruch nehmen kann.

Zu Art. 81 und 82:

Zu unterscheiden:

a) **Hat die Bank mit verfügbaren Mitteln, also zur Geldanlage, die eigenen Pfandbriefe erworben, so nimmt sie an der Verteilung wie jeder andere Pfandbriefgläubiger teil.**

b) **Hat die Bank dagegen die Pfandbriefe gegen andere eingetauscht oder sie eingelöst, ohne hiermit eine Geldanlage zu bezwecken, sondern um den Pfandbriefumlauf zu vermindern, die Pfandbriefe daher aus dem Verkehr zu ziehen, so nimmt sie an der Verteilung nicht teil.**

c) **Hat die Bank Pfandbriefe bei der Rückzahlung von Hypotheken erhalten (Art. 74), so nimmt sie hiermit gleichfalls an der Verteilung nicht teil; die Deckungshypotheken fallen ja dann weg. Nur darf die Bank aus diesen Pfandbriefen den Verwaltungskostenbeitrag (Art. 77 Abs. 1) bestreiten.**

Artikel 83.

Mit der Verteilung der Teilungsmasse ist zu beginnen, sobald nach der Entscheidung der Aufsichtsbehörde hinreichende bare Masse vorhanden ist.

Art. 83 gestattet auch Abschlagsverteilungen.

Artikel 84.

(1) Soweit hinreichende bare Masse noch nicht vorhanden ist, soll die Hypothekenbank bei Zustimmung der Aufsichtsbehörde den Gläubigern Goldpfandbriefe aushändigen, die in Höhe ihres Nennbetrags auf den endgültigen Anteil anzurechnen sind.

(2) In Höhe des Nennbetrags der auszugebenden Goldpfandbriefe kann die Hypothekenbank der Teilungsmasse Hypotheken, Grundschulden und Reallasten entnehmen, um sie einer besonderen Deckung im Sinne der §§ 6, 22 des Hypothekenbankgesetzes zuzuführen. Dabei sind die entnommenen Werte mit ihrem Aufwertungsbetrag anzusetzen. Zur Abrundung der Deckung darf auch Geld der Teilungsmasse entnommen werden.

(3) Die Hypothekenbank ist mit Zustimmung der Aufsichtsbehörde berechtigt, bis zu 20 vom Hundert des Gesamtnennbetrags der auszugebenden Goldpfandbriefe zurückzubehalten. Die zurückbehaltenen Goldpfandbriefe gehören zur Teilungsmasse; Artikel 77 findet insoweit keine Anwendung.

(4) Die Goldpfandbriefe müssen

1. auf Goldmark lauten, wobei eine Goldmark dem Preise von $^1/_{2790}$ kg Feingold entspricht (§ 2 der Verordnung zur Durchführung des Gesetzes über wertbeständige Hypotheken vom 29. Juli 1923, Reichsgesetzbl. I S. 482),
2. mit mindestens $4^1/_2$ vom Hundert jährlich zu verzinsen und
3. zum Nennbetrage einzulösen sein.

(5) Die Hypothekenbank hat die auf die Deckung bei ihr eingehenden ordentlichen und außerordentlichen Rückzahlungen zur Einlösung der Goldpfandbriefe im Wege der Auslosung zum Nennbetrage zu verwenden, soweit nicht die Pfandbriefe gemäß Abs. 3 zur Teilungsmasse gehören; diese Pfandbriefe werden erst nach Einlösung der übrigen Goldpfandbriefe derselben Ausgabe und nur mit dem Überschuß eingelöst, den die auf Grund des Abs. 2 aus der Teilungsmasse entnommenen Deckungswerte ergeben.

(6) Kündigt die Hypothekenbank für einen bestimmten Zeitpunkt die Aushändigung von Goldpfandbriefen an, so kann sie frühestens drei Monate vor diesem Zeitpunkt die Annahme von Pfandbriefen zur Schuldtilgung (Artikel 74) ablehnen. Die Ablehnung bedarf der Genehmigung der Aufsichtsbehörde. Ablehnung und Genehmigung sind öffentlich bekanntzumachen.

(7) Die Goldpfandbriefe können zur Rückzahlung der Hypotheken und Grundschulden verwendet werden. Dabei sind sie in Höhe ihres Nennbetrags auf den Aufwertungsbetrag anzurechnen.

(8) Von den als Deckung dienenden Hypotheken, Grundschulden und Reallasten ist der Verwaltungskostenbeitrag (Artikel 77) durch Entnahme von Goldpfandbriefen abzuziehen. Soweit Goldpfandbriefe gemäß Abs. 3 zurückbehalten werden, ist der Verwaltungskostenbeitrag nicht durch Entnahme von Goldpfandbriefen, sondern erst bei Eingang des Überschusses in die Teilungsmasse (Abs. 5) von dem eingegangenen Betrage zu erheben.

1 **Die Ausgabe von Goldpfandbriefen soll erfolgen, wenn einerseits hinreichende bare Masse noch nicht vorhanden ist, andrerseits eine sichere Unterlage für diese Goldpfandbriefe durch die Aufwertung dinglicher Rechte gewonnen ist. Zu dem Zwecke werden Hypotheken, Grundschulden und Reallasten aus der Teilungsmasse entnommen und mit ihrem Aufwertungsbetrage in das Deckungsregister (§ 22 Hypothekenbankgesetz) eingetragen, jedoch nur in Höhe des Nennbetrages der auszugebenden Goldpfandbriefe. Eine Überdeckung ist nicht zulässig. Die Goldpfandbriefe lauten auf Goldmark, sind mindestens mit 4,5% jährlich zu verzinsen, zum Nennbetrage einzulösen und zur Einlösung auszulosen. Abs. 6 und 7 geben den Goldpfandbriefen erhöhten Umlaufswert.**

2 **Bare Masse wird aber verteilt. Nur zur Abrundung der Deckung darf auch bares Geld verwendet werden, Abs. 2, S. 3.**

3 **Auch für Art. 84 ist durch die Mitwirkung der Aufsichtsbehörde Sorge getragen, daß unlautere Geschäfte der Bank vermieden werden.**

Artikel 85.

(1) Bietet die Hypothekenbank mit Zustimmung der Aufsichtsbehörde den Gläubigern eine Abfindung an, so gilt das Angebot als von allen Gläubigern angenommen, wenn es dreimal im Deutschen Reichsanzeiger eingerückt worden ist und seit der letzten Einrückung drei Monate verstrichen sind, ohne daß ein Teil der Gläubiger, dessen Goldmarkansprüche mindestens 15 vom Hundert der Goldmarkansprüche sämtlicher bei der Verteilung zu berücksichtigenden Gläubiger beträgt, schriftlich bei der Aufsichtsbehörde widersprochen hat.

(²) Der Widerspruch ist nur wirksam, wenn ihm eine Bescheinigung eines deutschen Notars oder einer amtlichen Hinterlegungsstelle über die erfolgte Hinterlegung der Pfandbriefe beigefügt ist; die Bescheinigung muß den Nennbetrag sowie die Nummern- und Serienbezeichnung der Pfandbriefe enthalten. Die Rückgabe der Pfandbriefe darf nicht vor Ablauf der Frist erfolgen.

(³) Die Vorschriften des Abs. 2 finden im Falle des § 49 Abs. 1, 3 des Gesetzes keine Anwendung.

(⁴) In dem Angebot ist auf die Zulässigkeit und die Art der Ausübung des Widerspruchs sowie auf die Folgen der Nichtausübung hinzuweisen.

(⁵) Werden als Abfindung Pfandbriefe angeboten, so finden die Vorschriften des Artikel 84 Abs. 4, 5 Anwendung.

1 **Ohne das Ergebnis des Verteilungsverfahrens abzuwarten, kann die Bank den Gläubigern eine Abfindung anbieten. Auch hier ist die Zustimmung der Aufsichtsbehörde verlangt, damit die Gläubiger ausreichend geschützt sind.**

2 **Gläubiger, deren Goldmarkansprüche mindestens 15% (nach § 20 3. a. Df.V.O.: 25%) der Goldmarkansprüche sämtlicher beteiligten Gläubiger beträgt, können der angebotenen Abfindung widersprechen. Der Widerspruch ist im Abs. 2 an bestimmte Förmlichkeiten gebunden. Die dort vorgeschriebene Hinterlegung ist nicht erforderlich, wenn nach § 49 Abs. 1, 3, der Besitz des Pfandbriefes keine Vorbedingung für eine Beteiligung des Gläubigers an der Verteilung ist, Abs. 3. Über den Widerspruch entscheidet die Aufsichtsbehörde. Ist der Widerspruch wirksam, so gilt das Angebot der Bank als nicht angenommen. Die Abfindung darf dann nicht etwa an diejenigen Gläubiger gezahlt werden, die nicht widersprochen haben.**

3 **Werden als Abfindung Pfandbriefe angeboten, so muß es sich um Goldpfandbriefe gemäß Art. 84 Abs. 4, 5, handeln.**

Artikel 86.

(¹) Werden den Gläubigern gemäß Artikel 84, 85 Pfandbriefe ausgehändigt, so ist die Hypothekenbank, sofern sie sich bereit erklärt, die aufgewerteten Hypotheken als ihrerseits dauernd unkündbare Tilgungshypotheken den Schuldnern zu belassen, befugt, mit Wirkung vom 1. Januar 1928 neben den nach § 28 des Gesetzes zu entrichtenden Zinsen 3 vom Hundert jährliche Tilgung zu verlangen. Weigert sich der Schuldner, die entsprechende Änderung des Inhalts der Hypothek zu bewilligen, so wird die Bewilligung auf Antrag der Hypothekenbank durch die Entscheidung der Aufwertungsstelle ersetzt.

(²) Der Eigentümer und der persönliche Schuldner können, wenn dies mit Rücksicht auf ihre wirtschaftliche Leistungsfähigkeit unerläßlich erscheint, die Herabsetzung des Tilgungssatzes in halbprozentigen Stufen oder den gänzlichen Wegfall der Tilgung verlangen. Im Falle des gänzlichen Wegfalls der Tilgung kann die Hypothekenbank die Zahlung des aufgewerteten Kapitalbetrags verlangen, jedoch nicht vor dem 1. Januar 1932. Die Kündigungsfrist beträgt, sofern nichts Abweichendes vereinbart ist, sechs Monate. Das Verlangen auf Herabsetzung oder auf Wegfall der Tilgung muß spätestens sechs Monate, nachdem die Hypothekenbank von der Befugnis gemäß Abs. 1 Satz 1 dem Schuldner gegenüber Gebrauch gemacht hat, bei der Aufwertungsstelle gestellt werden.

(3) Die bisherigen vertraglichen Kündigungs- und Rückzahlungsrechte des Schuldners bleiben unberührt.

(4) Streitigkeiten über die Ausgestaltung der als Deckung der Goldpfandbriefe dienenden Hypotheken entscheidet die Aufwertungsstelle.

(5) Die Vorschriften der Abs. 1 bis 4 finden auf Grundschulden und Reallasten entsprechende Anwendung.

(6) Änderungen des Inhalts eingetragener Rechte nach Maßgabe der Bewilligung der Beteiligten oder der Entscheidung der Aufwertungsstelle sind auf Antrag der Hypothekenbank oder des Eigentümers auf Kosten der Hypothekenbank in das Grundbuch einzutragen.

1 Hier handelt es sich um die Deckungshypotheken bei Aushändigung von Goldpfandbriefen gemäß Art. 84 (Abschlagsverteilung) und Art. 85 (Abfindung). Diese Deckungshypotheken können in unkündbare Tilgungshypotheken (§ 19 Abs. 1 Hypothekenbankgesetz) umgewandelt werden. In diesem Falle darf die Bank vom 1. 1. 1928 ab außer den jährlichen Zinsen (§ 28) 3% als Tilgung verlangen.

2 Verweigert der Schuldner die Bewilligung einer derartigen Umwandlung der Deckungshypothek, so kann die Bank die Aufwertungsstelle anrufen. Die Aufwertungsstelle wird den Antrag der Bank dem Schuldner zuzustellen haben. Dies folgt aus Abs. 2, S. 4. Die Aufwertungsstelle entscheidet dann über den Antrag der Bank. Auf das Verfahren finden nach Art. 91 die §§ 72—76 Anwendung. Auf die Bemerkungen dort kann Bezug genommen werden. In der Regel ist auch in diesem Verfahren der Versuch einer gütlichen Einigung zu machen. Beiden Parteien ist ausreichend Gelegenheit zu geben, ihren Standpunkt zu vertreten. Begründet der Schuldner seine Weigerung damit, daß er mit Rücksicht auf seine wirtschaftliche Leistungsfähigkeit nicht imstande sei, den Tilgungssatz in voller Höhe oder in der beantragten Höhe (bis 3%) zu zahlen, so entscheidet die Aufwertungsstelle auch hierüber, Abs. 2. Es ist Sache des Schuldners, darzutun, daß die Voraussetzungen des Abs. 2 insofern auf ihn zutreffen. Nötigenfalls hat die Aufwertungsstelle von Amts wegen (§ 12 F.G.G.) die Einwendungen des Schuldners aufzuklären; sie ist an die von ihm angebotenen Beweismittel nicht gebunden. Andrerseits steht es der Bank frei, Gegenanführungen zu machen, deren Richtigkeit die Aufwertungsstelle dann ebenfalls nachzuprüfen hat, § 12 F.G.G.

Überzeugt sich die Aufwertungsstelle, daß der Schuldner nicht imstande ist, irgend einen Tilgungssatz zu zahlen, so weist sie den Antrag der Bank zurück. Ist dagegen der Schuldner nach der Überzeugung der Aufwertungsstelle imstande, den Tilgungssatz von 3% oder doch einen geringeren (in halbprozentigen Stufen, also 2,5, 2, 1,5, 1, 0,5%) zu zahlen, so entscheidet sie demgemäß etwa dahin:

Die im Grundbuch von... Band..., Blatt... in Abt. III Nr.... eingetragene Hypothek von .... wird umgewandelt in eine Tilgungshypothek von .... mit der Maßgabe, daß das Kapital jährlich am ... und am ... mit ... vom Hundert zu verzinsen und jährlich am ...

mit 3 (gegebenenfalls einem geringeren Tilgungssatze) vom Hundert zu tilgen iſt.

Hierin liegt bereits der Erſatz der Bewilligung des Schuldners, ſo daß es eines beſonderen Ausſpruches, daß dieſe Bewilligung erſetzt wird, nicht bedarf. Auch in dieſem Verfahren wird verlangt werden müſſen, daß die Aufwertungsſtelle den von ihr für angemeſſen gehaltenen Tilgungsſatz ausdrücklich feſtſetzt, nicht etwa den Antrag der Bank auf Feſtſetzung eines Tilgungsſatzes von 3% lediglich deshalb in vollem Umfange abweiſt, weil dieſer Satz zu hoch und ein geringerer Tilgungsſatz angemeſſen ſei, zu vergleichen § 73 A. 4.

Im übrigen trifft auf die Entſcheidung der Aufwertungsſtelle alles dasjenige zu, was hierzu in den §§ 73—76 beſtimmt iſt (zu vergleichen die dortigen Anmerkungen).

3 Der Schuldner kann nach Abſ. 2 die Entſcheidung der Aufwertungsſtelle auch dann noch anrufen, wenn dieſe auf den Antrag der Bank nach Abſ. 1 bereits den Tilgungsſatz feſtgeſetzt hat. Dieſer Antrag des Schuldners iſt befriſtet (ſpäteſtens ſechs Monate, nachdem ihm der Antrag der Bank zugegangen iſt). Er iſt dann unzuläſſig, wenn die Aufwertungsſtelle bereits rechtskräftig über die Einwendungen des Schuldners nach Abſ. 2 entſchieden hat. Dieſe rechtskräftige Entſcheidung ſteht dann dem Schuldner entgegen.

4 War die aufgewertete Hypothek bereits eine Tilgungshypothek, ſo iſt der Antrag nach Abſ. 2 nur dann zuläſſig, wenn der Tilgungsſatz gemäß Abſ. 1 erhöht worden iſt. Der Abſ. 2 gibt dem Schuldner nur im Zuſammenhang mit Abſ. 1 das Recht, eine Herabſetzung des Tilgungsſatzes zu verlangen, nicht etwa allgemein, wenn es ſich — unabhängig von Abſ. 1 — um eine Tilgungshypothek handelt.

5 Entſcheidet die Aufwertungsſtelle, daß eine Tilgung überhaupt nicht zu leiſten iſt — im Falle des Abſ. 1 alſo, daß der Antrag der Hypothekenbank abgewieſen wird —, ſo kann die Bank im Falle des Abſ. 1 die Zahlung des aufgewerteten Kapitalbetrages, früheſtens jedoch zum 1. 1. 1932, verlangen. Auch hier entſcheidet nötigenfalls die Aufwertungsſtelle, Abſ. 4.

6 Die Tilgungshypothek iſt nach Abſ. 1 unkündbar. Ebenſo wie § 19 Abſ. 1, S. 2 Hypothekenbankgeſetz indes die Vereinbarung nicht berührt, welche der Bank das Recht einräumt, aus beſonderen, in dem Verhalten des Schuldners liegenden Gründen die Rückzahlung der Hypothek vor der beſtimmten Zeit zu verlangen, wird dies auch hier zu gelten haben. Alle geſetzlichen oder vertraglichen außerordentlichen Kündigungsrechte bleiben beſtehen, z. B. im Falle des § 1133 BGB. (Verſchlechterung des Grundſtückes), Nichtverſicherung der Grundſtücksgebäude, unpünktliche Zahlung der Zinſen (nach vertraglicher Abrede). Zu vergleichen § 25 A. 2.

Im Falle des Abſ. 2 iſt die Kündigungsfriſt für die Bank ſechs Monate, wenn nichts Abweichendes vereinbart iſt; andernfalls gilt die vertragliche Kündigungsfriſt.

Für den Schuldner bleiben, wie dies Abſ. 3 noch ausdrücklich feſtſetzt, die bisherigen Kündigungs- und Rückzahlungsrechte unberührt. Der Schuldner kann alſo, wenn dies im Vertrage vorgeſehen iſt, das Kapital:

a) zur früheren Rückzahlung kündigen, oder
b) früher, d. h. vor dem 1. 1. 1932 zurückzahlen.

7 **Was für Hypotheken bestimmt ist, gilt entsprechend auch für Grundschulden und Reallasten, Abs. 5.**

8 **Die Kosten der erforderlichen Grundbucheintragung trägt die Bank (ähnlich wie Art. 69 Abs. 2, Art. 70 Abs. 3).**

Artikel 87.

(1) Erläßt die Hypothekenbank in den Fällen der Artikel 83 bis 86 eine dreimalige Aufforderung im Deutschen Reichsanzeiger an die Gläubiger, ihre Ansprüche anzumelden und die Pfandbriefe zur Geltendmachung ihrer Rechte vorzulegen, so kann sie den Anteil, der auf die bis zum Ablauf von drei Monaten nach der letzten Veröffentlichung nicht eingereichten Pfandbriefe entfällt, hinterlegen, sofern nicht innerhalb der Frist der Antrag auf Einleitung eines Aufgebotsverfahrens oder auf Zahlungssperre nachgewiesen ist.

(2) Im Falle des § 49 Abs. 1, 3 des Gesetzes ist die Hypothekenbank zur Hinterlegung befugt, wenn der Gläubiger die Anmeldung seines Anspruchs innerhalb der Frist unterlassen hat.

(3) In der Aufforderung ist auf die Folgen der Nichteinhaltung der Frist hinzuweisen.

1 **Die Verteilung der Teilungsmasse soll durch diese Vorschrift beschleunigt werden. Zu vergleichen wegen des Aufgebotsverfahrens § 799 BGB., §§ 1003 ff. Z.P.O., der Zahlungssperre § 802 BGB., §§ 1019 ff. Z.P.O.**

2 **Ist nach § 49 Abs. 1, 3 der Besitz des Pfandbriefes keine Vorbedingung für die Beteiligung des Gläubigers an der Verteilung, so genügt die Anmeldung.**

Artikel 88.

Das Gesetz, betreffend die gemeinsamen Rechte der Besitzer von Schuldverschreibungen vom 4. Dezember 1899 (Reichsgesetzbl. S. 691) findet auf die nach Maßgabe dieser Verordnung aufgewerteten Pfandbriefe keine Anwendung.

Ein gemeinsamer Vertreter der Gläubiger braucht also nicht bestellt zu werden. Auch diese Vorschrift dient zur Beschleunigung und Verbilligung des Verfahrens. Genügenden Schutz für die Gläubiger bietet die Mitwirkung der Aufsichtsbehörde.

Artikel 89.

Auf Antrag der Hypothekenbank kann die Aufsichtsbehörde bestimmen, daß für verschiedene Ausgaben von Pfandbriefen verschiedene Teilungsmassen gebildet werden, wenn die Deckung auch bisher getrennt verwaltet wurde oder wenn die Pfandbriefe erkennbar auf Grund einer besonderen Deckung ausgegeben sind.

Artikel 90.

Die Aufsichtsbehörde kann die ihr nach dieser Verordnung zustehenden Befugnisse auf eine andere Stelle übertragen.

Artikel 91.

Soweit nach diesem Abschnitt die Zuständigkeit der Aufwertungsstelle begründet ist, finden die Vorschriften der §§ 72 bis 76 des Gesetzes Anwendung.

Zu vergleichen Art. 69, 71, 86.

3. Andere Schuldverschreibungen.

Artikel 92.

(1) Für die Aufwertung der Ansprüche aus den in den §§ 41, 42 des Hypothekenbankgesetzes bezeichneten Schuldverschreibungen gelten die Artikel 67 bis 91 entsprechend.

(2) Für die Schuldverschreibungen gemäß § 41 des Hypothekenbankgesetzes und die Schuldverschreibungen gemäß § 42 des Hypothekenbankgesetzes wird je eine besondere Teilungsmasse gebildet.

(3) Sind Pfandbriefe in Umtausch gegen die in den §§ 41, 42 des Hypothekenbankgesetzes bezeichneten Schuldverschreibungen oder solche Schuldverschreibungen in Umtausch gegen Pfandbriefe gegeben worden, so finden die Vorschriften des Artikel 80 entsprechende Anwendung.

1 Zu vergleichen § 29, 3. a. Df.B.O.

2 § 41 Hypothekenbankgesetz betrifft Schuldverschreibungen einer Hypothekenbank auf Grund nicht hypothekarischer Darlehen, die an inländische Körperschaften des öffentlichen Rechtes oder gegen Übernahme der Gewährleistung durch eine solche Körperschaft gewährt sind (Kommunalobligationen), § 42 a. a. O. Schuldverschreibungen einer Hypothekenbank auf Grund von Darlehen an Kleinbahnunternehmungen gegen Verpfändung der Bahn (Kleinbahnobligationen). Für solche Schuldverschreibungen gelten die Vorschriften für das Teilungs- und Abfindungsverfahren von Pfandbriefen, Art. 67—91.

3 Die Teilungsmasse der Kommunalobligationen ist gesondert von derjenigen der Kleinbahnobligationen zu bilden.

II. Schuldverschreibungen anderer privatrechtlicher Anstalten als Hypothekenbanken.

Artikel 93.

(1) Auf Pfandbriefe und andere Schuldverschreibungen und Schuldurkunden der im § 47 des Gesetzes bezeichneten Art, die von andern privatrechtlichen Grundkreditanstalten als Hypothekenbanken im Sinne des Hypothekenbankgesetzes, von privatrechtlichen Kommunalkreditanstalten, von Schiffsbeleihungsbanken sowie von privatrechtlichen Ablösungsanstalten ausgegeben sind, finden die Vorschriften der Artikel 58 bis 60, 67 bis 92, auf Pfandbriefe und andere Schuldverschreibungen auch die Vorschriften der Artikel 61 bis 66 dieser Verordnung entsprechende Anwendung.

(2) Die näheren Anordnungen treffen die obersten Landesbehörden.

Die Schuldverschreibungen und Schuldurkunden anderer privatrechtlicher Anstalten sind den Schuldverschreibungen und Pfandbriefen der Hypothekenbanken gleichgestellt, zu vergleichen auch zu §§ 47—50 A. 1. Es handelt sich hier um privatrechtliche Anstalten (Art. 94 betrifft die öffentlich-rechtlichen Anstalten).

III. Schuldverschreibungen öffentlich-rechtlicher Grundkredit- und Ablösungsanstalten.

Artikel 94.

(1) Auf Pfandbriefe und andere Schuldverschreibungen der im § 47 des Gesetzes bezeichneten Art, die von öffentlich-rechtlichen Grundkredit- und Ablösungsanstalten ausgegeben sind, finden die Vorschriften der Artikel 61 bis 66 Anwendung.

(2) Die obersten Landesbehörden werden ermächtigt, über die Aufwertung der Pfandbriefe, Schuldverschreibungen und Schuldurkunden öffentlich-rechtlicher Grundkredit- und Ablösungsanstalten die im § 50 des Gesetzes vorgesehenen Bestimmungen zu treffen.

1 **Hier handelt es sich um öffentlich-rechtliche Anstalten. Soweit die Beteiligung bei Vorbehalt der Rechte, Kündigung und Auslosung in Frage kommt — § 49 —, gelten die Art. 61—66. Insoweit ist reichsgesetzlich eine Regelung erfolgt. Die weitere Durchführung der Aufwertung — § 50 — ist den obersten Landesbehörden übertragen. Diese können daher Vorschriften erlassen, die mit den Art. 58—60, 67—92 übereinstimmen oder von ihnen abweichen. Preußen hat hierzu die erste V.O. vom 10. 12. 1925 (GS. S. 169) erlassen. Zu vgl. § 50 A. 6.**

Fünfter Abschnitt.

Aufwertung von Versicherungsansprüchen.

1 **Der fünfte Abschnitt schließt sich an die Vorschriften der 4. Df.V.O. vom 28. 8. 1924 (RGBl. S. 694) an, hier mit 4. a. Df.V.O. bezeichnet. Er unterscheidet ebenfalls private Versicherungsunternehmungen (Art. 95—115), öffentliche Versicherungsunternehmungen (Art. 116). Die Aufwertungsstelle hat mit der Aufwertung derartiger Ansprüche nichts zu tun. Die §§ 59—61 sind im § 69 nicht erwähnt.**

2 **Es handelt sich um Ansprüche der Versicherten gegen den Versicherer. Ansprüche des Versicherers auf Zahlung rückständiger Prämien werden, wenigstens unmittelbar, weder von den §§ 59—61 noch von Art. 95—116 betroffen.**

3 **Zu vergleichen auch zu §§ 59—61 A. 3.**

I. Private Versicherungsunternehmungen.

Artikel 95.

Der Aufwertung unterliegen sämtliche Ansprüche der Versicherten (Versicherungsnehmer, Bezugsberechtigten) aus Lebensversicherungsverträgen, ferner aus solchen Kranken-, Unfall- und Haftpflichtversicherungsverträgen, für die nach gesetzlichen Bestimmungen oder nach Vorschrift der Aufsichtsbehörde vor dem 14. Februar 1924 ein Prämienreservefonds im Sinne der §§ 56 ff. des Versicherungsaufsichtsgesetzes zu bilden war. Die Ansprüche müssen aus vor dem 14. Februar 1924 begründeten Rechtsverhältnissen herrühren und die Zahlung einer bestimmten in Mark oder einer andern nicht mehr geltenden inländischen Währung ausgedrückten Geldsumme zum Gegenstande haben. Ansprüche aus Haftpflichtversicherungsverträgen mit unbegrenzter Deckung und aus lebenslänglichen Haftpflichtversicherungsverträgen bleiben von dieser Regelung unberührt.

1 **Als Lebensversicherung gelten die im § 59 Abs. 1, S. 2 angegebenen Versicherungen.**

2 **Ansprüche aus Haftpflichtversicherungsverträgen mit unbegrenzter Deckung sind ausgenommen, so auch § 59. Art. 95 schließt aber auch Ansprüche aus lebenslänglichen Haftpflichtversicherungsverträgen aus, die bisher nicht ausgenommen waren. In der Regel werden freilich die lebenslänglichen Haftpflichtversicherungsverträge nur in Verbindung mit Haftpflichtversicherungsverträgen mit unbegrenzter Deckung geschlossen sein, so daß insoweit schon die Ausnahmevorschrift des § 59 Platz greift. Wenn diese Voraussetzung aber nicht zutrifft? Anscheinend hat sich die Reichsregierung auf Grund des § 59 Abs. 2 für befugt gehalten, auch derartige Verträge auszunehmen. Wegen der Frage, ob § 59 Abs. 2 gültig ist, zu vergleichen zu §§ 59—61 A. 2a.**

Artikel 96.

(1) Die im Artikel 95 bezeichneten Ansprüche werden nach Maßgabe der verfügbaren Mittel unter Zugrundelegung der auf sie entfallenden Reserven (technische Reserven, Prämiendepots usw.) unter Berücksichtigung der beiderseitigen Rückstände und Leistungen aufgewertet. Die Reserven, die Rückstände und die Leistungen werden hierbei nach ihrem Goldmarkbetrag in sinngemäßer Anwendung des § 2 Abs. 1 des Gesetzes berechnet.

(2) Für die Durchführung der vorstehenden Vorschriften kann die Aufsichtsbehörde nähere Bestimmungen erlassen.

1 **Die beiderseitigen Rückstände und Leistungen sind zu berücksichtigen; hier werden daher — mittelbar — auch die rückständigen Prämien betroffen.**

2 **Der Goldmarkbetrag für jeden dieser Ansprüche wird nach § 2 Abs. 1 berechnet.**

3 **Der Aufwertungssatz für die Ansprüche des Art. 95 richtet sich nach den aufgewerteten verfügbaren Mitteln (dem aufgewerteten Vermögen) der Unternehmung einerseits, nach den in Goldmark berechneten Reserven andrerseits. Bezeichnet man daher das aufgewertete Vermögen mit A, den Goldmarkbetrag der Reserven mit B, so ist der Aufwertungssatz $\frac{A}{B}$.**

Artikel 97.

(1) Das dem Treuhänder zu überweisende Vermögen der Versicherungsunternehmung bildet den Aufwertungsstock für den eigenen Bestand der Unternehmung. Es bildet zugleich den Aufwertungsstock für die vor dem 14. Februar 1924 auf die Unternehmung übertragenen, nach Artikel 95 aufgewerteten Versicherungen, soweit sich nicht aus dem Übernahmevertrag oder den Umständen, unter denen die Übernahme erfolgt ist, etwas anderes ergibt oder eine abgesonderte Regelung für übernommene Bestände zur Vermeidung einer groben Unbilligkeit ge-

boten erscheint. Zur Vermeidung einer solchen Unbilligkeit kann auch zugelassen werden, daß übernommene Bestände oder übertragene Einzelversicherungen einer anderen Unternehmung aus Mitteln des Aufwertungsstocks der übertragenden Unternehmung in dem Maße berücksichtigt werden, daß diese Versicherungen bei der Aufwertung nicht schlechter gestellt sind als vor der Übertragung. Die Entscheidung darüber, ob solche Ausnahmen vorliegen, trifft die Aufsichtsbehörde.

(2) Hat nach dem 13. Februar 1924 eine Bestandsübertragung stattgefunden, so wird aus dem aufgewerteten, aus Anlaß der Bestandsübertragung der übernehmenden Gesellschaft zugeflossenen Vermögen ein besonderer Aufwertungsstock für die übernommenen Versicherten gebildet.

(3) In den Aufwertungsstock fließt unbeschadet der aus den vorstehenden Bestimmungen sich ergebenden Beschränkung und der Vorschrift des Artikel 102 das gesamte aufgewertete Vermögen der Versicherungsunternehmung, das ihr bei Ablauf des 13. Februar 1924 gehörte, soweit es nicht verpfändet oder gemäß § 57 Abs. 1 Satz 2 des Versicherungsaufsichtsgesetzes als besondere Sicherheit gestellt ist.

1 Bei der Bestandsübertragung (Fusion) vor dem 14. 2. 1924 wird regelmäßig nur ein Aufwertungsstock gebildet. In besonderen Fällen (Abs. 1, die Entscheidung hierüber trifft die Aufsichtsbehörde) kann eine abgesonderte Regelung stattfinden. Wegen der Aufsichtsbehörde (Aufsichtsamt für Privatversicherung, Kommissare) zu vergleichen §§ 2, 3, 64—84, V.A.G. vom 12. 5. 1901 (RGBl. S. 139).

Für die Zeit nach dem 13. 2. 1924 (Abs. 2) findet diese abgesonderte Regelung stets statt.

2 Das gesamte aufgewertete Vermögen (zur Zeit des Stichtages, Ablauf des 13. 2. 1924) wird dem Treuhänder überwiesen. Soweit und solange es verpfändet oder als besondere Sicherheit gestellt ist, gehört es nicht zum Aufwertungsstock.

Artikel 98.

Sind mit Rücksicht auf eine gesetzliche oder vertragliche Verpflichtung auf Veranlassung der Aufsichtsbehörde Vermögenswerte einer Versicherungsunternehmung zum Zwecke der Bedeckung des Prämienreservefonds einer ihr angegliederten Pensionskasse übertragen, so ist für die Berechnung des Goldmarkbetrags dieser Werte der Tag maßgebend, an dem der Anspruch für die übertragende Unternehmung begründet wurde. Eine Aufwertung zugunsten der übertragenden Unternehmung findet nicht statt.

Artikel 99.

Soweit Hypotheken, Grundschulden oder Reallasten zum Aufwertungsstock gehören, finden die Vorschriften der Artikel 67 bis 71 entsprechende Anwendung.

Artikel 100.

Wenn es die wirtschaftlichen Verhältnisse der Unternehmung angemessen erscheinen lassen, sind auf Verlangen und nach näherer Bestimmung der Aufsichtsbehörde Beiträge aus dem sonstigen Vermögen der

Unternehmung in den Aufwertungsstock zu leisten. Die Beiträge sind auf Antrag des Treuhänders nach den landesrechtlichen Vorschriften über die Beitreibung öffentlicher Abgaben einzuziehen. Im Falle einer solchen Beitragsleistung kann die Aufsichtsbehörde die Bildung eines Aufwertungsausgleichskontos im Sinne des § 81 des Gesetzes zulassen und in diesem Falle über Tilgung dieses Kontos durch jährliche Abschreibungen Bestimmungen treffen. Auch kann sie zulassen, daß der Beitrag in Teilbeträgen geleistet wird.

Die Aufsichtsbehörde entscheidet, ob aus dem sonstigen Vermögen der Unternehmung nach Maßgabe ihrer wirtschaftlichen Verhältnisse ein im § 60 Abs. 1 vorgesehener Beitrag geleistet werden kann. (Zu vergleichen Art. 101 A.).

Artikel 101.

(1) Der Treuhänder ist mit Zustimmung der Aufsichtsbehörde berechtigt und auf ihre Weisung verpflichtet, Teile des Aufwertungsstocks für die Befriedigung anderweitiger Verpflichtungen der Unternehmung (Verwaltungskosten, Fremdwährungsverpflichtungen, Verpflichtungen aus Kriegs- und Sparprämienanleiheversicherungen sowie Ansprüche aus Kranken-, Unfall- und Haftpflichtversicherungsverträgen, soweit sie nicht unter Artikel 95 fallen usw.) freizugeben, wenn die beabsichtigte Verwendung des freizugebenden Teiles zur wirtschaftlichen Erhaltung der Unternehmung oder zur Abwendung einer groben Unbilligkeit geboten oder nach der Gesamtlage der Unternehmung für die Versicherten vorteilhaft erscheint.

(2) Der Treuhänder hat den Aufwertungsstock festzustellen. Die Unternehmung ist verpflichtet, ihm zu diesem Zwecke Einsicht in die Geschäftsbücher und in sonstige Unterlagen der Unternehmung zu gestatten; sie hat dem Treuhänder die erforderlichen Auskünfte zu erteilen und die entsprechenden Bücher und Unterlagen vorzulegen. Dieselben Verpflichtungen hat der Treuhänder der Unternehmung gegenüber hinsichtlich seiner Geschäftsführung.

(3) Streitigkeiten, die zwischen dem Treuhänder und der Unternehmung über den Aufwertungsstock entstehen, werden durch die Aufsichtsbehörde unter Ausschluß des Rechtswegs in dem durch die §§ 73, 74 und 84 des Versicherungsaufsichtsgesetzes geregelten Verfahren entschieden. Das gleiche Verfahren greift Platz, wenn eine der in den Artikeln 100, 101 Abs. 1 vorgesehenen Maßnahmen der Aufsichtsbehörde getroffen oder ein dahingehender Antrag eines Beteiligten abgelehnt oder eine Entscheidung nach Artikel 97 Abs. 1 Satz 4 getroffen werden soll. Die Entscheidungen sind mit Gründen zu versehen.

Ein Teil der Rechte und Pflichten des Treuhänders (zu vergleichen ferner Art. 103 ff.) wird hier näher festgelegt. Ein fester Verwaltungskostenabzug ist hier (anders Art. 77) nicht vorgeschrieben. Streitigkeiten zwischen dem Treuhänder und der Unternehmung über den Aufwertungsstock (Abs. 1, 3) entscheidet die Aufsichtsbehörde. Für das Verfahren in diesem Falle und für die Entscheidungen der Aufsichtsbehörde über die Beitragsleistung (Art. 100), Bildung des Aufwertungsstockes (Art. 97 Abs. 1, S. 4), bei Ablehnung von An-

trägen Beteiligter gelten die Vorschriften des V.A.G. § 73 (richterliches Verfahren), § 74 (Rekurs gegen die Entscheidung innerhalb eines Monats nach der Zustellung der Entscheidung § 75), § 84 (Entscheidung der Landesaufsichtsbehörde anfechtbar innerhalb eines Monats nach der Zustellung im Wege des Verwaltungsstreitverfahrens oder des Rekurses nach §§ 20, 21 Gew.O.).

Artikel 102.

(1) Kommen bei einer Unternehmung mehrere Versicherungszweige in Betracht, so werden für die auf Mark oder eine andere nicht mehr geltende inländische Währung lautenden Versicherungen die im Artikel 97 bezeichneten Vermögenswerte auf Antrag des Treuhänders nach Anhörung der Unternehmung auf die verschiedenen Versicherungszweige im Verhältnis der Goldmarkbeträge der auf sie entfallenden technischen Reserven aufgeteilt; Artikel 96 Abs. 1 Satz 2, Abs. 2 gelten entsprechend. Bei der Aufteilung darf auf die Aufwertungsstöcke der Lebensversicherung, der Kranken-, Unfall- und Haftpflichtversicherung nicht weniger entfallen, als die zugehörigen Prämienreservefonds an aufgewerteten Vermögensanlagen enthalten haben.

(2) Die Aufteilung bedarf der Genehmigung der Aufsichtsbehörde. Artikel 101 Abs. 3 findet Anwendung. Ergeben sich bei der Aufteilung nach Abs. 1 offenbare Unbilligkeiten, so hat auf Verlangen der Aufsichtsbehörde eine andere Aufteilung zu erfolgen.

Die Aufsichtsbehörde hat sich schlüssig zu machen, ob sie die von dem Treuhänder beantragte abweichende Aufteilung (Abs. 1) genehmigen will. Nötigenfalls hat der Treuhänder eine andere Aufteilung vorzunehmen (Abs. 2).

Artikel 103.

(1) Der Treuhänder hat den Aufwertungsstock in Besitz zu nehmen und zu verwalten. Die Unternehmung ist verpflichtet, den Aufwertungsstock auf Verlangen des Treuhänders zu verwahren. Der Treuhänder ist berechtigt, aus dem Aufwertungsstocke Vorschüsse auf die Ansprüche der Versicherten zu zahlen und über ihn zu verfügen, soweit diese Verfügung im Interesse der Versicherten, insbesondere einer beschleunigten endgültigen oder vorläufigen Durchführung der Aufwertung zweckdienlich erscheint; er soll vor dieser Verfügung die Unternehmung anhören und bei ihrem Widerspruche die Entscheidung der Aufsichtsbehörde einholen.

(2) Der Treuhänder hat die am Aufwertungsstocke beteiligten Versicherungen festzustellen und für die Verwendung des Aufwertungsstocks nach Anhörung der Unternehmung einen Teilungsplan aufzustellen. Aus dem Teilungsplane muß sich die Berechnungsweise der auf die Versicherungen entfallenden Aufwertungsanteile ergeben. Soweit die Versicherungsansprüche noch nicht fällig sind, wird für sie, unbeschadet der Vorschrift des Artikel 105, vom Treuhänder eine beitragsfreie oder beitragspflichtige Versicherung auf Reichsmark im Teilungsplane berechnet. Die von deutschen Unternehmungen im Ausland abgeschlossenen,

unter Artikel 95 fallenden Versicherungen sind am Aufwertungsstock nicht beteiligt, wenn gemäß § 57 Abs. 1 Satz 2 des Versicherungsaufsichtsgesetzes im Ausland eine besondere Sicherheit zu bilden war.

(3) Bei der Berechnung der neuen Versicherungsansprüche können die Versicherungsformen geändert, insbesondere kann der Ablauf der Versicherungen bis Ende 1932 hinausgeschoben und eine Gewinnbeteiligung vorgesehen, ausgeschlossen oder neu geregelt werden. Beim Rückkauf ist dem Versicherungsnehmer die volle Prämienreserve zu gewähren, soweit die aus dem Aufwertungsanteile hergestellte Versicherung in Frage kommt.

(4) Die Fortsetzung des Versicherungsverhältnisses als beitragspflichtige Versicherung gilt nur dann als vereinbart, wenn die nach dem Teilungsplane zu leistende erste Prämienzahlung innerhalb der gestellten Frist bewirkt ist; andernfalls ist der Aufwertungsanteil auszuzahlen, es sei denn, daß der Teilungsplan für diesen Fall eine beitragsfreie Versicherung vorsieht.

(5) Mit Genehmigung der Aufsichtsbehörde können Zahlungen auf die aus dem Teilungsplane sich ergebenden Leistungen bis zum 31. Dezember 1932 ganz oder teilweise abgelehnt werden. Dies gilt nicht bei beitragspflichtigen Versicherungen für den aus der Prämienzahlung sich ergebenden Teil der Versicherungssumme.

(6) Finden Zahlungen statt, so sind Bezugsberechtigte in höherem Lebensalter, insbesondere aus Rentenversicherungen, in bevorzugter Weise zu berücksichtigen.

1 **Der Treuhänder hat den Aufwertungsstock in Besitz zu nehmen und mit der Sorgfalt eines ordentlichen Hausvaters zu verwalten. Die Verwaltung wird der Unternehmung also entzogen (anders Art. 59). Der Treuhänder ist berechtigt, in Ansehung des Aufwertungsstockes alle Handlungen vorzunehmen und alle Anträge (auch Grundbuch-, Aufwertungsanträge) zu stellen, die sonst der Unternehmung obliegen würden. In bestimmten Fällen (Abs. 1, S. 3) soll er die Unterhaltung vorher anhören und bei ihrem Widerspruch die Entscheidung der Aufsichtsbehörde einholen. Überwacht wird er von der Aufsichtsbehörde. Diese kann ihn bei dem Vorliegen eines wichtigen Grundes (zu vergleichen § 2227 BGB., Testamentsvollstrecker) entlassen (Art. 110 auch ohne Antrag eines Beteiligten).**

2 **Die Hauptaufgabe des Treuhänders ist die Aufstellung eines Verteilungsplanes. Der Plan ist in geeigneter Weise bekanntzumachen; mit der Genehmigung der Aufsichtsbehörde ist er endgültig (Art. 107).**

Artikel 104.

Im Teilungsplane kann vorgesehen werden, daß die Ansprüche für gewisse Gruppen von Versicherungsnehmern oder für die Versicherungsnehmer aller oder einzelner Jahrgänge der seit dem 1. Januar 1919 abgeschlossenen Versicherungen aus der allgemeinen Verteilung ausscheiden und abgesondert geregelt werden. In diesem Falle kann insbesondere dem Versicherungsnehmer an Stelle seiner bisherigen Versicherung eine neue beitragspflichtige Versicherung mit einem von der Aufsichtsbehörde festgesetzten Mindestbetrag unter Berücksichtigung seines Aufwertungsanteils angeboten werden. Lehnt der Versicherungsnehmer dieses Angebot ab, so wird ihm nach Wahl der Unternehmung der Aufwertungsanteil auf seine Kosten bar ausgezahlt oder eine entsprechende beitragsfreie Versicherung eingeräumt. Die Vorschriften des Artikel 103 Abs. 3 bis 5 finden entsprechende Anwendung.

Artikel 105.

Bleibt der Aufwertungsanteil unter einem von der Aufsichtsbehörde im Teilungsplane zugelassenen Mindestbetrag oder ist damit zu rechnen, daß die Unternehmung alsbald aufgelöst wird, und erlöschen in diesem Falle die Versicherungsverhältnisse, so kann in dem Teilungsplan angeordnet werden, daß unter Aufhebung des Versicherungsverhältnisses der Aufwertungsanteil dem Bezugsberechtigten auszuzahlen ist. Beträgt der Aufwertungsanteil bei Versicherungen über eine Summe von mehr als 2000 Mark oder eine Jahresrente von mehr als 100 Mark weniger als 10 Reichsmark, bei andern Versicherungen weniger als 3 Reichsmark, so kann an Stelle der Auszahlung aus solchen Anteilen eine Rücklage gebildet werden, die der Treuhänder zum Ausgleich besonderer Härten mit Zustimmung der Aufsichtsbehörde für die Versicherten zu verwenden hat. Hierbei sollen vor allem Bezugsberechtigte in höherem Lebensalter, insbesondere aus Rentenversicherungen, berücksichtigt werden.

Ist der Aufwertungsanteil gering, d. h.

a) weniger als 10 Reichsmark bei Versicherungen über eine Summe von mehr als 2000 Mark oder eine Jahresrente von mehr als 100 Mark,

b) weniger als 3 Reichsmark bei anderen Versicherungen,

so braucht er nicht ausgezahlt zu werden, kann vielmehr zur Bildung einer Rücklage, insbesondere zur Berücksichtigung Bedürftiger verwendet werden.

Artikel 106.

Der Treuhänder hat mit Genehmigung der Aufsichtsbehörde den Aufwertungsstock ganz oder teilweise an die Unternehmung herauszugeben, wenn und soweit eine besondere Regelung bestimmter Ansprüche nach Artikel 104 erfolgt oder erfolgt ist, oder wenn Vereinbarungen mit Genehmigung der Aufsichtsbehörde getroffen werden.

Artikel 107.

Der Teilungsplan und der ihm zugrunde liegende Bestand des Aufwertungsstocks wird durch Genehmigung der Aufsichtsbehörde unter Ausschluß des Rechtswegs festgestellt. Vor der Genehmigung ist der Teilungsplan vom Treuhänder in geeigneter Weise bekanntzumachen; das Nähere bestimmt die Aufsichtsbehörde. Die Genehmigung des Teilungsplans erfolgt, sofern die beteiligte Unternehmung es beantragt oder bei der Aufsichtsbehörde Bedenken bestehen, in dem durch die §§ 73, 74 und 84 des Versicherungsaufsichtsgesetzes geregelten Verfahren. Die Entscheidung ist mit Gründen zu versehen.

Die Genehmigung durch die Aufsichtsbehörde macht den Teilungsplan rechtsverbindlich. Eine Anfechtung der Entscheidung der Aufsichtsbehörde ist regelmäßig ausgeschlossen. In besonderen Fällen ist für die Genehmigung das richterliche Verfahren mit Rekurs- oder Verwaltungsstreitverfahren (§§ 73, 74, 84 V.A.G., zu vergleichen Art. 101) vorgesehen. Der Rechtsweg für die Versicherten ist ausdrücklich ausgeschlossen.

Artikel 108.

Nach Genehmigung des Teilungsplans hat der Treuhänder den Aufwertungsstock an die Unternehmung zurückzugeben, die Unternehmung hat ihn zu übernehmen. Sie hat für die neu, und zwar zum 14. Februar 1924 berechneten Versicherungsansprüche gemäß § 56 ff. des Versicherungsaufsichtsgesetzes die Prämienreserven zu berechnen und die erforderlichen Beträge dem Prämienreservefonds zuzuführen. Die Zuführung kann in der jeweiligen Höhe des Aufwertungsausgleichskontos (Artikel 100) unterbleiben. Bis zu ihrer Zuführung finden die Vorschriften des § 61 des Versicherungsaufsichtsgesetzes zugunsten der neu berechneten Versicherungsansprüche auf den Aufwertungsstock Anwendung; Arreste und Zwangsvollstreckungen finden in den Aufwertungsstock nicht statt.

Nach der Genehmigung des Teilungsplanes ist die Arbeit des Treuhänders beendet. Er hat nun den Aufwertungsstock an die Unternehmung zurückzugeben, diese hat alles weitere zu veranlassen. Ähnlich wie dies für die Teilungsmasse im Art. 59 bestimmt ist, finden in den Aufwertungsstock Arreste und Zwangsvollstreckungen nicht statt.

Artikel 109.

(1) Sind bei einer deutschen Unternehmung unzureichend gedeckte Fremdwährungsverpflichtungen vorhanden, so wird der Aufwertungsstock, unbeschadet der Vorschriften der Artikel 100, 101 Abs. 1, zwischen den Versicherungen in Fremdwährung und in früherer Reichswährung im Einvernehmen mit dem Treuhänder im Verhältnis der in sinngemäßer Anwendung des Artikel 96 Abs. 1 berechneten Goldmarkbeträge der auf sie entfallenden technischen Reserven nach Maßgabe der folgenden Vorschriften aufgeteilt.

(2) Versicherungen in Fremdwährung, die nicht am Prämienreservefonds (§ 57 des Versicherungsaufsichtsgesetzes) beteiligt sind, werden nur bei der Aufteilung des nicht zum Prämienreservefonds gehörigen Teiles des Aufwertungsstocks und nur mit dem Teil ihrer Ansprüche berücksichtigt, der nicht durch die für sie im Ausland gestellten Sicherheiten gedeckt ist.

(3) Die übrigen Versicherungen in Fremdwährung werden bei der Verteilung des zum Prämienreservefonds gehörigen Teiles des Aufwertungsstocks berücksichtigt. Außerdem gebührt ihnen der auch nach Durchführung des Artikel 100 nicht zum Aufwertungsstock gehörige Teil des Prämienreservefonds und eine etwaige für sie besonders gestellte Sicherheit.

(4) Soweit die im Abs. 3 bezeichneten Versicherungen in Fremdwährung nicht gedeckt sind, nehmen sie auch bei der Verteilung des nicht

zum Prämienreservefonds gehörigen Teiles des Aufwertungsstocks neben den Versicherungen in früherer Reichswährung teil; beide Arten von Versicherungen werden nur in Höhe des Ausfalls bei dieser Verteilung berücksichtigt.

(5) Der auf die Versicherungen in früherer Reichswährung entfallende Anteil wird auch im Konkurs der Unternehmung oder bei Maßnahmen nach § 69 des Versicherungsaufsichtsgesetzes ausschließlich zugunsten der Versicherungen in Reichswährung mit Genehmigung der Aufsichtsbehörde verwendet.

(6) Das Verteilungsverfahren ist auszusetzen, wenn mit Zustimmung der Aufsichtsbehörde Verhandlungen über eine Regelung der Fremdwährungsverpflichtungen im Vergleichsweg schweben. Kommt ein Vergleich zustande, so entfällt für die davon betroffenen Versicherungen das Verfahren nach Abs. 1 bis 4.

Artikel 110.

(1) Der Treuhänder wird nach Anhörung der Unternehmung durch die Aufsichtsbehörde bestellt. Er darf nicht Mitglied des Vorstandes oder des Aufsichtsrats oder Angestellter der Unternehmung sein und auch nicht zu ihren Aktionären gehören. Der Treuhänder erhält eine Bestallung. Die nach den Vorschriften des Versicherungsaufsichtsgesetzes der Aufsichtsbehörde obliegende Überwachung des Geschäftsbetriebs der Unternehmung erstreckt sich auch auf die Geschäftsführung des Treuhänders. Er kann bei Vorliegen eines wichtigen Grundes entlassen werden.

(2) Die Vergütung für den Treuhänder wird nach Anhörung der Unternehmung durch die Aufsichtsbehörde festgesetzt; die Vergütung und die übrigen Kosten des Aufwertungsverfahrens gehen zu Lasten des Aufwertungsstocks. Der Treuhänder kann bei Ausübung seiner Obliegenheiten die Mitwirkung der Unternehmung gegen eine angemessene Vergütung in Anspruch nehmen. Die Höhe dieser Vergütung ist der Aufsichtsbehörde anzuzeigen. Im Streitfall oder wenn Bedenken bei der Aufsichtsbehörde vorliegen, finden die Vorschriften des Artikel 101 Abs. 3 Anwendung.

(3) Das Amt des Treuhänders endigt, sobald der Aufwertungsstock der Unternehmung gemäß Artikel 108 zur Verfügung gestellt ist. Der Treuhänder hat nach Beendigung seines Amts die Bestallung der Aufsichtsbehörde zurückzugeben.

Die Bestellung des Treuhänders erfolgt nach Anhörung der Unternehmung durch die Aufsichtsbehörde. Diese überwacht auch die Geschäftsführung des Treuhänders und kann ihn bei dem Vorliegen eines wichtigen Grundes entlassen. Hierdurch ist ein ausreichender Schutz der Versicherten gewährleistet. Ein Rechtsmittel gegen die Entscheidung der Aufsichtsbehörde, die den Treuhänder entläßt, ist nicht vorgesehen. § 77 V.A.G. (gegen die Entlassung des Testamentsvollstreckers sofortige und sofortige weitere Beschwerde, §§ 81, 22, 29 F.G.G.). Der Treuhänder erhält seine Bestallung von der Aufsichtsbehörde und gibt sie dieser nach Beendigung seines Amtes zurück. Für seine Tätigkeit erhält der Treuhänder eine Vergütung.

Artikel 111.

Die Aufsichtsbehörde kann auf Antrag der Unternehmung oder des Treuhänders eine Ausschlußfrist für die Anmeldung der im Teilungsplan zu berücksichtigenden Ansprüche festsetzen. Die Ausschlußfrist ist nach näherer Vorschrift der Aufsichtsbehörde bekanntzumachen.

Artikel 112.

Bei den kleineren Vereinen im Sinne des § 53 des Versicherungsaufsichtsgesetzes und bei den nach dem Angestelltenversicherungsgesetze zugelassenen Ersatzkassen kann auf Antrag der Unternehmung von der Bestellung eines Treuhänders abgesehen werden. In diesem Falle wird die Verwendung der im Artikel 97 bezeichneten Vermögenswerte durch den Geschäftsplan geregelt, der der Genehmigung der Aufsichtsbehörde bedarf. Die Aufstellung des Geschäftsplans erfolgt durch übereinstimmenden Beschluß von Vorstand und Aufsichtsrat oder, wenn ein Aufsichtsrat nicht vorhanden ist, durch den Vorstand.

Dieser Artikel beruht auf der Ermächtigung des § 61.

Artikel 113.

Bei einer Entscheidung nach den §§ 73, 74 und 84 des Versicherungsaufsichtsgesetzes auf Grund dieser Verordnung gelten die Unternehmung und der Treuhänder im Sinne des § 73 Abs. 7, § 74 des Versicherungsaufsichtsgesetzes als Beteiligte.

Artikel 114.

Wenn bei der Durchführung der Artikel 95 bis 113 dieser Verordnung im Einzelfall eine anderweitige Regelung im Interesse der Versicherten sich als angezeigt erweist, so kann ausnahmsweise von der Aufsichtsbehörde im Einvernehmen mit dem Treuhänder und der Unternehmung eine von den vorstehenden Vorschriften abweichende Regelung im Rahmen des § 61 des Gesetzes getroffen werden.

Artikel 115.

Auf Ansprüche aus Lebensversicherungsverträgen, die mit ausländischen, nicht unter Reichsaufsicht stehenden Unternehmungen abgeschlossen sind, finden die Vorschriften der Artikel 95 bis 114 keine Anwendung. Für diese Ansprüche bewendet es bei den für sie geltenden allgemeinen gesetzlichen Bestimmungen. Darüber, ob eine Unternehmung im Sinne dieser Bestimmung als nicht unter Reichsaufsicht stehend anzusehen ist, entscheidet endgültig das Reichsaufsichtsamt für Privatversicherung; das im Artikel 101 Abs. 3 vorgesehene Verfahren findet entsprechende Anwendung.

Wegen der Lebensversicherungsverträge mit ausländischen Unternehmungen unserer Feinde vom Weltkriege zu vergleichen Versailler Friedensvertrag, Anlage zu Abschnitt V (Art. 299), §§ 11 ff., Art. 304 (Entscheidung durch die gemischten Schiedsgerichtshöfe).

II. Öffentliche Versicherungsunternehmungen.

Artikel 116.

Die Vorschriften der Artikel 95 bis 115 finden entsprechende Anwendung, wenn der Anspruch aus dem Versicherungsvertrage gegen eine auf Grund landesgesetzlicher Vorschriften errichtete öffentliche Versicherungsanstalt gerichtet ist. Die obersten Landesbehörden werden ermächtigt, die zur Durchführung dieser Vorschriften erforderlichen Anodnungen zu treffen. Dabei ist in den Fällen, in denen nach den Vorschriften dieser Verordnung ein Verfahren gemäß §§ 73, 74 oder 84 des Versicherungsaufsichtsgesetzes stattfindet, das Verwaltungsstreitverfahren für anwendbar zu erklären. Wo ein Verwaltungsstreitverfahren nicht besteht, finden die Vorschriften der §§ 20, 21 der Gewerbeordnung mit der Maßgabe Anwendung, daß die den Landesgesetzen vorbehaltenen Bestimmungen von den obersten Landesbehörden getroffen werden können.

Die Sozialversicherungen kommen hier nicht in Betracht. Zu vergleichen zu §§ 59—61 A. 1.

Sechster Abschnitt.

Einrichtung und Verfahren der Aufwertungsstellen.

Artikel 117.

(1) Aufwertungsstelle ist das Amtsgericht.

(2) Die obersten Landesbehörden können bestimmen, daß an Stelle der Amtsgerichte andere Landesbehörden zuständig sind oder daß die Amtsgerichte einzelne Verrichtungen den Notaren übertragen können oder daß für mehrere Amtsgerichtsbezirke eine gemeinsame Aufwertungsstelle errichtet wird.

1 Zu vergleichen § 72 A. 1 und 2. Art. 117 entspricht dem früher geltenden § 1 der V.O. vom 21. 7. 1925.

2 Das Amtsgericht ist eine Einheit, seine Abteilungen sind nicht gesonderte Behörden. Für die dem Amtsgericht übertragenen Verrichtungen ist regelmäßig nach dem GVG. nicht die einzelne Abteilung oder der einzelne Amtsrichter, sondern das Amtsgericht als solches zuständig (RGZ. 1 S. 235, RGStr. 14, S. 154, KGJ. 18, S. 370). Wird ein Antrag an eine bestimmte, nach dem Geschäftsplane nicht zuständige Abteilung des Amtsgerichts gerichtet, so ist der Antrag an die zuständige Abteilung abzugeben. Aufwertungsstelle und Grundbuchamt sind nicht selbständige Behörden, sondern Abteilungen des Amtsgerichts. (K.G. 7. 1. 1926, 9 Aw. 476. 25).

Artikel 118.

(1) Zuständig ist, soweit es sich um die Aufwertung von Hypotheken, Schiffs- oder Bahnpfandrechten einschließlich der gesicherten persönlichen Forderungen, um Grundschulden, Rentenschulden oder Reallasten handelt (§§ 4 bis 32 des Gesetzes), das Amtsgericht, in dessen Bezirke das Grundbuch, Schiffsregister oder Bahngrundbuch geführt wird; im

Falle einer Gesamtbelastung bleibt dasjenige Gericht, welches zuerst angegangen ist, auch für die Entscheidung über die Aufwertung hinsichtlich der mitbelasteten Grundstücke, Schiffe oder Bahneinheiten zuständig. Dies gilt für die persönliche Forderung auch dann, wenn eine Wiedereintragung des dinglichen Rechtes nicht stattfindet.

(²) In allen anderen Fällen ist das Amtsgericht zuständig, bei welchem der Schuldner seinen allgemeinen Gerichtsstand hat; dasselbe gilt für die Aufwertung der durch Hypothek, Schiffspfandrecht oder Bahnpfandrecht gesicherten persönlichen Forderung, wenn das Grundbuch, Schiffsregister oder Bahngrundbuch im Inland nicht geführt wird. Hat der Schuldner im Inland keinen allgemeinen Gerichtsstand, so ist das Gericht zuständig, in dessen Bezirke sich sein Vermögen ganz oder zum Teil befindet oder in dessen Bezirke der Gläubiger seinen Wohnsitz (Sitz) hat; unter mehreren zuständigen Gerichten gebührt dem Gerichte der Vorzug, welches zuerst in der Sache tätig geworden ist. Ist nach diesen Vorschriften für mehrere Schuldner ein gemeinschaftlicher Gerichtsstand nicht begründet, so wird das zuständige Amtsgericht durch das gemeinschaftliche obere Gericht und, falls dieses das Reichsgericht ist, durch dasjenige Oberlandesgericht bestimmt, zu dessen Bezirke das zuerst angegangene Gericht gehört.

1 Zu vergleichen § 2, V.O. vom 21. 7. 1925, Art. I, §§ 1, 2 V.O. vom 27. 11. 1925.

2 Handelt es sich um einen dinglich gesicherten oder um einen dinglich gesichert gewesenen Anspruch, so ist — auch wenn nur die Aufwertung der persönlichen Forderung begehrt wird — das A.G. zuständig, in dessen Bezirk das Grundbuch, Schiffsregister oder Bahngrundbuch geführt wird. Nur wenn dieses Grundbuch usw. im Inlande nicht geführt wird, ist nach Abs. 2 zuständig das A.G. des allgemeinen Gerichtsstandes oder des Vermögens des Schuldners oder das für den Wohnsitz (Sitz) des Gläubigers zuständige A.G. Sind mehrere Gerichte an sich zuständig, so gebührt demjenigen Gericht der Vorzug, das zuerst „in der Sache" tätig geworden ist. Das Gericht muß daher bereits an die Bearbeitung der Sache herangegangen sein. Ermittelungen, z. B. über die Zuständigkeit, die eine Sachbearbeiteng erst vorbereiten sollen, begründen die bevorzugte Zuständigkeit also nicht.

3 Ist noch kein Gericht in der Sache tätig geworden, und liegen die verschiedenen Amtsgerichte, die nach Abs. 2 als zuständige Aufwertungsstelle in Frage kommen können,

a) im Bezirke desselben Landgerichts, so bestimmt dieses L.G. das zuständige A.G.,

b) in verschiedenen Landgerichtsbezirken, aber im Bezirke desselben O.L.G., so liegt diesem O.L.G. jene Bestimmung ob,

c) in verschiedenen Oberlandesgerichtsbezirken,

α) die zu demselben Lande gehören, d. h. entweder zu Preußen oder zu Bayern, so bestimmt das nach § 199 F.G.G. bestellte oberste Landesgericht das zuständige A.G., in Preußen also das K.G., in Bayern das Oberste Landesgericht,

β) die zu verschiedenen Ländern gehören, so wird das zuständige Amtsgericht bestimmt von demjenigen O.L.G., zu dessen Bezirk das zuerst angegangene Gericht gehört. Vorausgesetzt wird daher, daß sich der Antragsteller an eins der mehreren zuständigen Amtsgerichte bereits gewandt hat.

Artikel 119.

Für die Mitteilungen nach § 16 Abs. 1 Satz 2 des Gesetzes sind die Vorschriften der Zivilprozeßordnung über die Zustellung von Amts wegen maßgebend. Soweit Mitteilungen bereits in anderer Art ergangen sind, behält es dabei sein Bewenden.

Nach Art. 135 ist diese Vorschrift noch nicht in Kraft. Die Vorschriften der Z.P.O. über die Zustellung von Amts wegen sind enthalten in §§ 208 ff. Für Preußen gelten die im J.M.Bl. 1925 veröffentlichten, im Anhange abgedruckten allgemeinen Verfügungen
vom 26. 8. 1925 (Seite 286) Z. 8:
„ 17. 10. 1925 („ 379)
„ 13. 11. 1925 („ 404)
„ 15. 12. 1925 („ 432)

Zu vergleichen auch § 16 A. 1.

Artikel 120.

Wohnt ein Beteiligter nicht im Deutschen Reiche, so hat er bis zum 31. März 1926 einen im Deutschen Reiche wohnenden Zustellungsbevollmächtigten zu bestellen, falls er nicht einen daselbst wohnenden Bevollmächtigten bestellt hat. Die Vorschriften des § 175 Abs. 1 Satz 2, 3, Abs. 2 der Zivilprozeßordnung finden entsprechende Anwendung. Dies gilt auch für die Mitteilungen nach § 16 Abs. 1 Satz 2 des Gesetzes.

Zustellungsbevollmächtigter, zu vergleichen § 174 Abs. 2 Z.P.O. Ist oder wird der Zustellungsbevollmächtigte nicht bestellt, so können alle Zustellungen ins Ausland durch Aufgabe des Schriftstückes zur Post erfolgen. Mit der Aufgabe zur Post gilt die Zustellung als bewirkt, selbst wenn die Sendung nachher als unbestellbar zurückkommt. Gegebenenfalls (§ 175 Abs. 2 Z.P.O.) sind die Postsendungen mit der Bezeichnung „Einschreiben“ zu versehen. In Preußen ist die Einschreibesendung vorgeschrieben, zu vergleichen die im Art. 119 genannten allgemeinen Verfügungen.

Artikel 121.

Die Aufwertungsstelle kann die Verbindung mehrerer bei ihr gegen denselben Schuldner anhängigen Aufwertungsverfahren zum Zwecke der gleichzeitigen Verhandlung und Entscheidung anordnen; die Aufwertungsstelle kann eine solche Anordnung wieder aufheben.

Ein rechtlicher Zusammenhang der einzelnen Ansprüche (wie im § 147 Z.P.O.) wird nicht verlangt.

Artikel 122.

Die Aufwertungsstelle kann von den Beteiligten die Glaubhaftmachung einer tatsächlichen Behauptung verlangen.

Artikel 123.

Die Entscheidung der Aufwertungsstelle ist mit Gründen zu versehen.

Zu vergleichen § 73 A. 9 zu § 25 F.G.G.

Artikel 124.

(1) Die sofortige Beschwerde kann bei der Aufwertungsstelle oder beim Landgerichte eingelegt werden. Die Einlegung erfolgt durch Einreichung einer Beschwerdeschrift oder durch Erklärung zum Protokoll des Gerichtsschreibers des zuständigen Gerichts oder eines Amtsgerichts.

(2) Die sofortige weitere Beschwerde kann bei der Aufwertungsstelle, dem Landgericht oder dem Oberlandesgericht eingelegt werden. Die Einlegung erfolgt durch Einreichung einer Beschwerdeschrift oder durch Erklärung zum Protokoll des Gerichtsschreibers des zuständigen Gerichts oder eines Amtsgerichts. Die Beschwerdeschrift muß von einem Rechtsanwalt unterzeichnet sein. Der Zuziehung eines Rechtsanwalts bedarf es nicht, wenn die Beschwerde von einer Behörde oder von einem Notar eingelegt wird, der in der Angelegenheit für den Beschwerdeführer einen Antrag bei der Aufwertungsstelle gestellt hat.

(3) Wird die Berschwerde durch Erklärung zum Protokoll des Gerichtsschreibers eingelegt, so genügt es zur Wahrung der Beschwerdefrist, daß die Erklärung innerhalb der Frist erfolgt.

(4) Erfolgt die Einlegung der sofortigen Beschwerde oder der sofortigen weiteren Beschwerde durch Erklärung zum Protokoll des Gerichtsschreibers eines Amtsgerichts, so hat der Gerichtsschreiber dieses Gerichts innerhalb 24 Stunden dem Gerichtsschreiber der Aufwertungsstelle von der Einlegung Nachricht zu geben. Diese Vorschrift findet entsprechende Anwendung, sofern die sofortige weitere Beschwerde beim Oberlandesgericht unter Übergehung des Landgerichts eingelegt wird.

(5) Der Gerichtsschreiber der Aufwertungsstelle darf Zeugnisse über die Rechtskraft erst eine Woche nach Ablauf der Beschwerdefrist erteilen.

Zu vergleichen § 73 A. 9 zu §§ 18—22, 27 F.G.G., § 74 A. 1. ff.

Artikel 125.

(1) Die Anrufung der Aufwertungsstelle ist, sofern es sich um die Aufwertung von Teilschuldverschreibungen handelt (§ 46 des Gesetzes), von der Aufwertungsstelle einmal im Deutschen Reichsanzeiger bekanntzumachen. Die Aufwertungsstelle kann anordnen, daß die Bekanntmachung auch in anderen Blättern und zu mehreren Malen erfolge. Die Kosten der Bekanntmachung gelten als Kosten des Verfahrens.

(2) Die Vorschriften des Abs. 1 finden auf die Entscheidung der Aufwertungsstelle mit der Maßgabe Anwendung, daß eine Bekanntmachung der Entscheidungsgründe nicht stattfindet.

(3) Jeder Gläubiger kann sich dem Verfahren als Beteiligter anschließen.

Zu vergleichen § 46 A. 1—3. Ähnlich Art. 56.

Artikel 126.

(1) Die Aufwertungsstelle hat jedem, der ein berechtigtes Interesse darlegt, auf Antrag eine Bescheinigung darüber zu erteilen,

a) ob bei ihr bis zum 1. Januar 1926 ein Anspruch auf Aufwertung auf Grund des Vorbehalts der Rechte, kraft Rückwirkung oder im Falle der Annahme der Leistung nach dem 13. Februar 1924 oder ein Anspruch auf Aufwertung zugunsten des früheren Gläubigers (§§ 16, 17, 78 des Gesetzes) angemeldet ist,

b) wann die Anmeldung nach § 16 des Gesetzes dem Eigentümer und dem persönlichen Schuldner mitgeteilt ist,

c) ob und wann bei ihr ein Einspruch gemäß § 16 Abs. 1 Satz 3 des Gesetzes eingegangen ist,

d) ob bei ihr bis zum 1. April 1926 ein Antrag auf Herabsetzung des Aufwertungsbetrags (§§ 8, 34, 52 des Gesetzes) oder

e) ein Antrag auf eine von dem normalen Höchstsatz abweichende Aufwertung der durch Hypothek gesicherten persönlichen Forderung (§§ 12, 32 des Gesetzes) eingegangen ist,

f) ob bei ihr innerhalb der im § 23 Abs. 2 des Gesetzes bestimmten Frist ein Antrag nach § 23 Abs. 1 des Gesetzes eingegangen ist.

Die Bescheinigung ist gebührenfrei.

(2) Die obersten Landesbehörden können bestimmen, daß die Bescheinigung auch ohne Darlegung eines berechtigten Interesses erteilt werden kann, und daß in diesem Falle eine Gebühr erhoben wird.

Gemäß Art. VI § 2 des Gesetzes über die Entlastung der Gerichte vom 11. 3. 1921 (RGBl. S. 229) sind in Preußen durch die A.V. vom 26. 8. 1925 (JMBl. 1925, S. 286) zu 9 und durch die A.V. vom 8. 12. 1925 (JMBl. 1925, S. 426) die Gerichtsschreiber beauftragt worden, die Bescheinigungen zu erteilen.

Artikel 127.

(1) Die auf Grund der Dritten Steuernotverordnung und ihrer Durchführungsverordnungen bei einer Aufwertungsstelle oder in der Beschwerdeinstanz anhängigen Verfahren gelten als Verfahren, die auf Grund des Gesetzes und dieser Verordnung anhängig sind.

(2) Ist gegen eine Entscheidung, die auf Grund der bisherigen Vorschriften ergangen ist, Beschwerde noch nicht eingelegt, so gelten für die Einlegung der Beschwerde und den Rechtsmittelzug die Vorschriften des Gesetzes.

(3) Ist die Beschwerde bereits eingelegt, so gilt das Verfahren in der Beschwerdeinstanz als ein Verfahren auf Grund sofortiger weiterer Beschwerde. Einer Nachreichung der Einwilligung des Gegners gemäß § 74 Abs. 2 des Gesetzes bedarf es nicht. Auf Antrag eines Beteiligten hat das Beschwerdegericht die Sache an das Landgericht zu verweisen. Das Verfahren gilt in diesem Falle als ein Verfahren auf Grund sofortiger Beschwerde. Das Beschwerdegericht kann den Beteiligten zur Stellung des Antrags eine Ausschlußfrist setzen.

(4) Die Vorschriften des § 83 des Gesetzes über die Aufhebung einer Anordnung der Aussetzung des Verfahrens bleiben unberührt.

Artikel 128.

Soweit auf Grund der Vorschriften des Artikel I der Dritten Steuernotverordnung und der dazu erlassenen Durchführungsverordnungen Ansprüche angemeldet oder Anträge gestellt sind, für die es nach den entsprechenden Vorschriften des Gesetzes der Einhaltung bestimmter Fristen bedarf, gelten diese Fristen als gewahrt.

Die Anmeldung eines Anspruches oder Stellung eines Antrages noch unter der Herrschaft der 3. St.N.V.O. wahrt eine durch das AwG. bestimmte Frist nur dann, wenn jene Anmeldung, jener Antrag bereits früher erforderlich war (Herabsetzung des Aufwertungsbetrages, höhere Aufwertung nach allgemeinen Vorschriften, § 2 3. St.N.V.O., § 7 Df.V.O. vom 1. 5. 1924). Soweit daher das AwG. eine nach der 3. St.N.V.O. nicht verlangte Anmeldung oder Antragstellung neu vorgeschrieben hat, wird die Frist hierfür nur gewahrt, wenn der Beteiligte eine etwaige frühere Anmeldung oder Antragstellung rechtzeitig wiederholt.

Siebenter Abschnitt.

Kostenvorschriften.

Artikel 129.

(1) Die Gebühr im Aufwertungsverfahren ist nach dem Werte des Streitgegenstandes zu erheben. Der Wert des Streitgegenstandes wird von der Aufwertungsstelle unter Berücksichtigung der gestellten Anträge nach freiem Ermessen festgesetzt.

(2) Die näheren Bestimmungen über die Bemessung der Gebühr treffen die obersten Landesbehörden.

Zu vergleichen § 76 A. 1 ff.

Artikel 130.

Soweit durch die Eintragung der Aufwertung Kosten entstehen, trägt sie der Eigentümer. Dasselbe gilt für Kosten der Eintragung oder Löschung eines Widerspruchs gemäß § 8 Abs. 2, § 16 Abs. 2, 3 des Gesetzes oder Artikel 15 dieser Verordnung.

In Preußen sind diese Eintragungen gebührenfrei. V.O. vom 31. 8. 1925 (G.S. S. 111).

Achter Abschnitt.

Schlußbestimmungen.

Artikel 131.

(1) Von der Wertpapiersteuer sind befreit auf Reichsmark oder Goldmark lautende Industrieobligationen, Pfandbriefe und verwandte Schuldverschreibungen (neue Schuldverschreibungen), die vom Schuldner zur Abgeltung des Anspruchs auf Aufwertung der in den §§ 33, 47 des Ge-

setzes bezeichneten Art (alte Schuldverschreibungen) gewährt werden. Die Befreiung ist von der Innehaltung der in den Artikel 132 bis 134 vorgesehenen Förmlichkeiten abhängig.

(²) Die Befreiung des Abs. 1 gilt nicht, soweit der Gläubiger zum Erwerbe der neuen Schuldverschreibungen Zahlungen zu leisten hat. In diesem Falle ist die Wertpapiersteuer von dem Betrage der Zahlungen des Gläubigers zu berechnen.

Artikel 132.

(¹) Die neuen Schuldverschreibungen sind dem Finanzamt vor der Ausgabe zur Abstempelung anzumelden und vorzulegen. Zuständig ist das zur Versteuerung von Wertpapieren befugte Finanzamt, in dessen Bezirk der Ort der Leitung des Unternehmens des Schuldners liegt.

(²) In der Anmeldung sind die Voraussetzungen für die Steuerbefreiung darzulegen. Werden als Abfindung für Pfandbriefe oder verwandte Schuldverschreibungen gleichartige Schuldverschreibungen ausgegeben, so genügt eine Bescheinigung der Aufsichtsbehörde oder einer von ihr bezeichneten Stelle. Bei Hypothekenbanken kann die Bescheinigung vom Treuhänder ausgestellt werden.

(³) Die neuen Schuldverschreibungen sind vom Finanzamt mit dem im § 97 der Ausführungsbestimmungen zum Kapitalverkehrsteuergesetze bezeichneten Stempel abzustempeln.

Kapitalverkehrssteuergesetz vom 8. 4. 1922 (RGBl. S. 354); Ausführungsbestimmungen hierzu vom 27. 11. 1922 (Z.Bl.d.R. S. 1043); Verpflichtung zur Anmeldung §§ 88, 87, zur Vorlegung § 90, Abstempelung bei dem zuständigen Finanzamt §§ 96 ff., bei einem anderen Finanzamt § 112 Abs. 4 Ausführungsbestimmungen.

Artikel 133.

(¹) Die alten Schuldverschreibungen sind mit den neuen Schuldverschreibungen dem Finanzamt vorzulegen. Das Finanzamt hat auf den alten Schuldverschreibungen die Steuerzeichen zu vernichten, soweit sie nicht bereits vernichtet sind.

(²) Bei Pfandbriefen und verwandten Schuldverschreibungen, für die als Abfindung gleichartige Schuldverschreibungen gewährt werden, bedarf es einer Vorlegung nicht. Die Steuerzeichen auf ihnen sind vom Schuldner zu vernichten; die Vernichtung ist von der Aufsichtsbehörde oder einer von ihr bezeichneten Stelle, bei Hypothekenbanken vom Treuhänder dem Finanzamt anzuzeigen.

Artikel 134.

In den Fällen der Artikel 131 bis 133 finden auf das Verfahren im übrigen die §§ 88 bis 97, 112 Abs. 4, 113 der Ausführungsbestimmungen zum Kapitalverkehrsteuergesetz entsprechende Anwendung. Soweit die zur Abgeltung des Anspruchs auf Aufwertung gewährten Schuldverschreibungen gemäß § 26 zu a des Kapitalverkehrsteuergesetzes von der Wertpapiersteuer befreit sind, bewendet es bei dem Verfahren nach

§§ 109, 110 bis 113 der Ausführungsbestimmungen zum Kapitalverkehrsteuergesetze.

Artikel 135.

([1]) Die Vorschriften der Artikel 18 bis 20, 29 bis 40, 49, 51 bis 116, 131 bis 134 treten mit Wirkung vom 15. Juli 1925 in Kraft. Die Bestimmung des Zeitpunktes, mit dem die Vorschrift des Artikels 119 in Kraft tritt, bleibt vorbehalten.

([2]) Im übrigen tritt diese Verordnung am 10. Dezember 1925 in Kraft. Sie tritt gleichzeitig an die Stelle

1. der Verordnung über die Einrichtung und das Verfahren der Aufwertungsstellen vom 21. Juli 1925 (Reichsgesetzbl. I S. 154) in der Fassung der Verordnung vom 27. November 1925 (Reichsgesetzbl. I S. 392),
2. der Verordnung über die Anmeldung, den Nachweis und den Ausschluß von Rechten aus aufgewerteten Industrieobligationen und verwandten Schuldverschreibungen vom 10. August 1925 (Reichsgesetzbl. I S. 187) in der Fassung der Verordnung vom 29. September 1925 (Reichsgesetzbl. I S. 383),
3. der Verordnung über die Eintragung der Aufwertungsbeträge von Hypotheken und anderen dinglichen Rechten vom 9. Oktober 1925 (Reichsgesetzbl. I S. 385).

[1] Die V.O. vom 29. 8. 1925 über die Aufforderung zur Anmeldung des Altbesitzes von Industrieobligationen (RGBl. S. 384, abgedruckt Anhang) ist als einzige von den vor der Df.V.O. vom 29. 11. 1925 erlassenen Df.V.O. in Kraft geblieben.

[2] Im übrigen zu vgl. § 88 A. 3. Es mag hier noch auf die AV. des Preuß.J.M. vom 8. 12. 1925 (JMBl. 1925 S. 426) verwiesen werden. Nach dieser Verfügung ist in Preußen der Gerichtsschreiber mit der selbständigen Erledigung der Kostenfestsetzung beauftragt. Gemäß dem Gesetz zur Entlastung der Gerichte vom 11. 3. 1921 (RGBl. S. 229), Art. VI, § 3 Abs. 2, § 577 Abs. 4 Z.P.O. kann gegen den Kostenfestsetzungsbeschluß des Gerichtsschreibers binnen einer Notfrist von zwei Wochen die Entscheidung des Gerichts nachgesucht werden, an dessen Statt der Gerichtsschreiber entschieden hat. Hält das Gericht das Gesuch für begründet, so hat es ihm zu entsprechen. Billigt dagegen das Gericht den Kostenfestsetzungsbeschluß, so hat es das Gesuch ohne weiteres — eines den Beteiligten zuzustellenden Beschlusses bedarf es nicht — dem Beschwerdegericht zur Entscheidung vorzulegen. Jenes Gesuch stellt sich daher als eine eventuelle sofortige Beschwerde dar, die hier ausdrücklich für zulässig erklärt ist.

Eine dem § 104 Z.P.O. entsprechende Regelung ist also nicht erfolgt.

Anlage I (zu Artikel 21)

Barwert einer am 1. Januar 1932 fälligen Aufwertungsforderung.

Zeit der Rückzahlung	1926 vom Hundert	1927 vom Hundert	1928 vom Hundert	1929 vom Hundert	1930 vom Hundert	1931 vom Hundert
1. Januar	77,86	82,04	86,61	89,52	92,70	96,19
1. Februar	78,19	82,40	86,84	89,77	92,98	96,49
1. März	78,53	82,77	87,07	90,03	93,26	96,80
1. April	78,87	83,14	87,31	90,29	93,55	97,11
1. Mai	79,21	83,51	87,55	90,55	93,83	97,42
1. Juni	79,55	83,89	87,79	90,81	94,12	97,74
1. Juli	79,90	84,27	88,03	91,08	94,41	98,05
1. August	80,25	84,65	88,27	91,34	94,70	98,37
1. September . . .	80,60	85,04	88,52	91,61	94,99	98,69
1. Oktober	80,96	85,42	88,77	91,88	95,29	99,01
1. November . . .	81,31	85,82	89,01	92,15	95,59	99,34
1. Dezember . . .	81,67	86,21	89,27	92,43	95,89	99,67

Anmerkung: Es ist mit einer monatlichen Zahlung der Zinsen des aufgewerteten Rechtes gerechnet. Bei längeren Zahlungsperioden tritt für jeden Monat, für den am Auszahlungstermine noch keine Zinsen gezahlt sind, in der Zeit bis 31. Dezember 1927: 0,25 vom Hundert, ab 1. Januar 1928: 0,42 vom Hundert hinzu.

Anlage II (zu Artikel 37)

Barwert einer am 1. Januar 1932 fälligen Aufwertungsforderung

unter Zugrundelegung eines Zinsfußes von 9%, bei Fälligkeit der Zinsen von 3% für 1926 und 1927 bzw. 5% für 1928 bis 1931 jeweils am 30. Juni für das ganze Kalenderjahr.

Zeit der Rückzahlung	1926 vom Hundert	1927 vom Hundert	1928 vom Hundert	1929 vom Hundert	1930 vom Hundert	1931 vom Hundert
1. Januar	77,86	82,04	86,61	89,52	92,70	96,19
1. Februar	78,44	82,65	87,25	90,19	93,40	96,91
1. März	79,03	83,27	87,91	90,86	94,10	97,63
1. April	79,62	83,89	88,56	91,54	94,80	98,36
1. Mai	80,21	84,51	89,21	92,21	95,50	99,09
1. Juni	80,80	85,14	89,87	92,89	96,20	99,82
1. Juli	78,40	82,77	85,53	88,58	91,91	95,55
1. August	79,00	83,40	86,19	89,26	92,62	96,29
1. September . . .	79,60	84,04	86,85	89,94	93,33	97,02
1. Oktober	80,21	84,67	87,52	90,63	94,04	97,76
1. November . . .	80,81	85,32	88,18	91,32	94,75	98,51
1. Dezember . . .	81,42	85,96	88,85	92,01	95,47	99,25

Anhang

Verordnung über die Aufforderung zur Anmeldung des Altbesitzes von Industrieobligationen.

Vom 29. August 1925.[1]) (RGBl. S. 384.)

Auf Grund des § 88 des Aufwertungsgesetzes vom 16. Juli 1925 (Reichsgesetzbl. I S. 117) verordnet die Reichsregierung:

§ 1. Die Aufforderung zur Anmeldung des Altbesitzes von Schuldverschreibungen auf Grund des § 39 des Aufwertungsgesetzes hat in nachstehender Form zu erfolgen:

„Aufforderung zur Anmeldung des Altbesitzes von Industrieobligationen.

Gemäß § 39 des Aufwertungsgesetzes vom 16. Juli 1925 (Reichsgesetzbl. I S. 117) fordern wir die Altbesitzer unserer . . . prozentigen Anleihe vom Jahre . . . beziehungsweise der nachstehend aufgeführten Anleihen:

1. . . . .
2. . . . .

auf, ihre Schuldverschreibungen, für die die Vorrechte des Altbesitzes in Anspruch genommen werden, zur Vermeidung des Verlustes des Genußrechts innerhalb einer Frist von einem Monat seit dem Erscheinen dieser Aufforderung im Deutschen Reichsanzeiger bei:

1. . . . . oder
2. . . . .

anzumelden:

Der Anmeldung sind die Mäntel der Schuldverschreibungen oder der Nachweis ihrer Hinterlegung beizufügen.

Altbesitzer sind die Inhaber von Schuldverschreibungen, die ihre Schuldverschreibungen vor dem 1. Juli 1920 erworben haben und die bis zur Anmeldung Obligationengläubiger geblieben sind. Den Altbesitzern stehen gleich die Inhaber von Schuldverschreibungen, die gemäß § 38 des Aufwertungsgesetzes als vor dem 1. Juli 1920 erworben anzusehen sind.

Beweismittel für den Altbesitz sind binnen einer Frist von zwei Monaten seit dem Erscheinen dieser Aufforderung im Deutschen Reichsanzeiger einzureichen."

---

[1]) Veröffentlicht in Nr. 202 des Deutschen Reichsanzeigers und Preußischen Staatsanzeigers vom 29. August 1925 (s. Reichsgesetzbl. 386).

§ 2. In der Aufforderung im Deutschen Reichsanzeiger ist ferner der Zeitpunkt der Veröffentlichung in den übrigen von den Unternehmen gewählten Zeitungen anzugeben, und zwar in folgender Form:

„Die Aufforderung ist in den nachstehenden Gesellschaftsblättern erschienen:

1. . . . . am . . . .

2. . . . . am . . . .

§ 3. Die im § 39 des Aufwertungsgesetzes vorgesehene Frist von einem Monat wird nur durch eine Aufforderung im Deutschen Reichsanzeiger, die der in §§ 1 und 2 vorgesehenen Fassung entspricht, in Lauf gesetzt. Der Lauf der Frist beginnt mit der Veröffentlichung im Reichsanzeiger.

§ 4. Diese Verordnung tritt mit Wirkung vom 16. Juli 1925 in Kraft.

Gesetz über die anderweitige Festsetzung von Geldbezügen aus Altenteilsverträgen.

Vom 18. August 1923.

(RGBl. I Nr. 76, ausgeg. am 28. August 1923, S. 815.)

Der Reichstag hat das folgende Gesetz beschlossen, das mit Zustimmung des Reichsrats hiermit verkündet wird:

§ 1.

Die obersten Landesbehörden können bestimmen, daß wiederkehrende Geldleistungen aus einem mit der Überlassung eines Grundstücks in Verbindung stehenden Altenteilsvertrage (Leibgedings-, Leibzuchts- oder Auszugsvertrag) entsprechend den veränderten Verhältnissen anderweit festgesetzt werden, soweit dies der Billigkeit entspricht.

Dasselbe gilt entsprechend von den Versorgungsansprüchen, welche einzelnen Familiengliedern gegenüber den Inhabern von bisherigen Stammgütern und Familienfideikommissen entweder nach dem noch geltenden früheren Rechte aus Gesetz, Fideikommißstiftung oder Vertrag zustehen oder im Zusammenhange mit der Auflösung der gebundenen Familiengüter begründet worden sind.

§ 2.

Die anderweite Festsetzung soll nach Möglichkeit in der Form erfolgen, daß die Geldleistung in eine Naturalleistung umgewandelt oder in dem Werte einer Menge von Naturalerzeugnissen ausgedrückt wird (Naturalwertrente).

§ 3.

Soweit Naturalleistungen aus einem Altenteilsvertrage nachträglich in wiederkehrende Geldleistungen umgewandelt sind, findet § 1 entsprechende Anwendung.

§ 4.

Ist für Geldleistungen der im § 1 oder 3 bezeichneten Art ein dingliches Recht an einem Grundstück bestellt, so kann auch dieses Recht nach Maßgabe des § 1 erweitert werden.

Ist der Eigentümer des belasteten Grundstücks nicht zugleich der aus dem Vertrage persönlich Verpflichtete, so kann die Erweiterung des dinglichen Rechtes höchstens in dem Verhältnis erfolgen, in dem sich seit dem Erwerbe des Grundstücks durch den derzeitigen Eigentümer die Geldsumme, welche den Wert des Grundstücks ausdrückt, infolge der allgemeinen Geldentwertung erhöht hat.

Die Erweiterung ist an der nächstbereiten Stelle im Grundbuch einzutragen.

Die Vorschrift des § 9 des Einführungsgesetzes zu dem Gesetz über die Zwangsversteigerung und die Zwangsverwaltung gilt mit der Maßgabe, daß an Stelle des Landesgesetzes die Anordnung der obersten Landesbehörde tritt.

§ 5.

Die Entscheidung gemäß §§ 1 bis 4 erfolgt durch das Amtsgericht in einem Einigungsverfahren. Das Nähere, insbesondere auch wegen der Zulässigkeit von Rechtsmitteln sowie wegen der Eintragung im Grundbuch, wird durch die obersten Landesbehörden geregelt.

Die Entscheidung gemäß § 1 Abs. 2 kann durch die obersten Landesbehörden an Stelle des Amtsgerichts der Fideikommißauflösungsbehörde übertragen werden, wo eine solche eingerichtet ist.

§ 6.

Dieses Gesetz tritt mit dem Tage der Verkündung in Kraft.

Die Reichsregierung bestimmt mit Zustimmung des Reichsrats den Zeitpunkt, zu dem das Gesetz außer Kraft tritt.

Verordnung über die anderweitige Festsetzung von Geldbezügen aus Altenteilsverträgen und von Versorgungsansprüchen bei Stammgütern und Familienfideikommissen.

JM. FM. LM. v. 8. September 1923. (GS. Nr. 55, ausgeg. am 20. September 1923, S. 433.)

Auf Grund der den obersten Landesbehörden durch das Reichsgesetz über die anderweitige Festsetzung von Geldbezügen aus Altenteilsverträgen vom 18. August 1923 (RGBl. I S. 815) erteilten Ermächtigung wird verordnet, was folgt:

§ 1.

Entsprechend den veränderten Verhältnissen können, soweit dies der Billigkeit entspricht, anderweitig festgesetzt werden:

a) wiederkehrende Geldleistungen aus einem mit der Überlassung eines Grundstücks in Verbindung stehenden Altenteilsvertrage (Leibgedings-, Leibzuchts- oder Auszugsvertrage);

b) Versorgungsansprüche, welche einzelnen Familienmitgliedern gegenüber den Inhabern von bereits aufgelösten oder in der Auflösung begriffenen Stammgütern (Hausvermögen) und Familienfideikommissen entweder nach dem noch geltenden früheren Rechte aus Gesetz, Satzung oder Vertrag zustehen oder im Zusammenhange mit der Auflösung der gebundenen Familiengüter begründet worden sind.

§ 2.

Die anderweitige Festsetzung soll nach Möglichkeit in der Form erfolgen, daß die Geldleistung in eine Naturalleistung umgewandelt oder in dem Werte einer Menge von Naturalerzeugnissen ausgedrückt wird (Naturalwertrente).

§ 3.

Soweit Naturalleistungen aus einem Altenteilsvertrage nachträglich in wiederkehrende Geldleistungen umgewandelt sind, findet § 1 entsprechende Anwendung.

§ 4.

Ist für Geldleistungen der im § 1 oder 3 bezeichneten Art ein dingliches Recht an einem Grundstücke bestellt, so kann auch dieses Recht nach Maßgabe des § 1 erweitert werden.

Ist der Eigentümer des belasteten Grundstücks nicht zugleich der aus dem Vertrage persönlich Verpflichtete, so kann die Erweiterung des dinglichen Rechtes höchstens in dem Verhältnis erfolgen, in dem sich seit dem Erwerbe des Grundstücks durch den derzeitigen Eigentümer die Geldsumme, welche den Wert des Grundstücks ausdrückt, infolge der allgemeinen Geldentwertung erhöht hat.

Die Erweiterung ist an der nächstbereiten Stelle im Grundbuch einzutragen.

Die Vorschrift des Artikels 6 des Preußischen Ausführungsgesetzes zum Reichsgesetz über die Zwangsversteigerung und Zwangsverwaltung vom 23. September 1899 (GS. 291) gilt auch für die Erweiterung, wenn sie im Grundbuch eingetragen ist.

§ 5.

Der Antrag auf anderweitige Festsetzung ist zulässig für das zur Zeit seiner Einreichung laufende Jahr und für die spätere Zeit. Als Jahr im Sinne dieser Vorschrift gilt das für das betreffende Rechtsverhältnis bestimmte und in Ermangelung eines solchen das Kalenderjahr.

§ 6.

Zuständig für die Entscheidung ist:

a) in den Fällen des § 1 Buchstabe a das Amtsgericht, in dessen Bezirk das von dem Altenteiler überlassene Grundstück ganz oder zum größten Teile liegt, und auf Rechtsbeschwerde das Landgericht;

b) in den Fällen des § 1 Buchstabe b das für die Auflösung

des Familienguts zuständige Auflösungsamt und auf sofortige Beschwerde das Landesamt für Familiengüter.

§ 7.

Die Entscheidung erfolgt in einem Einigungsverfahren. Für dieses gelten entsprechend:

a) bei Altenteilsansprüchen die §§ 11 Abs. 1, 14 bis 38, 46 der Preußischen Pachtschutzordnung vom 27. September 1922 (GS. 287) mit der Maßgabe, daß dabei ausfallen § 16 Abs. 3 Satz 1 und 2, § 19 Abs. 2, § 23 Abs. 4 und im § 28 Abs. 2 die Worte „wenn § 2 Abs. 2 nicht beachtet ist". Der Vorsitzende kann das persönliche Erscheinen der Parteien anordnen. Bevollmächtigte haben ihre Vollmacht durch eine schriftliche Urkunde nachzuweisen; wegen der vorläufigen Zulassung gilt § 89 der Zivilprozeßordnung entsprechend; vor Nachreichung der Vollmacht darf eine vollstreckbare Ausfertigung, insbesondere auch eines Vergleichs, nicht erteilt werden;

b) bei Versorgungsansprüchen aus Stammgütern und Familienfideikommissen die §§ 27 Abs. 5, 28 Abs. 1 bis 11 und 29 Abs. 1 Satz 1 der Verordnung über die Zwangsauflösung der Familiengüter und Hausvermögen (Zwangsauflösungsverordnung) vom 19. November 1920 (GS. 463) mit folgenden Maßgaben: Die Entscheidung des Auflösungsamts erfolgt nach mündlicher Verhandlung. Sie ist durch Verkündung bekanntzugeben. Gegenüber Beteiligten, die bei der Verkündung nicht gegenwärtig und nicht ordnungsmäßig vertreten sind, erfolgt die Bekanntgabe durch Zustellung. Die Entscheidung ist schriftlich zu begründen, wenn eine Partei es binnen zwei Wochen seit der Bekanntgabe an sie beantragt hat oder wenn Rechtsbeschwerde eingelegt ist.

§ 8.

Vom Eingange des Antrags ab kann die zuständige Behörde, soweit sie das Bestehen eines Anspruchs für glaubhaft erachtet, die Eintragung einer Vormerkung zur Sicherung des Anspruchs auf Erweiterung des eingetragenen Rechtes anordnen; die Anordnung kann von Amts wegen und ohne mündliche Verhandlung erfolgen. Die Behörde kann das Grundbuchamt um die Eintragung ersuchen.

Die Erweiterung des dinglichen Rechtes durch die Behörde erster Instanz gilt als Bewilligung der Eintragung einer entsprechenden Vormerkung. Die Behörde kann das Grundbuchamt um die Eintragung ersuchen.

Soweit nach der rechtskräftigen Entscheidung oder nach einem Vergleiche der durch die Vormerkung gesicherte Anspruch entfällt, hat die Behörde das Grundbuchamt um die Löschung einer gemäß Abs. 1 Satz 2 oder Abs. 2 Satz 2 eingetragenen Vormerkung zu ersuchen.

Die Kosten der Eintragung der Vormerkung und ihrer Löschung gelten als Kosten des Verfahrens und werden erst bei Erledigung der Angelegenheit durch rechtskräftige Entscheidung oder durch Vergleich fällig. Die Bestimmung im § 1 des Preußischen Gerichtskostengesetzes bleibt außer Anwendung.

§ 9.

Über die Kosten des Verfahrens ist nach billigem Ermessen zu entscheiden. Wird das Verfahren durch einen Vergleich beendet, so ist für die Instanz, in der er geschlossen wird, nur die Gebühr des § 36 Abs. 1 Satz 2 des Deutschen Gerichtskostengesetzes zu erheben. Im übrigen gelten die Vorschriften der Zivilprozeßordnung und des Deutschen Gerichtskostengesetzes über Kosten und Armenrecht entsprechend.

Der Wert des Streitgegenstandes bestimmt sich nach § 10 Abs. 2 des Deutschen Gerichtskostengesetzes.

§ 10.

Die in dem Verfahren abgeschlossenen Vergleiche sind vollstreckbar, die rechtskräftigen Entscheidungen in Ansehung der Kosten. Auf die Zwangsvollstreckung finden die Vorschriften der Zivilprozeßordnung entsprechende Anwendung.

Die rechtskräftig beschlossene oder durch Vergleich eingeräumte Erweiterung des dinglichen Rechtes gilt als Bewilligung der entsprechenden Eintragung im Grundbuche. § 8 Abs. 4 gilt entsprechend.

§ 11.

Diese Verordnung tritt eine Woche nach ihrer Verkündung in Kraft. Die Ausführung erfolgt durch den Justizminister.

R.F.M. vom 8. März 1924. Durchführungsbestimmungen für die Vermögensteuer 1924 (Artikel II der Zweiten Steuernotverordnung). (V.St.D.B.) (RMBl. 103).

II. Bewertung des Grundvermögens.

§ 3. **Inländische Grundstücke.** (1) Bei inländischen Grundstücken ist von dem Wehrbeitragswert (§ 4) auszugehen, der nach den §§ 5 bis 18 erforderlichenfalls zu berichtigen oder nachträglich zu ermitteln ist. Von diesen Werten sind die in den §§ 19 bis 28 vorgesehenen Abschläge zu machen.

(2) Abs. 1 findet keine Anwendung auf Grundstücke, die zu einem industriellen, gewerblichen oder Handelsbetriebe gehören und mit diesem eine wirtschaftliche Einheit bilden. Auf diese finden die Bestimmungen der §§ 31 ff. über die Bewertung des Betriebsvermögens Anwendung.

§ 4. **Wehrbeitragswert.** Wehrbeitragswert ist der Wert, der auf Grund des Wehrbeitragsgesetzes oder des Gesetzes über Steuernachsicht für das Grundstück ohne Abzug von Schulden und Lasten endgültig zugrunde gelegt worden ist.

§ 5. **Berichtigung des Wehrbeitragswerts.** Wo es zur gleichmäßigen Belastung aller Steuerpflichtigen erforderlich ist, wird der Wehrbeitragswert (§ 4) nach den §§ 7 bis 18 berichtigt. Findet eine Berichtigung des Wehrbeitragswerts statt, so tritt für die Bewertung an die Stelle des ursprünglichen Wehrbeitragswerts der berichtigte Wehrbeitragswert.

§ 6. **Nachträgliche Ermittlung des Wehrbeitragswerts.** Hat eine Veranlagung zum Wehrbeitrag nicht stattgefunden (z. B. weil der Wert des Grundstücks am Wehrbeitragsstichtag hinter der Freigrenze zurückgeblieben oder weil das Grundstück erst nach dem Wehrbeitragsstichtag urbar gemacht worden ist), so gilt als Wehrbeitragswert der Wert, der im Falle einer Veranlagung zum Wehrbeitrag unter Berücksichtigung der §§ 7 bis 18 zugrunde zu legen gewesen wäre.

§ 7. **Allgemeiner Grundsatz für die Berichtigung.** (1) Für die Berichtigung des Wehrbeitragswert ist der Wert maßgebend, den das Grundstück am Wehrbeitragsstichtag (31. Dezember 1913) gehabt haben würde, wenn es nach seinem tatsächlichen Zustande am 31. Dezember 1923 (Beschaffenheit, Lage, Umfang usw.) zum Wehrbeitrag herangezogen worden wäre.

(2) Abs. 1 gilt entsprechend für die Berichtigung des Wehrbeitragswerts von Berechtigungen, auf welche die Vorschriften des bürgerlichen Rechtes über Grundstücke Anwendung finden.

§ 8. a. **Berichtigung bei landwirtschaftlichen Grundstücken. Ertragsklassen. Rahmensätze.** (1) Zur Prüfung, ob eine Berichtigung des Wehrbeitragswerts stattzufinden hat (§ 5), und gegebenenfalls als Grundlage für die Berichtigung des Wehrbeitragswerts werden Grundstücke, die dauernd landwirtschaftlichen Zwecken zu dienen bestimmt sind, in Ertragsklassen eingereiht (§ 9). Nach der Einreihung eines Grundstücks in eine Ertragsklasse ist zur Berechnung des Wehrbeitragswerts der Wert für den Hektar mit einem Betrag anzusetzen, der innerhalb des Rahmens der Ertragsklasse liegt. Weicht der so gewonnene Wert von dem bei der Wehrbeitragsveranlagung festgesetzten Wert nach oben oder nach unten ab, so hat die Berichtigung auf diesen höheren oder niedrigeren Wert zu erfolgen. Der danach maßgebende Wert gilt als berichtigter Wehrbeitragswert im Sinne des Artikel II § 3 Abs. 1 Nr. 1 der Zweiten Steuernotverordnung.

(2) Aus der Bestimmung des Abs. 1 folgt, daß im Rechtsmittelverfahren, soweit die Berichtigung des Wehrbeitragswerts angegriffen wird, nur geltend gemacht werden kann, daß

a) bei der Berechnung des Werts von unrichtigen tatsächlichen Verhältnissen (z. B. hinsichtlich der Grundstücksgröße) ausgegangen sei, oder
b) das Grundstück nach seinem Wert in eine andere Ertragsklasse einzureihen gewesen wäre, oder
c) für das Grundstück innerhalb des Rahmens der Ertragsklasse ein anderer Satz zugrunde zu legen gewesen wäre.

(3) Der Reichsminister der Finanzen wird ermächtigt, für die einzelnen Landesfinanzamtsbezirke oder Teile der Landesfinanzamtsbezirke Ertragsklassen und Rahmensätze aufzustellen. Dabei sollen sowohl die bei der Wehrbeitragsveranlagung in den Bezirken tatsächlich festgestellten Wehrbeitragswerte als auch die bei der letzten Veranlagung zur Reichseinkommensteuer angewandten Güteklassen berücksichtigt werden. Es ist darauf Bedacht zu nehmen, daß es Ziel der Berichtigung ist, Grundstücke gleichen Ertragswerts innerhalb des Reichsgebiets möglichst gleichmäßig zu bewerten. Die vom Reichsminister der Finanzen bekanntgegebenen Ertragsklassen und Rahmensätze sind für die Berichtigung des Wehrbeitragswerts nach Maßgabe der Abs. 1 und 2 zugrunde zu legen.

§ 9. **Einreihung in die Ertragsklassen.** (1) Bei der Einreihung in die Ertragsklassen (§ 8) sind Grundstücke, die innerhalb eines landwirtschaftlichen Betriebs eine wirtschaftliche Einheit bilden, als ein Grundstück anzusehen. Dies gilt auch dann, wenn zu dem landwirtschaftlichen Betriebe forstwirtschaftlich oder gärtnerisch genutzte Grundstücksflächen gehören, die die Eigenschaft des Betriebs als eines landwirtschaftlichen nicht wesentlich beeinflussen. Die Landesfinanzämter können für ihren Bezirk oder für Teile ihres Bezirkes bestimmen, daß die zu einem landwirtschaftlichen Betriebe gehörenden Grundstücksteile, die für sich eine geschlossene Abgrenzung gestatten (z. B. Vorwerk) oder deren Ertragsfähigkeit (Abs. 2) von den übrigen wesentlich abweicht, gesondert in Ertragsklassen einzureihen sind.

(2) Für die Einreihung eines Grundstücks in die Ertragsklassen ist von der Beschaffenheit des Grundstücks, insbesondere den Bodenverhältnissen (z. B. der Bodengüte, der bergigen oder ebenen Lage) und den örtlichen Verhältnissen (z. B. der Verkehrs- und Absatzlage), am 31. Dezember 1923 auszugehen. Für die Einreihung ist die durchschnittliche Ertragsfähigkeit des Grundstücks bei Zugrundelegung einer gemeinüblichen Bewirtschaftung maßgebend. Dabei ist zu beachten, ob und welche Sonderkulturen oder Nebenbetriebe vorhanden sind, und welchen Umfang und welche Ertragsfähigkeit sie haben. Die Größenverhältnisse sind unberücksichtigt zu lassen. Persönliche Verhältnisse des Grundstückseigentümers (z. B. Arbeitskraft, Kreditfähigkeit) scheiden aus.

(3) Die Einreihung in die Ertragsklassen kann statt für die einzelnen Grundstücke für alle in einer Gemeinde, Teile einer Gemeinde, in mehreren Gemeinden (Kreisen, Finanzamtsbezirken usw.) belegenen Grundstücke vorgenommen werden, soweit die durchschnittliche Ertragsfähigkeit der dort belegenen Grundstücke bei Zugrundelegung einer gemeinüblichen Bewirtschaftung im wesentlichen die gleiche ist.

(4) Die Landesfinanzämter können nähere Bestimmungen über die Einreihung der Grundstücke in die Ertragsklassen erlassen.

§ 10. **Bedeutung der Rahmensätze.** (1) Die Spannungen der für die Ertragsklassen maßgebenden Rahmensätze (§ 8) dienen zum Ausgleich der Unterschiede, welche die der gleichen Ertragsklasse angehörigen Grundstücke im Verhältnis zueinander aufweisen. Innerhalb der Spannungen sind also die besonderen, die Ertragsfähigkeit eines Grundstücks steigernden oder mindernden Umstände (z. B. Bodengüte, verschiedene Boden- und Kulturarten eines Betriebs, bergige oder ebene Lage, klimatische Verhältnisse, Verkehrslage, Wert der Sonderkulturen und Nebenbetriebe, Abrundung des Besitzes) zu berücksichtigen, sofern sie nicht so erheblich sind, daß sie die Einreihung in eine andere Ertragsklasse rechtfertigen; § 9 Abs. 2 Satz 4, 5 finden Anwendung.

(2) Da die der Landwirtschaft dienenden Gebäude und Betriebsmittel innerhalb des Rahmens der Ertragsklasse bereits insoweit berücksichtigt sind, als sie der Lage, Größe und Beschaffenheit des Grundstücks entsprechen, ist ein normaler Bestand an Gebäuden und Betriebsmitteln nicht besonders zu bewerten; hierbei ist zu beachten, daß der Wert des Bestandes an Gebäuden und Betriebsmitteln bei kleineren Grundstücken im Verhältnis zur Fläche im allgemeinen höher ist als bei größeren Grundstücken. In den Fällen, in denen der tatsächliche Bestand an Gebäuden und Betriebsmitteln wesentlich über einen normalen Bestand hinausgeht, hinter diesem wesentlich zurückbleibt oder ganz fehlt, kann dies, sofern nicht besondere Verhältnisse vorliegen, durch Einreihung des Grundstücks in eine andere Ertragsklasse oder auch durch Bewertung außerhalb der Ertragsklassen berücksichtigt werden.

§ 11. **Anhörung von Sachverständigen.** Vor der Einreihung der Grundstücke in die einzelnen Ertragsklassen und innerhalb des Rahmens einer Ertragsklasse sollen landwirtschaftliche Sachverständige, und zwar insbesondere die von der amtlichen Berufsvertretung bezeichneten Personen, tunlichst aus dem Finanzamtsbezirk, gehört werden; ferner sollen nach Möglichkeit die Gemeindevorstände und die mit der Registrierung, Vermessung oder Bewertung der Grundstücke betrauten Organe (insbesondere Katasterämter, Grundsteuerämter oder Grundsteuerausschüsse) beteiligt werden.

§ 12. **Rechtsmittel.** Die endgültige Einreihung eines Grundstücks in eine Ertragsklasse und innerhalb des Rahmens einer Ertragsklasse erfolgt bei der Veranlagung zur Vermögensteuer. Vor dem Abschlusse der Veranlagung kann die in Aussicht genommene Einreihung nur im Wege der Dienstaufsichtsbeschwerde und nicht im ordentlichen Rechtsmittelverfahren angegriffen werden.

§ 13. **Richtsätze.** Die Landesfinanzämter können durch Verwaltungsanordnung innerhalb der Rahmen, die für die einzelnen Ertragsklassen ihres Bezirkes vorgesehen sind, einheitliche Sätze für den berichtigten Wehrbeitragswert einer in die betreffende Ertragsklasse fallenden Normalwirtschaft aufstellen (Richtsätze). Die Richtsätze können je nach Lage der örtlichen Verhältnisse nach Gemeinden, Teilen von Gemeinden oder mehreren Gemeinden (Kreisen, Finanzamtsbezirken usw.) gesondert aufgestellt werden. Für die Aufstellung der Richtsätze findet der § 11 entsprechende Anwendung.

§ 14. **Verpachtete Grundstücke.** Verpachtete landwirtschaftliche Grundstücke sind vorbehaltlich der Bestimmung im § 29 bei der Berichtigung des Wehrbeitragswerts so zu behandeln, als wenn es sich um eigenbewirtschaftete Grundstücke handelte.

§ 15. b. **Berichtigung bei forstwirtschaftlichen Grundstücken.** Bei Grundstücken, die dauernd forstwirtschaftlichen Zwecken zu dienen bestimmt sind, ist der Wehrbeitragswert zu berichtigen, wenn seit dem Wehrbeitragsstichtage (31. Dezember 1913) bis zum 31. Dezember 1923 wesentliche Veränderungen im Waldbestand (Bodenfläche und Holzmenge) eingetreten sind und durch diese Veränderungen der bei der Wehrbeitragsveranlagung festgesetzte Wert von dem nach dem Waldbestand am 31. Dezember 1923 zu ermittelnden Wert um mehr als 15 vom Hundert nach oben oder unten abweicht. Darüber hinaus können die Landesfinanzämter nach Anhörung von forstwirtschaftlichen Sachverständigen nähere Bestimmungen über die Berichtigung treffen.

§ 16. c. **Berichtigung bei gärtnerischen Grundstücken.** (1) Bei Grundstücken, die dauernd gärtnerischen Zwecken zu dienen bestimmt sind, hat eine Berichtigung des Wehrbeitragswerts insbesondere dann stattzufinden, wenn das Grundstück bei der Veranlagung zum Wehrbeitrag statt mit dem Ertragswert mit dem gemeinen Werte veranlagt worden ist, sofern der zum Wehrbeitrag festgesetzte Wert von dem damaligen Ertragswert um mehr als 10 vom Hundert abweicht; entsprechendes gilt, wenn seit dem Wehrbeitragsstichtag (31. Dezember 1913) bis zum 31. Dezember 1923 wesentliche Änderungen im Bestande des Grundstücks eingetreten sind (z. B. durch Bauten von Treibhäusern u. dgl.).

Darüber hinaus können die Landesfinanzämter nähere Bestimmungen über eine Berichtigung des Wehrbeitragswerts erlassen. Dabei ist zu beachten, daß für Kulturen unter Glas (kalte und warme Kästen, Mistbeetfenster, Gewächshäuser usw.) gegenüber Freilandkulturen regelmäßig ein höherer Wert in Betracht kommen wird.

(²) Als gärtnerische Grundstücke gelten auch Grundstücke, die dauernd dem Wein- oder Hopfenbau zu dienen bestimmt sind.

§ 17. d. **Berichtigung bei bebauten Grundstücken.** Bei bebauten Grundstücken, die Wohnzwecken oder gewerblichen Zwecken zu dienen bestimmt sind, hat eine Berichtigung des Wehrbeitragswerts insbesondere dann stattzufinden, wenn das Grundstück bei der Veranlagung zum Wehrbeitrag statt mit dem Ertragswert mit dem gemeinen Werte veranlagt worden ist, sofern der zum Wehrbeitrag festgesetzte Wert von dem damaligen Ertragswert um mehr als 10 vom Hundert abweicht; entsprechendes gilt, wenn seit dem Wehrbeitragsstichtage (31. Dezember 1913) bis zum 31. Dezember 1923 wesentliche Änderungen im Bestande des Grundstücks eingetreten sind (z. B. durch Erweiterungsbauten, Vernichtung einzelner, nicht wieder aufgebauter Teile durch Brand u. dgl.). Die allgemeine Verschlechterung des baulichen Zustandes der Grundstücke begründet eine Berichtigung des Wehrbeitragswerts nicht, da diesem Umstand durch die Bemessung der Abschläge (§§ 23 bis 25) Rechnung gertagen wird.

§ 18. e. **Berichtigung bei Grundstücken, die als Bauland herangezogen worden sind.** Bei Grundstücken, die zum Wehrbeitrag als Bauland oder als Land zu Verkehrszwecken mit dem gemeinen Werte bewertet worden sind, ist der Wehrbeitragswert insbesondere dann zu berichtigen, wenn das Grundstück nach den am 31. Dezember 1923 obwaltenden Verhältnissen die Eigenschaft als Bauland oder als Land zu Verkehrszwecken nicht mehr besitzt, sondern lediglich als dauernd landwirtschaftlichen, forstwirtschaftlichen oder gärtnerischen Zwecken dienendes oder als bebautes Grundstück anzusehen ist, das Wohnzwecken oder gewerblichen Zwecken zu dienen bestimmt ist. In diesem Falle finden auf die Berichtigung des Wehrbeitragswerts die §§ 5, 7 bis 17 entsprechende Anwendung.

R.F.M. vom 28. März 1924. Ausführung des § 8 Abs. 3 der Durchführungsbestimmungen für die Vermögensteuer 1924. (RMBl. 110.)

Auf Grund des § 8 Abs. 3 der Durchführungsbestimmungen für die Vermögensteuer 1924 (Artikel II der Zweiten Steuernotverordnung) vom 8. März 1924 setze ich für die Berichtigung des Wehrbeitragswerts landwirtschaftlicher Grundstücke die in der Anlage aufgeführten Ertragsklassen und Rahmensätze fest.

Ertragsklassen und Rahmensätze für die Berichtigung des Wehrbeitragswerts landwirtschaftlicher Grundstücke.

Landesfinanzamt	Ertragsklasse I	II	III	IV	Va	Vb
	— Goldmark für je 1 Hektar —					
Brandenburg						
Bruch	4000 bis 3600	3600 bis 2800	2800 bis 1900	1900 bis 1300	unter 1300	—
Höhe	3800 bis 2800	2800 bis 2000	2000 bis 1400	1400 bis 900	unter 900	—
Breslau	3800 bis 2800	2800 bis 2200	2200 bis 1400	1400 bis 1000	unter 1000	—
Cassel	4800 bis 3800	3800 bis 2800	2800 bis 2000	2000 bis 1600	1600 bis 1000	unter 1000
Darmstadt	4800 bis 3900	3900 bis 3000	3000 bis 2300	2300 bis 1700	1700 bis 1000	unter 1000
Dresden	4800 bis 3800	3800 bis 2800	2800 bis 2000	2000 bis 1300	1300 bis 900	unter 900
Düsseldorf	5200 bis 4400	4400 bis 3600	3600 bis 2800	2800 bis 2000	unter 2000	—
Groß-Berlin	—	2800 bis 2000	2000 bis 1500	1500 bis 1000	unter 1000	—
Hannover						
Wirtschaftsgebiet A: (umfassend die Finanzamtsbezirke Hannover, Hameln, Rinteln, Springe, Stadthagen u. v. Finanzamtsbezirk Nienburg a. W. die Gemeinden Cronsbostel, Mesmerode, Colenfeld, Bekeloh, Dedensen u. Idensen)	5500 bis 4800	4800 bis 3800	3800 bis 2800	2800 bis 2000	2000 bis 1300	unter 1300
Wirtschaftsgebiet B: (umfassend die Bezirke der Finanzämter des Regierungsbezirks Aurich [Norden, Wittmund, Emden, Aurich, Leer, Weener])	5500 bis 4800	4800 bis 3800	3800 bis 2800	2800 bis 2000	2000 bis 1500	unter 1500
Wirtschaftsgebiet C: (umfassend die Finanzamtsbezirke Melle, Osnabrück, Sulingen, Syke, Achim, Blumenthal, Bremervörde, Osterholz, Geestemünde, Lehe, Otterndorf, Stade, Zeven, Harburg, Rotenburg, Verden, Fallingbostel, Soltau, Winsen, Lüneburg, Dannenberg, Lüchow, Ülzen, Celle, Gifhorn, Burgdorf und Nienburg a. W. mit Ausnahme der Gemeinden Cronsbostel, Mesmerode, Colenfeld, Bokeloh, Dedensen u. Idensen)	4400 bis 3300	3400 bis 2600	2600 bis 1800	1800 bis 1000	unter 1000	—

Landesfinanzamt	Ertragsklasse I	II	III	IV	Va	Vb
	— Goldmark für je 1 Hektar —					
Wirtschaftsgebiet D: (umfassend die Finanzamtsbezirke Aschendorf, Lingen, Quakenbrück und Bentheim)	4200 bis 3200	3200 bis 2400	2400 bis 1600	1600 bis 800	unter 800	—
Hannover, Abt. Braunschweig	5500 bis 4800	4800 bis 3800	3800 bis 2800	2800 bis 2000	2000 bis 1300	unter 1300
Karlsruhe	4000 bis 3300	3300 bis 2700	2700 bis 2100	2100 bis 1800	1800 bis 1200	unter 1200
Köln	5200 bis 4400	4400 bis 3600	3600 bis 2800	2800 bis 2000	2000 bis 1500	unter 1500
Königsberg	3300 bis 2600	2600 bis 1600	1600 bis 1200	1200 bis 800	unter 800	—
Leipzig	4800 bis 3800	3800 bis 2800	2800 bis 2000	2000 bis 1300	1300 bis 900	unter 900
Magdeburg	5500 bis 4800	4800 bis 3800	3800 bis 2800	2800 bis 2000	2000 bis 1300	unter 1300
Mecklenburg-Schwerin	3600 bis 2800	2800 bis 2000	2000 bis 1400	1400 bis 900	unter 900	—
Mecklenburg-Lübeck	3600 bis 2800	2800 bis 2000	2000 bis 1400	1400 bis 900	unter 900	—
München	3300 bis 2400	2400 bis 2100	2100 bis 1800	1800 bis 1500	1500 bis 1200	unter 1200
Münster	4800 bis 3800	3800 bis 2800	2800 bis 2000	2000 bis 1600	1600 bis 1000	unter 1000
Nürnberg	3300 bis 2400	2400 bis 2100	2100 bis 1800	1800 bis 1500	1500 bis 1200	unter 1200
Oberschlesien	3600 bis 2800	2800 bis 2200	2200 bis 1400	1400 bis 1000	unter 1000	—
Oldenburg	5500 bis 4800	4800 bis 3800	3800 bis 2800	2800 bis 2000	2000 bis 1500	unter 1500
Schleswig-Holstein	4800 bis 3600	3600 bis 2800	2800 bis 2000	2000 bis 1500	1500 bis 1000	unter 1000
Stettin	3600 bis 2800	2800 bis 2000	2000 bis 1400	1400 bis 900	unter 900	—
Stuttgart	4000 bis 3300	3300 bis 2700	2700 bis 2100	2100 bis 1800	1800 bis 1200	unter 1200
Thüringen	4800 bis 3800	3800 bis 2800	2800 bis 2000	2000 bis 1300	1300 bis 900	unter 900
Unterelbe	4400 bis 3400	3400 bis 2600	2600 bis 1800	1800 bis 1000	unter 1000	—
Unterweser	4400 bis 3400	3400 bis 2600	2600 bis 1800	1800 bis 1000	unter 1000	—
Würzburg Rheinpfalz	4800 bis 4000	4000 bis 3200	3200 bis 2500	2500 bis 1800	1800 bis 1200	unter 1200
im übrigen	3300 bis 2400	2400 bis 2100	2100 bis 1800	1800 bis 1500	1500 bis 1200	unter 1200

Gesetz zur Änderung des Gesetzes über die Erstattung von Rechtsanwaltsgebühren in Armensachen.

Vom 14. Juli 1925. (RGBl. S. 136.)

Der Reichstag hat das folgende Gesetz beschlossen, das mit Zustimmung des Reichsrats hiermit verkündet wird:

Artikel I

Die Erstattung von Rechtsanwaltsgebühren in Armensachen auf Grund des Gesetzes vom 6. Februar 1923 (Reichsgesetzbl. I S. 103, 813, 1188) wird nach Maßgabe der folgenden Vorschriften beschränkt:

An die Stelle der vollen Gebühr (§ 9 der Gebührenordnung für Rechtsanwälte) treten bei einem Werte des Streitgegenstandes

von mehr als 200 bis 500 Reichsmark einschließlich 12 Reichsmark,

von mehr als 500 bis 1000 Reichsmark einschließlich 20 Reichsmark,

von mehr als 1000 Reichsmark 35 Reichsmark.

Artikel II

Dieses Gesetz tritt am 1. August 1925 in Kraft. Es findet auf anhängige Rechtssachen Anwendung. Soweit jedoch der Ersatzanspruch Gebühren betrifft, die vor diesem Zeitpunkt entstanden sind, bleiben die bisherigen Vorschriften maßgebend.

Das Gesetz tritt mit dem Ablauf des 31. Dezember 1926 wieder außer Kraft.

Preuß. Verordnung über das Kostenwesen bei den Aufwertungsstellen.

Vom 28. Juli 1925. (GS. S. 103.)

Auf Grund des § 7 Abs. 2 der Verordnung über die Einrichtung und das Verfahren der Aufwertungsstellen vom 21. Juli 1925 (Reichsgesetzbl. I S. 154) wird folgendes verordnet:

§ 1.

Für das Verfahren vor der Aufwertungsstelle werden Gebühren und Auslagen nach Maßgabe der folgenden Vorschriften berechnet.

Zu vgl. § 76 AwG. A. 3.

§ 2.

Für die Gebührenberechnung ist der Wert des Streitgegenstandes maßgebend. Dieser Wert ist von der Aufwertungsstelle, im Beschwerdeverfahren von dem Beschwerdegericht, unter Berücksichtigung der gestellten Anträge nach freiem Ermessen festzusetzen.

Zu vgl. § 76 AwG. A. 1 ff.

§ 3.

Schuldner der Gebühren und Auslagen ist derjenige, dem durch eine Entscheidung der Aufwertungsstelle oder des Beschwerdegerichts die Kosten des Verfahrens auferlegt worden sind (§ 76 Abs. 1 des Aufwertungsgesetzes vom 16. Juli 1925 — Reichsgesetzbl. I S. 117). In Ermangelung einer solchen Entscheidung kommen die Vorschriften der §§ 1, 2, 4 und 5 des Preußischen Gerichtskostengesetzes vom 28. Oktober 1922 (Gesetzsamml. 1922 S. 363, 1923 S. 107) entsprechend zur Anwendung.

§ 4.

Soweit nicht in dieser Verordnung besondere Bestimmungen über die Fälligkeit getroffen sind, werden die Gebühren bei Beendigung des Verfahrens, die Auslagen bei ihrer Entstehung fällig. Im übrigen richtet sich die Berechnung und Einziehung der Kosten sowie das Erinnerungs- und Beschwerdeverfahren über den Kostenansatz nach den Vorschriften, welche für die nach dem Preußischen Gerichtskostengesetze zu erhebenden Gerichtskosten maßgebend sind. Der § 8 des Preußischen Gerichtskostengesetzes vom 28. Oktober 1922 (Gesetzsamml. 1922 S. 363, 1923 S. 107) ist entsprechend anwendbar.

§ 5.

Volle Gebühr im Sinne dieser Verordnung ist die im § 32 des Preußischen Gerichtskostengesetzes vom 28. Oktober 1922 (Gesetzsamml. 1922 S. 363, 1923 S. 107) bestimmte Gebühr[1]). Der Mindestbetrag einer Gebühr ist zwei Reichsmark.

§ 6.

Für die Entgegennahme des Antrags auf Einleitung des Verfahrens gemäß §§ 69, 70 des Aufwertungsgesetzes werden von dem Antragsteller zwei Zehnteile der vollen Gebühr erhoben. Die Gebühr ist bei Eingang des Antrags fällig; sie wird auf die für das Verfahren zu erhebende Gebühr (§ 7 Abs. 1) angerechnet.

Die Entgegennahme der Anmeldung nach § 16 Abs. 1 Satz 1 AwG. ist in Preußen gebührenfrei (AV. v. 30. 9. 1925, JMBl. S. 363).

§ 7.

(1) Für das Verfahren vor der Aufwertungsstelle einschließlich der Anordnung und Vornahme von Beweisverhandlungen und der Beurkundung eines Vergleichs werden fünf Zehnteile der vollen Gebühr erhoben.

(2) Wird eine das Verfahren abschließende Entscheidung der Aufwertungsstelle getroffen, so werden weitere fünf Zehnteile der vollen Gebühr erhoben.

---

[1]) Vergleiche die Verordnung vom 18. Dezember 1923 (Gesetzsamml. S. 556).

(3) Bei Einleitung des Verfahrens kann ein Vorschuß in Höhe von drei Zehnteilen der vollen Gebühr erhoben werden.

§ 8.

(1) Für die Entscheidung einschließlich des vorangegangenen Verfahrens in der Beschwerdeinstanz (§ 74 des Aufwertungsgesetzes) werden fünf Zehnteile der vollen Gebühr erhoben.

(2) Wird die Beschwerde zurückgenommen, bevor eine Entscheidung ergangen ist, so werden zwei Zehnteile der vollen Gebühr erhoben.

§ 9.

(1) Wird vom Beschwerdegericht eine Sache zur anderweiten Verhandlung an die Vorinstanz zurückverwiesen, so gilt die Fortsetzung des Verfahrens in dieser Instanz hinsichtlich der Gebührenerhebung nicht als ein neues Verfahren.

(2) Werden gemäß § 3 der Verordnung über die Einrichtung und das Verfahren der Aufwertungsstellen vom 21. Juli 1925 (Reichsgesetzbl. I S. 154) mehrere gegen denselben Schuldner anhängige Aufwertungsverfahren zum Zwecke der gleichzeitigen Verhandlung und Entscheidung verbunden, so sind die Gebühren während der Dauer der Verbindung von dem Gesamtwerte zu berechnen.

§ 10.

(1) Für die Erhebung der Auslagen gelten die Vorschriften der §§ 109 bis 112 und 114 des Preußischen Gerichtskostengesetzes vom 28. Oktober 1922 (Gesetzsamml. 1922 S. 363, 1923 S. 107). Zur Deckung der baren Auslagen kann von dem Antragsteller ein angemessener Vorschuß erhoben werden.

(2) Eine Erhebung von Stempeln findet nicht statt. Urkunden, von denen im Verfahren Gebrauch gemacht wird, sind nur insoweit einem Stempel unterworfen, als sie es ohne diesen Gebrauch sein würden. Für die Behandlung dieser Stempel gilt der § 29 des Preußischen Gerichtskostengesetzes sinngemäß.

§ 11.

Diese Verordnung tritt mit Wirkung vom 15. Juli 1925 in Kraft.

Preuß. Verordnung zur Änderung des Gesetzes über das Beschwerdegericht für Entscheidungen der Aufwertungsstellen.

Vom 27. August 1925. (GS. S. 109.)

Das Staatsministerium erläßt gemäß Artikel 55 der Verfassung in Übereinstimmung mit dem Ständigen Ausschusse des Landtags die folgende Verordnung mit Gesetzeskraft:

Artikel I

Im Geltungsbereich des § 74 des Reichsgesetzes über die Aufwertung von Hypotheken und anderen Ansprüchen vom 16. Juli 1925 (Reichsgesetzbl. I S. 117) ist für die Entscheidung über das Rechtsmittel der sofortigen weiteren Beschwerde das Kammergericht zuständig.

Artikel II

Diese Verordnung tritt mit Wirkung vom 15. Juli 1925 in Kraft.

Preuß. Verordnung zur Änderung des Preußischen Gerichtskostengesetzes.

Vom 31. August 1925. (GS. S. 111.)

Das Staatsministerium erläßt gemäß Artikel 55 der Verfassung in Übereinstimmung mit dem Ständigen Ausschusse des Landtags die folgende Verordnung mit Gesetzeskraft:

Artikel I

Das Preußische Gerichtskostengesetz vom 28. Oktober 1922 (Gesetzsamml. 1922 S. 363, 1923 S. 107) wird wie folgt geändert:

Im § 7 Abs. 1 wird als Nr. 7 folgende neue Vorschrift eingestellt:

7. Eintragungen im Grundbuche, wenn sie betreffen:
   a) die Eintragung des gesetzlichen Aufwertungsbetrags von Hypotheken, Grundschulden, Rentenschulden und Reallasten;
   b) die Wiedereintragung gelöschter Hypotheken, Grundschulden, Rentenschulden und Reallasten in Höhe des gesetzlichen Aufwertungsbetrags;
   c) die Eintragung der Befugnis des Eigentümers, an der vorbehaltenen Stelle eine Hypothek oder Grundschuld eintragen zu lassen, und die Eintragung des Verzichts auf diese Befugnis (§ 7 Abs. 3 und 5 des Aufwertungsgesetzes vom 16. Juli 1925 — Reichsgesetzbl. I S. 117 —).

   Das gleiche gilt für die entsprechenden Eintragungen im Bahngrundbuch und im Schiffsregister.

Artikel II

Diese Verordnung tritt mit Wirkung vom 15. Juli 1925 in Kraft.

Preuß. Erste Verordnung zur Durchführung der Aufwertung der Sparkassenguthaben.

Vom 24. Oktober 1925. (GS. S. 151.)

Auf Grund des § 58 des Gesetzes über die Aufwertung von Hypotheken und anderen Ansprüchen (Aufwertungsgesetz) vom 16. Juli 1925 (Reichsgesetzbl. I S. 117) wird folgendes angeordnet:

§ 1. Die Aufwertung der Sparguthaben erfolgt bei allen öffentlichen oder unter Staatsaufsicht stehenden Sparkassen Preußens ohne Bildung einer Teilungsmasse und ohne Bestellung eines Treuhänders zu einem Aufwertungssatze von 12½ vom Hundert des Goldmarkbetrags der Sparguthaben.

§ 2. (1) Wird nach Inkrafttreten dieser Verordnung eine Markanleihe des Gewährleistungsverbandes, die nach den Vorschriften des Reichsgesetzes über die Ablösung öffentlicher Anleihen vom 16. Juli 1925 (Reichsgesetzbl. I S. 137) der Ablösung unterliegt, in der Weise getilgt, daß hierbei ein Aufwertungssatz von mehr als 12½ vom Hundert des Goldwerts (§ 41 Abs. 1, § 31 Abs. 2 des Gesetzes über die Ablösung öffentlicher Anleihen) erreicht wird, so ist dieser höhere Satz auch für die Aufwertung der Sparguthaben bei der Sparkasse des Gewährleistungsverbandes als Aufwertungssatz maßgebend. Das Entsprechende gilt, soweit bei der Tilgung der für eine Markanleihe ausgegebenen Ablösungsanleihe ein Aufwertungssatz von 12½ vom Hundert des Goldwerts der Markanleihe überschritten wird.

(2) Die Vorschrift des Abs. 1 findet keine Anwendung, soweit sich ein Aufwertungssatz von mehr als 12½ vom Hundert des Goldwerts auf Grund des § 11 des Gesetzes über die Ablösung öffentlicher Anleihen ergibt.

§ 3. (1) Werden bei einer Sparkasse Sparguthaben zu einem höheren als dem im § 1 bezeichneten Aufwertungssatz aufgewertet, so ist ein Beitrag in Höhe der Hälfte desjenigen Betrags, der für die über 12½ vom Hundert des Goldmarkbetrags hinausgehende Aufwertung erforderlich ist, an einen Sparkassenausgleichsstock abzuführen, aus dem leistungsschwache Sparkassen bei der Aufbringung des im § 1 vorgeschriebenen Aufwertungssatzes zu unterstützen sind.

(2) Die Verpflichtung der Leistung des im Abs. 1 bezeichneten Beitrags sowie dessen Höhe wird durch den für die im Abs. 1 bezeichnete Sparkasse zuständigen Regierungspräsidenten endgültig festgestellt.

(3) Die Verwaltung und Verwendung des Sparkassenausgleichsstocks wird vom Minister des Innern geregelt.

§ 4. Diese Verordnung tritt eine Woche nach der Verkündung in Kraft.

Preuß. Erste Verordnung über die Aufwertung der Ansprüche aus Pfandbriefen und Schuldverschreibungen landschaftlicher (ritterschaftlicher) Kreditanstalten, von Stadtschaften, Pfandbriefämtern und gleichartigen öffentlich-rechtlichen Kreditanstalten für den städtischen Grundkredit und von Landeskulturrentenbanken.

Vom 10. Dezember 1925. (GS. S. 169.)

Auf Grund der Artikel 94 Abs. 2 und 117 Abs. 2 der Durchführungsverordnung vom 29. November 1925 zum Aufwertungsgesetze (Reichsgesetzbl. I S. 392) wird hiermit verordnet:

Erster Abschnitt.

Schuldverschreibungen landschaftlicher (ritterschaftlicher) Kreditanstalten.

§ 1. Für die Aufwertung von Ansprüchen aus den von landschaftlichen (ritterschaftlichen) Kreditanstalten ausgegebenen Pfandbriefen und anderen Schuldverschreibungen, für die eine besondere Deckung vorgeschrieben ist, gelten die nachstehenden Vorschriften.

§ 2. (1) Hat eine landschaftliche (ritterschaftliche) Kreditanstalt mehrere Arten von Pfandbriefen oder anderen Schuldverschreibungen ausgegeben, so kann sie mit Zustimmung der Aufsichtsbehörde für jede Art von Pfandbriefen oder Schuldverschreibungen oder für Gruppen von Pfandbriefen oder Schuldverschreibungen oder für Jahrgänge von Pfandbriefen oder Schuldverschreibungen besondere Teilungsmassen bilden.

(2) Die Teilungsmasse besteht aus:

a) den bei Ablauf des 13. Februar 1924 als Deckung für die aufgewerteten Pfandbriefe und anderen Schuldverschreibungen bestimmten Hypotheken und Darlehnsforderungen;

b) den Hypotheken und Darlehnsforderungen, die früher zur Deckung gehört haben, soweit die Aufwertung nach § 14 oder § 15 des Aufwertungsgesetzes über die Aufwertung auf Grund Vorbehaltes der Rechte oder kraft Rückwirkung erfolgt ist;

c) den nach den Satzungen der Kreditanstalt der Sicherung von Ansprüchen aus Pfandbriefen oder Schuldverschreibungen dienenden Sicherheitsfonds, soweit sie nicht aus Pfandbriefen oder Schuldverschreibungen der Kreditanstalt bestehen;

d) den ersatzweise der Deckung zugeführten Beträgen.

§ 3. In die Teilungsmasse fließen:

a) die Erträge aus den im § 2 Abs. 2 bezeichneten Werten;

b) sämtliche zur Tilgung der Hypotheken oder Darlehnsforderungen (§ 2 Abs. 2a und b) eingehenden Leistungen, mit Ausnahme der zu Tilgungszwecken nach § 9 Abs. 2 eingelieferten Pfandbriefe oder Schuldverschreibungen;

c) die durch die Anlegung der Teilungsmasse gewonnenen Erträge.

§ 4. (1) Die Teilungsmasse ist von der Kreditanstalt gesondert von ihrem sonstigen Vermögen zu verwalten. Geldbeträge sind bis zu ihrer Ausschüttung verzinslich anzulegen. Die Aufsichtsbehörde kann eine anderweite Anlegung der Teilungsmasse gestatten.

(2) Stehen Vorschriften der Satzungen der Kreditanstalten mit dem Aufwertungsgesetz oder den zur Durchführung dieses Gesetzes ergehenden Verordnungen nicht im Einklange, so finden sie während der Dauer des Verteilungsverfahrens in Ansehung der aufgewerteten Pfandbriefe und anderen Schuldverschreibungen sowie der Teilungsmasse keine Anwendung; dies gilt insbesondere für die Satzungsvorschriften über

a) die Deckung der Pfandbriefe oder Schuldverschreibungen durch einen gleich hohen Betrag von Hypotheken oder Darlehnsforderungen und die darüber auszustellenden amtlichen Bescheinigungen und Erklärungen, auch soweit sie für Eintragungen und Löschungen im Grundbuche von Bedeutung sind, sowie über die Vorlegung der auf den Namen einzelner Güter lautenden Pfandbriefe oder von Ausschließungsbeschlüssen,

b) die Eintragung der Deckung in Register oder Bücher,

c) die Kündigung von Pfandbriefen oder Schuldverschreibungen,

d) die Tilgungsfonds.

(3) Während der Dauer des Verteilungsverfahrens finden Arreste und Zwangsvollstreckungen in die Teilungsmasse nicht statt.

§ 5. (1) Innerhalb des zweiten Monats eines jeden Kalenderhalbjahrs, erstmalig bis zum 30. April 1926, hat die Kreditanstalt den Gesamtgoldmarkbetrag der Pfandbriefe und anderen Schuldverschreibungen, welche nach dem Stande vom letzten Tage des vergangenen Kalenderhalbjahrs an der Verteilung teilnehmen, und den am letzten Tage des vergangenen Kalenderhalbjahrs vorhandenen Gesamtbestand der Teilungsmasse im Deutschen Reichsanzeiger und Preußischen Staatsanzeiger und in den für die Veröffentlichungen der Kreditanstalt bestimmten Blättern bekanntzumachen.

(2) Hypotheken und Darlehnsforderungen sind, soweit nicht ein anderer Aufwertungsbetrag durch Gesetz, rechtskräftige Entscheidung oder durch Vereinbarung festgesetzt ist, mit 25 vom Hundert des Goldmarkbetrags anzusetzen.

(3) Die Kreditanstalten haben bei den Veröffentlichungen (Abs. 1), die nach dem 1. Januar 1927 erfolgen, anzugeben, ob und in welchem Ausmaße Herabsetzungen vom Aufwertungsbetrag auf Grund des § 8 oder des § 15 des Aufwertungsgesetzes und sonstiger Ausfälle der Teilungsmasse eingetreten oder zu erwarten sind.

(4) Die Aufsichtsbehörde bestimmt, ob und inwieweit die Vorschriften der Abs. 1 bis 3 auf die Westpreußische Landschaft und die Neue Westpreußische Landschaft Anwendung finden.

§ 6. (1) Bei den Hypotheken oder Darlehnsforderungen (§ 2 Abs. 2a und b) ist für die Berechnung ihres Goldmarkbetrags im Sinne des § 2 Abs. 1 des Aufwertungsgesetzes der Darlehnsrest maßgebend, welcher nach der dem 15. Juni 1922 zuletzt vorhergehenden Belegung des Tilgungsfonds durch Pfandbriefe oder Schuldverschreibungen vorhanden war. Sind planmäßige oder nichtplanmäßige Bareinzahlungen oder Einlieferungen von Pfandbriefen oder Schuldverschreibungen zu Tilgungszwecken nach dem Zeitpunkte dieser Belegung und vor Ablauf des 14. Juni 1922 vorbehaltlos angenommen, oder ist eine Belegung des Tilgungsfonds in der Satzung nicht vorgesehen oder ist sie nicht erfolgt, so sind die bis zum Ablaufe des 14. Juni 1922 vorbehaltlos angenommenen Bareinzahlungen oder Einlieferungen von Pfandbriefen oder Schuldverschreibungen zu Tilgungszwecken gleichfalls mit ihrem Nennbetrage vom Nennbetrage der Hypothek oder Darlehnsforderung abzuziehen.

(2) Sind planmäßige oder nichtplanmäßige Bareinzahlungen zu Tilgungszwecken unter Vorbehalt der Rechte oder nach Ablauf des 14. Juni 1922 angenommen, so sind sie nur zu ihrem nach der Anlage zum § 2 des Aufwertungsgesetzes ermittelten Goldmarkbetrag am Tage der Einzahlung auf den Aufwertungsbetrag der Hypothek oder Darlehnsforderung anzurechnen, auch wenn die im § 16 des Aufwertungsgesetzes vorgeschriebene Anmeldung nicht erfolgt ist. Nach Ablauf des 31. Dezember 1922 erfolgte planmäßige Bareinzahlungen zu Tilgungszwecken bleiben außer Ansatz.

(3) Sind Pfandbriefe oder Schuldverschreibungen unter Vorbehalt der Rechte oder nach Ablauf des 14. Juni 1922 und vor Ablauf des 14. Juli 1925 angenommen, so sind sie mit ihrem Goldmarkbetrag auf den Goldmarkbetrag der Hypothek oder Darlehnsforderung anzurechnen. Kann der Goldmarkbetrag von Pfandbriefen oder Schuldverschreibungen, die zur Tilgung von mehreren Hypotheken oder Darlehnsforderungen eingeliefert sind, nur gemeinschaftlich festgestellt werden, so ist der Goldmarkbetrag der Pfandbriefe oder Schuldverschreibungen anteilsmäßig auf die Goldmarkbeträge dieser Hypotheken oder Darlehnsforderungen zu verteilen. Läßt sich der Goldmarkbetrag der angenommenen Pfandbriefe oder Schuldverschreibungen nicht mehr ermitteln, so sind sie zu einem durchschnittlichen Goldmarkbetrag anzurechnen. Dieser bestimmt sich nach dem Verhältnisse des Gesamtgoldmarkbetrags aller am 14. Juni 1922 im Umlaufe befindlichen und seitdem ausgegebenen Pfandbriefe oder Schuldverschreibungen zu deren Gesamtnennbetrage. Führt diese Berechnung zu einer offenbaren Unbilligkeit, so kann die Generalversammlung (der Generallandtag) mit Genehmigung des Staatsministeriums den durchschnittlichen Goldmarkbetrag anderweitig festsetzen.

(4) Bei der Berechnung des Goldmarkbetrags der Pfandbriefe oder Schuldverschreibungen nach der Vorschrift des Abs. 3 bleibt der Zinsfuß der Pfandbriefe oder Schuldverschreibungen unberücksichtigt.

(5) Ergibt die Anwendung der vorstehenden Vorschriften, daß der Eigentümer des belasteten Grundstücks oder der sonstige Darlehns-

schuldner bereits mehr geleistet hat, als er nach den Vorschriften des Gesetzes und dieser Verordnung zu leisten verpflichtet war, so behält es dabei sein Bewenden.

§ 7. Bei der Eintragung der Aufwertung im Grundbuche wird vermutet, daß die Hypothek nur in der von der Kreditanstalt angegebenen Höhe getilgt ist.

§ 8. (1) Durch die oberste Verwaltungsdirektion der Kreditanstalt kann bestimmt werden, daß

a) eine Tilgungshypothek oder ein Tilgungsdarlehen unter Aufhebung des Tilgungsplans in eine durch bestimmte Zahlungen zu tilgende Hypothek oder Darlehnsforderung umgewandelt wird, in welchem Falle die Summe der angeordneten Zahlungen innerhalb eines Jahres höchstens 10 vom Hundert des Aufwertungsbetrags erreichen und 1000 Reichsmark nicht übersteigen darf,

b) eine Tilgungshypothek oder ein Tilgungsdarlehen in eine am 1. Januar 1932 fällige Hypothek oder Darlehnsforderung umgewandelt wird, wenn der zu tilgende Restbetrag 500 Goldmark nicht übersteigt oder gegenüber der ursprünglichen Schuld verhältnismäßig geringfügig ist.

(2) Besteht nach der Satzung der Kreditanstalt ein Ausschuß, so bedarf es seiner Zustimmung zu einer Anordnung der obersten Verwaltungsdirektion im Sinne des Abs. 1.

(3) Trifft die oberste Verwaltungsdirektion der Kreditanstalt eine Anordnung im Sinne des Abs. 1a oder b, so ist der Eigentümer des belasteten Grundstücks oder der sonstige Darlehnsschuldner hiervon durch Einschreibebrief gegen Rückschein zu benachrichtigen; Artikel 120 der Durchführungsverordnung vom 29. November 1925 findet entsprechende Anwendung.

(4) Der Eigentümer des belasteten Grundstücks oder der sonstige Darlehnsschuldner kann, abgesehen von den nach § 28 des Aufwertungsgesetzes zu entrichtenden Zinsen, die Wiederherstellung der satzungsmäßigen oder vertraglichen Zahlungsbedingungen mit der sich aus § 11 Abs. 1 dieser Verordnung ergebenden Änderung des Tilgungssatzes verlangen, wenn die wirtschaftliche Lage des Eigentümers des belasteten Grundstücks oder des sonstigen Darlehnsschuldners die Umwandlung der Schuld untunlich erscheinen läßt. Der Antrag muß innerhalb dreier Monate nach Zugang der Benachrichtigung von der Anordnung der obersten Verwaltungsdirektion der Kreditanstalt an den Eigentümer des belasteten Grundstücks oder den sonstigen Darlehnsschuldner bei der Aufwertungsstelle gestellt werden. In den Fällen der §§ 203, 206 und 207 des Bürgerlichen Gesetzbuchs kann das Verlangen noch bis zum Ablaufe von drei Monaten nach Fortfall des Hindernisses gestellt werden.

(5) Änderungeen des Inhalts der im § 2 Abs. 2a und b bezeichneten Hypotheken auf Grund von Vereinbarungen über die Aufwertung zwischen der Kreditanstalt und dem Eigentümer des belasteten Grundstücks oder dem sonstigen Darlehnsschuldner oder auf Grund einer

Anordnung der obersten Verwaltungsdirektion der Kreditanstalt im Sinne des Abs. 1 oder einer Entscheidung der Aufwertungsstelle nach Abs. 4 sind auf Antrag der Kreditanstalt oder des Eigentümers in das Grundbuch einzutragen. Soweit durch die Bewilligung oder durch die Eintragung Kosten entstehen, trägt diese die Kreditanstalt.

§ 9. (1) Der Schuldner kann den Aufwertungsbetrag der Hypothek oder Darlehnsforderung unbeschadet der folgenden Vorschriften nur in bar leisten.

(2) Der Schuldner kann sich vom 1. Januar 1927 ab von der Schuld ganz oder teilweise dadurch befreien, daß er Pfandbriefe oder Schuldverschreibungen der Kreditanstalt einliefert, deren Ablösungswert dem Aufwertungsbetrage der Hypothek oder Darlehnsforderung entspricht. Als Ablösungswert eines Pfandbriefs oder einer Schuldverschreibung gilt der Teil seines Goldwerts, den die oberste Verwaltungsdirektion der Kreditanstalt mit Zustimmung der Aufsichtsbehörde entsprechend dem Verhältnisse des Aufwertungsbetrags der nach § 2 Abs. 2 zur Teilungsmasse gehörenden Hypotheken oder Darlehnsforderungen zum Goldmarkbetrag aller an der Teilungsmasse berechtigten Pfandbriefe oder Schuldverschreibungen unter Berücksichtigung der nach § 8 und § 15 des Aufwertungsgesetzes zu erwartenden Herabsetzungen der Teilungsmasse und der sonst zu erwartenden Ausfälle festsetzt. Bei der Berechnung des Ablösungswerts bleibt der Zinsfuß der Pfandbriefe oder Schuldverschreibungen unberücksichtigt. Der Ablösungswert eines Pfandbriefs oder einer Schuldverschreibung beträgt höchstens den vierten Teil seines Goldmarkbetrags.

(3) Der Ablösungswert der Pfandbriefe und der Schuldverschreibungen ist im Deutschen Reichsanzeiger und Preußischen Staatsanzeiger sowie in den für die Veröffentlichungen der Kreditanstalt bestimmten Blättern bekanntzumachen. Die erste Bekanntmachung des Ablösungswerts hat bis zum 31. Dezember 1926 zu erfolgen.

(4) Macht eine Kreditanstalt den Ablösungswert der Pfandbriefe oder Schuldverschreibungen vor dem 31. Dezember 1926 bekannt, so beginnt die Befugnis des Schuldners zur Ablösung der Hypothek oder Darlehnsforderung mit Pfandbriefen oder Schuldverschreibungen mit dem Tage der Bekanntmachung im Deutschen Reichsanzeiger und Preußischen Staatsanzeiger.

(5) Die Aufsichtsbehörde wird ermächtigt, den Ablösungswert der Pfandbriefe der Westpreußischen Landschaft und der Neuen Westpreußischen Landschaft nach Anhörung des Verwaltungsrats dieser Landschaften festzusetzen. Die Vorschriften der Abs. 3 und 4 finden entsprechende Anwendung.

§ 10. Vereinbarungen über die Aufwertung der im § 2 Abs. 2a und b bezeichneten Hypotheken oder Darlehnsforderungen und Grundsätze für solche Vereinbarungen bedürfen der Zustimmung der Aufsichtsbehörde. Ist die Zustimmung erteilt, so steht den Gläubigern wegen solcher Vereinbarungen gegen die Kreditanstalt ein Schadensersatzanspruch nicht zu.

§ 11. (1) Soweit Tilgungshypotheken oder Tilgungsdarlehen bestehen bleiben, kann mit Wirkung vom 1. Januar 1928 ab die oberste Verwaltungsdirektion der Kreditanstalt neben dem nach § 28 des Aufwertungsgesetzes zu entrichtenden Zinsen eine jährliche Tilgung bis zu 4 vom Hundert des Aufwertungsbetrags festsetzen. § 8 Abs. 2 findet auf die Festsetzung entsprechende Anwendung. Weigert sich der Schuldner, die Änderung des Inhalts der Hypothek oder der Darlehnsforderung zu bewilligen, so wird die Bewilligung auf Antrag der Kreditanstalt durch die Entscheidung der Aufwertungsstelle ersetzt.

(2) Die Kreditanstalt ist nicht verpflichtet, vor dem 1. Januar 1928 Tilgungsbeträge einzufordern.

(3) Zugleich mit der ersten Tilgungsrate ist der Teil des Aufwertungsbetrags zu entrichten, der die letzten vollen 100 Goldmark des Aufwertungsbetrags übersteigt.

(4) Im übrigen bleiben die vertraglichen oder satzungsmäßigen Zahlungsbedingungen sowie die Kündigungs- und Rückzahlungsrechte des Schuldners unberührt.

(5) Änderungen des Inhalts eingetragener Rechte im Sinne des Abs. 1 nach Maßgabe der Bewilligung der Beteiligten oder der Entscheidung der Aufwertungsstelle sind auf Antrag der Kreditanstalt oder des Eigentümers in das Grundbuch einzutragen. Soweit durch die Bewilligung oder durch die Eintragung Kosten entstehen, trägt diese die Kreditanstalt.

§ 12. Auf Grundschulden und Reallasten finden die vorstehenden Vorschriften über Hypotheken entsprechende Anwendung.

§ 13. Nach § 28 des Aufwertungsgesetzes geschuldete Zinsen sind, solange der Zinssatz weniger als 5 vom Hundert beträgt, jährlich, und zwar am 1. Juli eines jeden Jahres für das laufende Kalenderjahr zu entrichten. Im übrigen gelten die Satzungsvorschriften auch hinsichtlich des Verwaltungskostenbeitrags, jedoch mit der Maßgabe, daß dieser nur von dem Aufwertungsbetrage der Hypothek oder Darlehnsforderung zu leisten ist und ½ vom Hundert des Aufwertungsbetrags jährlich nicht übersteigen darf; schreibt die Satzung der Kreditanstalt einen geringeren Hundertsatz vor, so behält es dabei sein Bewenden.

§ 14. Die Kreditanstalt ist berechtigt, von allen in die Teilungsmasse fließenden Eingängen vorweg 5 vom Hundert als Beitrag zur Deckung der Kosten des Aufwertungsverfahrens in Anspruch zu nehmen. Diese Bestimmung findet auf die Erträge der Teilungsmasse im Sinne des § 3c und bei der Ablösung der Aufwertungsschuld durch Einlieferung von Pfandbriefen oder Schuldverschreibungen nach § 9 Abs. 2 keine Anwendung.

§ 15. (1) Bei der Verteilung werden auch bereits gekündigte oder ausgeloste Pfandbriefe und Schuldverschreibungen nach § 49 Abs. 2 des Aufwertungsgesetzes berücksichtigt; hierbei steht die Präklusion von Pfandbriefen oder Schuldverschreibungen der Hinterlegung gleich. Dies gilt auch dann, wenn die Pfandbriefe oder Schuldverschreibungen in den Besitz der Kreditanstalt zurückgelangt sind, ohne daß der frühere Inhaber seinen Aufwertungsanspruch verloren hat (§ 49 Abs. 1 des Aufwertungsgesetzes).

(2) Für die Ansprüche auf Herausgabe von ausgelosten oder gekündigten Pfandbriefen und Schuldverschreibungen gegen Banken gelten die Artikel 61 bis 66 der Durchführungsverordnung vom 29. November 1925.

§ 16. Zinsscheine der Pfandbriefe oder Schuldverschreibungen werden nicht eingelöst. Neue Zinsscheine werden nicht ausgegeben.

§ 17. (1) Für die Berechnung des Goldmarkbetrags der Pfandbriefe oder Schuldverschreibungen gilt als Ausgabetag im Sinne des § 2 Abs. 2 des Aufwertungsgesetzes der Tag der Deckungsbescheinigung des Syndikus der Kreditanstalt. Bei der Landschaft der Provinz Sachsen, der Pommerschen Landschaft und der Neuen Pommerschen Landschaft, der Landschaft der Provinz Westfalen sowie bei dem Bremenschen ritterschaftlichen Kreditvereine gilt als Ausgabetag der Ausstellungstag des Pfandbriefs oder der Schuldverschreibung, bei der Schlesischen Landschaft, dem Landschaftlichen Kreditverbande für die Provinz Schleswig-Holstein, dem Kalenberg-Göttingen-Grubenhagen-Hildesheimschen ritterschaftlichen Kreditverein und dem ritterschaftlichen Kreditinstitute für das Fürstentum Lüneburg der Tag der Eintragung der Pfandbriefe oder Schuldverschreibungen in die hierfür bestimmten Register oder Bücher.

(2) Bei der Berechnung des Goldmarkbetrags im Sinne des Abs. 1 bleibt der Zinsfuß der Pfandbriefe oder Schuldverschreibungen unberücksichtigt.

§ 18. Die von der Kreditanstalt mit verfügbaren Mitteln angekauften oder als Verwaltungskostenbeitrag vereinnahmten Pfandbriefe oder Schuldverschreibungen nehmen an der Verteilung teil. Pfandbriefe oder Schuldverschreibungen der Sicherheitsfonds (§ 2 Abs. 2c) und die zur Ablösung eines Darlehns eingelieferten Pfandbriefe oder Schuldverschreibungen (§ 9 Abs. 2) nehmen an der Verteilung nicht teil.

§ 19. (1) Die Teilungsmasse wird gleichmäßig unter die Gläubiger im Verhältnisse der nach Maßgabe des § 2 des Aufwertungsgesetzes und des § 17 dieser Verordnung festzustellenden Goldmarkbeträge ihrer Ansprüche verteilt.

(2) Die Verteilung erfolgt nach Wahl der Kreditanstalt

a) entweder durch die Ausschüttung der Teilungsmasse an die Gläubiger nach dem Verhältnisse der Goldmarkbeträge ihrer Ansprüche im Sinne des Abs. 1,

b) oder durch Verwendung aller zu Tilgungszwecken oder zur Rückzahlung eingehenden Bareinzahlungen zur Auslosung der Pfandbriefe oder Schuldverschreibungen.

(3) Die Verteilung der Teilungsmasse im Wege der Ausschüttung nach Abs. 2a oder der Auslosung nach Abs. 2b regelt eine besondere Verordnung. Mit der Verteilung ist nach Erlaß der Verordnung zu beginnen, sobald nach der Entscheidung der Aufsichtsbehörde hinreichend bare Masse vorhanden ist.

§ 20. Aufwertungsstelle für die Ansprüche aus den im § 1 genannten Pfandbriefen und Schuldverschreibungen ist der Oberpräsident, in dessen Bezirk die oberste Verwaltungsdirektion der Kreditanstalt ihren Sitz hat, für die Westpreußische Landschaft und die Neue Westpreußische Landschaft der Regierungspräsident des Regierungsbezirks Westpreußen. Über die Beschwerde gegen Entscheidungen des Oberpräsidenten oder Regierungspräsidenten entscheidet das Landgericht, in dessen Bezirk der Oberpräsident oder Regierungspräsident seinen Sitz hat.

§ 21. Soweit nach dieser Verordnung die Zuständigkeit der Aufwertungsstelle begründet ist, finden die Vorschriften der §§ 73 bis 76 des Aufwertungsgesetzes und der Artikel 117 bis 128 der Durchführungsverordnung vom 29. November 1925 Anwendung.

§ 22. Die Zwangsvollstreckungsrechte der Kreditanstalten gelten auch für die sich aus der Aufwertung und dieser Verordnung ergebenden Verpflichtungen der Schuldner.

Zweiter Abschnitt.

Schuldverschreibungen der Stadtschaften, Pfandbriefämter und gleichartigen öffentlich-rechtlichen Kreditanstalten für den städtischen Grundkredit.

§ 23. Für die Aufwertung von Ansprüchen aus Pfandbriefen oder anderen Schuldverschreibungen oder aus verbrieften Darlehen für Grundkreditzwecke von Stadtschaften, Pfandbriefämtern und gleichartigen öffentlich-rechtlichen Kreditanstalten für den städtischen Grundkredit gelten, soweit eine besondere Deckung vorgeschrieben ist, die §§ 2 bis 22 entsprechend mit nachstehenden Sondervorschriften.

§ 24. Zur Teilungsmasse (§ 2 Abs. 2a) gehören auch die bei Ablauf des 13. Februar 1924 als Deckung für die aufgewerteten verbrieften Darlehen (§ 23) bestimmten Hypotheken und Darlehnsforderungen.

§ 25. Als Tilgungsfonds (§ 6) gelten auch die Guthaben der Grundstückseigentümer an den für sie neben den Tilgungsfonds gebildeten Sicherheitsfonds.

§ 26. (1) Für die Berechnung des Goldmarkbetrags der Pfandbriefe oder Schuldverschreibungen (§ 17 Abs. 1) gilt als Ausgabetag im Sinne des § 2 Abs. 2 des Aufwertungsgesetzes der Tag der Eintragung der Pfandbriefe oder Schuldverschreibungen in die hierfür bestimmten Register oder Bücher. Bei dem Westfälischen Pfandbriefamte für Hausgrundstücke gilt als Ausgabetag des Pfandbriefs der Ausstellungstag.

(2) Für die nach Ablauf des 31. Dezember 1917 ausgegebenen Pfandbriefe oder Schuldverschreibungen kann die Aufsichtsbehörde auf Antrag der Kreditanstalt nach einer von dieser auf Grund der verschiedenen Ausgabetage aufzustellenden Berechnung einen Stichtag festsetzen, der für die Berechnung des Goldmarkbetrags dieser Pfandbriefe oder Schuldverschreibungen oder einzelner Jahrgänge oder Abschnitte derselben einheitlich zugrunde gelegt wird.

Dritter Abschnitt.

Schuldverschreibungen der Landeskulturrentenbanken.

§ 27. (1) Für die Aufwertung der Ansprüche aus den von den Landeskulturrentenbanken ausgegebenen Schuldverschreibungen gelten die §§ 2 bis 22 dieser Verordnung entsprechend.

(2) Für die Berechnung des Goldmarkbetrags der Schuldverschreibungen gilt als Ausgabetag im Sinne des § 17 Abs. 1 dieser Verordnung der Tag der Eintragung der Schuldverschreibung in die hierfür bestimmten Register oder Bücher.

(3) Die Vorschriften der §§ 6, 33, 36, 39, 41 und 42 des Gesetzes, betreffend die Errichtung von Landeskulturrentenbanken, vom 13. Mai 1879 (Gesetzsamml. S. 367) finden während der Dauer des Verteilungsverfahrens in Ansehung der aufzuwertenden Schuldverschreibungen sowie der Teilungsmasse keine Anwendung.

Vierter Abschnitt.

Schlußbestimmung.

§ 28. § 20 und § 21 dieser Verordnung treten mit dem Tage ihrer Verkündung, die übrigen Vorschriften mit Wirkung vom 15. Juli 1925 in Kraft.

Zu vgl. zu dieser V.O.: § 50 AwG., A. 6.

Preußisches Gerichtskostengesetz vom 28. Oktober 1922 (auszugsweise).

(Ges.Samml. S. 363.)

§ 1.

Zur Zahlung der Kosten ist, soweit nicht in diesem Gesetz ein anderes bestimmt ist, derjenige verpflichtet, durch dessen Antrag die Tätigkeit des Gerichts veranlaßt ist, und bei Geschäften, welche von Amts wegen betrieben werden, derjenige, dessen Interesse dabei wahrgenommen wird. Soweit ein Beteiligter zur Tragung der Kosten des Verfahrens verurteilt ist, trifft auch ihn die Zahlungspflicht.

§ 2.

(1) Mehrere Kostenschuldner haften als Gesamtschuldner.

(2) Stehen auf seiten einer Partei mehrere in Rechtsgemeinschaft befindliche Personen, so haften dieselben für die Kosten nach Verhältnis ihres Anteils und, soweit ein bestimmter Anteil nicht zu ermitteln ist, nach Kopfteilen.

(3) Sind durch besondere Anträge eines Beteiligten Mehrkosten entstanden, so fallen diese Kosten ihm allein zur Last.

§ 4.

Hat jemand durch eine vor Gericht abgegebene oder dem Gerichte mitgeteilte Erklärung die Kosten übernommen, so haftet er neben dem zur Zahlung Verpflichteten als Gesamtschuldner.

§ 5.

Durch die Bestimmungen der §§ 1—4 wird eine nach den Vorschriften des bürgerlichen Rechtes begründete Verpflichtung Dritter zur Zahlung der entstandenen Gebühren und Auslagen nicht berührt.

§ 7*.

Gebührenfrei sind

. . . .

---

*) Auf Grund der VO. vom 31. 8. 1925 (GS. S. 111).

7. Eintragungen im Grundbuche, wenn sie betreffen:

a) die Eintragung des gesetzlichen Aufwertungsbetrags von Hypotheken, Grundschulden, Rentenschulden und Reallasten;

b) Die Wiedereintragung gelöschter Hypotheken, Grundschulden, Rentenschulden und Reallasten in Höhe des gesetzlichen Aufwertungsbetrags;

c) Die Eintragung der Befugnis des Eigentümers, an der vorbehaltenen Stelle eine Hypothek oder Grundschuld eintragen zu lassen, und die Eintragung des Verzichts auf diese Befugnis (§ 7 Abs. 3 und 5 des Aufwertungsgesetzes vom 10. Juli 1925, RGBl. S. 117).

Das Gleiche gilt für die entsprechenden Eintragungen im Bahngrundbuch und im Schiffsregister.

§ 10.

(1) Gerichtsgebühren und Auslagen, welche bei richtiger Behandlung der Sache oder ausreichender Belehrung der Parteien nicht entstanden sein würden, können niedergeschlagen werden. Für abweisende Bescheide und im Falle der Zurücknahme eines Antrags kann Gebühren- und Auslagenfreiheit gewährt werden, wenn der Antrag auf nicht anzurechnender Unkenntnis der Verhältnisse oder auf Unwissenheit beruht. Es kann auch angeordnet werden, daß Auslagen, welche durch eine von Amts wegen veranlaßte Verlegung eines Termins oder durch eine begründet befundene Beschwerde entstanden sind, von der Partei nicht gefordert werden.

(2) Über die Ausübung der im Abs. 1 vorgesehenen Befugnisse entscheiden die Gerichte. Solange die Gerichte nicht entschieden haben, können die gleichen Anordnungen im Aufsichtswege getroffen werden. Eine im Aufsichtswege getroffene Entscheidung kann nur im Verwaltungswege geändert werden.

§ 105.

(1) . . . . . .

(2) . . . . . .

(3) 1. Für die Entscheidung, einschließlich des vorangegangenen Verfahrens, in der Beschwerdeinstanz werden fünf Zehnteile der vollen Gebühr erhoben, soweit die Beschwerde als unzulässig verworfen oder zurückgewiesen wird oder die Kosten des Verfahrens einem Gegner zur Last fallen. Insoweit dies

nicht der Fall ist, werden keine Gebühren erhoben. Diese Vorschrift gilt entsprechend bei Anträgen auf Änderung einer Entscheidung des beauftragten oder ersuchten Richters oder des Gerichtsschreibers.

2. . . . .

3. . . . .

4. . . . .

§ 109.

(1) An baren Auslagen werden erhoben:

1. die Schreibgebühren, und zwar

a) soweit in den Fällen der persönlichen oder sachlichen Gebührenfreiheit Auslagen erhoben werden, für Ausfertigungen und Abschriften aller Art;

b) für solche Ausfertigungen und Abschriften, die nur auf besonderen Antrag erteilt werden oder die anzufertigen sind, weil zu den Akten gegebene Urkunden, von denen eine Abschrift zurückbehalten werden muß, von den Beteiligten ohne Überreichung einer Abschrift zurückgefordert werden;

c) in den im Gesetze besonders bestimmten Fällen;

2. die Telegraphengebühren und die im Fernverkehre zu entrichtenden Fernsprechgebühren;

3. die durch Einrückung einer Bekanntmachung in öffentliche Blätter entstehenden Kosten;

4. die an Zeugen und Sachverständige zu zahlenden Gebühren;

5. die bei Geschäften außerhalb der Gerichtsstelle den Gerichtsbeamten zustehenden Tagegelder, Fahrkosten und Kommissionsgebühren (§ 113);

6. die an andere Behörden oder Beamte oder an Rechtsanwälte für deren Tätigkeit zu zahlenden Beträge, insbesondere auch die an Dorf-, Feld- oder Ortsgerichte zu zahlenden Beträge;

7. die Rechnungsgebühren;

8. die Kosten eines Transports von Tieren und Sachen sowie der Verwahrung von Sachen und Fütterung von Tieren;

9. die Haftkosten.

(2) Müssen in den Fällen der Nr. 1 b Urkunden in beglaubig-

ter Abschrift bei den Akten zurückbehalten werden, so erfolgt die Beglaubigung gebühren- und stempelfrei.

Zu vgl. § 76 AwG. A. 4.

§ 110

(1) Die Schreibgebühr beträgt für die Seite, die mindestens 32 Zeilen von durchschnittlich 15 Silben enthält, 10 Mark, auch wenn die Herstellung auf mechanischem Wege stattgefunden hat. Jede angefangene Seite wird als voll berechnet. Für Schriftstücke, die in fremder Sprache abgefaßt sind, für Schriftstücke in tabellarischer Form sowie für Verzeichnisse, Listen, Rechnungen, Handzeichnungen und dergleichen kann die Höhe der Schreibgebühr durch den Justizminister anderweit bestimmt werden. Die auf die besondere Ausstattung einer Urkunde verwendeten Auslagen, insbesondere diejenigen, welche durch Verwendung von Pergamentpapier entstehen, sind besonders zu erstatten. Der Justizminister wird ermächtigt, bei einer erheblichen Veränderung der wirtschaftlichen Verhältnisse die Schreibgebühren zu erhöhen oder zu ermäßigen [1]).

(2) Neben den Schreibgebühren ist unbeschadet der Bestimmungen im § 54 für Ausfertigungen oder beglaubigte Abschriften stempelpflichtiger Urkunden der tarifmäßige Stempel zu erheben. Ist die Urkunde nach den Vorschriften der Stempelgesetze stempelpflichtig, so wird die Erhebung des Stempels für Ausfertigungen und beglaubigte Abschriften dadurch nicht ausgeschlossen, daß nach den Vorschriften dieses Gesetzes der Stempel außer Ansatz geblieben ist.

(3) Bei Beurkundung von zweiseitigen Rechtsgeschäften sind zwei Ausfertigungen oder Abschriften, bei sonstigen Beurkundungen ist eine Ausfertigung oder Abschrift schreibgebührenfrei. Die Bestimmungen des Abs. 2 über Erhebung des tarifmäßigen Stempels finden Anwendung. Gegen die Entscheidung über Erinnerungen, welche die Frage betreffen, ob der Anspruch der Partei auf Erteilung einer schreibgebührenfreien Ausfertigung oder Abschrift gerechtfertigt ist, ist die Beschwerde nicht zulässig.

---

[1]) **Nach der V. O. v. 26. 6. 1924 (Gr. 8. 573) sind an Schreibgebühren für 1 Seite 0,20 M. zu erheben.**

§ 111.

Für die von Amts wegen bewirkten Zustellungen werden nur diejenigen baren Auslagen erhoben, welche durch die Zustellung im Ausland oder bei öffentlicher Zustellung durch Bekanntmachung in öffentlichen Blättern entstehen.

§ 112.

(1) Ist ein und dieselbe Reise durch mehrere Geschäfte veranlaßt, so werden die Tagegelder und Fahrkosten der Gerichtspersonen gleichmäßig nach der Zahl der Geschäfte auf dieselben verteilt und nur die entsprechenden Teilbeträge von den Zahlungspflichtigen erfordert. In den Fällen des 2. Abschnitts ist jedoch mindestens die im § 51 bestimmte Gebühr zu erheben. Die Zahlungspflichtigen haften in allen Fällen als zweite Schuldner für die einem andern zur Last fallenden Teilbeträge bis zur Höhe der Tagegelder und Fahrkosten, welche bei abgesonderter Ausführung des Geschäfts entstanden wären.

(2) Sind mehrere Geschäfte auf derselben Reise an verschiedenen Orten ausgerichtet, so werden die Fahrkosten auf die mehreren Geschäfte, durch welche die Reise veranlaßt ist, nach Verhältnis derjenigen Beträge verteilt, welche bei abgesonderter Erledigung jedes dieser Geschäfte an Fahrkosten entstanden wären.

(3) Insoweit die Reisen im Interesse der Gerichtsverwaltung, insbesondere wegen eintretender Behinderung eines Beamten, erfolgen müssen, wird von den Parteien nichts erhoben.

§ 114.

(1) Für Rechnungsarbeiten, welche durch einen zur Anfertigung derselben bestellten Beamten vorgenommen werden, ist eine Stundengebühr zu erheben, welche unter Berücksichtigung des Wertes des Gegenstandes auf 30 Mark bis 100 Mark für die Stunde zu bemessen ist. Dieselbe wird nach der Zahl der Stunden berechnet, welche für die Arbeit erforderlich waren. Wurde mit Unterbrechungen gearbeitet, so wird die notwendig gewordene Arbeitszeit zusammengerechnet. Mit dieser Maßgabe gilt eine angefangene Stunde als eine volle Stunde. Die Vorschrift des § 110 Abs. 1 Satz 5 gilt entsprechend.

(3) Die Festsetzung der Rechnungsgebühren erfolgt durch das Gericht. Beschwerden werden im Aufsichtsweg erledigt.

Preuß. Verordnung vom 18. Dezember 1923.

Anderweite Festsetzung der Gebühren der Gerichte, Notare, Rechtsanwälte und Gerichtsvollzieher (GS. S. 556).

Die volle Gebühr (§ 32) beträgt bei Gegenständen im Werte:

1.	bis 50 Goldmark einschließlich				2	Goldmk.
	von mehr als					
2.	50	bis	100	Goldmark einschließlich	3	"
3.	100	"	200	" "	4	"
4.	200	"	300	" "	5	"
5.	300	"	500	" "	6	"
6.	500	"	1000	" "	8	"
7.	1000	"	1500	" "	10	"
8.	1500	"	2000	" "	12	"
9.	2000	"	2500	" "	14	"
10.	2500	"	3000	" "	16	"
11.	3000	"	3500	" "	18	"
12.	3500	"	4000	" "	20	"
13.	4000	"	5000	" "	22	"
14.	5000	"	6000	" "	24	"
15.	6000	"	7000	" "	26	"
16.	7000	"	8000	" "	28	"
17.	8000	"	9000	" "	30	"
18.	9000	"	10000	" "	32	"
19.	10000	"	12000	" "	36	"
20.	12000	"	14000	" "	40	"
21.	14000	"	16000	" "	44	"
22.	16000	"	18000	" "	48	"
23.	18000	"	20000	" "	52	"
24.	20000	"	22000	" "	56	"
25.	22000	"	24000	" "	60	"
26.	24000	"	26000	" "	64	"
27.	26000	"	28000	" "	68	"
28.	28000	"	30000	" "	72	"
29.	30000	"	35000	" "	80	"
30.	35000	"	40000	" "	88	"
31.	40000	"	50000	" "	100	"
32.	50000	"	60000	" "	112	"
33.	60000	"	70000	" "	124	"
34.	70000	"	80000	" "	136	"
35.	80000	"	90000	" "	148	"
36.	90000	"	100000	" "	160	"

Die ferneren Wertklassen steigen um je 10000 Goldmark und die Gebühren um je 12 Goldmark.

Allgemeine Verfügung des Preußischen Justizministers vom 19. Juni 1924 über die geschäftliche Behandlung der Aufwertungssachen (JMBl. 1924 S. 259).

Nach der zweiten Verordnung zur Durchführung des Art. 1 der Dritten Steuernotverordnung vom 24. Mai 1924 (Reichsgesetzbl. I S. 561) sind Aufwertungsstellen die Amtsgerichte. Über die geschäftliche Behandlung der Aufwertungssachen wird folgendes bestimmt:

1. Die Anträge gemäß § 9 der Dritten Steuernotverordnung vom 14. Februar 1924 (Reichsgesetzbl. I S. 74) sind in ein Register für Aufwertungssachen „Aw" nach dem nachstehenden Muster einzutragen. Als erledigt bei dem Beschwerdegerichte (Sp. 5d) ist die Sache nur dann zu zählen, wenn das Beschwerdegericht in der Sache entschieden hat.

2. Auf die Behandlung der Aufwertungssachen bei dem Amtsgerichte finden im übrigen die Vorschriften der Geschäftsordnung für die Gerichtsschreibereien der Amtsgerichte sinngemäße Anwendung. Mit den Anträgen auf Ausstellung einer Bescheinigung gemäß § 6 der Verordnung vom 24. Mai 1924 sind Sammelakten anzulegen.

Register für Aufwertungssachen „Aw".

Jährlich fortlaufende Nummer	Tag des Eingangs der ersten Schrift	Name		Tag des Einigungsversuchs	Tag der rechtskräftigen Erledigung				Bemerkungen
		des Antragstellers	des Antraggegners		bei dem Amtsgericht durch Vergleich	durch Beschluß	auf andere Weise	bei dem Beschwerdegericht	

Allgemeine Verfügung des Preußischen Justizministers vom 26. August 1925 über die geschäftliche Behandlung der Aufwertungssachen (JMBl. 1925 S. 286).

Mit Rücksicht auf die Bestimmungen der Verordnung über die Einrichtung und das Verfahren der Aufwertungsstellen vom 21. Juli 1925 (Reichsgesetzbl. I S. 154) bestimme ich folgendes:

1. Das Register für Aufwertungssachen „Aw" erhält folgende Spalten 6a und 6b, die durch Einstellen eines senkrechten Striches auszufüllen sind:

Anmeldung
erledigt
ohne / durch
Einspruch
/

Dabei sind einzutragen der Name des Anmeldenden in Sp. 3a, die Namen des Eigentümers und des persönlichen Schuldners in Sp. 3b. Die bisherige Sp. 6 wird Sp. 7.

2. Bei Eintragungen, die Anmeldungen gemäß § 8 der Verordnung vom 21. Juli 1925 betreffen, ist der Name des Anmeldenden in Sp. 3a des Aw.-Registers zu unterstreichen.

3. Die Eintragung in Sp. 5d des Aw.-Registers ist zu unterstreichen, wenn auf sofortige weitere Beschwerde das Kammergericht entschieden hat; diese Unterstreichung ist zu verdoppeln, wenn unter Übergehung der Beschwerdeinstanz unmittelbar die sofortige weitere Beschwerde eingelegt worden ist und das Kammergericht über diese entschieden hat.

4. Zu dem Aufwertungsregister ist ein alphabetisches Namenverzeichnis zu führen, in das die Namen der Antragsteller und der Antragsgegner (also auch die Namen der Anmeldenden, der Eigentümer und der persönlichen Schuldner) einzutragen sind. Das Namenverzeichnis kann in Form einer Karten- oder Zettelsammlung geführt werden.

5. Mit den Aufwertungssachen sind Blattsammlungen anzulegen.

6. Im übrigen gelten die Bestimmungen der AV. vom 19. Juni 1924 auch für die Aufwertungssachen gemäß der Verordnung vom 21. Juli 1925.

7. Die Aufwertungssachen sind grundsätzlich als Eilsachen zu behandeln; auf die Vorschrift des § 28 Abs. 2 des Aufwertungsgesetzes vom 16. Juli 1925 (Reichsgesetzbl. I S. 117) wird besonders hingewiesen.

8. Ferner wird noch darauf hingewiesen, daß die Mitteilungen gemäß § 16 (vgl. §§ 17, 31, 78) des Aufwertungsgesetzes nach den Bestimmungen über die Zustellungen von Amts wegen (AV. vom 1. Februar 1910 (JMBl. S. 43) zuzustellen sind.

9. Gemäß Art. VI § 2 des Gesetzes über die Entlastung der Gerichte vom 11. März 1921 (Reichsgesetzbl. S. 229) werden die Gerichtsschreiber beauftragt, die im § 8 der Verordnung vom 21. Juli 1925 bezeichneten Bescheinigungen zu erteilen. Im übrigen ist zu beachten, daß die Geschäfte der Aufwertungsstellen nicht unter die Entlastungsverfügung vom 28. Mai 1923 (JMBl. S. 401) fallen; vgl. insbesondere auch AV. vom 19. Juli 1924 (JMBl. S. 281) und vom 8. August 1925 (S. 275).

10. Die vorhandenen Vordrucke zum Aw.-Register sind unter handschriftlicher Änderung aufzubrauchen.

— Diese AV. ist ergänzt durch die AV. vom 15. Dezember 1925 (JMBl. 1925, S. 432), s. unten. —

Allgemeine Verfügung des Preußischen Justizministers vom 16. September 1925 über die Verwendung von Vordrucken für die Anmeldung nach § 16 AwG. und über die Form der von der Aufwertungsstelle nach § 16 zu machenden Mitteilung (JMBl. 1925, S. 345).

1. Für die Anmeldung einer Hypothek (Grundschuld, Rentenschuld) zur Aufwertung kraft Vorbehalts oder Rückwirkung nach Zahlung oder

Abtretung ist der „Vordruck Nr. 115" neueingeführt worden und von dem Strafgefängnis in Berlin-Tegel zu beziehen.

Der Vordruck soll das Anmeldeverfahren nach § 16 (vgl. §§ 17, 31, 78) des Aufwertungsgesetzes erleichtern. Die Ausfüllung des Vordrucks und die Anfertigung der dem Eigentümer und dem persönlichen Schuldner zuzustellenden Abschriften ist in erster Linie dem Anmeldenden selbst zu überlassen. Auf Verlangen ist dem Anmeldenden die hierfür erforderliche Zahl von Vordruckstücken unentgeltlich zu verabfolgen. Will der Anmeldende die Anmeldung zu Protokoll des Gerichtsschreibers erklären, so kann der Vordruck als Anlage zum Protokoll benutzt werden; in diesem Fall ist der Vordruck nach den Angaben des Anmeldenden vom Gerichtsschreiber auszufüllen. Die Verwendung anderer bewährter Vordrucke ist damit nicht ausgeschlossen.

2. Soweit die bisher eingegangenen Anmeldungen dem Aufwertungsgesetze nicht genügen oder unklar sind, empfiehlt es sich, dem Anmeldenden ohne Zurücksendung der Anmeldung, jedoch unter Übersendung der erforderlichen Zahl von Vordruckstücken die Einreichung einer ordnungsmäßigen Anmeldung anheimzugeben.

3. Als Muster und zugleich für den erstmaligen Bedarf wird jedem Amtsgericht unmittelbar von dem Strafgefängnis in Berlin-Tegel eine Anzahl Vordrucke zugehen. Der weitere Bedarf ist unverzüglich bei dem genannten Strafgefängnis anzufordern. Dabei ist jedoch zu beachten, daß der Bedarf möglicherweise nicht groß sein wird, weil der Nachdruck jedermann gestattet ist; am Kopf des Vordrucks ist hierauf ausdrücklich hingewiesen. Das Strafgefängnis Berlin-Tegel ist angewiesen, bei dem Vordruck Nr. 115 abweichend von den Grundsätzen für die sonstigen Vordruckbestellungen jede weitere Bestellung sofort auszuführen.

4. Zu Beseitigung aufgetretener Zweifel bestimme ich in Ergänzung der Ziff. 8 der AV. vom 26. August 1925 (JMBl. S. 286), daß die Mitteilung durch Zustellung einer beglaubigten Abschrift der Anmeldung zu erfolgen hat. Wird die erforderliche Zahl von Abschriften nicht vom Anmeldenden eingereicht, so ist sie bei der Aufwertungsstelle anzufertigen. Soweit bereits unbeglaubigte Abschriften zugestellt sein sollten, hat es hierbei sein Bewenden.

Allgemeine Verfügung des Preußischen Justizministers vom 30. September 1925 über die Gebührenberechnung in Aufwertungsangelegenheiten (JMBl. 1925, S. 363).

Zur Behebung von Zweifeln, die sich bei Berechnung der Gebühren in Aufwertungsangelegenheiten ergeben haben, bestimme ich folgendes:

1. Die Eintragung des Widerspruchs im Falle des § 16 Abs. 2 des Aufwertungsgesetzes fällt unter die Vorschrift des § 7 Abs. 1 Nr. 7b PrGKG. in der Fassung der VO. vom 31. August 1925 (GS. S. 111) und ist deshalb gebührenfrei.

2. Die in § 16 Abs. 1 Satz 1 des Aufwertungsgesetzes vorgeschriebene Anmeldung ist als ein Antrag auf Einleitung eines Verfahrens im Sinne des § 6 der VO. vom 28. Juli 1925 (GS. S. 103) nicht anzusehen. Für die Entgegennahme einer solchen Anmeldung ist daher eine Gebühr nicht zu berechnen.

3. Für die Wiederherstellung eines Hypothekenbriefs bei Wiedereintragung einer bereits gelöschten Hypothek ist keine Gebühr zu erheben. Der § 64 Abs. 1 PrGKG. kann insoweit keine Anwendung finden, da es sich nicht um Erteilung eines neuen Briefes im Sinne dieser Vorschrift handelt.

Ich ersuche die Gerichtsschreiber anzuweisen, bei Berechnung der Gebühren danach zu verfahren.

Allgemeine Verfügung des Preußischen Justizministers vom 5. Oktober 1925 über Eintragungen im Grundbuch auf Grund des Aufwertungsgesetzes (JMBl. 1925, S. 367).

I. Zur Behebung von Zweifeln, die in der Praxis der Grundbuchämter aufgetaucht sind, bestimme ich für die Zukunft:

1. Der Verzicht des Eigentümers auf die Befugnis, an der vorbehaltenen Rangstelle eine Hypothek oder Grundschuld eintragen zu lassen (§ 7 Abs. 5 des Gesetzes), ist in den Spalten 5—7 der dritten Abteilung des Grundbuchs einzutragen. Dabei ist in den Spalten 5, 6 Nummer und Betrag derjenigen nachgehenden Rechte zu vermerken, zu deren Gunsten der Verzicht wirkt.

2. Der Widerspruch aus § 16 Abs. 2 Satz 2 des Gesetzes ist gemäß § 14 Abs. 1 Nr. 2, Abs. 2 und 4 der AV. vom 20. November 1899 (JMBl. S. 349) in den Spalten 1 bis 4 (linke Hälfte der Spalte 4), der Widerspruch aus § 16 Abs. 3 des Gesetzes gemäß § 14 Abs. 1 Nr. 3, Abs. 2 und 4 der genannten AV. in den Spalten 5 bis 7 der dritten Abteilung einzutragen. Ist im Falle der Aufwertung nach Abtretung der Hypothek (§ 17 des Gesetzes) ein Widerspruch ins Grundbuch einzutragen (vgl. Satz 2 des § 17), so findet diese Eintragung, wenn die Hypothek bereits gelöscht ist, in den Spalten 1 bis 4, andernfalls in den Spalten 5 bis 7 der dritten Abteilung statt. Die Wiedereintragung der gelöschten Hypothek (§ 20 des Gesetzes) erfolgt in den Spalten 1 bis 4 der dritten Abteilung.

II. Bei jeder Übertragung eines Grundstücks oder Grundstücksteils von seinem bisherigen auf ein anderes Grundbuchblatt wird das Grundbuchamt im Hinblick auf die Möglichkeit der Aufwertung gelöschter Rechte mit besonderer Sorgfalt zu prüfen haben, ob und inwieweit es angezeigt erscheint, die gelöschten Eintragungen von dem bisherigen auf das neue Blatt mit zu übertragen.

Allgemeine Verfügung des Preußischen Justizministers vom 17. Oktober 1925 über Mitteilungen in das Ausland gemäß § 16 AwG. (JMBl. 1925, S. 379).

Müßte die Mitteilung im Auslande zugestellt werden, so tritt an Stelle der Zusendung die Übersendung durch eingeschriebenen Brief gegen Rückschein. Der Zustellung bedarf es in diesem Falle nur dann, wenn der Empfang der Mitteilung nicht durch Rückschein nachgewiesen werden kann.

Allgemeine Verfügung des Preußischen Justizministers vom 7. November 1925, betr. Sammelanmeldungen von Reallastenablösungsrenten zur Aufwertung (JMBl. 1925, S. 397).

Nach Mitteilung des Preußischen Finanzministers werden die Rentenbanken die nach den §§ 16, 31 und 78 des Aufwertungsgesetzes anzumeldenden Aufwertungsansprüche für Reallastenablösungsrenten ortschaftsweise in je einer Sammelanmeldung zusammenfassen, in welcher die einzelnen Ansprüche nacheinander unter genauer Bezeichnung aufgeführt sind. Zur Erleichterung für die Aufwertungsstellen werden die Rentenbanken abschriftliche Auszüge der Sammelanmeldung folgen lassen, welche die einzelnen Ansprüche gesondert enthalten und zur Mitteilung an die Grundstückseigentümer bestimmt sind. Es bestehen keine Bedenken dagegen, daß mit den Mitteilungen an die Grundstückseigentümer bis zum Eingange der abschriftlichen Auszüge gewartet wird.

Allgemeine Verfügung des Preußischen Justizministers vom 13. November 1925 über Mitteilungen in das Ausland gemäß § 16 AwG. (JMBl. 1925, S. 404).

Von einigen Gerichten sind Anfragen ergangen, nach welchen Ländern eingeschriebene Briefe gegen Rückschein verschickt werden dürfen. Zur Vermeidung künftiger Anfragen wird darauf hingewiesen, daß eingeschriebene Briefe gegen Rückschein nach allen Ländern mit Ausnahme von Afghanistan, Arabien sowie der Lakkadiven und Malediven zugelassen sind.

AV. d. JM. v. 8. 12. 1925, betr. die Übertragung richterlicher Geschäfte in Aufwertungs- und Grundbuchsachen auf die Gerichtsschreiber (JMBl. 1925, S. 426).

AV. vom 28. 5. 1923 (JMBl. S. 401), vom 19. 7. 1924 (S. 281), vom 28. 1. 1925 (S. 50), vom 8. 8. 1925 (S. 275) und vom 26. 8. 1925 (S. 286).

I. Gemäß Art. VI § 2 des Gesetzes über die Entlastung der Gerichte vom 11. 3. 1921 (RGBl. S. 229) werden die Gerichtsschreiber mit der selbständigen Erledigung folgender Geschäfte der Aufwertungsstelle beauftragt:

1. der Erteilung von Bescheinigungen;
2. der Kostenfestsetzung.

II. Weitere einfachere Geschäfte der Richter in Aufwertungs- und Grundbuchsachen können nach Maßgabe folgender Bestimmungen von Beamten des mittleren Dienstes als Rechtspfleger wahrgenommen werden.

1. § 24 der Entlastungsverfügung erhält folgende Fassung:

Der Landgerichtspräsident (Amtsgerichtspräsident) kann die Entscheidung auf Eintragungsanträge einfacherer Art als geeignet bezeichnen.

Er kann auch die Entscheidung auf alle Eintragungsanträge als geeignet bezeichnen, soweit sich nicht der Richter die Entscheidung im Einzelfalle vorbehält.

Die Entscheidung auf Eintragungsanträge auf Grund des Industriebelastungsgesetzes vom 30. 8. 1924 (RGBl. II S. 257) und der dazu ergangenen Durchführungsverordnungen kann nicht als geeignet bezeichnet werden. Das gleiche gilt von den Entscheidungen auf Eintragungsanträge auf Grund des Aufwertungsgesetzes vom 16. 7. 1925 (RGBl. I S. 117) und der dazu ergangenen Durchführungsverordnungen, soweit es sich nicht handelt

1. um die Eintragung des Widerspruchs auf Grund des § 8 AwG.,
2. um die Eintragung der Widersprüche gemäß § 16 Abs. 2 und 3 und § 31 AwG.

Die Entscheidung über die Eintragung von Widersprüchen gemäß §§ 17, 32, 78 AwG. kann nicht als geeignet bezeichnet werden.

2. § 31 Abs. 1 der Entlastungsverfügung erhält folgenden Zusatz:

m) die Wahrnehmung folgender Geschäfte der Aufwertungsstelle:

1. die Bearbeitung der Anmeldungen (§§ 16, 17, 31, 78 AwG.) bis zum Eingang des Einspruchs, einschließlich der Abgabe der Akten an das Grundbuchamt, wenn ein Einspruch nicht eingelegt und die Wiedereintragung der Hypothek, Grundschuld oder Rentenschuld beantragt ist;
2. die Ermittlung des Wehrbeitragswertes (§ 70 Nr. 1 AwG.).

Wegen des Beschwerdeverfahrens bei Kostenfestsetzungsbeschlüssen zu vgl. Art. 135 Df.V.O. vom 29. 11. 1925 A. 2.

Zweite AB. d. JM. v. 9. 12. 1925 über Eintragungen im Grundbuch auf Grund des Aufwertungsgesetzes (JMBl. 1925 S. 426).

AB. vom 5. 10. 1925 (JMBl. S. 367).

Die Befugnis des Eigentümers, an der vorbehaltenen Rangstelle eine Hypothek oder Grundschuld eintragen zu lassen (§ 7 Abs. 1 und 3 des Gesetzes; Artikel 11 Abs. 1 der Durchführungsverordnung vom 29. 11.

1925 [RGBl. I S. 392]) ist in entsprechender Anwendung des § 14 Abs. 1 Nr. 2 und Abs. 2, 3 der AV. vom 20. 11. 1899 (JMBl. S. 349) in den Sp. 1 bis 4 (linke Hälfte der Sp. 4) der dritten Abteilung einzutragen.

AV. d. JM. v. 15. 12. 1925 über die geschäftliche Behandlung der Aufwertungssachen (JMBl. 1925, S. 432).

AV. vom 19. 6. 1924 (JMBl. S. 259), 26. 8. 1925 (S. 286), 16. 9. 1925 (S. 345), 17. 10. 1925 (S. 379), 13. 11. 1925 (S. 404).

I. Hinter Ziff. 3 der AV. vom 26. 8. 1925 (JMBl. S. 286) ist einzuschalten:

3a. Die Eintragung in Spalte 6 ist zu unterstreichen, wenn die Anmeldung eine Aufwertung auf Grund Vorbehalts der Rechte oder kraft Rückwirkung betraf (§§ 14 bis 17 AwG.).

II. Hinter Ziff. 5 der AV. vom 26. 8. 1925 (JMBl. S. 286) ist einschalten:

5a. Es ist stets zweifelsfrei zum Ausdruck zu bringen, ob eine Verfügung, Entscheidung usw. von der Aufwertungsstelle oder vom Grundbuchamt ausgeht.

III. Die Vorschrift in Art. 119 der Durchführungsverordnung vom 29. 11. 1925 zum AwG. (RGBl. I S. 392) über die Zustellung der nach § 16 AwG. zu machenden Mitteilung ist noch nicht in Kraft getreten (Art. 135 Abs. 1 Satz 2). Es bewendet daher einstweilen bei den Vorschriften der AV. vom 26. 8. 1925 (JMBl. S. 286) zu Ziff. 8, der AV. vom 16. 9. 1925 (JMBl. S. 345) zu Ziff. 4 und für Mitteilungen in das Ausland bei den Vorschriften der AV. vom 17. 10. 1925 (JMBl. S. 379) und vom 13. 11. 1925 (JMBl. S. 404). Es genügt also für die Mitteilung in das Ausland wie bisher ein eingeschriebener Brief, wenn der Empfang durch Rückschein nachgewiesen werden kann. Hat der im Ausland wohnende Beteiligte bis zum 31. 3. 1926 keinen im Deutschen Reich wohnenden Bevollmächtigten oder Zustellungsbevollmächtigten bestellt, so ist von diesem Zeitpunkte ab für die dann noch ins Ausland gemäß § 16 AwG. zu machende Mitteilung nach Art. 120 der Durchführungsverordnung in Verbindung mit § 175 Abs. 1 Satz 2, 3, Abs. 2 ZPO. zu verfahren; die Mitteilung gilt alsdann mit der Aufgabe zur Post als bewirkt.

AV. d. JM. v. 9. 1. 1926 über Spruchstellen in Aufwertungssachen (JMBl. 1926, S. 12).

Auf Grund der Art. 54 und 55 der Df. V. O. v. 29. 11. 1925 zum Aufwertungsgesetze (RGBl. I S. 392) wird bestimmt:

§ 1.

Für die nach Art. 54 der Df. V. O. v. 29. 11. 1925 zuständige Spruchstelle gelten die Vorschriften der V. O. v. 22. 11. 1924 zur Ausführung der Vierten Verordnung zur Durchführung der V.O. über Goldbilanzen (GS. S. 737) unbeschadet der nachfolgenden Vorschriften entsprechend.

§ 2.

(1) Sind mehrere Anleihen eines Schuldners zum Handel an mehreren staatlich anerkannten Börsen zugelassen, die sämtlich in Preußen liegen, und hat der Schuldner seinen Sitz nicht im Ortsgebiet einer dieser Börsen, so ist für alle unter Art. 54 der Df.V.O. v. 29. 11. 1925 fallenden Angelegenheiten in betreff sämtlicher Anleihen des Schuldners die zuerst angerufene Spruchstelle ausschließlich zuständig, in deren Bezirk sich eine dieser Börsen befindet; besteht Streit oder Ungewißheit darüber, welche von mehreren angerufenen Spruchstellen zuerst angerufen ist, so bestimmt der Justizminister die zuständige Spruchstelle.

(2) Die Vorschrift des Abs. 1 findet auch dann Anwendung, wenn von mehreren Anleihen eines Schuldners nicht sämtliche zum Handel an einer staatlich anerkannten Börse zugelassen sind.

(3) Die Vorschrift des Abs. 1 findet keine Anwendung, soweit nach Art. 55 Abs. 3 der Df.V.O. v. 29. 11. 1925 die bei dem K.G. gebildete Spruchstelle zuständig ist.

§ 3.

Bei jeder Spruchstelle ist ein besonderes Verzeichnis der gemäß Art. 56 der Df.V.O. v. 29. 11. 1925 im Deutschen Reichsanzeiger bekanntgemachten Anrufungen zu führen.

AV. d. JM. v. 11. 1. 1926 über das Verfahren in Aufwertungs- und Grundbuchsachen[1]) (JMBl. 1926, S. 10).

Nachdem die Durchführungsvorschriften zum Aufwertungsgesetze v. 16. 7. 1925 (RGBl. I S. 117) im wesentlichen abgeschlossen sind, werden die A.V. v. 19. 6. 1924 (JMBl. S. 259), 26. 8. 1925 (S. 286) und 15. 12. 1925 (S. 432) über die geschäftliche Behandlung der Aufwertungssachen, v. 16. 9. 1925 (S. 345) Ziff. 4 über die Form der von der Aufwertungsstelle nach § 16 AwG. zu machenden Mitteilung, v. 5. 10. 1925 (S. 367) und 9. 12. 1925 (S. 426) über Eintragungen im Grundbuch auf Grund des AwG., v. 17. 10. 1925 (S. 379) und 13. 11. 1925 (S. 404) über Mitteilungen in das Ausland gemäß § 16 AwG. in nachstehender Zusammenfassung neu bekanntgemacht.

Außer den Vorschriften über Gebühren- und Stempelberechnung bleiben unberührt die A.V. (bzw. S. 411 der Erlaß)

v. 8. 8. 1925 (S. 275), betr. die Aufwertung von Mündelvermögen,

v. 16. 9. 1925 (S. 345) Ziff. 1 bis 3 über die Verwendung von Vordrucken für die Anmeldung nach § 16 AwG. (durch Zeitablauf erledigt),

---

[1]) **Diese AV. ist während des Druckes erschienen. Im Kommentar sind noch die entsprechenden früheren allgemeinen Verfügungen in Bezug genommen.**

v. 10. 10. 1925 (S. 372) über den Aufwertungskalender der Reichszentrale für Heimatdienst,

v. 15. 10. 1925 (S. 377) über die Feststellung des Bestandes der aufgewerteten Hypotheken in Preußen,

v. 7. 11. 1925 (S. 397), betr. Sammelanmeldungen von Reallastenablösungsrenten zur Aufwertung,

v. 10. 11. 1925 (S. 411), betr. Vordruck des Verzichtes gemäß § 7 Abs. 5 AwG.,

v. 8. 12. 1925 (S. 426), betr. die Übertragung richterlicher Geschäfte in Aufwertungs- und Grundbuchsachen auf die Gerichtsschreiber,

v. 7. 12. 1925 (S. 426) über die Wirksamkeit des Verzichts auf Anmeldung gemäß § 16 AwG. (durch Zeitablauf erledigt),

v. 15. 12. 1925 (S. 433) über die Veröffentlichung der grundsätzlichen Entscheidungen in Aufwertungssachen,

v. 16. 12. 1925 (S. 433), betr. die Aufwertung hinterlegter Wertpapiere,

v. 9. 1. 1926 (S. 12) über Spruchstellen in Aufwertungssachen.

I. Allgemeine Vorschriften.

1. Die Anträge nach dem Aufwertungsgesetze (AwG.) v. 16. 7. 1925 (RGBl. I S. 117) sind in ein Register für Aufwertungssachen „Aw" nach dem nachstehenden Muster einzutragen. Den Anträgen stehen Anmeldungen gleich, Sp. 6 ist nur für Anmeldungen bestimmt. Die vorhandenen Vordrucke zum Aw.-Register sind unter handschriftlicher Änderung aufzubrauchen.

2. Der Name des Antragstellers (Anmeldenden) ist in Sp. 3a, die Namen des Eigentümers und des persönlichen Schuldners sind in Sp. 3b einzutragen. Bei Eintragungen, welche Anträge oder Anmeldungen in den Fällen des Art. 126a, d, e der Df.V.O. v. 29. 11. 1925 zum AwG. (RGBl. I S. 392) betreffen, ist der Name in Sp. 3a zu unterstreichen. Wird nach der Anmeldung in der gleichen Angelegenheit ein Antrag gestellt, so ist dieser zu der vorhandenen Blattsammlung zu nehmen; Neueintragung im Register findet nicht statt. Als erledigt bei dem Beschwerdegerichte (Sp. 5d) ist die Sache nur dann zu zählen, wenn das Beschwerdegericht in der Sache entschieden hat. Die Eintragung in Sp. 5d ist zu unterstreichen, wenn auf sofortige weitere Beschwerde das K.G. entschieden hat; diese Unterstreichung ist zu verdoppeln, wenn unter Übergehung der Beschwerdeinstanz unmittelbar die sofortige weitere Beschwerde eingelegt worden ist und das K.G. über diese entschieden hat. Die Eintragung in Sp. 6 ist zu unterstreichen. wenn die Anmeldung eine Aufwertung auf Grund Vorbehalts der Rechte oder kraft Rückwirkung betraf (§§ 14 bis 17, vgl. §§ 31, 32 AwG.).

3. Zu dem Aufwertungsregister ist ein alphabetisches Namenverzeichnis zu führen, in das die Namen der Antragsteller und der Antragsgegener (also auch die Namen der Anmeldenden, der Eigentümer und der persönlichen Schuldner) einzutragen sind. Das Namenverzeichnis kann in Form einer Karten- oder Zettelsammlung geführt werden.

4. Mit den Aufwertungssachen sind Blattsammlungen anzulegen. Anträge auf Erteilung von Bescheinigungen werden, wenn für die Angelegenheit keine Blattsammlung besteht oder anzulegen ist, zu Sammelakten vereinigt.

5. Es ist stets zweifelsfrei zum Ausdrucke zu bringen, ob eine Verfügung, Entscheidung usw. von der Aufwertungsstelle oder vom Grundbuchamt ausgeht.

6. Aufwertungssachen sind grundsätzlich als Eilsachen zu behandeln; auf die Vorschrift des § 28 Abs. 2 AwG. wird besonders hingewiesen.

7. Auf die Behandlung der Aufwertungssachen finden im übrigen die Vorschriften der Geschäftsordnungen für die Gerichtsschreibereien sinngemäße Anwendung.

8. Mit der Erteilung von Bescheinigungen und mit der Kostenfestsetzung sind die Gerichtsschreiber durch Ziff. I der A. V. v. 8. 12. 1925 (JMBl. S. 426) beauftragt. Die Geschäfte der Aufwertungsstellen fallen nicht unter die Entlastungsverfügung v. 28. 5. 1923 (JMBl. S. 401); Ausnahmen ergeben sich aus Ziff. II der A. V. v. 8. 12. 1925 (JMBl. S. 426).

II. Mitteilung der Anmeldungen im Falle des § 16 (vgl. §§ 17, 31, 32, 78) AwG.

Bis zum Inkrafttreten des Art. 119 der Df.V.O. v. 29. 11. 1925 zum AwG. (RGBl. I S. 392) gelten folgende Vorschriften:

1. Die Mitteilung ist durch Zustellung einer beglaubigten Abschrift der Anmeldung zu machen. Für die Zustellung gelten die Bestimmungen über die Zustellung von Amts wegen (A. V. v. 1. 2. 1910, JMBl. S. 43). Soweit bereits unbeglaubigte Abschriften zugestellt sein sollten, hat es hierbei sein Bewenden.

2. Wird die erforderliche Zahl von Abschriften nicht vom Anmeldenden eingereicht, so ist sie bei der Aufwertungsstelle anzufertigen.

3. Müßte die Mitteilung im Ausland zugestellt werden, so tritt an die Stelle der Zustellung die Übersendung durch eingeschriebenen Brief gegen Rückschein. Der Zustellung bedarf es in diesem Falle nur dann, wenn der Empfang der Mitteilung nicht durch Rückschein nachgewiesen werden kann.

Eingeschriebene Briefe gegen Rückschein sind nach allen Ländern mit Ausnahme von Afghanistan, Arabien sowie der Lakkadiven und Malediven zugelassen.

Hat der im Ausland wohnende Beteiligte bis zum 31. 3. 1926 keinen im Deutschen Reich wohnenden Bevollmächtigten oder Zustellungsbevollmächtigten bestellt, so ist von diesem Zeitpunkt ab für die dann noch ins Ausland gemäß § 16 AwG. zu machende Mitteilung nach Art. 120 der Df.V.O. v. 29. 11. 1925 in Verbindung mit § 175 Abs. 1 Satz 2, 3, Abs. 2 ZPO. zu verfahren; die Mitteilung gilt alsdann mit der Aufgabe zur Post als bewirkt.

III. Eintragungen im Grundbuche.

1. Die Befugnisse des Eigentümers, an der vorbehaltenen Rangstelle eine Hypothek oder Grundschuld eintragen zu lassen (§ 7 Abs. 1 und 3

des Gesetzes; Art. 11 Abs. 1 der Df.V.O. v. 29. 11. 1925 ist in entsprechender Anwendung des § 14 Abs. 1 Nr. 2 und Abs. 2, 3 der A.V. v. 20. 11. 1899 (JMBl. S. 349) in den Sp. 1 bis 4 (linke Hälfte der Sp. 4) der dritten Abteilung einzutragen.

2. Der Verzicht des Eigentümers auf die Befugnis, an der vorbehaltenen Rangstelle eine Hypothek oder Grundschuld eintragen zu lassen (§ 7 Abs. 5 des Gesetzes), ist in den Sp. 5 bis 7 der dritten Abteilung des Grundbuchs einzutragen. Dabei ist in den Sp. 5, 6 Nummer und Betrag derjenigen nachgehenden Rechte zu vermerken, zu deren Gunsten der Verzicht wirkt. Soll der Verzicht zugunsten aller nachgehenden Rechte wirken, so bedarf es des Vermerks in den Sp. 5, 6 nicht.

3. Der Widerspruch aus § 16 Abs. 2 Satz 2 des Gesetzes ist gemäß § 14 Abs. 1 Nr. 2, Abs. 2 und 4 der A.V. v. 20. 11. 1899 (JMBl. S. 349) in den Sp. 1 bis 4 (linke Hälfte der Sp. 4), der Widerspruch aus § 16 Abs. 3 des Gesetzes gemäß § 14 Abs. 1 Nr. 3, Abs. 2 und 4 der genannten A.V. in den Sp. 5 bis 7 der dritten Abteilung einzutragen. Ist im Falle der Aufwertung nach Abtretung der Hypothek (§ 17 des Gesetzes) ein Widerspruch ins Grundbuch einzutragen (vgl. Satz 2 des § 17), so findet diese Eintragung, wenn die Hypothek bereits gelöscht ist, in den Sp. 1 bis 4, anderenfalls in den Sp. 5 bis 7 der dritten Abteilung statt. Die Wiedereintragung der gelöschten Hypothek (§ 20 des Gesetzes) erfolgt in den Sp. 1 bis 4 der dritten Abteilung.

4. Bei jeder Übertragung eines Grundstücks oder Grundstücksteils von seinem bisherigen auf ein anderes Grundbuchblatt wird das Grundbuchamt im Hinblick auf die Möglichkeit der Aufwertung gelöschter Rechte mit besonderer Sorgfalt zu prüfen haben, ob und inwieweit es angezeigt erscheint, die gelöschten Eintragungen von dem bisherigen auf das neue Blatt mit zu übertragen.

Register für Aufwertungssachen „Aw.".

Jährlich fortlaufende Nummer	Tag des Eingangs der ersten Schrift	Name: des Antragstellers	Name: des Antraggegners	Tag des Einigungsversuchs	Tag der rechtskräftigen Erledigung bei dem Amtsgericht: durch Vergleich	durch Beschluß	auf andere Weise	bei dem Beschwerdegericht	Anmeldung erledigt ohne Einspruch	durch Einspruch	Bemerkungen
1	2	3a	3b	4	5a	5b	5c	5d	6a	6b	7

AV. d. JM. v. 26. 1. 1926 über die Anberaumung von Terminen in Aufwertungssachen (JMBl. 1926, S. 41).

Von Kreditanstalten, die Gläubiger zahlreicher aufgewerteter Hypotheken und infolgedessen an zahlreichen Terminen in Aufwertungssachen beteiligt sind, ist der Wunsch geäußert worden, die Termine, in denen sie beteiligt sind, möchten möglichst auf denselben Tag und unmittelbar hintereinander anberaumt werden. Es bestehen keine Bedenken dagegen, daß zwecks Erleichterung der Wahrnehmung der Termine dieser Wunsch, soweit es die Geschäftslage gestattet, berücksichtigt wird.

Verordnung zur Durchführung der Aufwertung von Ansprüchen gegen öffentlich-rechtliche Grundkreditanstalten. Vom 20. Januar 1926. (RGBl. 1926, S. 96.)

Auf Grund des § 48 Abs. 2, § 88 Abs. 2 Satz 2 des Aufwertungsgesetzes vom 16. Juli 1925 (Reichsgesetzbl. I S. 117) wird hiermit verordnet:

§ 1. Die obersten Landesbehörden werden ermächtigt, zum Zwecke der Durchführung der Aufwertung der Pfandbriefe, Schuldverschreibungen und Schuldurkunden öffentlich-rechtlicher Grundkredit- und Ablösungsanstalten die im § 48 Abs. 2 des Aufwertungsgesetzes vorbehaltenen Bestimmungen über den Abzug eines Beitrags zu den Verwaltungskosten zu treffen. Sie werden weiter ermächtigt, zu diesem Zwecke die Zulässigkeit und Anrechnung von Sachleistungen zu regeln, ohne hierbei an die Vorschriften der Durchführungsverordnung zum Aufwertungsgesetze vom 29. November 1925 (Reichsgesetzbl. I S. 392) gebunden zu sein.

§ 2. Diese Verordnung tritt mit Wirkung vom 15. Juli 1925 in Kraft.

Aufwertungskalender.

Die §§ beziehen sich, wo nichts weiter angegeben ist, auf das Aw.G., die Art. auf die Df.V.O. v. 29. 11. 1925.

Laufende Nr.	Jahr	Tag	Inhalt	Gesetzliche Vorschrift
1	1908	31. 12.	Die nach dem — begründeten persönlichen, dinglich gesicherten (oder gesichert gewesenen) Kaufgeldforderungen können nach allgemeinen Vorschriften aufgewertet werden (auch über oder unter 25 %).	§ 10 Z. 5.
2	1912	1. 1.	Die vor dem — begründeten persönlichen, dinglich gesicherten (oder gesichert gewesenen) Kaufgeldforderungen und Forderungen aus Gutsüberlassungsverträgen dürfen nicht über 75 % des GM.-Betrages aufgewertet werden.	§ 10 Abs. 3.
			Auch aus nicht dinglich gesicherten Gutsüberlassungsverträgen?	§ 63 Abs. 2 Z. 2.
3	1918	1. 1.	Für die vor dem — erworbenen Ansprüche gilt der Nennbetrag als GM.-Betrag.	§ 2.
			Berechnung des Ausgabetages.	Art. 30, 31, 79.
4	1919	1. 1.	Abgesonderte Regelung für Versicherungen, die nach dem — abgeschlossen sind.	Art. 104.
5	1920	1. 7.	Wer vor dem — Schuldverschreibungen (§ 33) erworben hat und bis zur Anmeldung Gläubiger geblieben ist, ist Altbesitzer und erwirbt ein Genußrecht.	§§ 37, 38.
6	1922	1. 1.	Keine Aufwertung über 100 % des GM.-Betrages für die vor dem — begründeten persönlichen, dinglich gesicherten (oder gesichert gewesenen) Kaufgeldforderungen und Forderungen aus Gutsüberlassungsverträgen.	§ 10 Abs. 3.

Laufende Nr.	Jahr	Tag	Inhalt	Gesetzliche Vorschrift
			Auch aus nicht dinglich gesicherten Gutsüberlassungsverträgen?	§ 63 Abs. 2 Z. 2.
7	1922	15. 6.	1. Beginn der Rückwirkung (auch § 6 V.O. v. 10. 12. 1925)	
			a) Annahme der Leistung	§ 15.
			b) bei Abtretungen.	§ 17.
			2. Anrechnung der vor dem — ohne Vorbehalt angenommenen Zahlungen zum Nennbetrage.	§ 18.
			3. Ein- und Auszahlung bei Sparguthaben.	§ 58 Z. 3.
			4. Annahme der Leistung bei Versicherungsverträgen.	§ 60.
			5. Anrechnung der in der Zeit vom — bis zum 31. 12. 1922 angenommenen planmäßigen Tilgungsbeträge in Höhe ihres GM.-Betrages auf den Aufwertungsbetrag.	Art. 68, § 6 V.O. v. 10. 12. 1925.
			6. die in der Zeit vom — bis zum 14. 2. 1924 geschlossenen Vergleiche stehen der Aufwertung nach den Vorschriften des AwG. nicht entgegen.	§ 67 Abs. 2.
8	1922	31. 12.	Nach dem — angenommene planmäßige Tilgungsbeträge bleiben außer Betracht.	Art. 68, § 6 V.O. v. 10. 12. 1925.
9	1923	13. 11.	Für alle am — oder später begründeten Forderungen kommt die in § 1 AwG. vorgesehene Aufwertung nicht in Frage.	§ 1.
10	1924	14. 2.	1. Inkrafttreten der 3. St.N.V.O.	
			2. Die Rechtsverhältnisse müssen vor dem — begründet worden sein, wenn Ansprüche aus ihnen aufgewertet werden sollen.	§ 1, Art. 95, § 2 V.O. v. 10. 12. 1925.
			3. Ein Erwerb, der am — oder später stattgefunden hat, bleibt für die Berechnung des GM.-Betrages außer Betracht.	§ 2.
			4. Die in der Zeit vom — bis zum 1. 10. 1924 erworbenen oder vorgemerkten Rechte haben (abgesehen von der Erhöhung nach dem Um-	§ 6 Abs. 2.

Laufende Nr.	Jahr	Tag	Inhalt	Gesetzliche Vorschrift
			rechnungsverhältnisse) einen höheren Rang als die über 15 % aufgewertete Hypothek und dergl.	
			5. Bildung eines besonderen Aufwertungsstocks bei Fusion nach dem —	Art. 97.
			6. Bei Übergang einer Forderung (Ausnahme § 3 Abs. 1 Z. 2—11) vor dem — auf einen neuen Gläubiger keine Abweichung von dem normalen Höchstsatze.	§ 11.
			7. Endtermin für die Rückwirkung.	§§ 15, 60, Art. 18, 19.
			8. Vorzeitige Zahlung des Aufwertungsbetrages nur bei den vor dem — erworbenen Forderungen zulässig (Ausnahme § 3 Abs. 1 Z. 2 bis 11).	§ 27.
			9. Genußrecht für Schuldverschreibungen, die nach dem — zurückgezahlt sind.	§ 45.
			10. Aufwertung von Pfandbriefen und dergl.: Teilungsmasse besteht aus den bei dem Ablauf des 13. 2. 1924 als Deckung für die aufgewerteten Pfandbriefe und dergl. bestimmten Werten.	§ 48.
			11. Aufwertung der Versicherungsansprüche, wenn vor dem — ein Prämienreservefonds zu bilden.	§ 59.
			12. Endtermin für Vergleiche, die der Aufwertung nicht entgegenstehen.	§ 67 Abs. 2.
			13. Anfangstermin für die Rückwirkung nach § 78.	§ 78.
11	1924	30. 9.	Endtermin für den Vorrang der in der Zeit vom 14. 2. 1924 bis zum 1. 10. 1924 erworbenen oder vorgemerkten Rechte.	§ 6 Abs. 2.
12	1925	1. 1.	1. Nach dem — durch den Eigentümer, seinen Ehegatten oder seine Verwandten erworbene Rechte oder von dem Eigentümer getroffene Verfügungen können angefochten werden.	§ 22 Abs. 1, Abs. 3.

Laufende Nr.	Jahr	Tag	Inhalt	Gesetzliche Vorschrift
			2. Anfangstermin für die Verzinsung des Aufwertungsbetrages.	§§ 28, 63 Abs. 4, Art. 38.
13	1925	1. 6.	1. Das Anfechtungsrecht des § 22 fällt weg, wenn das Recht vor dem — auf einen nicht zum Kreise der Verwandten und dergl. gehörenden Dritten übergegangen ist.	§ 22 Abs. 1.
			2. Ablieferungen von Schuldverschreibungen, Pfandbriefen und dergl. an den Schuldner seit dem — gelten als nicht geschehen. Rückgabepflicht des Schuldners.	§§ 35 Abs. 3, 49 Abs. 3, 53 Abs. 3, Art. 46, 63.
			3. Ist die Schuldverschreibung usw. vor dem — an den Schuldner abgeliefert worden, so ist dies dem Anmeldenden unverzüglich mitzuteilen.	Art. 45, 62.
14	1925	1. 7.	1. Vom — ist der öffentliche Glaube des Grundbuches ausgeschaltet.	§ 22 Abs. 2.
			2. Verzinsung mit 2½%.	§§ 28, 63 Abs. 4.
			3. Mit dem — erwirbt der Altbesitzer das Genußrecht.	§ 37.
			4. Bestimmung des 1. Geschäftsjahres für die Beteiligung am Reingewinn.	§ 40.
15	1925	15. 7.	1. Inkrafttreten des AwG.	§ 88.
			2. Anfechtung der Bilanz, wenn die Frist zur Beanstandung am — noch nicht abgelaufen ist.	§ 80.
16	1925	30. 9.	Letzter Termin für die Aufforderung durch den Schuldner zur Anmeldung der Schuldverschreibung (Sollvorschrift).	§ 39.
17	1925	30. 11.	Anmeldung der Schuldverschreibungen nach Art. 42.	Art. 42, 47.
18	1925	31. 12.	1. Endtermin für die Anfechtung von Verfügungen des Eigentümers.	§ 22 Abs. 3.
			2. Frühestens mit Beginn des am — endenden Geschäftsjahres Verteilung des Jahresgewinns auch für den Inhaber des Genußrechts.	§ 40 Abs. 1.

Laufende Nr.	Jahr	Tag	Inhalt	Gesetzliche Vorschrift
19	1926	1. 1.	1. Bis zum — (d. h.: § 187 BGB., 2. 1. 1926) muß der Anspruch auf Aufwertung auf Grund des Vorhalts der Rechte oder kraft Rückwirkung bei der Aufwertungsstelle angemeldet werden.	§§ 16 Abs. 1, 78.
			2. Jeder frühere Gläubiger hat bis zum — (d. h. 2. 1. 1926) seinen Anspruch auf Aufwertung bei der Aufwertungsstelle anzumelden.	§ 17.
			3. Antrag auf Verteilung einer Gesamthypothek muß bis zum — gestellt werden; die Fristen der §§ 203, 204, 206, 207 BGB. gelten auch hier.	§ 23 Abs. 2.
			4. Die Aufwertungsstelle kann auf den Antrag des Gläubigers vorzeitige Zahlung des Aufwertungsbetrages frühestens vom — anordnen.	§ 27 Abs. 1.
			5. Vom — Zinssatz 3%.	§§ 28 Abs. 1, 63 Abs. 4, Art. 38.
			6. Verpflichtung zur Leistung von Tilgungsbeträgen ruht bis zum —	§ 29.
			7. Wiederkehrende Leistungen vom — ab mit 60% zu bewirken.	§ 31 Abs. 2.
20	1926	2. 1.	Zahlung der Zinsen nach Art. 38.	Art. 38.
21	1926	31. 1.	Klageerhebung bis zum — nach Art. 47, Ablieferung der Schuldverschreibungen nach dem — an den Schuldner.	Art. 47.
22	1926	28. 2.	Bis zum — (d. h. bis zum 1. 3. 1926) Bekanntmachung des Ausgabetages, Anmeldung von Schuldverschreibungen.	Art. 31, 42.
23	1926	31. 3.	1. Letzter Termin (abgesehen von den Fällen der §§ 203, 204, 206, 207 BGB.) für die Anträge bei der Aufwertungsstelle auf	
			a) Herabsetzung der Aufwertung	§§ 8, 34, 52
			b) Abweichung von dem normalen Höchstsatze	§ 12
			c) vorzeitige Zahlung des Aufwertungsbetrages.	§ 27 Abs. 2

Laufende Nr.	Jahr	Tag	Inhalt	Gesetzliche Vorschrift
			2. Bestellung des Zustellungsbevollmächtigten bis zum —	Art. 120.
24	1926	30. 4.	1. Anrufung der Spruchstelle bis zum —	Art. 31
			2. Klageerhebung bis zum —	Art. 47
			3. Erste Bekanntmachung des Gesamt-GM.-Betrages der Pfandbriefe usw. durch die Bank.	Art. 60, § 5 V.O. v. 10. 12. 1925
			4. Anmeldung ausgeloster oder gekündigter Schuldverschreibungen usw.	Art. 61, 64.
25	1926	30. 6.	Ablauf der Klagefrist nach Art. 64; nach dem — Ablieferung an den Schuldner.	Art. 64.
26	1926	31. 7.	Anmeldungsfrist nach Art. 65.	Art. 65.
27	1926	30. 9.	Ablauf der Klagefrist nach Art. 65.	Art. 65.
28	1926	31. 12.	1. Letzter Termin (abgesehen von den Fällen der §§ 203, 204, 206, 207 BGB.) für den Antrag bei der Aufwertungsstelle auf Zahlung des Aufwertungsbetrages in Teilbeträgen.	§ 26 Abs. 2
			2. Bis zum — erste Bekanntmachung des Ablösungswertes nach § 9 Abs. 3 V.O. v. 10. 12. 1925.	§ 9 Abs. 3, V.O. v. 10. 12. 1925.
29	1927	1. 1.	Vom — Recht des Schuldners zur Rückzahlung des Kapitals in Pfandbriefen (vor dem — nur in bar).	Art. 74, § 9 VO. v. 10. 12. 1925.
30	1928	1. 1.	1. Zinssatz vom — 5%.	§§ 28 Abs. 1, 63 Abs. 4, Art. 38.
			2. Wiederkehrende Leistungen vom — in voller Höhe des Aufwertungsbetrages zu bewirken.	§ 31 Abs. 2.
			3. Keine Verpflichtung für die Hypothekenbank, vor dem — Tilgungsbeträge einzufordern.	Art. 70, § 11 Abs. 1 V.O. v. 10. 12. 1925.
			4. Tilgungssätze können vom — verlangt werden.	Art. 86, § 11 Abs. 1 V.O. v. 10. 12. 1925.

Laufende Nr.	Jahr	Tag	Inhalt	Gesetzliche Vorschrift
31	1930	1. 1.	Vom -- kann die Aufwertungsstelle Teilzahlungen anordnen.	§ 26.
32	1931	31. 12.	Auslosung von Schuldverschreibungen.	Art. 36.
33	1932	1. 1.	1. Vor dem — kann der Gläubiger die Zahlung des Aufwertungsbetrages nicht verlangen.	§ 25, Art. 86.
			2. Bei Stundung des Aufwertungsbetrages über den — hinaus erhöht sich der Zinssatz.	§§ 28 Abs. 1, 63 Abs. 4.
			3. Der — gilt als Fälligkeitstag des Aufwertungsbetrages im Falle des Art. 37.	Art. 37.
			4. Umwandelung einer Tilgungshypothek (Restbetrag nicht mehr als 500 GM. oder verhältnismäßig geringfügig) in eine am — fällige Hypothek.	Art. 69.
34	1932	31. 12.	1. Hinausschiebung des Ablaufs von Versicherungen nach Art. 103.	Art. 103.
			2. Zahlungen bis zum — können abgelehnt werden.	Art. 103 Abs. 5.
35	1938	1. 1.	Spätestens bis zum — muß der Aufwertungsbetrag gezahlt werden.	§§ 26 Abs. 1, 63 Abs. 4, Art. 70

Sachverzeichnis.

Die größeren Zahlen bedeuten die Paragraphen, die kleineren Zahlen die entsprechende Anmerkung zu dem Paragraph; der Zusatz Art. bezeichnet die Df.V.O. vom 29. 11. 1925.

Druck von Oscar Brandstetter in Leipzig.

GPSR Compliance

The European Union's (EU) General Product Safety Regulation (GPSR) is a set of rules that requires consumer products to be safe and our obligations to ensure this.

If you have any concerns about our products, you can contact us on ProductSafety@springernature.com

In case Publisher is established outside the EU, the EU authorized representative is:

Springer Nature Customer Service Center GmbH
Europaplatz 3
69115 Heidelberg, Germany

Batch number: 10844627

Printed by Printforce, the Netherlands